STUDIENKURS RELIGION

Lehrbuchreihe für Studierende der Religions- und Kulturwissenschaft sowie für Lehramtsstudierende

Wissenschaftlich fundiert und in verständlicher Sprache führen die Bände der Reihe in die zentralen Themengebiete, Theorien und Methoden der Religionswissenschaft ein und vermitteln die grundlegenden Studieninhalte. Die konsequente Problemorientierung und die didaktische Aufbereitung der einzelnen Kapitel erleichtern den Zugriff auf die fachlichen Inhalte. Bestens geeignet zur Prüfungsvorbereitung u.a. durch Zusammenfassungen, Wissens-, Diskussions- und Verständnisfragen sowie Schaubilder und thematische Querweise.

Yan Suarsana

Globales Christentum

Onlineversion
Nomos eLibrary

Die Deutsche Nationalbibliothek verzeichnet diese Publikation in der Deutschen Nationalbibliografie; detaillierte bibliografische Daten sind im Internet über http://dnb.d-nb.de abrufbar.

ISBN 978-3-8487-7141-7 (Print)
ISBN 978-3-7489-1192-0 (ePDF)

1. Auflage 2024
© Nomos Verlagsgesellschaft, Baden-Baden 2024. Gesamtverantwortung für Druck und Herstellung bei der Nomos Verlagsgesellschaft mbH & Co. KG. Alle Rechte, auch die des Nachdrucks von Auszügen, der fotomechanischen Wiedergabe und der Übersetzung, vorbehalten. Gedruckt auf alterungsbeständigem Papier.

Vorwort

Das vorliegende Buch basiert auf meiner Einführungsvorlesung zum Christentum, die ich seit einigen Jahren regelmäßig im Rahmen der religionswissenschaftlichen Studiengänge am *Institut für Religionswissenschaft und Religionspädagogik* der Universität Bremen halte. Die Veranstaltung steht dabei im Zusammenhang mit der sogenannten *Bremer Klausel*, die die Abhaltung eines „bekenntnismäßig nicht gebundenen" Religionsunterrichts „auf allgemein christlicher Grundlage" (Artikel 32 Brem. Verf.) an allen staatlichen Schulen im Bundesland Bremen zur Folge hat. Vor diesem Hintergrund findet die Ausbildung der Religionslehrkräfte in Bremen nicht im Kontext der konfessionellen Theologie, sondern im Fach Religionswissenschaft statt, das seinerseits am Fachbereich für Kulturwissenschaft angesiedelt ist. Zielgruppe der Vorlesung sind also Studierende der Religionswissenschaft, die bekenntnismäßig nicht gebunden sind; dies bedingt eine (im Vergleich zu theologischen Studiengängen) recht große weltanschauliche und religiöse Diversität der Zuhörenden, die sich auch in einem breit gefächerten Vorwissen bzgl. des Gegenstands der Vorlesung widerspiegelt. Vor diesem Hintergrund besteht das Programm der Veranstaltung darin, auch Studierenden ohne Vorkenntnisse wesentliche Informationen über die heutige Beschaffenheit der christlichen Religion, aber auch über deren Geschichte sowie über grundlegende konfessionelle und theologische Positionierungen zu liefern.

Diesem Programm ist auch das vorliegende Buch verpflichtet. Primäre Zielgruppe sind daher Studierende nicht-theologischer Studiengänge, etwa der Religions- und Kulturwissenschaften, aber freilich auch aller anderen Fächer, in denen grundlegende Kenntnisse über die christliche Religion hilfreich sein können. Entsprechend meiner eigenen disziplinären Ausrichtung verfolgt das Buch schwerpunktmäßig einen historischen Ansatz. Dieser ist jedoch konsequent an der *gegenwärtigen* christlichen Welt ausgerichtet, indem er mit einer Art ‚genealogischem' Interesse nach dem Gewordensein heutiger konfessioneller und theologischer Positionierungen im weltweiten Christentum fragt. Damit steht das Buch dem global- bzw. verflechtungsgeschichtlichen Ansatz nahe, der in den letzten Jahren verstärkt in der Religionswissenschaft diskutiert wird. Dennoch beansprucht es nicht, eine Global- oder Verflechtungsgeschichte des Christentums im engeren Sinne zu leisten. Dem primären Ziel entsprechend versucht es vielmehr, grundlegende Informationen über die christliche Religion mithilfe einer Kombination aus kirchen- bzw. theologiegeschichtlicher Darstellung und konfessionskundlicher Übersicht zu präsentieren.

Die herangezogene Sekundärliteratur ist – wie die am Ende jedes Kapitels angegebenen Lektürehinweise – soweit möglich dem deutschsprachigen Diskurs entnommen, um die weitere Beschäftigung mit der Thematik möglichst niederschwellig zu gestalten. Ausnahmen bilden die Kapitel zu den angelsächsischen Erweckungsbewegungen, zur Pfingstbewegung und zum Evangelikalismus. Zwar liegen auch für diese Bereiche einschlägige deutschsprachige Werke vor; der breitere Forschungsdiskurs findet hier jedoch im Wesentlichen in englischer Sprache statt, sodass auf entsprechende Literatur nicht verzichtet werden konnte.

Von dem intensiven Schreibprozesses an diesem Buch hat auch meine Vorlesung deutlich profitiert. Während im Hörsaal nicht immer jede Information aus dem Munde eines Dozierenden auf die Goldwaage gelegt wird, sollte sie in gedruckter Form durchaus ‚wetterfest' sein. Dennoch ist klar, dass meine fachliche Spezialisierung nur einen Bruchteil des Feldes betrifft, das durch die vorliegende Darstellung abgedeckt wird. Umso dankbarer bin ich den Bremer Studierenden, die meine Vorlesung besucht haben, dafür, dass sie mich mit ihren zahllosen Fragen und Kommentaren häufig weit über meinen Wissenshorizont hinausgedrängt haben. Durch sie war und bin ich zum permanenten Nachdenken und Recherchieren genötigt, was nicht nur die Kenntnisse der Studierenden, sondern (vermutlich in noch größerem Maße) auch meine eigenen erhöht hat. Dass die vorliegende Darstellung sicherlich dennoch weit davon entfernt ist, fehlerfrei zu sein, versteht sich von selbst. Entsprechende Hinweise sind willkommen.

Den Optimismus, einen solch umfangreichen (und zeitlich ausgedehnten) Gegenstand wie das globale Christentum in einer einzigen Vorlesung behandeln zu können, verdanke ich meinem Doktorvater Christoph Strohm. Seine in großer Anschaulichkeit vorgetragenen kirchengeschichtlichen Überblicksvorlesungen an der Theologischen Fakultät in Heidelberg haben zahlreiche Generationen von Studierenden geprägt und begeistert. Ihnen und mir haben sie demonstriert, dass man durchaus die Filigranitäten theologiegeschichtlicher Entwicklungen in guter Verständlichkeit vortragen kann, ohne dabei die übergreifenden Zusammenhänge aus dem Blick zu verlieren. Dass ein solches Format gleichzeitig hohen Unterhaltungswert besitzen kann, schließe ich aus der Erinnerung, dass der Hörsaal zu jeder einzelnen Sitzung stets voll besetzt war. Ich hoffe, dass auch meine eigene Vorlesung – und das daraus erwachsene Buch – diesen Geist weitervermitteln kann, und sei es nur zu einem kleinen Teil.

Inhalt

Vorwort   5

Tabellenverzeichnis   11

1. Einleitung: Was ist das Christentum? Zu Sinn und Unsinn einer naheliegenden Frage   13
   - 1.1. Das Christentum in öffentlichen Diskursen   13
     - 1.1.1. Christentum und Christsein   14
     - 1.1.2. Europa – das ‚christliche Abendland'?   15
     - 1.1.3. ‚Christliche Werte': die Idee der Leitkultur   17
     - 1.1.4. Das Christentum als ‚Weltreligion'   18
   - 1.2. Das Christentum als kultur- und religionswissenschaftlicher Gegenstand   20
   - 1.3. Aufbau und Vorgehensweise des Buches   23

2. Ausgangspunkt: Christentum heute   25
   - 2.1. Weltweites Christentum in Zahlen   25
   - 2.2. Die wichtigsten Strömungen des Weltchristentums   26
   - 2.3. Ein Wort zur verwendeten Terminologie   30

3. Kontextualisierung: Älteres Christentum   33
   - 3.1. Antike Hintergründe   33
     - 3.1.1. Historischer und verkündigter Jesus   34
     - 3.1.2. Weitere Einflüsse aus der antiken Umwelt   36
   - 3.2. Institutionalisierungstendenzen und christliche Philosophie   41
   - 3.3. Von der Pluralität zur ‚Spaltung'   45
     - 3.3.1. Die altkirchlichen Konzilien – Gotteslehre, Christologie und Heilslehre   46
     - 3.3.2. Die Zementierung der Differenz: Lateinisch-griechisches, ägyptisches, syrisches und persisches Christentum   49
   - 3.4. Staatskirchen und kirchliche Staatsmacht   52
     - 3.4.1. Fränkisches und byzantinisches Reich   52
     - 3.4.2. Papsttum und Kirchenstaat   53
     - 3.4.3. Das Schisma zwischen byzantinischer und lateinischer Kirche   58
     - 3.4.4. Gewalt im Namen der ‚Wahrheit': Kreuzzüge und Inquisition   59
   - 3.5. Klöster und Ordensgemeinschaften   63
   - 3.6. Das Ende der lateinisch-mittelalterlichen Kirche: Die Reformation   68
     - 3.6.1. Martin Luther und die Wittenberger Reformation   68
     - 3.6.2. Die ‚andere' Reformation: Ulrich Zwingli, Johannes Calvin und Heinrich Bullinger   72
     - 3.6.3. Der ‚radikale Flügel' der Reformation: Das Täufertum   75

4. Jenseits des ‚Orients': Die sog. altorientalischen Kirchen   79
   - 4.1. Der ‚Orient' ist global   79
   - 4.2. Die Assyrische Kirche des Ostens   80
   - 4.3. Die miaphysitischen/orientalisch-orthodoxen Kirchen   83
     - 4.3.1. Koptische Orthodoxe Kirche   84

	4.3.2. Äthiopische und Eritreische Orthodoxe Kirche	86
	4.3.3. Die Kirchen der syrisch-orthodoxen Tradition	88
	4.3.4. Armenische Apostolische Kirche	90
5.	**Orthodoxe Welt(en)**	**95**
5.1.	Orthodoxie heute	95
5.2.	Historischer Überblick	98
	5.2.1. Das Byzantinische Christentum und die Entstehung der orthodoxen Kirchen in Südosteuropa	98
	5.2.2. Die russisch-orthodoxe Kirche	101
6.	**Die römisch-katholische Kirche**	**105**
6.1.	Katholizismus als Weltkirche	105
	6.1.1. Ämterhierarchie und Apostolizität	108
	6.1.2. Theologie	110
6.2.	Historische Schlaglichter	112
	6.2.1. Die Entstehung der katholischen Konfessionskirche	112
	6.2.2. Der lange Weg zur Weltkirche: Kolonialismus und Mission	116
	6.2.3. Die (Neu-)Erfindung des Katholizismus im 19. Jahrhundert	121
7.	**Protestantisches Christentum**	**127**
7.1.	Protestantismus – gibt es das?	127
7.2.	Luthertum und reformierte Tradition/Calvinismus	130
	7.2.1. Situation weltweit	130
	7.2.2. Konfessionelle Abgrenzungen	133
	7.2.3. Historische Ausbreitungsformen	137
7.3.	Anglikanismus	142
	7.3.1. Heutige Situation	142
	7.3.2. Historische Wurzeln	145
7.4.	Baptistische Kirchen	149
7.5.	Pietismus und Erweckungsbewegungen	157
	7.5.1. ‚Erweckliches' Christentum als globales Frömmigkeitsnetzwerk	157
	7.5.2. Pietismus	162
	7.5.3. Methodismus	169
	7.5.4. Das ‚Great Awakening' und die nordamerikanischen Erweckungsbewegungen	175
7.6.	Pfingstbewegung und charismatisches Christentum	181
	7.6.1. Heutige Situation	182
	7.6.2. Historische Ausbreitungsformen	185
7.7.	Evangelikalismus	192
	7.7.1. Heutige Situation	194
	7.7.2. Historische Herleitung	197

8. Ausblick: Die ökumenische Bewegung und die Entdeckung der christlichen
   Religion   205

Literaturverzeichnis   213

Sachregister   225

Personenregister   237

Bereits erschienen in der Reihe STUDIENKURS RELIGION   243

Tabellenverzeichnis

Tab. 2.1:	Weltweites Christentum nach Regionen	25
Tab. 2.2:	Weltweites Christentum nach Konfessionen	30
Tab. 4.1:	Übersicht über die ‚altorientalischen' christlichen Traditionen	80
Tab. 5.1:	Die orthodoxen Kirchen des byzantinischen Ritus	96
Tab. 6.1:	Weltweiter Katholizismus in Zahlen	105
Tab. 7.1.:	Angehörige lutherischer Kirchen (ohne Kirchenunionen)	131
Tab. 7.2:	Angehörige reformierter Kirchen (ohne Kirchenunionen)	132
Tab. 7.3:	Unterschiede zwischen katholischer Kirche und ‚klassischem' Protestantismus	137
Tab. 7.4:	Angehörige anglikanischer Kirchen	143
Tab. 7.5:	Angehörige baptistischer Kirchen	151
Tab. 7.6:	Angehörige methodistischer Kirchen	172
Tab. 7.7:	Angehörige pentekostaler Kirchen	183
Tab. 7.8:	Angehörige evangelikaler Kirchen	197

1. Einleitung: Was ist das Christentum? Zu Sinn und Unsinn einer naheliegenden Frage

Überblick

Das Kapitel stellt Überlegungen dazu an, wie das Christentum als Gegenstand eines religions- bzw. kulturwissenschaftlichen Zugangs konzeptionalisiert werden kann. Dazu werden zunächst verschiedene Verwendungsweisen des Begriffs in ausgewählten gesellschaftlichen Debatten dargestellt; damit soll illustriert werden, dass sich diverse Konzeptionen des Christentums je nach Kontext deutlich unterscheiden können – je nachdem, welche konkrete Funktion (etwa politisch oder wissenschaftlich) mit der Rede vom Christentum verbunden ist. Zuletzt werden der Aufbau und die Vorgehensweise des vorliegenden Buches skizziert.

1.1. Das Christentum in öffentlichen Diskursen

Wir haben uns im Allgemeinen daran gewöhnt, vom Christentum – im Sinne einer sogenannten Weltreligion – in der Einzahl zu sprechen. Gestützt wird eine solche Redeweise durch den medialen öffentlichen Diskurs, in dem in politischen, kirchlichen, wissenschaftlichen oder anderen gesellschaftlichen Zusammenhängen in entsprechender Form über *das* Christentum gesprochen wird. Darüber hinaus bezeichnen sich auch zahlreiche Menschen selbst als Christinnen und Christen oder werden von anderen als dieser Religion zugehörig aufgefasst. Beide Umstände (die Rede vom Christentum als einer [Welt-]Religion sowie die Identifikation von Personen als christlich im öffentlichen Raum) üben dabei nachhaltigen Einfluss darauf aus, auf welche Weise wir im alltäglichen Sprachgebrauch über das Christentum sprechen.

Demgegenüber macht der sprichwörtliche Blick aus dem Fenster schnell klar, dass das Christentum in der gesellschaftlichen Realität keineswegs als eine einheitliche Größe auftritt. In diesem Zusammenhang lässt die konfessionelle Landschaft in Deutschland mit ihren beiden Großkirchen sowie dem breiten Spektrum an Freikirchen nur erahnen, wie vielfältig sich das Christentum auf einer globalen Ebene präsentiert – sei es in dogmatischer oder in institutioneller Hinsicht. Während das Christentum in unseren Breiten vor allem in Form der römisch-katholischen Kirche sowie der *Evangelischen Kirche in Deutschland* (EKD) institutionell einen recht klar umrissenen Charakter zu haben scheint, so gilt dies in keiner Form für die zahllosen Kirchen und Strömungen im Bereich des nord- und südamerikanischen, des afrikanischen oder des asiatischen Christentums. Angesichts der Tatsache, dass heute ein Großteil der Christenheit in den zuletzt genannten Regionen – und nicht in Europa (geschweige denn in Deutschland) – lebt, kann von der vergleichsweise ‚geordneten' kirchlichen Landschaft, wie wir sie kennen, nicht anders als von einer Ausnahme im globalen christlichen Spektrum gesprochen werden. Aus dieser Beobachtung leitet sich der Schluss ab, dass unser Sprechen von *dem* Christentum im Singular in einem gewissen Widerspruch zur weltweiten gesellschaftlichen Realität steht.

1. Einleitung: Was ist das Christentum? Zu Sinn und Unsinn einer naheliegenden Frage

Wie aber können wir aus einer wissenschaftlichen Perspektive mit diesem Befund umgehen? Um diese Frage zu beantworten, möchte ich zunächst ein paar Sprechweisen zum Christentum aus dem öffentlichen Diskurs aufgreifen und in ihren jeweiligen Kontext einordnen. Hier wird sich zeigen, dass die verschiedenen Sprechweisen stets bestimmte *Funktionen* im Rahmen konkreter gesellschaftlich-politischer Interaktionen ausüben – und weniger in der Absicht geäußert werden, die Welt exakt so zu beschreiben, wie sie ‚wirklich' ist. Auf dieser Basis werde ich anschließend argumentieren, wie und auf welche Weise das Christentum den Gegenstand kultur- und religionswissenschaftlicher Forschung bilden kann, ohne den soeben konstatierten Widerspruch zwischen unserem Sprechen und der gesellschaftlichen Wirklichkeit zu ignorieren.

1.1.1. Christentum und Christsein

Beginnen wir mit dem Umstand, dass in der uns unmittelbar umgebenden Welt, aber auch im globalen Kontext, Menschen sich selbst als Christinnen und Christen bezeichnen. Belege dafür finden sich zuhauf, nicht nur in privaten Begegnungen, sondern etwa auch in den offiziellen Selbstcharakterisierungen der verschiedenen Kirchen in Deutschland. So spricht beispielsweise die *Evangelische Kirche in Deutschland* (EKD) auf ihrer Internetpräsenz davon, dass „wir Christinnen und Christen […] aus unserem Glauben heraus Verantwortung für unsere Gesellschaft"[1] übernehmen. In vergleichbarer Form bezeichnet sich die *Evangelische Allianz in Deutschland* (EAD), die vornehmlich Kirchen aus dem freikirchlichen Spektrum repräsentiert, als ein „Netzwerk von Christen"[2] und schließt damit an ein entsprechendes Selbstverständnis der *World Evangelical Alliance* an. Auch die katholische Kirche spricht in dieser Form vom Christsein – gerade auch dort, wo es um die Abgrenzung zu jenen geht, die nicht als Christinnen und Christen angesehen werden: So identifiziert sie sich in ihrer berühmten *Erklärung über das Verhältnis der Kirche zu den nichtchristlichen Religionen* klar mit der „Kirche Christi" (Rahner/Vorgrimler 2008: 357), um sich in der Begegnung mit Hindus, Muslimen und Juden zu positionieren.

An dem zuletzt genannten Beispiel lässt sich eine zentrale Funktion der Selbstbezeichnung von Menschen als Christinnen und Christen aufzeigen. Denn hier geht es weniger darum, eine Aussage darüber zu tätigen, dass es in der Welt Christen gibt, sondern vielmehr darum, sich selbst als zusammengehörige Gruppe in einem gesellschaftlich-politischen Zusammenhang (hier im interreligiösen Dialog) zu *positionieren*, indem man sich seiner religiösen (hier christlichen) *Identität* vergewissert. Diese Selbstidentifikation als ‚christlich' ermöglicht es, die eigene Gruppenidentität in Abgrenzung zu Anderen (etwa Muslimen oder Juden) zu stärken, und erfüllt damit in erster Linie einen *politischen* Zweck. Ähnliches lässt sich auch für die allgemeineren Statements der EKD oder der EAD behaupten: Auch hier hat die Selbstbezeichnung als ‚christlich' zum Ziel, die eigene Position etwa gegenüber der als säkular (und damit im Kern als nichtchristlich) verstandenen Mehrheitsgesellschaft zu artikulieren und herauszustellen.

---

[1] https://www.ekd.de/Evangelische-Kirche-in-Deutschland-10771.htm (Stand: 18.4.2024).
[2] https://www.ead.de/ueber-uns/ (Stand: 18.4.2024).

Damit ist freilich nicht gesagt, dass mit der politischen Identifikation als Christinnen und Christen nicht auch inhaltliche Aussagen darüber verbunden sind, was dieses Christsein konkret ausmacht. Doch ein genauerer Blick auf die entsprechenden Ausführungen der verschiedenen Gruppen offenbart schnell, dass diese keineswegs deckungsgleich ausfallen, sondern sich stets an weiteren gruppenspezifischen Linien wie etwa ‚katholisch' oder ‚evangelisch' orientieren. So setzt die EKD ihre Selbstcharakterisierung auf der oben zitierten Webseite wie selbstverständlich ganz im Sinne der eigenen konfessionellen Eigenheiten fort: „Die evangelische Kirche besteht aus Menschen, die dazugehören, sich engagieren und ihren Glauben teilen wollen. Die meisten werden schon als Kinder getauft und bekräftigen diesen Schritt später mit der Konfirmation."[3] Was hier zunächst wie ein Widerspruch aussieht, lässt sich dadurch erklären, dass die beiden Strategien (die allgemeine Selbstidentifikation als Christinnen und Christen sowie die dazu im Widerspruch stehende inhaltliche Charakterisierung als katholisch oder protestantisch) sich in ihrer *Funktion* im gesellschaftlichen Diskurs *unterscheiden* können: einmal im Sinne der politischen Identitätsbildung in der breiteren Öffentlichkeit, ein anderes Mal dagegen etwa in Form der theologischen Verständigung über die konkreten Grundlagen des jeweils eigenen Glaubens – nicht zuletzt gegenüber anderen Konfessionen. Diese Erkenntnis führt uns zu der Schlussfolgerung, dass der Umstand, dass es Menschen gibt, die sich als Christinnen und Christen verstehen, nicht automatisch bedeutet, dass es auch tatsächlich eine einheitliche, zusammengehörende Gruppe namens ‚Christentum' gibt.

1.1.2. Europa – das ‚christliche Abendland'?

Ähnliche Mechanismen lassen sich auch in Bezug auf ein Konzept feststellen, das in der Regel deutlicher in einem politischen Zusammenhang ausgehandelt wird: die Idee von Europa als dem christlichen Abendland – und damit vom Christentum als der europäischen Religion. Diese Idee geht maßgeblich auf Diskurse in der Weimarer Republik und in Österreich zurück, in denen zunächst junge katholische Intellektuelle das Konzept des christlichen Abendlands als politische Identifikationsfigur für ein neu geeintes Europa nach den verheerenden Erfahrungen des Ersten Weltkriegs zu etablieren suchten (vgl. Scherzberg 2014). In der Bundesrepublik konnten vor allem bürgerlich-konservative Kreise nach dem Zweiten Weltkrieg an diese Idee Europas anknüpfen, da das christliche Abendland nicht von den Nationalsozialisten aufgegriffen, sondern von diesen als politisches Konzept weitgehend abgelehnt worden war (vgl. Hudemann 2014). In jüngerer Zeit dient das Abendland indes auch in rechtsradikalen und fremdenfeindlichen Kreisen als Instrument, solchen Gruppen ihre Zugehörigkeit zu Europa abzusprechen, die aufgrund ihrer nichtchristlichen (hier: muslimischen) Charakterisierung den europäischen Gesellschaften als fremdartig und anders gegenübergestellt werden (vgl. Benz 2013). In Deutschland geriet dieses Narrativ zuletzt etwa durch die Gruppe *Patriotische Europäer gegen die Islamisierung des Abendlands* (PEGIDA)

---

3 https://www.ekd.de/Was-tut-die-Evangelische-Kirche-in-Deutschland-12813.htm (Stand: 18.4.2024). Bei der Konfirmation handelt es sich um eine konfessionelle Eigenart protestantischer Kirchen. Darunter ist eine rituelle Segenshandlung junger Erwachsener zu verstehen, die deren bereits als Kind erfolgte Taufe bekräftigt.

1. Einleitung: Was ist das Christentum? Zu Sinn und Unsinn einer naheliegenden Frage

in die Schlagzeilen; auch in Publikationen der Neuen Rechten wird das Thema seit geraumer Zeit wieder verstärkt reflektiert (z. B. Dirsch/Münz/Wawerka 2018). Doch auch in bürgerlich-konservativen Publikationen finden sich nach wie vor Versuche, die europäische Idee mithilfe der christlichen Religion zu konzeptionalisieren, verbunden mit der These von der fundamentalen „Bedeutung des Christentums für die europäische Zivilisation" (Zehetmair 2009: 6).

Die in solchen Statements zutage tretende These, dass es sich bei Europa um den christlichen Kontinent handele, ist gewiss kaum mit der konkreten gesellschaftlichen und historischen Realität in Deckung zu bringen. Die Ursache dafür ist ebenfalls darin zu sehen, dass der Zweck solcher Narrative wie das des ‚christlichen Abendlands' augenscheinlich nicht in der wissenschaftlichen Charakterisierung Europas besteht. Vielmehr geht es auch hier um die Bildung *politischer* Identitäten, sei es zur Begründung der eigenen Gruppe oder auch zur Abgrenzung (und zuweilen auch Ausgrenzung) anderer Gruppen, die über den Verweis auf ihr Nicht-Christlichsein als fremd und nicht zugehörig markiert werden.

Konfrontiert man solche Narrative dagegen mit den wissenschaftlich eruierbaren gesellschaftlichen Realitäten, so zeigt sich schnell, dass die These vom christlichen Kontinent kaum mit der Komplexität der Wirklichkeit vereinbar ist. Dies gilt nicht allein für die gegenwärtige Zeit mit ihren weitgehend säkularisierten europäischen Gesellschaften, in denen Christinnen und Christen – neben einer großen Zahl von Angehörigen anderer Religionen sowie Konfessionslosen – zuweilen nur noch eine Minderheit in der Gesamtbevölkerung stellen. Auch historisch ist die Idee von der einheitlich christlichen Prägung Europas zumindest problematisch: Zwar spielte die römische Kirche (und ab dem 16. Jahrhundert auch der Protestantismus) bis weit ins 19. Jahrhundert hinein eine prägende Rolle; doch wurden diese Einflüsse spätestens seit dem 18. Jahrhundert durch zahlreiche weitere Entwicklungen überlagert, die nicht ohne weiteres dem Christentum zugerechnet werden können: Dies umfasst vor allem die Aufklärung, die sich zunächst in Gelehrtenkreisen, dann vor allem aber auch in der Politik niederschlug; ebenso die Säkularisierung, die ab dem 19. Jahrhundert alle Bereiche der Gesellschaft erfasste; außerdem die zur selben Zeit einsetzende Globalisierung durch den europäischen Kolonialismus, der zu weltweiten Migrationsbewegungen aus den Kolonien in die ‚Mutterländer' führte und die religiöse Diversität in Europa stark erhöhte (vgl. Bayly 2006). Doch auch vor Beginn der Moderne kann von einem einheitlich christlichen (geschweige denn einheitlich religiösen) Europa keine Rede sein. So war auch die Christenheit des Mittelalters und der frühen Neuzeit bereits in zahlreiche Konfessionen gespalten (Römischer Katholizismus, verschiedene protestantische Gruppen, Orthodoxie) sowie zeitweise von großen außer- und gegenkirchlichen Strömungen wie etwa den Katharern geprägt (vgl. Auffarth 2016). Auch Judentum und Islam spielten stets eine wichtige Rolle; an dieser Stelle sei nur an die Jahrhundertelange Blüte muslimischer Reiche in Andalusien erinnert, die zwischen 711 und 1492 bestanden, und die die geistige, wissenschaftliche und kulturelle Entwicklung in Europa ebenfalls maßgeblich geprägt haben.

In diesem Zusammenhang zeigt sich übrigens auch, dass die im politischen Diskurs artikulierte Frontstellung zwischen einem christlichen Europa und dem islamischen Orient historisch wenig Bestand hat (und als Konzept vor allem auf ideologische Entwicklungen in der Kolonialzeit zurückzuführen ist). Auch ein häufig angeführter Beleg, nämlich die Belagerung Wiens durch türkische Truppen im Jahre 1529, ist kaum dazu geeignet, den vermeintlichen Eroberungs- und Vernichtungswillen des Islams gegen das Christentum zu begründen: Denn die Belagerung Wiens war das Ergebnis eines Bündnisses zwischen dem osmanischen Sultan Süleyman II. (um 1495–1566) und dem ungarischen König Johannes Zápolya (1487–1540) gegen den österreichischen Erzherzog Ferdinand (1503–1564), der Ansprüche auf den ungarischen Thron erhob, und hatte somit recht konkrete politische Ursachen (vgl. Buchmann 1999: 89–92).

Kulturwissenschaftlich kann also – ganz im Gegensatz zur politischen Rede vom christlichen Abendland – keineswegs von einer fixen Größe ‚Europa' gesprochen werden, die maßgeblich durch das Christentum geprägt wurde (und noch wird). Vielmehr lässt sich zeigen, dass eine solch einseitige, vereinheitlichende und damit festschreibende Behauptung eines genuin christlichen Europas den dortigen Gesellschaften weder in der Gegenwart noch in der Vergangenheit gerecht wird. Dass diese Behauptung dennoch in breiteren öffentlichen Diskursen nicht selten geäußert wird, hängt wie gesagt in erster Linie damit zusammen, dass diese Diskurse gar nicht an der adäquaten wissenschaftlichen Vermessung der Welt, sondern vielmehr an politischen Gestaltungsprozessen interessiert sind. Solche Prozesse haben also weniger die tatsächliche Beschaffenheit der Welt (Was *ist*?) im Blick, sondern umfassen Fragen wie: Wer wollen wir sein? Wer soll dazugehören? Und wer nicht?

1.1.3. ‚Christliche Werte': die Idee der Leitkultur

Die Rede von einer christlichen ‚Lebensart' im Sinne eines mehr oder weniger festen Wertekanons ist häufig mit der Idee eines christlichen Europas verbunden und damit ebenfalls eher in politischen Zusammenhängen zu verorten. Verknüpft ist diese Rede zuweilen auch mit dem Begriff der Leitkultur, deren Wurzeln im Christentum liegen sollen, und die als bestimmend für das gesellschaftliche Zusammenleben zu gelten habe. Inhaltlich ist die Leitkultur in der Regel über bestimmte Merkmale bestimmt, die als ‚typisch' europäische (und damit christliche) Werte und Verhaltensnormen propagiert werden, und die nicht nur Konzepte wie Barmherzigkeit oder Nächstenliebe, sondern auch Rationalität, Rechtsstaatlichkeit, die Idee der Gleichheit aller Menschen und ähnliches umfassen. Ähnlich wie im Falle des Abendlands ist die Idee des christlichen Wertekanons also mal mehr und mal weniger eng an das kirchlich verfasste Christentum gekoppelt und präsentiert sich oftmals eher im Gewand einer christlich kulturalisierten geistigen Haltung.

Als Beispiel soll hier die Entgegnung des katholischen Bischofs Franz-Peter Tebartz-van Elst aus dem Jahr 2010 auf eine Rede des damaligen Bundespräsidenten Christian Wulff angeführt werden. Dieser hatte behauptet, dass Christentum und Judentum zweifelsfrei zu Deutschland gehörten, dass aber inzwischen auch der Islam zu Deutschland gehöre (vgl. Wulff 2010). In einem Zeitschriftenbeitrag widersprach Tebartz-van Elst dieser Auffassung und führte dabei das Argument einer christlichen Leitkultur ins Feld:

> „Nicht nur unsere Rechtsstaatlichkeit und Rechtsauffassung verdanken sich einem christlichen Menschenbild. Unser Verständnis von Ehe und Familie als Keimzelle gesellschaftlichen Lebens gründet auf biblischen Überzeugungen. Wie viel soziales Engagement in unserem Land verdanken wir nicht christlich-kirchlichen Initiativen? Und wer würde sich noch zu Wort melden, wenn nicht die Kirche, wenn wieder einmal in ethischen Grundfragen Egoismus oder Profit vor Lebensschutz gestellt werden? Es ist also keineswegs aus der Luft gegriffen, wenn in der aktuellen Debatte die Rede von einer „christlichen Leitkultur" wieder ins Gespräch kommt. Der Begriff beschreibt keine utopischen Ziele, sondern eine Realität in Deutschland."
> (Tebartz-van Elst 2010)

Auch in protestantischen Milieus ist die Überzeugung, dass die heutige (säkulare) Gesellschaft dennoch zutiefst von christlichen Werten geprägt ist, weit verbreitet. Diese Überzeugung geht nicht zuletzt auf den sogenannten Kulturprotestantismus zurück, der ab dem späten 18. Jahrhundert unter ‚Protestantismus' zunehmend ein „normative[s] kulturelle[s] Konzept" verstand, „das über die Grenzen der protestantischen Konfessionskirchen hinaus für kritische Geister in anderen Kirchen und Konfessionen gebraucht werden konnte" (Graf 2017: 69). Damit erklärt sich in diesen Debatten auch die explizite Verknüpfung liberaler, scheinbar säkularer politischer Vorstellungen mit einer christlichen Wertebasis.

Aus kulturwissenschaftlicher Perspektive lassen sich solche Narrative ähnlich einordnen wie das oben skizzierte Modell eines christlichen Europas. Auch hier unterschlagen die Akteure zum Zwecke der politischen Debatten um gesellschaftliche Zugehörigkeit, dass viele ‚europäische Grundwerte' oftmals auch und gerade solchen Geistesströmungen entstammen, die parallel (und zuweilen auch in deutlicher Abgrenzung) zu den christlichen Kirchen aufgekommen waren. Besonders vernachlässigt wird dabei jedoch, dass spätestens seit Beginn der Globalisierung im 19. Jahrhundert zentrale Ideen über die Welt und unser Zusammenleben ohnehin auf einer globalen Ebene ausgehandelt wurden, sodass die vermeintlich ausschließlich ‚europäischen Werte' heute tatsächlich auch in vielen Gesellschaften außerhalb Europas weit verbreitet sind. Die vereinheitlichenden und festschreibenden Tendenzen, die das Sprechen von einer christlichen Leitkultur mit sich bringt, werden also den komplexen, vielschichtigen und sich stetig verändernden modernen Gesellschaften in Europa, aber auch im Rest der Welt, nicht gerecht, sondern leisten vor allem Mechanismen der sozialen Ausgrenzung Vorschub.

1.1.4. Das Christentum als ‚Weltreligion'

Etwas anders verhält es sich mit einer Konzeption von Christentum, die durchaus wissenschaftlichen Ansprüchen folgt und dieses im Sinne einer Weltreligion in den Reigen anderer, vergleichbarer Größen einordnet. Das Christentum gilt dabei als eine Religion unter vielen und wird als weitgehend strukturäquivalent zu den anderen Religionen dargestellt. Die Anzahl der Weltreligionen ist dabei nicht einheitlich, wird oftmals aber mit sieben angegeben und umfasst dann neben dem Christentum den Buddhismus, das Judentum, den Daoismus, den Islam, die

Baha'i-Religion sowie den Hinduismus (vgl. Hutter 2005). Welche Religionen den Status einer Weltreligion erhalten, ist ebenfalls umstritten; Manfred Hutter nennt aber folgende „[b]eliebte Kriterien" (ebd.: 9): Universaler Geltungsanspruch, ausreichend große Zahl an Anhängern sowie geographische Verbreitung und Alter. Indes merkt Hutter selbst an, dass diese Kriterien nur bedingt dazu geeignet seien, Weltreligionen trennscharf von solchen Größen zu unterscheiden, denen dieser Status ganz augenscheinlich *nicht* zukomme: Die Gründe dafür liegen u. a. darin begründet, dass zum einen (je nach Gewichtung der einzelnen Kriterien) dann auch andere Religionen wie etwa der Zoroastrismus oder der Sikhismus genannt werden müssten; zum anderen wird das übliche Fehlen des Konfuzianismus in der Liste der Weltreligionen in der Regel inhaltlich begründet – und damit gerade nicht über die genannten Aspekte (vgl. ebd.: 13). Und zuletzt sei hinzugefügt, dass die bereits oben konstatierte, empirisch nicht feststellbare Einheitlichkeit des Christentums im Sinne einer klar umrissenen, zusammenhängenden gesellschaftlichen Größe selbstverständlich ebenso wenig für alle anderen Religionen behauptet werden kann. Im Angesicht dieser Probleme spricht Hutter denn auch von der Bezeichnung ‚Weltreligion' lediglich als einem „weitgehend verständlichen Begriff des alltäglichen Sprachgebrauchs" (ebd.: 13), dem damit eher ein *orientierender* Charakter zuzubilligen ist, wenn es darum geht, die Welt um sich herum zu verstehen und zu ordnen.

Dass die Kategorie ‚Weltreligion' – wenn überhaupt – eher in einem hermeneutischen Sinne zu gebrauchen ist, darauf weist auch der Umstand hin, dass sich das Konzept historisch auf die ‚entdeckerische' Begegnung europäischer Gelehrter mit Geistesströmungen außerhalb Europas in der Kolonialzeit zurückführen lässt (vgl. Masuzawa 2005). In dieser Zeit war die europäische Öffentlichkeit mit der Erkenntnis konfrontiert worden, dass die nicht-christliche Welt nicht einfach als erkenntnismäßig im ‚heidnischen Dunkel' liegend und götzendienerisch verstanden werden konnte; vielmehr traten den christlichen Missionarinnen und Missionaren selbstbewusste und streitbare nicht-christliche Intellektuelle entgegen, die die vorher so sicher geglaubten Gewissheiten der verschiedenen christlichen Konfessionen gehörig ins Wanken brachten und damit neue Strategien des Umgangs und gegenseitigen Verstehens erforderlich machten. Eine zentrale Strategie bestand darin, Kategorien, die bislang vor allem in Europa Anwendung gefunden hatten, nun auch auf die neu erschlossenen Kontexte anzuwenden. Während dies im politischen Diskurs etwa ‚Nation' oder ‚Staat' waren, so etablierte sich im wissenschaftlich-theologischen Kontext die Kategorie ‚Religion', um bestimmte, sich in Interaktion befindliche Größen über die verschiedenen Kontexte hinweg verstehbar zu machen. Dieser Verstehensprozess wurde jedoch nicht allein von europäischen Akteuren geleistet; auch deren Gegenüber in den Kolonien eigneten sich die Kategorien an und modifizierten diese, um sich selbst und ihre Gruppen (etwa den Hinduismus als ‚Religion Indiens') gegenüber den fremden Eindringlingen zu positionieren. Auf diese Weise breiteten sich Konzepte wie Religion im 19. Jahrhundert *weltweit* in den unterschiedlichen Kontexten aus. Damit stützten sie die Plausibilität ihrer Allgemeingültigkeit, weil sie als Produkte der einsetzenden Globalisierung ja zunehmend allerorts anzutreffen waren (vgl. Bayly 2006: 400–450; Suarsana 2019 b: 195–201). Mit anderen Worten: (Welt-)Religionen wie das Christentum, der Hinduismus oder der Buddhismus waren nicht einfach feste, sich strukturell weitgehend entsprechende Größen, die tausende von Jahren für sich existiert haben, bevor sie ab Ende des 18. Jahrhunderts aufeinandertrafen. Wie neuere religionshistorische Arbeiten gezeigt haben, handelt es sich dabei vielmehr um Größen, die sich erst *ab dieser Zeit* – und in *wechselseitigem Bezug* aufeinander – konstituiert haben, und zwar im Sinne *vergleichbarer* Entitäten, eben den (Welt-)Religionen (vgl. Bergunder 2020). Das heißt nicht, dass sie dabei nicht weitgehend auf Traditionen zurückgriffen, die ihnen historisch bereits vorlagen; doch wie auch die oben skizzierten Ausführungen zum Christentum gezeigt haben, lagen diese Traditionen keineswegs ‚gebündelt' im Sinne einer einheitlichen Größe vor, sondern mussten erst im Rahmen ihrer ‚Wiederentdeckung' in der Kolonialzeit im Sinne des Religionsparadigmas vereinheitlicht und rekonzeptionalisiert werden.

Folgt man diesem Verständnis, so kann auch im Falle der Weltreligion des Christentums zunächst nur im Sinne eines *konzeptuell-theoretischen* Vereinheitlichungs- und Universalisierungsprozesses gesprochen werden. Das Christentum wäre dann nicht deswegen als Weltreligion zu bezeichnen, weil es tatsächlich ‚da draußen' als eine einheitliche, weltweit zusammenhängende gesellschaftliche Größe existierte. Vielmehr handelte es sich bei der Kategorie einer christlichen ‚Weltreligion' um die konzeptuelle Bündelung verschiedener historischer Strömungen (etwa des Katholizismus, des Protestantismus, der Orthodoxie oder der Erweckungsbewegungen), um diese im Rahmen des Paradigmas vergleichbaren, aber vom Christentum abgrenzbaren Entitäten als kohärente Größe gegenüber zu stellen (vgl. Suarsana 2021). Indes hat dieser Umdeutungsprozess, wie bereits angedeutet, auch in den jeweiligen Traditionen, die unter dem (Welt-)Religionenparadigma subsumiert wurden, große und ganz reale Wirkung entfaltet. Gut erforscht ist in diesem Zusammenhang die weitgehende Neuformierung des Hinduismus durch brahmanische Gelehrte im 19. Jahrhundert in Indien: Diese wollten der durch die britische Kolonialmacht importierten ‚christlichen Religion' ein Pendant entgegensetzen, das dieser substantiell und strukturell entsprechen sollte, und das gleichzeitig als authentisch ‚indisch' (im Kontext einer nationalen Ideologie) positioniert wurde (vgl. King 1999). Für das Christentum lässt sich umgekehrt sicherlich der Beginn der ökumenischen Bewegung ab Mitte des 19. Jahrhunderts (→ s. Kap. 8) als Folge eines neuen Bewusstseins für die gemeinsame Religion in Teilen des missionarischen Milieus interpretieren. Mit einem solchen Bewusstsein für die verbindenden Elemente der christlichen ‚Weltreligion' schließt sich auch der Kreis zum ersten Unterabschnitt dieses Kapitels: Denn indem die verschiedenen Kirchen, trotz ihrer unterschiedlichen konfessionellen Prägung, in ihren Selbstbeschreibungen dennoch allesamt auf ein allgemeines Christsein zurückgreifen, offenbaren sie das gemeinsame Verständnis, Teil einer übergreifenden, einzigen christlichen Religion zu sein.

1.2. Das Christentum als kultur- und religionswissenschaftlicher Gegenstand

Was also ist das Christentum? Die knappen Einblicke in verschiedene Diskurse aus Kirche, Politik und Wissenschaft haben bereits deutlich werden lassen, dass diese Frage nicht einfach zu beantworten ist. Die bereits mehrfach angeklungene Uneinheitlichkeit und Zersplitterung der christlichen Welt in unzählige Konfessionen und Kirchen mit ihren je eigenen Theologien und Organisationsformen, die nicht allein den gegenwärtigen Zustand des Christentums, sondern auch den der Vergangenheit widerspiegeln, sprechen bereits gegen einen Versuch, diese Religion mittels eines Katalogs fester inhaltlicher Kriterien zu definieren.

Immerhin, so ließe sich argumentieren, könnte das komplexe und vielfältige Phänomen Christentum über eine Art ‚kleinsten gemeinsamen Nenner' bestimmt werden, indem nur solche Merkmale in den Kriterienkatalog aufgenommen werden, die wirklich alle christlichen Gruppen vertreten. Und tatsächlich würde man sogar ein paar Dinge zusammenbekommen: So glauben alle Christen an *einen* Gott (wenn auch nicht immer und in derselben Weise an den dreieinigen), verehren in irgendeiner Form Jesus Christus als ihren Erlöser und akzeptieren die Bibel (und hier vor allem das Neue Testament) als ihre heilige Schrift. Allerdings sprechen einige gewichtige Gründe gegen eine solche Herangehensweise:

(1) Blickt man mit dieser Definition in die Welt, so muss man dennoch feststellen, dass trotz dieser Gemeinsamkeiten innerhalb der Christenheit ein teils erbittert geführter Streit darüber tobt, welche der verschiedenen Gruppen im Besitz der Wahrheit ist – wer also ein ‚echter' Christ ist und wer nicht. Im Gegensatz zu dem durch unsere Definition erweckten Eindruck kann also von einer einheitlichen, strukturell zusammenhängenden Religion in der Welt ‚da draußen' keine Rede sein. Mit anderen Worten: Zwar können wir in unserem Studierzimmer eine abstrakte Kategorie ‚Christentum' erschaffen; allerdings besitzt diese keine angemessene Entsprechung in der gesellschaftlichen Wirklichkeit.

(2) Befassen wir uns näher mit den innerchristlichen Debatten, die sich um die Frage des wahren Christseins drehen, so werden wir feststellen, dass die von uns aufgestellten Kriterien darin so gut wie keine Rolle spielen. Hier sind eher Fragen des korrekten Ritus', vor allem aber auch umstrittene theologische Kriterien wie das Abendmahlsverständnis oder die Stellung der Taufe mit dem Heiligen Geist entscheidend. Es zeigt sich also, dass in diesen Debatten in der Regel *ganz andere* Elemente als die von uns eruierten im Zentrum stehen, wenn es darum geht festzulegen, was christlich ist und was nicht. Ähnlich sieht es aus, wenn man sich mit den oben skizzierten gesellschaftlich-politischen Diskursen auseinandersetzt: Auch hier werden die genannten Kriterien eher selten adressiert und vielmehr Aspekte der kulturellen Prägung, der Werte und der Geschichte in den Blick genommen: Das ‚Abendland' ist dann nicht deswegen christlich, weil alle Europäerinnen und Europäer Jesus Christus als ihren Erlöser akzeptieren würden, sondern weil ‚das Christentum' (was auch immer darunter verstanden werden soll) die europäische Kultur geprägt hat.

Konfrontieren wir unsere vorläufige Definition nun mit diesem Befund, so stellt sich die Frage, welchen Nutzen dieser ‚kleinste gemeinsamer Nenner' haben könnte, wenn es darum geht, die christliche Welt ‚da draußen' zu analysieren und zu verstehen. Gewiss lässt sich sowohl unter Christinnen und Christen als auch in der breiteren Öffentlichkeit ein Bewusstsein dafür nachweisen, dass so etwas

1. Einleitung: Was ist das Christentum? Zu Sinn und Unsinn einer naheliegenden Frage

wie eine ‚Weltreligion' des Christentums zweifellos existiere (dafür sprechen ja auch die eingangs zitierten kirchlichen Selbstpositionierungen). Doch wenn wir verstehen wollen, wie dieses Bewusstsein (auch und vor allem vor dem Hintergrund der tatsächlichen Diversität der christlichen Welt) zustande kommt, wie sich die inhaltliche Bestimmung dieser Größe im Einzelnen unterscheidet, und welche Kämpfe um Zugehörigkeit und Abgrenzung die verschiedenen Gruppen entzweien, dann hilft uns die aufgestellte Definition nicht weiter. Erstens, weil sie keinen Beitrag dazu leistet, die Debatten im heutigen Christentum (wie auch in der breiteren Öffentlichkeit) zu verstehen; zweitens, weil die Fokussierung auf gemeinsame Merkmale (wie unsere drei Kriterien) den Blick auf die tatsächlichen Brennpunkte der religiösen Diskurse verstellt: Wie so oft ist hier das Trennende viel bedeutsamer für das Verständnis der eigenen Identität als das Gemeinsame.

Wie aber können wir mit dem Problem umgehen, dass wir selbst (und auch alle anderen) ständig von *dem einen* Christentum sprechen, obgleich wir eigentlich wissen, dass es ein solches in der Welt nicht gibt (und daher unsere vereinheitlichende Definition auch nicht weiterhilft)?

Ich möchte das Problem mit Hilfe des französischen Philosophen Gilles Deleuze (1925–1995) lösen und zeigen, dass (zumindest aus kulturwissenschaftlicher Sicht) die Frage ‚Was ist das Christentum?' als solche falsch gestellt ist und wissenschaftlich wenig bis nichts austrägt. In einem seiner Bücher kommentiert Deleuze ein Werk Platons, in dem Sokrates mit einigen Gesprächspartnern über die Frage ‚Was ist das Schöne?' diskutiert (vgl. Deleuze 2002). Diese antworten auf diese Frage allesamt, wie auch der Sophist Hippias, indem sie verschiedene Dinge aufzählen (eine Stute, einen Kessel), die in ihren Augen schön sind, anstatt auf die eigentliche Frage zu antworten. Anders als Platon hält Deleuze nun gerade Hippias für den klügeren der beiden Gelehrten: Denn dieser habe – anders als Sokrates – durchschaut, dass es sich bei dem Schönen *an sich* lediglich um eine Abstraktion, eine geistige Konstruktion handele, die nicht für sich existiere und daher für die Erkenntnis der Realität keinen Wert besitze (vgl. ebd.: 84 f). Die Frage nach dem Schönen lässt sich für Deleuze also am besten dadurch beantworten, dass man danach fragt, *wer oder was schön ist*, weil man damit die *konkreten* Gegenstände der Welt in den Blick bekommt und sich nicht in der (für die Erkenntnis der uns umgebenden Welt letztlich irrelevanten) Abstraktion verliert.

Übertragen wir diese Interpretation auf unser oben aufgeworfenes Problem, so würde die Ausgangsfrage unserer Beschäftigung mit dem Christentum nicht länger lauten: ‚*Was* ist das Christentum?', sondern vielmehr: ‚*Wer oder was* ist christlich?'

Dieser zunächst marginal erscheinende Unterschied offenbart dann seine Bedeutung, wenn man sich vor Augen hält, welche Folgefragen die Frage ‚Wer (oder was) ist christlich?' aufwirft – Fragen, die allesamt eine *empirische* Herangehensweise an das Phänomen Christentum notwendig machen: Welche Personengruppen, Individuen oder Praktiken werden in gesellschaftlichen Diskursen *de facto* als christlich identifiziert? Wer bezeichnet sich selbst als Christ/Christin? Wer kann bestimmen (oder meint, bestimmen zu können), wer oder was als christlich gilt?

Welche Umstände ermöglichen das? Wie wird die Bestimmung jeweils begründet? Welche Unterschiede lassen sich dabei feststellen? Gibt es Zusammenhänge bestimmter Begründungsmuster mit übergreifenden sozialen, politischen oder kulturellen Konstellationen? Woher kommen bestimmte Begründungsmuster? Wie sind sie zu dem geworden, was sie heute sind? Welche Identitäten, Kategorien und soziale Gruppen haben sich durch die verschiedenen Bestimmungen herausgebildet? Wer spricht, davon abgeleitet, auf welche Weise und in welchen Zusammenhängen vom Christentum im Sinne einer einheitlichen Größe? Welche Ziele werden dabei verfolgt, und welche Funktion hat dieses Sprechen möglicherweise?

Wie diese exemplarischen Fragen zeigen, bedeutet ‚empirisch' in diesem Zusammenhang, das Christentum nicht im Sinne einer abstrakten Kategorie, sondern im Gegenteil als einen *Gegenstand in Zeit und Raum*, und zwar als das kulturelle Produkt menschlichen Zusammenlebens in Geschichte und Gegenwart, zu untersuchen, das dem steten Wandel unterworfen ist. Ein solchermaßen begründeter religionswissenschaftlicher Ansatz bedient sich also, je nach Fragestellung, gleichermaßen sozial- bzw. kulturwissenschaftlicher wie (im weitesten Sinne) historiographischer Methoden, wie sie in der ganzen Breite gesellschafts- und geisteswissenschaftlicher Disziplinen zur Verfügung stehen. Der Ausgangspunkt einer solchen, hier mit Michael Bergunder (2011) als *kulturwissenschaftlich* bezeichneten Vorgehensweise ist damit *nicht* eine *Kategorie* Christentum, sondern der Umstand, dass in der Welt ‚da draußen' Menschen existieren, die sich *de facto* selbst als Christinnen und Christen bezeichnen oder von anderen so bezeichnet werden. Das Erkenntnisinteresse eines solchen Ansatzes gilt somit primär der *gegenwärtigen* Welt. Das heißt selbstredend nicht, dass auf diese Weise nicht auch die Vergangenheit des Christentums in den Blick genommen werden könnte. Es bedeutet lediglich, dass der Zweck, sich mit dieser Vergangenheit zu beschäftigen, im unmittelbaren ‚Jetzt' begründet liegt, und zwar in der Form, dass sich eine kulturwissenschaftlich argumentierende (Religions-)Geschichtsschreibung zuallererst für die historische Genese (also für das geschichtliche ‚Gewordensein') der *heutigen* Welt interessiert – mit dem Ziel, die gegenwärtigen Diskurse und gesellschaftlichen Konstellationen und Prozesse besser zu verstehen.

1.3. Aufbau und Vorgehensweise des Buches

Das vorliegende Buch folgt dem zuletzt genannten Interesse. Ausgehend von der Beschaffenheit der heutigen christlichen Welt thematisiert es zentrale Orte in der Vergangenheit, die maßgeblich zum gegenwärtigen Diskurs beigetragen haben. Dies schließt die Beleuchtung theologischer Debatten, aber freilich auch den Blick auf institutionelle Entwicklungen und deren übergreifende politisch-gesellschaftliche Rahmenbedingungen mit ein, ohne jedoch ein chronologisch ‚lückenloses' Narrativ liefern zu wollen. Das (kulturwissenschaftlich-historiographische) Interesse ist also pragmatischer Natur und soll an dieser Stelle vor allem dem Zweck dienen, den Leserinnen und Lesern wichtige Identitäten, Gruppenzugehörigkeiten und theologische Konzepte grundsätzlich verständlich zu machen, die in der *gegenwärtigen* christlichen Welt propagiert und ausgehandelt werden.

1. Einleitung: Was ist das Christentum? Zu Sinn und Unsinn einer naheliegenden Frage

Das Buch richtet sich dabei explizit an Studierende in der Eingangsphase ihres Studiums. In dieser Form möchte es unmittelbar an das zu diesem Zeitpunkt vorhandene Schul- und Weltwissen anknüpfen, und zwar mit dem übergreifenden Ziel, zentrale Kategorien und Narrative dieses Wissens aus einer kultur- bzw. religionswissenschaftlichen Perspektive zu problematisieren und in die verschiedenen historischen Zusammenhänge einzuordnen. Dennoch ist es in einer allgemeinverständlichen Sprache gehalten, die auf fachwissenschaftliches Vokabular weitgehend verzichtet, sondern ihren Ausgangspunkt bei den Topoi des allgemeineren öffentlichen Diskurses nimmt. Die verschiedenen historischen Orte werden in der Regel skizzenhaft (und stellenweise auch stark vereinfachend) behandelt, sodass der Text an diesen Stellen für fachlich Vorgebildete sicherlich nichts Neues bereithalten dürfte. Am ehesten könnte für fortgeschrittene Studierende der weltweite Fokus relevant sein, den vergleichbare Einführungen zum Teil weniger verfolgen; auch der Versuch, die historiographische Darstellung konsequent am Erkenntnisinteresse an der *heutigen* christlichen Welt auszurichten, könnte für Leserinnen und Leser mit Vorkenntnissen interessant sein.

Bevor jedoch die wichtigsten Strömungen des weltweiten Christentums im Einzelnen behandelt werden, soll zunächst – im Sinne einer allgemeinen Kontextualisierung – ein Blick auf das geworfen werden, was ich in pragmatischer Form als älteres Christentum bezeichnen möchte (→ s. Kap. 3). Denn die wichtigsten, vom Spätmittelalter bis in die jüngere Neuzeit entstandenen, Konfessionen bzw. Gruppenidentitäten (und damit zusammenhängende kirchliche Institutionen) bündeln in erheblichem Maße Entwicklungen, die ihrer Genese zeitlich zum Teil sehr weit vorausgingen, sodass rudimentäre Kenntnisse in diesem Bereich für das Verstehen der heutigen konfessionellen Gliederung des Feldes unabdingbar sind. Die Kapitel zu den einzelnen Konfessionen (→ s. Kap. 4–7) beginnen jeweils mit einem knappen Überblick über deren aktuelle Verfasstheit. Anschließend gewährt ein historisches Unterkapitel Einblick in die geschichtliche Entstehung der einzelnen Strömungen und stellt gleichzeitig den Bezug zu vorhergehenden wie auch zu parallel existierenden Formen des Christentums her. Den Abschluss bildet mit Kapitel 8 ein Abschnitt zur ökumenischen Bewegung, in der sich seit dem frühen 20. Jahrhundert Christinnen und Christen für die interkonfessionelle Verständigung einsetzen. Dieses Engagement verdankt sich sicherlich nicht zuletzt dem etwa zur selben Zeit aufgekommenen Bewusstsein, trotz aller Vielfalt letztlich doch eine einzige, große Religion zu repräsentieren.

2. Ausgangspunkt: Christentum heute

Überblick

Das Kapitel liefert einen groben Überblick über die Beschaffenheit der heutigen christlichen Welt. Zunächst werden die aktuellen Anhängerzahlen für die verschiedenen Regionen angegeben, um zu illustrieren, dass das Christentum heute in erster Linie eine Religion des globalen Südens darstellt. Anschließend werden die wichtigsten konfessionellen Gruppierungen aufgeführt und in einen historischen Zusammenhang gestellt. Jede Angabe ist mit einem Querverweis auf das entsprechende Kapitel in diesem Buch versehen, das die jeweils genannte Gruppierung ausführlicher behandelt. Dadurch soll auch solchen Lesenden, die nicht alle Kapitel zu den einzelnen Konfessionen durcharbeiten möchten, dennoch ein grobes Grundverständnis für die Beschaffenheit der heutigen konfessionellen Landschaft vermittelt werden.

2.1. Weltweites Christentum in Zahlen

Dass die kirchliche Landschaft in Europa – und vor allem in Deutschland – alles andere als repräsentativ für die übrige christliche Welt ist, zeigt bereits ein Blick auf die statistischen Daten (vgl. Johnson/Zurlo 2020). Demnach lebten 2020 von den insgesamt etwa 2,5 Milliarden Christinnen und Christen weltweit lediglich ein Fünftel in Europa (76 % der Gesamtbevölkerung) und davon 54 Millionen in Deutschland (66 % der Gesamtbevölkerung). In Nordamerika sind etwa 73 % der Bevölkerung dem Christentum zuzurechnen (insgesamt 268 Millionen), in Lateinamerika sogar 92% (insgesamt 612 Millionen). Auch beinah die Hälfte (49,3) der Afrikanerinnen und Afrikaner lassen sich als christlich bezeichnen, was 667 Millionen Menschen umfasst. Asien weist auf den ersten Blick mit 8,2 % eine deutlich geringere Verbreitung auf, doch aufgrund des Bevölkerungsreichtums kommen Christinnen und Christen in absoluten Zahlen auch dort auf immerhin 379 Millionen Menschen. Insgesamt werden derzeit etwa 32 % der Weltbevölkerung dem Christentum zugerechnet.

Region	absolut	in Prozent
Afrika	667,2 Millionen	49,3 %
Südamerika	612 Millionen	92,1 %
Europa	565,4 Millionen	76,1 %
Asien	378,7 Millionen	8,2 %
Nordamerika	267,9 Millionen	72,6 %
Australien & Ozeanien	27,6 Millionen	65,1 %
Deutschland	54,4 Millionen	65,9 %
Gesamt	2,51 Milliarden	32,3 %

Tab. 2.1: *Weltweites Christentum nach Regionen (Quelle: Johnson/Zurlo 2020)*

Auch wenn die genannten Zahlen auf mal mehr und mal weniger sicheren Schätzungen beruhen (und daher vor allem für viele infrastrukturell schwächer entwickelte Regionen nur mit Vorsicht zur Kenntnis genommen werden dürfen), so weisen die Daten recht eindeutig darauf hin, dass der deutlich größere Teil der Christenheit heute außerhalb der sogenannten ‚westlichen' Welt (Europa, Nordamerika) existiert. Das heutige Christentum ist also vor allem auch eine Religion des globalen Südens, ohne dass dabei freilich von einer irgendwie einheitlichen Größe gesprochen werden könnte. Der Befund legt jedoch nahe, dass die außereuropäische christliche Welt nicht einfach nur als Variante oder ‚Anhang' des europäischen oder ‚westlichen' Christentums verstanden werden darf. Vielmehr muss hier von einer Vielzahl eigenständiger Größen und Traditionen ausgegangen werden, die die (zumindest hierzulande populäre) Vorstellung einer im Kern europäischen Religion nachhaltig konterkarieren.

2.2. Die wichtigsten Strömungen des Weltchristentums

Dass die Vorstellung vom Christentum als einer ‚europäischen Religion' nicht zutrifft, zeigt auch ein grober Blick auf die globale konfessionelle Landschaft. Dabei fällt zunächst ins Auge, dass es sich bei den ältesten heute noch existierenden christlichen Gemeinschaften gar nicht um europäische Kirchen handelt. Hier sind die sogenannten *altorientalischen Kirchen* zu nennen (→ s. Kap. 4), also solche Gruppen, die sich aufgrund von theologischen Ausdifferenzierungsprozessen spätestens ab Mitte des 5. Jahrhunderts von der römischen Reichskirche gelöst und als eigenständige Größen institutionalisiert haben (vgl. Lange 2011). Viele dieser Strömungen haben in ihrer Form im Wesentlichen bis heute überdauert, während sich andere Teile der Christenheit seit der Spätantike deutlich stärker gewandelt haben. Zu nennen sind hier vor allem die koptische Kirche in Ägypten, das in der Antike einen Schwerpunkt christlichen Lebens repräsentierte, mit ihrer reichhaltigen Liturgie und eigenständigen Ämterhierarchie (vgl. Oeldemann 2016: 72–74; Pinggéra 2011 a); außerdem das auf die ägyptische Kirche zurückgehende äthiopische Christentum mit seinen uralten Klostergemeinschaften und den berühmten mittelalterlichen Felsenkirchen (vgl. Oeldemann 2016: 80–82; Pinggéra 2011 b). Als weitere größere Gemeinschaft kann die armenische Kirche gelten, die aufgrund ihrer wechselvollen politischen Rahmenbedingungen heute zum Teil in der weltweiten Diaspora existiert (vgl. Oeldemann 2016: 76–78; Pinggéra 2011 c). Dieses Schicksal teilt auch die ab dem 3. Jahrhundert in Persien entstandene ‚assyrische', im heutigen Irak angesiedelte ostsyrische Kirche, auf die auch die sogenannten Thomaschristen in Südindien zurückgehen (vgl. Oeldemann 2016: 69–71; Pinggéra 2011 d). Diese schlossen sich im 17. Jahrhundert überwiegend der syrisch-orthodoxen (westsyrischen) Kirche an, deren Anhängerinnen und Anhänger ansonsten in der heutigen Türkei, zum Großteil aber in der Diaspora leben (vgl. Oeldemann 2016: 74–76; Pinggéra 2011 e). Die Gesamtzahl altorientalischer Christen wird heute auf etwa 70 Millionen geschätzt (Johnson/Zurlo 2020: 7; Oeldemann 2016: 68).

Als in ihren Grundzügen ebenfalls sehr ‚altertümlich' gelten im Allgemeinen die orthodoxen Kirchen der byzantinischen Tradition (→ s. Kap. 5), also solche

Gemeinschaften, die gemeinhin als *orthodoxe Kirche* zusammengefasst werden (vgl. Basdekis 2001; Bremer et al. 2013). Diese gehen auf den Zerfall der identitären Einheit des (im historischen Sinne) römischen Christentums im 11. Jahrhundert zurück, als sich der griechisch-oströmische Patriarch von Konstantinopel (ursprünglicher Name: Byzanz) und der Gesandte des Papstes in Rom gegenseitig aus der Kirche ausschlossen („exkommunizierten"). Auf das byzantinische Christentum gehen im Wesentlichen auch die Kirchen in Ost- und Südosteuropa zurück, die sich nach dem Ende des oströmischen Reiches im 15. Jahrhundert zunehmend verselbstständigten (so erklärte man nach der Eroberung des ‚zweiten Roms' Konstantinopel ab dem 16. Jahrhundert Moskau zum ‚dritten Rom', um den orthodoxen Glauben zu erhalten [vgl. Oeldemann 2016: 30]). Neben der griechischen Orthodoxie (vgl. Moschos 2013; Oeldemann 2016: 38–42) zählen heute daher auch die russische (vgl. Prokschi 2013), die serbische (vgl. Kisić 2013), die rumänische (vgl. Munteanu/Röhrer-Ertl 2013), die bulgarische (vgl. Lis 2013), die georgische (vgl. Kohlbacher 2013) und weitere Kirchen zu den Gemeinschaften der byzantinischen Tradition. Da diese Kirchen traditionell die meiste Zeit ihrer Geschichte eng in das jeweilige Staatswesen integriert waren, haben sich ihre Strukturen über die Zeit in der Regel weniger verändert, auch wenn einige von ihnen in der jüngeren Vergangenheit – etwa in der Sowjetunion – zeitweise stark unter Druck standen. Die Gesamtzahl orthodoxer Christinnen und Christen wird weltweit auf etwa 200 Millionen Menschen geschätzt (Johnson/Zurlo 2020: 7; Oeldemann 2016: 68).

Deutlich stärker als die sogenannten Kirchen des Ostens hat sich seither dagegen das westliche (also ehemals weströmische) Christentum gewandelt. Als einschneidendes Ereignis wird hier in der Regel die Reformation in der ersten Hälfte des 16. Jahrhunderts gewertet, in deren Folge sich im Wesentlichen die heute existierenden konfessionellen Identitäten des *römischen Katholizismus* (→ s. Kap. 6) sowie des *Protestantismus* (→ s. Kap. 7) herausbildeten (auch wenn letzterer heute in eine unüberschaubare Vielfalt an Untergruppen zergliedert und als analytische Kategorie damit problematisch ist). Und auch wenn beide Konfessionen bekanntermaßen Traditionen bündeln, von denen viele deutlich älter sind, so lässt sich argumentieren, dass erst die gegenseitige Abgrenzung voneinander im Rahmen des Zerfalls der westlichen, mittelalterlichen Kirche die beiden heute existierenden konfessionellen Gruppenidentitäten hervorgebracht hat (man spricht daher von dieser Zeit auch als dem „konfessionelle[n] Zeitalter" [Moeller 2004: 265]). Während sich die katholische Kirche auf dem Konzil von Trient (1545–1563) konsolidierte und damit im Wesentlichen ihren heutigen konfessionellen Status (vgl. Hauschild 2010: 475–560; Moeller 2004: 258–265) mit ihren etwa 1,2 Milliarden Mitgliedern begründete (→ s. Kap. 6.2.1), so handelte es sich bei der ‚Gegenpartei' von Anfang an um ein uneinheitliches Phänomen (vgl. Graf 2017). Ausgehend vom lutherischen und reformierten (auf die Reformation in der Schweiz zurückgehenden) Protestantismus[4] (→ s. Kap. 7.2) bildete sich als englische ‚Sonderform' ab Mitte des 16. Jahrhunderts außerdem die *anglikanische*

---

4 Daneben existieren ebenfalls sogenannte unierte Kirchen, in denen sich lutherische und reformierte (oder auch andere, etwa anglikanische) Gemeinschaften zusammengeschlossen haben.

Kirche (vgl. Hauschild 2010: 220–226; → s. Kap. 7.3). Diese ist heute vor allem in den Ländern des Commonwealth verbreitet und umfasst nach eigenen Angaben mehrere Zehnmillionen Anhängerinnen und Anhänger.[5]

Ungleich komplexer und diverser präsentiert sich dagegen das große Feld solcher protestantischer Strömungen, die sich im weiteren Sinne als *erweckliches Christentum* oder *Erweckungsbewegungen* zusammenfassen lassen (→ s. Kap. 7.5). Diese stehen jedoch häufig in keinem direkten Verhältnis zueinander und können damit keinesfalls als eine in irgendeiner Form einheitliche ‚Bewegung' verstanden werden. Als Vorläufer dieses Feldes gelten im Allgemeinen der im 17. Jahrhundert aus dem Luthertum hervorgegangene Pietismus (vgl. Hauschild 2010: 680–715) (→ s. Kap. 7.5.2) sowie die von diesem inspirierte (zunächst anglikanische) Reformbewegung des Methodismus (vgl. Hauschild 2010: 715–720) (→ s. Kap. 7.5.3). Beide Bewegungen betonen – in Abgrenzung zu den diffizilen Lehrgebäuden der systematischen Theologie – vor allem die *praktische* Rolle der christlichen Frömmigkeit in Alltag und Lebenseinstellung. Diese ‚erweckliche' Frömmigkeit konnte sich vor allem im Zuge der Kolonisierung Nordamerikas ausbreiten und legte dort zusammen mit den puritanischen (reformierten, zeitweise aus der anglikanischen Kirche ausgeschlossenen) *pilgrim fathers* das Fundament für die vielgestaltige US-amerikanische Kirchenlandschaft (→ s. Kap. 7.5.4). Besonders das 19. Jahrhundert gilt einigen Beobachtern als das „methodistische Zeitalter Amerikas" (Dayton 2004: 64); heute zählen weltweit etwa 32 Millionen Gläubige zu methodistischen Gemeinschaften und Kirchen (vgl. Johnson/Zurlo 2020: 7).

Die Konsolidierung erwecklicher Kirchen in den USA (vgl. Hochgeschwender 2017a) fiel dabei mit der Hochphase des britischen Imperialismus zusammen, der mit seiner weltweiten modernen Infrastruktur auch den zahllosen missionsorientierten US-amerikanischen Gruppen entgegenkam. Deren Missionseifer, vor allem aber der große kulturelle Einfluss der Vereinigten Staaten im 20. Jahrhundert, führte augenscheinlich dazu, dass das starke Wachstum des Christentums außerhalb Europas (neben dem Katholizismus) maßgeblich auf das Konto der Erweckungsbewegungen geht. Dies umfasst die sogenannten Evangelikalen (vgl. Suarsana 2017a) (→ s. Kap. 7.7), eine Bezeichnung, die auf das englische *Evangelicals* zurückgeht, die sich ab Anfang des 20. Jahrhunderts gegen die *mainline Protestants*[6] in den USA positionierten, und denen heute weltweit etwa 387 Millionen Menschen zugerechnet werden (vgl. Johnson/Zurlo 2020: 7); in Deutschland setzte sich die Bezeichnung ab den 1960er-Jahren auch im freikirchlichen Milieu durch, auch wenn viele dieser Kirchen ältere Ursprünge haben. Es betrifft zum Zweiten aber besonders die sogenannten charismatischen oder pfingstlichen Bewegungen (vgl. Haustein/Maltese 2014; Suarsana 2010) (→ s. Kap. 7.6), deren globale Anhängerschaft derzeit auf mehr als eine halbe Milliarde geschätzt wird (wenngleich sich die Zahlen hier mit anderen Kirchen deutlich überschneiden

---

5 https://www.anglicancommunion.org/structures/member-churches.aspx?s=GK (Stand: 18.4.2024). Johnson/Zurlo (2020: 7) nennen dagegen 97 Millionen.
6 Hierzu zählen ‚klassische' Konfessionskirchen wie Lutheraner, Reformierte und Anglikaner/Episkopale, darüber hinaus aber auch Teile der Baptisten und Methodisten. Dieser Umstand zeigt, dass die verschiedenen Kategorien alles andere als trennscharf verwendet werden können, da sie gleichzeitig im religiösen Feld als Identitätspositionierungen dienen.

können). Historisch teilweise im US-amerikanischen Methodismus verwurzelt, gewann deren Frömmigkeit weltweit ab Mitte des 20. Jahrhunderts an Bedeutung; einerseits durch die Öffnung der katholischen Kirche und anderer etablierter Gemeinschaften für die ‚geistgeleitete' Spiritualität der Pfingstler (engl. *Pentecostals*), sodass charismatische Praktiken wie die Taufe im Heiligen Geist (inklusive der Praktizierung der Geistgaben, griech. *charismata*) auch in viele ‚klassische' Kirchen einzogen (vgl. Suarsana 2017b: 25f.); zum anderen aber auch aufgrund der starken Übernahme charismatischer Frömmigkeit im breiten Feld der globalen Erweckungsbewegungen: Zwar waren diese zu einem gewissen Teil ihrerseits bereits auf Missionsbemühungen der US-amerikanischen Pfingstbewegung seit Beginn des 20. Jahrhunderts zurückgegangen. Befördert durch die modernen Massenmedien eigneten sich jedoch auch unzählige Kirchen ohne direkten Kontakt zu pfingstlichen Gruppen deren Theologie und Spiritualität an und zählten sich (wenn überhaupt) erst in der Folgezeit zur weltweiten Pfingstbewegung (vgl. Suarsana 2010: 54–79; Suarsana 2017b: 26–30). Diese vielen vor allem im globalen Süden angesiedelten Kirchen werden auch als *neo-charismatisch* bezeichnet und machen heute den größten Teil des diffusen Feldes der weltweiten Pfingstbewegung aus.

Ebenfalls stark mit dem US-amerikanischen Kontext verbunden sind die baptistischen Kirchen (→ s. Kap. 7.4), die indes nicht direkt den heute existierenden Erweckungsbewegungen zuzurechnen sind. Diese Konfessionsfamilie geht historisch auf eine durch einen ehemaligen anglikanisch-puritanischen Priester gegründete Gemeinschaft in den Niederlanden zurück, welche die sogenannte ‚Glaubenstaufe' praktizierte, also die Taufe mündiger Menschen, die ein bewusstes Bekenntnis zu Jesus Christus abgelegt haben. Weltweit gelten heute etwa 84 Millionen Menschen als Mitglieder baptistischer Gemeinschaften (vgl. Johnson/Zurlo 2020: 7), von denen ein großer Teil in den USA lebt.

Konfession (Kategorien überschneiden sich teilweise)	Anhängerzahl[7] (Daten überschneiden sich z.T. ebenfalls)
Altorientalische Kirchen	ca. 70 Millionen
Orthodoxe Kirchen der byzantinischen Tradition	ca. 200 Millionen
Römisch-katholische Kirche	1,2 Milliarden
Lutherische Kirchen	69,8 Millionen
Reformierte Kirchen	65,4 Millionen
Anglikanische Kirche	ca. 80 Millionen
Methodisten	31,8 Millionen
Baptisten	84,1 Millionen
Evangelikale	387 Millionen

---

[7] Zahlen mithilfe der im Fließtext angeführten, sich zum Teil widersprechenden Quellen ermittelt.

2. Ausgangspunkt: Christentum heute

Konfession (Kategorien überschneiden sich teilweise)	Anhängerzahl[7] (Daten überschneiden sich z.T. ebenfalls)
Pfingstlich-charismatisches Christentum	635,3 Millionen

Tab. 2.2: *Weltweites Christentum nach Konfessionen (Quellen: Johnson/Zurlo 2020; Oeldemann 2016)*

2.3. Ein Wort zur verwendeten Terminologie

Die Terminologie, die in diesem Kapitel (sowie auch im gesamten Buch) zur Bezeichnung der genannten christlichen Konfessionen und Gruppen verwendet wurde, ist dem Bestreben geschuldet, auf begrenztem Raum eine allgemeinverständliche und vor allem anschlussfähige Übersicht über die äußerst komplexe und diffuse christliche Landschaft der Gegenwart zu ermöglichen. Der knappe Überblick über die konfessionelle Struktur des heutigen Christentums hat bereits gezeigt, dass die verwendeten Bezeichnungen dabei keinesfalls dazu geeignet sind, trennscharf und präzise die verschiedenen Gruppierungen in ihren unzähligen Varianten voneinander abzugrenzen (geschweige denn, ihre theologischen und institutionellen Nuancen auch nur ansatzweise zu erfassen). Dies gilt umso mehr für das Christentum abseits der traditionellen Konfessionskirchen, also vor allem für den Bereich der hier als ‚Erweckungsbewegungen' bezeichneten Strömungen. Schon dieser Ausdruck ist weitgehend pragmatischer Natur, um das Feld für die vorliegende Darstellung behelfsmäßig zu strukturieren, und wird praktisch nirgendwo als Selbstbezeichnung einer spezifischen Gruppe gebraucht. Problematisch sind in diesem Zusammenhang auch solche Termini, die von christlichen Akteuren selbst in unterschiedlichen Kontexten zur politischen und identitätsbezogenen Positionierung verwendet werden. Dies führt dazu, dass Ausdrücke wie *evangelikal* oder *pentekostal* in unterschiedlichen Zusammenhängen verschiedene Bedeutungen haben können, was sich zum Beispiel daran zeigt, dass das englische *Evangelical* nicht deckungsgleich mit dem deutschen Pendant *evangelikal* sein muss. Hinzu kommt, dass auch in wissenschaftlichen Publikationen der Terminus recht uneinheitlich verwendet wird – nicht zuletzt auch deshalb, weil wichtige Arbeiten in diesem Bereich selbst von evangelikalen Forschenden geleistet wurden (dasselbe gilt selbstredend für den Terminus *Pfingstbewegung*).

Aus der oben skizzierten kulturwissenschaftlichen Perspektive sind die geschilderten Umstände allerdings nur ein Scheinproblem. Schließlich geht es hier *nicht* darum, aus den empirischen Befunden abstrakte Kategorien abzuleiten, sondern vielmehr, die Debatten und Positionierungen im religiösen Feld nachzuvollziehen und einzuordnen. Die Selbst- und Fremdzuschreibungen in den verschiedenen Kontexten, die die jeweiligen Akteure mithilfe unterschiedlicher Termini wie *Evangelikalismus* oder *Pfingstbewegung* betreiben, gehören hierbei zum Kernbereich unseres Untersuchungsgegenstandes; ihre uneinheitliche Verwendung in der

---

[7] Zahlen mithilfe der im Fließtext angeführten, sich zum Teil widersprechenden Quellen ermittelt.

Welt ‚da draußen' braucht uns also nicht zu verunsichern. Die in diesem Buch gebrauchte Terminologie ist daher in dem Sinne angelegt, dass den Leserinnen und Lesern wichtige Diskurse und Positionierungen in der heutigen christlichen Welt transparent und verständlich gemacht werden können. Die manchmal unpräzisen, sich überschneidenden (und zuweilen auch uneinheitlichen) Gattungsbezeichnungen stellen also erste Einstiegsorte zur Beschäftigung mit den einzelnen Phänomenen dar und dienen damit wie gesagt vor allem dem pragmatischen Zweck, allgemeinverständlich zu beschreiben, was wir in der (christlichen) Welt sehen.

Literatur zum Einstieg

- Peter Antes: Christentum. Eine religionswissenschaftliche Einführung. Berlin: LIT 2012.
  → Gut lesbare, allgemeinverständliche Einführung in wichtige theologische und historische Grundlagen des Christentums.
- Gisa Bauer/Paul Metzger: Grundwissen Konfessionskunde. Tübingen: Narr Francke Attempto 2019.
  → Kompakter Überblick über praktisch alle relevanten Konfessionen und Gruppierungen im Bereich des Weltchristentums mit besonderem Blick auch auf den deutschen Kontext.
- Franz Xaver Bischof/Thomas Bremer/Giancarlo Collet/Alfons Fürst: Einführung in die Geschichte des Christentums. Freiburg/Basel/Wien: Herder 2014.
  → Umfangreiche, vor allem historisch interessierte Einführung mit einem betont globalen Fokus.

Literatur zur Vertiefung

- Wolf-Dieter Hauschild: Lehrbuch der Kirchen- und Dogmengeschichte. 2 Bände. Gütersloh: Gütersloher Verlagshaus 2007/2010.
  → Klassisches Lehrwerk zur Vorbereitung auf das theologische Examen, aber auch gut als Nachschlagewerk geeignet.
- Jens Holger Schjørring/Norman A. Hjelm/Kevin Ward (Hrsg.): Geschichte des globalen Christentums. 3 Bände. Stuttgart: Kohlhammer 2017/2018.
  → Umfangreiches, von verschiedenen Expertinnen und Experten verfasstes Werk, das (anders als viele vergleichbare Werke aus dem Bereich der Kirchengeschichte) einen betont globalen, konfessionsübergreifenden Ansatz verfolgt.
- Heiko A. Oberman/Adolf Martin Ritter/Hans-Walter Krumwiede/Volker Leppin (Hrsg.): Kirchen- und Theologiegeschichte in Quellen. 6 Bände. Versch. Autoren u. Auflagen, Neukirchen-Vluyn: Neukirchener/Göttingen: Vandenhoeck & Ruprecht 1977–2021.
  → Ständig aktualisierte Reihe, die einen chronologischen Überblick über die Geschichte des weltweiten Christentums mit Hilfe historischer Quellentexte ermöglicht, die jeweils pointiert von verschiedenen Fachleuten kommentiert und historisch eingeordnet werden.

3. Kontextualisierung: Älteres Christentum

Überblick

Das Kapitel stellt die geschichtliche Entwicklung der verschiedenen christlichen Strömungen und Gruppierungen von den Anfängen bis zur Reformation dar. Dies dient dem Zweck, die sich daran anschließenden Abschnitte zu den einzelnen Konfessionen (ab Kap. 4) zu kontextualisieren, indem wesentliche historische Prozesse und Sachverhalte präsentiert werden, deren Kenntnis für ein fundiertes Verständnis der konfessionellen Unterschiede unumgänglich ist. Zunächst werden die antiken Hintergründe (einschließlich der biblischen Überlieferung) behandelt und die philosophischen Grundlagen zentraler theologischer Konzepte skizziert. Anschließend werden die verschiedenen antiken Hauptströmungen dargestellt (lateinisch-griechisches, ägyptisches, syrisches und persisches Christentum), die die konfessionelle Welt bis heute prägen. Ab Kap. 3.4 verengt sich der Blick zunächst auf das römische und schließlich auf das lateinische Christentum, um wichtige Aspekte der auf diese Richtung zurückgehenden Kirchen zu behandeln: das Papsttum, die Spaltung der römischen Kirche in einen lateinischsprachigen und einen griechischsprachigen Teil, Kreuzzüge, Inquisition, Klöster und Ordensgemeinschaften sowie den Zerfall der lateinischen Kirche im Zuge der Reformation im 16. Jahrhundert.

3.1. Antike Hintergründe

Ab welchem Zeitpunkt vom Christentum als einer eigenständigen Größe gesprochen werden kann, ist in der Forschung umstritten. Einige Forschende bezweifeln sogar, dass es im 1. Jahrhundert n. Chr. überhaupt ein *gemeinsames* Verständnis als Christen unter den verschiedenen, im Kontext des spätantiken Judentums verankerten Gruppierungen gegeben hat. Vielmehr sei ein entsprechendes Bewusstsein argumentativ erst im späteren Rückblick in die Frühzeit rückgedeutet worden. Damit sei im Nachhinein der Mythos einer Urkirche geschaffen worden, die als solche jedoch nicht existiert habe (vgl. Arnal 2011). Dieses ‚Zurückschreiben' der Geschichte einer christlichen Identität des 2. oder 3. Jahrhunderts in die Zeit davor wäre dann mitverantwortlich dafür, dass wir heute von einer einzigen Religion sprechen, die scheinbar von Jesus Christus begründet wurde (vgl. Vinzent 2019: 54–63).

Schließt man sich dieser Sichtweise an, so können die Entwicklungen des 1. Jahrhunderts (und das schließt natürlich die Person Jesu sowie seine Jünger mit ein) nur als historischer *Kontext* jener Größe verstanden werden, die sich erst mehrere Generationen später als ‚Kirche(n)' konstituierte. In diesem Zusammenhang können verschiedene Prozesse genannt werden, die in der Folgezeit zu einer christlichen Tradition (als Basis einer entsprechenden Gruppenidentität) gebündelt wurden, und von denen das Wirken Jesu nur eine, wenngleich zweifellos zentrale, Entwicklung repräsentiert.

3. Kontextualisierung: Älteres Christentum

3.1.1. Historischer und verkündigter Jesus

Über die historische Person des Jesus von Nazareth ist – nach heutigen Maßstäben – vergleichsweise wenig bekannt. Seine Existenz gilt als gesichert, weil sich die Bildung seiner Anhängerschaft(en) sonst deutlich schwieriger und nur unter Heranziehung einiger Zusatzannahmen erklären ließe (vgl. Antes 2012: 66). Außerchristliche Quellen, die über den historischen Jesus Auskunft geben könnten, sind selten und gehen über einige rudimentäre Aussagen nicht hinaus (vgl. Theißen/Merz 2011: 73–95). Die biblischen und außerbiblischen frühchristlichen Texte (vgl. ebd.: 35–72) sind durch die religiöse Verkündigungsabsicht ihrer Autoren stark theologisch überformt, weshalb sich die Rekonstruktion einer historischen Biographie Jesu im Allgemeinen schwierig gestaltet.

Als gesichert gilt, dass er aus dem Dorf Nazareth in Galiläa stammt. Die Erwähnung Bethlehems in den biblischen Geburtsgeschichten entspringt wahrscheinlich späteren Legenden, die den Geburtsort Jesu in die Stadt Davids verlegen, der nach jüdischer Tradition auch der erwartete Messias (→ s. Kap. 3.1.2) entstammen soll (vgl. Demandt 2005: 3 f.). Auf eine Nazareth-Geburt verweist indes – wie in der Antike häufig – der Beiname „von Nazareth" (Strotmann 2019: 57). Als seine Eltern werden in den Quellen übereinstimmend Maria und Josef genannt; außerdem werden Geschwister erwähnt, namentlich sein Bruder Jakobus. Seinen Beruf als „Bauhandwerker" (ebd.: 59) sowie seine religiösen Grundkenntnisse dürfte er von seinem Vater erworben haben, somit kann er durchaus als ein Mann des ‚einfachen Volkes' bezeichnet werden. Jesu Muttersprache war Aramäisch, vermutlich konnte er aber auch Hebräisch und etwas Griechisch (vgl. ebd.: 59). Laut der Überlieferung steht der Beginn seines öffentlichen Wirkens im Zusammenhang mit seiner Taufe (um das Jahr 29) durch den jüdischen Prediger Johannes den Täufer (hingerichtet um 30) – „eines der sichersten Daten im Leben Jesu" (Theißen/Merz 2011: 184). Von seinem Lehrer Johannes hat er wahrscheinlich den „Glauben an das nahe Gericht und [die] Notwendigkeit von Umkehr und Taufe zur Vergebung der Sünden" (ebd.: 184) übernommen. Solche Ideen waren in der antiken jüdischen Umwelt Jesu nicht selten: Besonders die zeitgenössischen prophetisch-charismatischen Erneuerungsbewegungen taten sich in „Reaktion auf die desolate sozioökonomische und religiös-politische Lage" (Strotmann 2019: 85) unter römischer Besatzung mit vergleichbaren Endzeiterwartungen hervor.

In seiner kurzen Wirkungszeit von vielleicht ein bis zwei Jahren (vgl. ebd.: 64 f.), während der er (mit Ausnahme von Jerusalem am Ende seines Lebens) vor allem in der nordwestlichen Region um den See Genezareth (in Galiläa) umhergewandert ist, verkündete Jesus – ganz im Rahmen seiner kontextuellen Prägung (vgl. ebd.: 105–107) – seine Botschaft vom Königtum Gottes (griech. *basileia tou theou*). Doch anders als andere Prediger seiner Zeit hat er das nahe Anbrechen des Himmelreichs offenbar nicht mit der Ansicht verknüpft, dass nur solche Menschen vor Gottes Gericht bestehen, die sich „ein Leben lang an alle Ge- und Verbote des jüdischen Reinheitsgesetzes gehalten haben" (Antes 2012: 70). Vielmehr galt seine Botschaft in erster Linie den „deklassierten und unterprivilegierten Gruppen Israels" (Strotmann 2019: 114): den wirtschaftlich und sozial Entwurzelten, aber auch Behinderten und Kranken, ebenso wie „Menschen mit moralischen Defiziten" (ebd.: 116). Ihnen stellte er das „Bild vom barmherzigen und verzeihenden Gott" (Antes 2012: 70) vor Augen, indem er „Menschen, die an unterschiedlichsten Defiziten leiden und bisher unterprivilegiert waren, bis hin zu Sündern und Sünderinnen" (Strotmann 2019: 123), das nahe Reich Gottes zusagte – und in diesem Zusammenhang zur sofortigen Umkehr aufrief.

Ob diese „Vorordnung der Gnaden- vor der Gerichtspredigt" (Theißen/Merz 2011: 216) letztlich zum Konflikt mit den jüdischen und römischen Obrigkeiten geführt hat, ist unklar; wenn überhaupt erklärt sie seine Verhaftung und anschließende Hinrichtung nur zum Teil. Sicher ist indes, dass er auf Befehl des römischen ‚Statthalters' von Judäa, Pontius Pilatus (Präfekt von 26 bis 36), in Jerusalem den Kreuzestod starb, was einer damals vor allem bei Aufständischen angewandten Hinrichtungsmethode entsprach, wahrscheinlich als Folge einer Anklage auf Hochverrat (vgl. Strotmann 2019: 168 f.). Dafür spricht auch die Kreuzesinschrift ‚Der König der Juden', die die Wahrnehmung der Römer von Jesus als politischem Aufrührer belegt (vgl. Schnelle 2019: 69). Mit seiner Grablegung in der Gruft eines gewissen Josef von Arimathäa, der ansonsten unbekannt ist, enden die historischen Erkenntnisse zum Leben Jesu.

Doch das „eigentlich Merkwürdige und für die Folge Entscheidende war, daß damit die Sache nicht erledigt gewesen ist. Im Gegenteil: Die Sache Jesu ging weiter" (Antes 2012: 68). Aufschluss darüber geben die sogenannten *Ostertexte* des Neuen Testaments, die den Glauben seiner Anhängerinnen und Anhänger daran bezeugen, dass Jesus nicht länger tot, sondern auferstanden sei. Zu diesen Texten zählt zum einen die Tradition der frühen Glaubensformeln, die in den Briefen als den ältesten neutestamentlichen Schriften, aber auch in den Reden der Apostelgeschichte überliefert ist, und deren Kern lautet: „Gott hat Jesus von den Toten auferweckt" (Theißen/Merz 2011: 422). Doch auch die erzählenden Texte der Evangelien belegen die Überzeugung ihrer Urheber, dass Jesus nicht tot, sondern auferstanden sei als der Herr und „Messias" (griech. *christos*, latinisiert: Christus) (vgl. ebd.: 415–446).

Aufmerksam Lesenden wird nicht entgangen sein, dass sich unser Erkenntnisinteresse soeben verschoben hat: War bislang der historische Jesus im Zentrum der Ausführungen, so rücken nun seine Jünger in den Fokus – und damit die Sichtweise, die sie mit seiner Person verbunden haben. Und anders als Jesu Auferstehung lässt sich zumindest deren *Verkündigung* von Jesus als dem Auferstandenen historisch nachweisen. In diesem Zusammenhang ist sich die Forschung weitgehend einig darüber, dass sich die Verkündigung der Jünger von dem, was Jesus wahrscheinlich selbst gelehrt hat, in wichtigen Punkten unterscheidet (man spricht dabei auch vom sogenannten „Ostergraben" [ebd.: 447]): „Durch die Bekenntnisformel ‚Jesus ist der Christus' war Jesus selbst zum Inhalt und Gegenstand der christlichen Verkündigung geworden. Der historische Jesus […] dagegen hat sich selbst vermutlich nicht verkündet" (Antes 2012: 69). Durch diesen Prozess „wurde aus dem historischen Jesus der ‚kerygmatische Christus', d. h. eine verkündigte Heils- und Erlösergestalt" (Theißen/Merz 2011: 447), wie er uns bald schon bei Paulus (gest. ca. 60) begegnet. Dieser schreibt in seinem im Neuen Testament enthaltenen Brief an die christliche Gemeinde in Korinth: „Denn vor allem habe ich euch überliefert, was auch ich empfangen habe: Christus ist für unsere Sünden gestorben, gemäß der Schrift, und ist begraben worden. Er ist am dritten Tage auferweckt worden, gemäß der Schrift, und erschien dem Kephas [Petrus], dann den Zwölf"[8] (1 Kor 15,3–5). Und weiter heißt es: „Ob nun ich verkündige oder die anderen: das ist unsere Botschaft, und das ist der Glaube, den ihr angenommen habt" (1 Kor 15,11).

Die Unterscheidung zwischen dem historischen und dem verkündigten Jesus ist also keine akademische Spitzfindigkeit. Denn die bereits in den ältesten Texten des Neuen Testaments nachzuweisende Überzeugung von Jesus Christus als dem Messias und Erlöser im Angesicht des nahen Weltgerichts bildete die Basis dessen, was sich später als christliche Kirche verstehen sollte – und *nicht* die historische Person des Jesus von Nazareth, die in diesen Texten daher auch nur rudimentär greifbar wird. Mit anderen Worten: Nicht Jesus selbst ist der Begründer des Christentums (sofern es überhaupt jemals als Einheit existiert hat), sondern die Menschen, die ihn im Nachhinein als den Messias und Sohn Gottes verkündet haben. Daher muss sich unser Augenmerk nun zunächst auf deren historische Umwelt richten, wenn wir verstehen wollen, wie sich in den ersten Jahrhunderten nach Jesu Tod das herausbilden konnte, was heute im Allgemeinen als *Alte Kirche* bezeichnet wird.

3.1.2. Weitere Einflüsse aus der antiken Umwelt

Wie bereits angeklungen, waren zentrale Konzepte, die später auch in die Verkündigung von Jesus als dem Christus eingeflossen sind, stark durch das antike jüdische Umfeld der Akteure geprägt. Bereits erwähnt wurden die verschiedenen apokalyptischen Traditionen, die das nahende Ende der Welt mit dem ‚jüngsten Gericht' verbanden, das die endgültige Herrschaft Gottes gegen alle Widrigkeiten und feindlichen Mächte einleiten würde (vgl. Schnelle 2019: 77–79). Damit verbunden war oftmals die Vorstellung des kommenden Messias (wörtlich: Gesalbter), der am Beginn der „endzeitlichen Wende stehen und Israels zukünftiges Heil heraufführen sollte[…]" (Roloff 2004: 51). Auch wenn es im antiken Judentum keine einheitliche Messiasvorstellung gegeben hat, so lassen sich doch einige Elemente in verschiedenen jüdischen Strömungen identifizieren, die später zum Teil offenbar mit Jesus verbunden wurden: So war in pharisäischen Kreisen im Angesicht der römischen Eroberung Palästinas die Erwartung eines „Heilskönig[s] aus dem Geschlecht Davids" (ebd.: 52) aufgekommen, der das Volk Israel aus den Händen der fremden Besatzer erretten würde. „Wieder andere Kreise erwarteten für die Endzeit die Erscheinung einer geheimnisvollen himmlischen Richtergestalt, des ‚Menschensohnes'" (ebd.: 52). Mit den Zeloten existierte sogar eine Strömung, deren Anführer sich selbst als Gesandte Gottes zur Befreiung Israels verstanden und sich daher zum jüdischen König proklamierten – ein Verdacht, dem offenbar auch Jesus ausgesetzt war, wie die oben erwähnte Kreuzesinschrift zeigt (vgl. Schnelle 2019: 68 f).

---

[8] Alle Bibelzitate nach der Einheitsübersetzung.

Doch neben dem antiken Judentum übten auch zahlreiche weitere, im Kontext des griechisch-römischen Kulturraums angesiedelte Strömungen Einfluss auf die Konsolidierung des frühen Christentums aus. Dies ist wenig verwunderlich, wenn man sich vor Augen führt, dass Anhängerinnen und Anhänger Jesu bereits zu Anfang des 2. Jahrhundert weit über den Großraum Palästina und das Judentum hinaus nachzuweisen sind. Dies betrifft vor allem die Regionen Syrien, Kleinasien, Griechenland sowie Süditalien, und wahrscheinlich auch schon Ägypten, den Balkan, Spanien und sogar Norditalien (vgl. Öhler 2018: 28). All diese Gebiete verband zu dieser Zeit eine starke (seit Alexander d. Gr. [356–323 v. Chr.] vorherrschende) hellenistische Prägung, die sich in der Adaption griechischer Denkformen, kultureller Elemente sowie der Verbreitung des Griechischen als *lingua franca* in weiten Teilen des römischen Reichs äußerte (vgl. Öhler 2018: 28 f.). Ausdruck dieses Umstands sind auch die Schriften des Neuen Testaments (→s. Kasten), die im Original im sogenannten *Koine*-Griechisch, also der allgemein verbreiteten Verkehrssprache, verfasst sind, obgleich ihre Autoren keine Griechen im engeren Sinne waren, sondern vielmehr Vertreter eines hellenisierten Judentums.[9]

> **Der biblische Kanon**
>
> Die Bibel (von griech. *biblia*, „Bücher"), wie wir sie heute als die heilige Schrift des Christentums kennen, ist das Ergebnis eines langen Entstehungsprozesses, der bis ins 5. Jahrhundert andauerte. Den frühchristlichen Gemeinden des 1. und 2. Jahrhunderts lag der Text also nicht in seiner heutigen Form mit Altem und Neuem Testament vor. Ihre heilige Schrift, die auch Jesus bekannt war, war der *Tanach*, also die jüdische Bibel, die im Wesentlichen mit dem christlichen *Alten Testament* identisch ist (vgl. Schmid 2021: 7). Er ist ursprünglich auf Hebräisch verfasst und enthält die *Tora* (von hebr. *torah*, Weisung), also die für das antike Judentum verbindlichen fünf Bücher Mose, die *Propheten* (hebr. *nevi'im*), sowie die *Schriften* (hebr. *ketuvim*), die u. a. die Geschichtsbücher des Volkes Israel, verschiedene Lehrbücher sowie die Psalmen, eine Sammlung poetischer Texte, umfassen (vgl. ebd.: 17–77). Die Texte, die heute im *Neuen Testament* zusammengefasst sind, sind erst nach dem Tode Jesu entstanden und keine Augenzeugenberichte. Sie sind im Original in griechischer Sprache verfasst. Die ältesten dieser Texte sind die *Briefe* des Paulus von Tarsus (ca. 10–60), der vielen als der erste Theologe des Christentums gilt. Sie sind wahrscheinlich um die Jahre 50 bis 60 im Kontext der Korrespondenz des umherreisenden Paulus mit verschiedenen lokalen christlichen Gemeinden entstanden (vgl. ebd.: 82–85) und enthalten viele Gedanken, die später durch die christliche Theologie aufgegriffen wurden. Daneben existieren noch einige weitere Briefe anderer Urheberschaft, die (zusammen mit den paulinischen Briefen) gegen Ende des 1. Jahrhunderts als Textsammlungen nachweisbar sind (vgl. Hauschild 2007: 79). Etwa zur selben Zeit entstanden die vier *Evangelien*, die sich aus der Retrospektive mit dem Wirken Jesu, seinem Tod am Kreuz und seiner Auferstehung befassen (vgl. Schmid 2021: 85–89). Bei diesen Texten handelt es sich nicht um von Grund

---

9 Besonders das in der Diaspora, also außerhalb Palästinas angesiedelte Judentum war in dieser Zeit ebenfalls „politisch und kulturell ein Teil des Hellenismus" (Schnelle 2019: 32). Davon zeugt nicht zuletzt die griechische Übersetzung der hebräischen Bibel, die sogenannte *Septuaginta*, als Teil einer reichhaltigen jüdisch-hellenistischen Literaturproduktion, auf die sich auch die meisten Texte des neuen Testaments beziehen.

auf durchkomponierte Bücher, sondern ebenfalls um Sammlungen verschiedener, in den Gemeinden bereits bekannter Texte zum Leben Jesu, die von den ‚Redakteuren' in einen groben erzählerischen Rahmen gesetzt wurden. Die vier Evangelien sind insgesamt recht ähnlich, was damit zusammenhängt, dass sie teilweise voneinander abhängen. Das älteste Evangelium ist das *Markusevangelium* (Mk), das um das Jahr 70 entstanden ist (vgl. Conzelmann/Lindemann 2004: 314–325). Es findet sich vollständig (und größtenteils wörtlich) im *Matthäus-* und *Lukasevangelium* (Mt bzw. Lk; beide um 80 entstanden [vgl. ebd.: 326–347]) wieder, die den übernommenen Text durch weitere Überlieferungen (die sog. *Logienquelle* mit Aussprüchen Jesu sowie weiteres Sondergut) ergänzt haben (diese These wird in der Forschung als *Zweiquellentheorie* bezeichnet). Von dem Verfasser des Lukasevangeliums stammt auch die *Apostelgeschichte* (Apg), die (im Anschluss an die Auferstehung Jesu) die Geschichte der frühen christlichen Gemeinden zum Inhalt hat (vgl. ebd.: 348–360). Weil Mk, Mt und Lk textgeschichtlich eng verbunden sind, spricht man von ihnen auch als den *synoptischen Evangelien* (von griech. *synopsis*, „Zusammenschau"). Das jüngste Evangelium ist das *Johannesevangelium* (Joh), das um das Jahr 100 entstanden ist (vgl. ebd.: 361–378). Es hat einen insgesamt recht eigenständigen Charakter, auch wenn der Verfasser die synoptischen Evangelien vermutlich in der ein oder anderen Form gekannt hat.

Die heute im Neuen Testament zusammengefassten Texte dienten bis ins 2. Jahrhundert nicht nur der Verkündigung Jesu als dem Messias, sondern vor allem auch als Interpretationshilfe für die jüdische Bibel, auf die sie ausgiebig Bezug nehmen. Daher hoben sie sich bald vor anderen christlichen Texten dieser Zeit hervor (vgl. Hauschild 2007: 79). Besonders die genannten Briefsammlungen zeigen, dass bereits Ende des 1. Jahrhunderts eine Art autoritative Lehrtradition in Form der (paulinischen) Briefe existierte. Gegen Ende des 2. Jahrhunderts sind dann auch Evangeliensammlungen nachweisbar (vgl. ebd.: 79), die darum bemüht sind, Texte zum Leben Jesu zusammenzustellen – vielleicht, weil die auf Augenzeugen zurückgehenden mündlichen Überlieferungen allmählich verblasst sind. Neben den vier im Neuen Testament enthaltenen Evangelien existieren noch einige weitere, etwa das Petrusevangelium, das Judasevangelium oder die in koptischer (also ägyptischer) Sprache überlieferten Evangelien des Thomas und der Maria. Dass solche Texte, die auch als *Apokryphen* bezeichnet werden, am Ende nicht ins Neue Testament aufgenommen wurden, hängt vermutlich damit zusammen, dass sie zum einen in der Regel zeitlich etwas später als die vier kanonischen Evangelien entstanden sind, zum anderen aber auch weniger bekannt waren. Darüber hinaus enthalten sie teilweise theologische Lehren, die offensichtlich im frühen Christentum nicht ‚mehrheitsfähig' waren (vgl. Schmid 2021: 93).

Der erste Versuch, christliche Texte zu einem autoritativen Kanon zu bündeln, stammt von dem Gnostiker Markion (ca. 90–160) (vgl. Hauschild 2007: 75). Da die gnostische Philosophie von vielen Zeitgenossen als Irrlehre angesehen wurde, entstand wohl um das Jahr 200 – in gewissem Sinne als eine Art ‚Gegenkanon' – der sogenannte *Kanon Muratori* in Rom, der bereits die meisten der heute gebräuchlichen Texte des Neuen Testaments enthielt (vgl. ebd.: 79). In seiner heutigen Form mit insgesamt 27 Texten fixiert wurde der neutestamentliche Kanon durch eine Reihe von Bischofssynoden im späten 4. und frühen 5. Jahrhundert (vgl. ebd.: 80); seither gilt er den christlichen Kirchen neben dem

Alten Testaments[10] als autoritatives Zeugnis der Offenbarung Gottes. Er enthält die vier Evangelien (Mt, Mk, Lk, Joh), die Apostelgeschichte (Apg), die Briefe des Paulus und anderer Autoren sowie die *Offenbarung des Johannes* (Offb), eine Ende des 1. Jahrhunderts entstandene apokalyptische Schrift, die den einzigen prophetischen Text des Neuen Testaments repräsentiert (vgl. Schmid 2021: 91 f.).

Zu den wichtigsten weiteren Strömungen, die Einfluss auf die verschiedenen christlichen Gruppen im römischen Reich nahmen, werden vor allem die sogenannten Mysterienkulte (1), der Kaiserkult (2) sowie die griechische Philosophie (3) gerechnet (vgl. Antes 2012: 75–80).

Zu (1): Als Mysterienkulte werden zahlreiche unterschiedliche Strömungen bezeichnet, die sich vom ersten vorchristlichen bis zum dritten Jahrhundert im gesamten römischen Reich ausbreiteten, und in denen sich zahlreiche Parallelen zu frühchristlichen Kultpraktiken nachweisen lassen. Gemeinsam ist ihnen, neben der Pflicht zur Verschwiegenheit ihrer Mitglieder, dass sie Initiationsriten zur Aufnahme in die Gemeinschaft praktizierten, gemeinsame rituelle Mahlzeiten abhielten, sich stark über die Verbindung mit dem Schicksal der verehrten Gottheit identifizierten sowie über ausgeprägte Jenseitshoffnungen oder Wiedergeburtsvorstellungen verfügten (vgl. Öhler 2018: 50; Schnelle 2019: 41). Weit verbreitet war etwa der Erlöserkult um den griechischen Gott Dionysos, „der nicht nur die irdischen Sorgen vergessen machte, sondern die Elemente seines Mythos wurden von breiten Schichten symbolisch-allegorisch als Heilsgeschehen gedeutet" (Schnelle 2019: 43). Auch der zunächst in Ägypten beheimatete Isis-Kult verehrte diese als „Himmelskönigin", die dem „Mysten den Weg durch das gefahrvolle Totenreich [weist] und […] sein Heil [gewährt]" (ebd.: 43 f.). Ebenfalls große Verbreitung fand der (ausschließlich Männern zugängliche) Kult um den (ursprünglich iranischen) Gott Mithras: Dieser galt in seiner römischen Form als Gefährte des ‚unbesiegbaren Sonnengottes' (lat. *Sol invictus*), und sein Geburtstag wurde am 25. Dezember, dem Feiertag des *Sol*, begangen (vgl. ebd.: 46). Vor diesem Hintergrund wird ersichtlich, dass sich das frühe Christentum außerhalb Palästinas zunächst in deutlicher Anlehnung an die skizzierten Mysterienkulte ausbreitete:[11] Dazu passten

> „die Verkündigung von Jesu Tod und Auferstehung, die Botschaft von der Taufe […] und die Verheißung des ewigen Lebens […]. Schließlich entsprach das Gedächtnismahl, bei dem die Gläubigen Jesu Tod und der Auferstehung gedachten und seinen Leib und sein Blut in Form von Brot und Wein empfingen, den typischen Ausdrucksformen der Mysterienreligionen" (Antes 2012: 81).

Zu (2): Anders als im Falle der Mysterienkulte handelte es sich beim römischen Kaiserkult um eine öffentlich begangene Form der Verehrung, die darüber hinaus

---

10 Zu den verschiedenen Varianten des Alten Testaments im Katholizismus und Protestantismus vgl. Kap. 6.2.1.
11 In der frühchristlichen Überlieferung finden sich darüber hinaus auch zahlreiche hellenistisch-‚volksreligiöse' Vorstellungen wie bspw. die Vollbringung von Wundertaten durch bedeutsame (politische oder geistige) Persönlichkeiten, deren Geburt durch eine Jungfrau oder die Idee eines göttlichen Menschen (vgl. Antes 2012: 76 f.).

zentral organisiert und im Sinne einer einheitlichen Ideologie im gesamten Reich praktiziert wurde. Zentrale Figuren des Kultes waren seit der posthumen Vergöttlichung Julius Caesars (ermordet 44 v. Chr.) die römischen Kaiser, die sich mal als „Gottes Sohn" (wie Augustus [reg. 31 v. Chr.–14 n. Chr.), mal aber auch als Gott höchst selbst (wie etwa Caligula [reg. 37–41]) verstanden (vgl. Öhler 2018: 47 f.). Vor diesem Hintergrund erklären sich die zunehmenden Konflikte zwischen Christen und römischem Staat, weil deren Verehrung von Jesus als dem ‚wahren Herrn' in Konkurrenz zur Verehrung des Kaisers trat (vgl. Schnelle 2019: 444). Davon zeugt etwa die Übernahme des Kaisertitels *kyrios* für die Bezeichnung Christi sowie die spätere Adaption ritueller Formen wie des Kniefalls oder des kaiserlichen Huldigungsrufs *kyrie eleison* – „Herr, erbarme dich!" (vgl. Antes 2012: 84). Diese Umstände dürfen aber nicht darüber hinwegtäuschen, dass mit der zunehmenden Ausbreitung gerade die römischen Kaiser ab dem 4. Jahrhundert starke Bemühungen an den Tag legten, das Christentum im Sinne einer neuen, einheitlichen Reichsideologie zu zentralisieren und zu institutionalisieren (→ s. Kap. 3.3).

Zu (3): Das zentrale Anliegen der antiken Philosophie bestand – anders als heute – darin, das „vollständige[…] Verstehen der Welt" (Öhler 2018: 41) zu ermöglichen und daraus die „umfassende Gestaltung des Lebens" (ebd.: 41) abzuleiten. Aus heutiger Sicht umfasste dies also sowohl den Bereich der Naturwissenschaft als auch metaphysische und theologische Überlegungen, ebenso wie Fragen des rechten (ethischen) Handelns. In diesem Sinne finden sich bereits in der frühen christlichen Überlieferung Versuche, das neue Gedankengut mithilfe von Modellen zu konzeptionalisieren, die den verschiedenen Schulen der griechischen Philosophie entnommen sind. Als einflussreich für die ersten nachchristlichen Jahrhunderte gelten in diesem Zusammenhang vor allem der Stoizismus, der Platonismus sowie (im weiteren Sinne) die Gnosis, auch wenn letztere deutlich schwieriger zu greifen ist und eine „philosophische Richtung eigener Art" (Antes 2012: 79) darstellt.

Die Stoiker betrachteten den Kosmos als von einer göttlichen ‚Weltseele' strukturierte Wirklichkeit. Diese Weltseele ist allgegenwärtig und durchdringt – im Sinne einer kosmischen Vernunft (*Logos*) – alle Formen des Seins. In diesem Sinne

> „wohnt [sie] als bildende Kraft, als […] ‚Geist-Hauch' […], den Dingen inne, die sie schuf. Der Logos ist feinste Materie und durchdringt den gesamten Kosmos als lenkende und gestaltende Kraft. Nichts geschieht im Kosmos ohne Zutun/Einfluss des Logos, der auch als ‚göttlich' bezeichnet werden kann" (Schnelle 2019: 51).

Ähnlich gestaltet sich auch das Weltkonzept des (mittleren) Platonismus, der für das Christentum vor allem auch in der Gnosis und im Neuplatonismus wirksam wurde. Dieser zeichnet sich durch die Einteilung der Wirklichkeit in zwei Bereiche aus: Den Bereich des eigentlichen Seins bildet der Schöpfergott, „seine Gedanken sind die Ideen. Diese sind die vollkommenen und ewigen Vorbilder all dessen, was mit den Sinnen wahrnehmbar ist. Sie sind nur denkerisch zugänglich" (Öhler 2018: 43). Demgegenüber wird die sinnlich erfassbare Welt nur als vergängliches Abbild der ewigen Seinsstruktur verstanden: Der wahrnehmbare Kosmos

„wird als Weltkörper gedacht, der auch eine Weltseele hat. An dieser Weltseele hat jede Menschenseele Anteil. Sie hat, da sie präexistent ist, die Welt der Ideen gesehen und kann sich daran erinnern. Erst diese Erkenntnis ermöglicht ein tugendhaftes Leben nach der gottgewollten Ordnung" (ebd.: 43).

Die systematische Strukturierung des Kosmos mithilfe philosophisch-theologischer Systeme zeichnet auch verschiedene, sowohl inner- als auch außerhalb des Christentums angesiedelte, Geistesströmungen des 2. Jahrhunderts aus, die gemeinhin als Gnosis (dt. „Erkenntnis") zusammengefasst werden. Hier wurde die (platonische) Vorstellung eines „vollkommen jenseitigen, fernen obersten Gottes" (Markschies 2018: 27) in der Regel mit einer stark dualistischen Weltsicht verbunden, in der die materielle, leibliche Welt als „böse Schöpfung" (ebd.: 27) aufgefasst wird, aus der der Mensch nur mit Hilfe einer „jenseitige[n] Erlösergestalt" errettet werden kann, „die aus einer oberen Sphäre hinab- und wieder hinaufsteigt" (ebd.: 27). Als bekanntester christlicher Text mit deutlich gnostischem Einschlag gilt gemeinhin das zu Beginn des 2. Jahrhunderts entstandene Johannes-Evangelium mit seinen „vielfältige[n] Anspielungen auf Licht und Finsternis" (Antes 2012: 85) sowie seinem berühmten Prolog:

> „[1]Im Anfang war das Wort, und das Wort war bei Gott, und das Wort war Gott. [2]Im Anfang war es bei Gott. [3]Alles ist durch das Wort geworden, und ohne das Wort wurde nichts, was geworden ist. [4]In ihm war das Leben, und das Leben war das Licht der Menschen. [5]Und das Licht leuchtet in der Finsternis, und die Finsternis hat es nicht erfaßt."

> „[14]Und das Wort ist Fleisch geworden und hat unter uns gewohnt, und wir haben seine Herrlichkeit gesehen, die Herrlichkeit des einzigen Sohnes vom Vater, voll Gnade und Wahrheit."

Die eigentliche Bedeutung dieser Passage offenbart sich indes erst, wenn man sich den Ausdruck für „Wort" im griechischen Original vor Augen führt: Logos.

3.2. Institutionalisierungstendenzen und christliche Philosophie

Nachdem die christliche ‚Gründergeneration' gestorben und die unmittelbare Wiederkehr des himmlischen Christus nicht wie erwartet eingetroffen war, zeichneten sich ab Ende des ersten Jahrhunderts strukturelle Prozesse ab, die der nun nicht mehr ganz so jungen Strömung eine zunehmend festere, institutionalisierte Form über die einzelnen Gemeinden hinaus verliehen (vgl. Markschies 2016: 198–214). Diese Entwicklung steht im Zusammenhang mit der allmählichen ‚Auskopplung' dezidiert christlicher Gruppen aus dem Judentum, was nicht zuletzt durch die Praxis der (juden-)christlichen Gemeinden befördert wurde, nicht-jüdische Christusanhängerinnen und -anhänger aufzunehmen, ohne sie zur Einhaltung der jüdischen Vorschriften und Traditionen zu verpflichten. Davon zeugt ein Bericht, der vom sogenannten Apostelkonzil in der Apostelgeschichte gegeben wird: Dort wird der Streit, ob die nicht-jüdischen Gemeindeglieder zu beschneiden seien und „am Gesetz des Mose festzuhalten" (Apg 15,5) hätten, mit dem Beschluss gelöst, diesen „keine weitere Last aufzuerlegen" (Apg 15,28) – eine Entscheidung, die sich als äußerst zuträglich für die weitere Ausbreitung des Christentums auch über den Großraum Palästina hinaus erweisen sollte. Denn „[d]ie Folge war, daß immer mehr Nichtjuden zu Christusjüngern wurden, so daß sich im Laufe der Zeit die Mehrheitsverhältnisse merklich veränderten und die Judenchristen im Vergleich zu den sogenannten Heidenchristen deutlich in die Minderheit gerieten" (Antes 2012: 74).

Erste Hinweise auf eine Institutionalisierung finden sich bereits in einigen Texten des Neuen Testaments, besonders in der Apostelgeschichte sowie den (wahrscheinlich an der Wende zum zweiten Jahrhundert entstandenen) sogenannten Pastoralbriefen (1Tim; 2Tim; Tit). Hier ist von Presbytern („Ältesten", später auch im Sinne von Priestern [vgl. Markschies 2016: 204]) und Episkopen („Hütern" oder Bischöfen) die Rede, die in Vertretung der Apostel als Leiter der Ortsgemeinden fungieren und teilweise bereits mit Hilfe des „geistliche[n] und rechtlich-institutionelle[n] Akt[es]" (Schnelle 2019: 433) der Ordination durch Handauflegung ins Amt gehoben werden. Ein biblisches Beispiel dafür ist Timotheus, der „Bischof" der griechischen Metropole Ephesos. Dieser erhält den Auftrag, nach seiner (durch die Presbyter erfolgten) Einsetzung zum Gemeindevorsteher in der Abwesenheit seines Lehrers Paulus den Gläubigen aus der Schrift vorzulesen, sie zu ermahnen und zu belehren (vgl. 1Tim 4,13). Dabei wird er von den Diakonen („Helfern") unterstützt, die wie der Bischof „unbescholten" und „ohne Tadel" ihren Dienst nur nach vorheriger Prüfung versehen sollen (vgl. 1Tim 3,1–13).[12]

Greifbarer wird das Bischofsamt indes in den außerbiblischen Texten des zweiten Jahrhunderts, etwa im Werk des Irenäus von Lyon (ca. 135–200). Dieser vertrat nicht nur die These, dass die Apostel die Bischöfe als ihre Nachfolger in ihren jeweiligen Gemeinden eingesetzt hätten; denn darüber hinaus hätten sie ihnen „auch die gewisse Gabe der Wahrheit [...] nach dem Wohlgefallen des Vaters" (zit. n. Ritter 1977: 53) eingegeben, die diese ihrerseits ihren Nachfolgern im Amt überliefert hätten, sodass die „von den Aposteln in der ganzen Welt kundgemachte Tradition [...] in jeder Kirche anzutreffen" (zit. n. ebd.: 53) sei. Dies gelte „bis zum heutigen Tag" (zit. n. ebd.: 53), da diese Tradition von Bischof zu Bischof im Sinne der apostolischen Überlieferung weitergegeben werde. Solche Konzeptionierungen einer christlichen Ämterhierarchie führten bis zum Ende des zweiten Jahrhunderts dazu, dass sich „der Bischof (*episkopos*) als Vertreter und Repräsentant seiner Gemeinde" (Lange 2012: 13) gegen andere Organisationsformen weitgehend durchgesetzt hatte (vgl. Markschies 2016: 199). Wie der antike Geschichtsschreiber Eusebius (ca. 260–340) berichtet, traten diese darüber hinaus zu überregionalen Versammlungen (Synoden) zusammen und wurden dabei ihrerseits von einer übergeordneten Instanz, dem Metropoliten als Oberhaupt einer Kirchenprovinz, repräsentiert. Als solche nennt Eusebius den Bischof von Rom für die Provinz Italien, den von Ephesos für die Provinz Asien, Caesarea und

---

12 Die kirchlichen Ämter werden seit Ende des zweiten Jahrhunderts auch als „Klerus" (griech. *kleros*, „Los") bezeichnet, vermutlich in Bezug auf Apg. 1,26: „Dann gaben sie ihnen Lose; das Los fiel auf Matthias, und er wurde den elf Aposteln zugerechnet.".

Jerusalem für Palästina, Edessa für das nördliche Zweistromland sowie Lyon für Gallien (vgl. Lange 2012: 13). Die Bischofssynoden kamen in der Regel anlässlich komplexerer Lehrstreitigkeiten zusammen, „die nicht mehr eindeutig durch Rekurs auf die von den Aposteln stammende Überlieferung geklärt werden konnten, bzw. zu deren Lösung der einzelne Bischof überfordert war" (Schatz 2008: 21). Das früheste Beispiel ist der Streit um den Termin für das Osterfest, der um 195 auf mehreren Versammlungen, die über das gesamte römische Reich verteilt waren, geführt wurde. „Gerade in Glaubensfragen haben diese Synoden durchaus schon das Bewußtsein, für die ganze Kirche zu sprechen. Ihr Spruch steht nicht unter Vorbehalt; sie sind sich selbstverständlich sicher, in der richtigen apostolischen Überlieferung zu stehen […]" (ebd.: 22). Dementsprechend teilten die versammelten Bischöfe ihre Beschlüsse – nach späterer Tradition gemäß dem Vorbild des oben erwähnten Apostelkonzils (vgl. Apg 15,22–35) – den Gemeinden zur Kenntnisnahme mit (vgl. Lange 2012: 10 f.). Auf den Bischofssynoden des 3. Jahrhunderts lässt sich also ein Bewusstsein für die ‚eine Kirche' festmachen, das – anders als in der Zeit davor – durch die zunehmende Institutionalisierung nun auch einen gewissen strukturellen Ausdruck fand, ohne dass damit freilich von einer einheitlichen Größe oder gar Institution gesprochen werden könnte.

Parallel dazu wandelte sich allmählich auch das Milieu der Anhängerschaft – und damit zusammenhängend auch der Charakter der christlichen Lehren. Dies liegt nicht zuletzt daran, dass mit der oben skizzierten Ausbreitung in den weiteren (vor allem städtischen) Kontext des römischen Reichs (vgl. Markschies 2016: 13–36) zunehmend hellenistisch Gebildete und Vertreter verschiedener philosophischer Schulen Interesse am Christentum entwickelten: „Philosophen und Patrizier bewerben sich um die Taufe und lösen die Schiffsauslader und Sklaven ab" (Hamman/Fürst 2011: 25). Und anders als die Apostel, die allesamt eher einfachen, ländlichen Verhältnissen entstammen dürften, handelte es sich bei dieser urbanen Klientel oftmals um Gelehrte, die die Botschaft Christi nun mithilfe der komplexen Theorien der griechischen Philosophie in teilweise recht unterschiedlichen Modellen zu systematisieren suchten (vgl. Antes 2012: 89).

Ein frühes und einflussreiches Beispiel ist der Platoniker Justin (ca. 100–165). Dieser in den wichtigsten philosophischen Strömungen bestens ausgebildete Denker stammte aus der römischen Stadt Flavia Neapolis (heute Nablus) in Samarien und gründete um 150 in Rom eine eigene Philosophenschule (vgl. Hamman/Fürst 2011: 23–30). Dort tat er sich als maßgeblicher Begründer der sogenannten Logos-Christologie hervor, „die zum gedanklichen Zentrum der ganzen Theologie wurde" (Hauschild 2007: 9). Ähnlich wie schon im oben zitierten Johannesevangelium identifizierte er Jesus – ganz im Sinne seiner philosophischen Vorlagen (→ s. Kap. 3.1.2) – mit dem Logos, also der „immanent in allen Dingen waltende[n] universale[n] Weltvernunft – eine fein-geistige Substanz, die mit der Gottheit identifiziert werden kann" (ebd.: 9). Demgemäß haben auch alle Menschen – kraft ihrer Vernunft – Anteil am Logos, und zwar im Sinne eines „Samenkornes" (griech. *sperma*) – eine Idee, die Justin aus der Stoa übernommen hatte. Dies gelte auch und besonders für die nichtchristlichen griechischen Philosophen, deren Lehren zwar „nicht in allem an [die Wahrheit] heranreichen" (zit. n. Ritter 1977: 37), dieser aber auch nicht völlig fremd seien. Denn „[a]ll diese Schriftsteller konnten kraft der ihnen innewohnenden Aussaat des Logos [zumindest] schattenhaft das Seiende schauen" (zit. n. ebd.: 37), wodurch deren philosophische Modelle und Theorien als legitime Werkzeuge zur Erkenntnis der (christlichen) Wahrheit herangezogen werden konnten. Diese Lehre vom *logos spermatikos* entfaltete ihre Wirkung insofern, als spätestens ab dem 3. Jahrhundert die aus der christlichen Tradition entnommenen Inhalte unter umfangreicher Heranziehung der Weltmodelle der griechischen Philosophie präzisiert und im Rahmen von weitgehend kohärenten, wissenschaftlichen Lehrgebäuden systematisiert wurden. In gewissem Sinne kann also die sich ab dieser Zeit entwickelnde Theologie (→ s. Kap. 3.3.1) als Erbin und Fortschreibung der griechischen Philosophie angesehen werden.

> **Warum kann man Gott nicht sehen?**
>
> Unser heutiges Wirklichkeitsverständnis bezieht sich im Allgemeinen auf die Welt der sinnlich erfassbaren Einzeldinge. ‚Real' sind für uns also unsere Mitmenschen, ebenso wie die Tiere, Pflanzen und Gegenstände, die uns umgeben. Demgegenüber verstehen wir unter unseren Vorstellungen und Gedanken zumeist Abstraktionen, die unser Gehirn in Ableitung von der Wirklichkeit produziert, die aber nicht selbst ‚real' sind: So ist der Baum vor dem Fenster der ‚echte' Baum; das Bild, das wir davon in unserem Kopf haben, nicht.
> In der antiken Philosophie ist es umgekehrt: Im Platonismus (und später vor allem im Neuplatonismus), der großen Einfluss auf die Theologie der ersten Jahrhunderte ausübte, gilt die vergängliche, materielle Welt der Einzeldinge nur als unvollkommener ‚Abklatsch', als Schatten der wahren, geistigen Realität. Diese ist – anders als die Welt der Dinge – unveränderlich und vollkommen, und liegt der materiellen Welt im Sinne einer zeitlosen, universalen Ordnung (*logos*) zugrunde.[13] Und anders als die Welt ist sie nicht mit den Sinnen erfahrbar, sondern nur gedanklich zugänglich, und zwar mithilfe der menschlichen Vernunft. Im Gegensatz zu unserem heutigen Alltagsverständnis existiert nach dieser Philosophie die geistige, gedankliche Welt also ‚wirklich' und unabhängig von unserem Denken und ist nicht bloß als individuelles Produkt unseres Gehirns zu verstehen: Indem wir denken, haben wir Zugang zu dieser Wirklichkeit, die sozusagen *hinter* der sinnlichen erfassbaren, sichtbaren Welt liegt.
> Die Übernahme zentraler (neu)platonischer Vorstellungen in die christliche Theologie führte in der Spätantike dazu, dass die biblische Schöpfungsordnung nun im Sinne dieses philosophischen Kosmos' konzeptioniert wurde. Gott, Christus (als der Logos) sowie der Heilige Geist wurden mit der höchsten, geistigen (und damit vollkommenen und ewigen) Wirklichkeit identifiziert, die hinter der Welt existiert und diese ordnend am Leben hält. Mit diesem Verständnis ist der dreieinige Gott also nicht deshalb unsichtbar, weil er sich beispielsweise ‚hinter den Wolken' verbergen würde; vielmehr übersteigt Gott (und auch andere ewige Größen, wie etwa die Seele) nach christlicher Vorstellung schlichtweg die sinnliche Erfahrung und ist in diesem Sinne *transzendent*, also *jenseits* der materiellen Welt angesiedelt, ohne dabei jedoch ‚irreal' zu sein.

---

13 Diese Vorstellung ist durchaus vergleichbar mit der Idee ewiger Naturgesetze, welche die abstrakten Prinzipien der Welt repräsentieren. Denn deren Erfinder, der englische Mathematiker Isaac Newton (1643–1727), war ebenfalls durch die neuplatonische Philosophie geprägt und verstand die abstrakten Naturgesetze als das „Sensorium Gottes" (vgl. Padova 2015: 197–213).

3.3. Von der Pluralität zur ‚Spaltung'

Die zunehmende Verbreitung christlicher Gruppen im gesamten römischen Reich zog bald auch die Aufmerksamkeit der römischen Kaiser auf sich. Nach sich abwechselnden Phasen der Duldung und der (mal mehr und mal weniger systematisch durchgeführten) Verfolgung ergaben sich schließlich ab dem frühen vierten Jahrhundert unter Konstantin d. Gr. (reg. 306–337) und seinen Mitkaisern entscheidende rechtliche Änderungen bzgl. des christlichen Kultes. Nachdem bereits Galerius (reg. 293–311) die letzte große Christenverfolgung (begonnen unter Diokletian [reg. 284–305]) im Jahr seines Todes juristisch durch einen „Gnadenerlaß" (zit. n. Ritter 1977: 120) beendet hatte (vgl. Dassmann 1996: 21f.), der den Christen u. a. die Wiedererrichtung ihrer Versammlungsstätten gewährte, einigten sich Konstantin und Licinius (reg. 308–324) im Jahre 313 in Mailand auf eine „Neuregelung" der Gottesverehrung (das sog. *Mailänder Edikt*):

> „[W]ir sollten allen, den Christen wie allen übrigen, die Freiheit und Möglichkeit geben, derjenigen Religion zu folgen, die ein jeder wünscht [...]. Daher hielten wir es für heilsam [...], daß es schlechterdings niemandem unmöglich gemacht werden dürfe, sich der Religionsübung der Christen oder der ihm sonst am ehesten zusagenden Religion zu ergeben" (zit. n. Ritter 1977: 124).

Parallel zur allmählichen Hinwendung Konstantins zum Christentum vollzog sich nun auch dessen zunehmende staatliche Begünstigung (sog. *Konstantinische Wende*), die im Jahre 380 schließlich in die Erhebung zur Staatsreligion unter Theodosius I. (reg. 379–394) mündete. So folgte auf die Anerkennung einer eigenen bischöflichen Gerichtsbarkeit (318) zunächst – in Entsprechung der Rechte anderer Kulte – die Befreiung des Klerus von öffentlichen Diensten (319), außerdem die gesetzliche Einhaltung des „Tags der Sonne" (*dies solis*, ursprünglich dem oben erwähnten *Sol invictus* geweiht) als Herrentag im Jahre 321 sowie die Anordnung zum Bau von Kirchen (324) (vgl. Markschies 2016: 42; Ritter 1977: 125f.).

Die Motive, die Konstantin letztlich zur Übernahme des christlichen Glaubens bewogen, sind in der Forschung umstritten und sicherlich vielfältiger Natur (vgl. Girardet 2010: 10–25). Möglicherweise spielten auch politische Erwägungen eine Rolle, und das umso mehr, nachdem er 324 seinen Widersacher Licinius besiegt hatte und zum Alleinherrscher des römischen Reichs aufgestiegen war. Denn dessen Gebiet, das in der Spätantike von den britischen Inseln über Nordafrika bis nach Mesopotamien reichte, hatte in seiner kulturellen und sprachlichen Vielfalt nichts mit dem zu tun, was wir heute unter einer Nation verstehen. Es ist daher vermutet worden, dass der Kaiser die Verbreitung verschiedener christlicher Gruppen im gesamten Reich mit der Hoffnung verbunden haben könnte, eine Art übergreifende „Reichsideologie zu haben, um den inneren Zusammenhalt [...] zu garantieren" (Antes 2012: 94) – eine Strategie, die bereits seinen Kampf gegen den nicht-christlichen Licinius geprägt hatte (vgl. Dassmann 1996: 23).[14]

---

14 Dieser Entwicklung spielte auch die bereits bei seinen Vorgängern zu beobachtende Tendenz zur Sakralisierung des Kaisertums (s. Kap. 3.1) in die Hände, die nun mit christlichen Argumenten begründet werden konnte.

Im Gegensatz zu diesem Ideal war das antike Christentum, sofern man überhaupt davon als einer einzigen Größe sprechen kann, alles andere als einheitlich, sondern bestand aus einer unüberschaubaren Vielfalt an Gruppen und Theologien. Hinzu kam, dass in den letzten Jahren des Konflikts mit Licinius ein Streit innerhalb der ägyptischen Kirche für Furore sorgte, der sich zu einem echten Flächenbrand vor allem im Osten des Reiches auszuweiten drohte. Um diesen Konflikt zu befrieden, griff Konstantin nach seinem Aufstieg zum Alleinherrscher auf ein Instrument zurück, das bereits zuvor den Repräsentanten der verschiedenen christlichen Gruppen als Kommunikationsplattform gedient hatte (s. Kap. 3.2): die Bischofssynode (lat. *concilium*).

3.3.1. Die altkirchlichen Konzilien – Gotteslehre, Christologie und Heilslehre

Ausgangspunkt des Konflikts war die ägyptische Großstadt Alexandria; Hauptprotagonisten zunächst der dortige Bischof Alexander (reg. 313–328), vor allem aber sein Widersacher Areios (lat. Arius; ca. 260–328), seines Zeichens Presbyter (im heutigen Sinne vielleicht Pfarrer) im Stadtviertel Baukalis. Dieser hatte eine bereits seit langem diskutierte Frage grundsätzlicher Bedeutung aufgegriffen: Wie kann von der Einheit Gottes gesprochen werden, wenn er doch einen Sohn hatte? Müsste es dann nicht mindestens zwei Götter geben? Hier vertrat Areios die Position der radikalen Einheit Gottes, die ja auch durch die griechische Philosophie nahegelegt wurde. Gott als der „absolut eine, transzendente" (Schatz 2008: 27) ruht in sich selbst und lässt weder „eine Vielheit in sich selbst noch eine Beziehung und Verbindung mit der Welt zu" (ebd.: 27). Dementsprechend könne Christus Gott nur *untergeordnet* sein, und zwar im Sinne seines ersten Geschöpfs, aus dem die übrige Welt hervorgegangen ist und das als *Mittler* zwischen Gott und dessen Schöpfung fungiert. Christus ist als der Logos „Urbild der Schöpfung, das vollendete Geschöpf, das Ebenbild des unsichtbaren Gottes – aber er gehört nicht Gott selbst an, weil dies der absoluten Einheit Gottes widersprechen würde" (ebd.: 28).

Die Gegenposition vertrat nun vor allem Alexander, der die These des Areios, dass es sich bei Gott und Christus bzw. dem Logos letztlich um zwei verschiedene Wesen handele, vehement ablehnte und seinen Presbyter umgehend aus seiner Kirche exkommunizierte. Alexander verstand, wie sein Nachfolger im Amt Athanasius (ca. 295–373) in einem Brief ausführte, Sohn und Vater als ein und dasselbe Wesen (gr. *ousia*), weshalb beide als wesensgleich (*homoousios*) anzusehen seien. Durch den Terminus *homoousios* solle angezeigt werden, dass Gott-Vater und der Logos „nicht nur von gleicher Beschaffenheit, sondern in der Gleichbeschaffenheit identisch" seien: „der Vater immer im Logos und der Logos im Vater, so wie sich der Lichtstrahl zum Licht verhält" (zit. n. Lange 2012: 23).

Nachdem bereits zwei in dieser Angelegenheit abgehaltene regionale Synoden den sich ausweitenden Streit nicht hatten beenden können, berief Konstantin im Jahre 325 ein „allgemeines Konzil" ein, zu dem nun erstmals Bischöfe aus dem gesamten römischen Reich geladen waren (vgl. Schatz 2008: 30). Es tagte im kaiserlichen Sommerpalast in Nizäa, der nicht weit von der neuen Reichshauptstadt Konstantinopel (heute Istanbul) gelegen war, und wurde von etwa 200 Bischöfen besucht. Der traditionell als „Erklärung der 318 Väter" (in Anlehnung an die 318 Knechte Abrahams [Gen 14,14]) bezeichnete Beschluss des Konzils positionierte sich schließlich klar auf der Seite Alexanders und belegte dessen Kontrahenten Areios und seine Anhänger mit dem Kirchenbann („Anathem"). Im Glaubensbekenntnis von Nizäa heißt es dementsprechend:

> „Wir glauben an *einen* Gott, Vater, Allherrscher, Schöpfer alles Sichtbaren und Unsichtbaren; und an *einen* Herrn Jesus Christus, den Sohn Gottes, geboren[15] aus dem Vater als Einziggeborener, das heißt aus dem Wesen [*ousia*] des Vaters, Gott aus Gott, Licht aus Licht, wahrer Gott aus wahrem Gott, geboren, nicht geschaffen, wesensgleich [*homoousios*] dem Vater, durch den alles geworden ist im Himmel und auf Erden [...]" (zit. n. Alberigo/Wohlmuth 1998: 5).

Indes darf die Eindeutigkeit der Erklärung nicht darüber hinwegtäuschen, dass Konstantins Versuch, die christlichen Gruppierungen seiner Zeit mithilfe einer gemeinsamen Gotteslehre zu vereinheitlichen, dennoch gescheitert ist. Denn zum einen verweigerten schon kurz nach dem Konzil wichtige Teile der Anhängerschaft des Areios (unter ihnen auch Bischöfe) dem Kaiser den Gehorsam; nachdem Konstantin zunächst noch auf Alexanders bzw. Athanasius' Seite gestanden hatte, rehabilitierte er ab 328 deren Gegner, ohne dass diese den Beschluss des Konzils anzuerkennen hatten. Die Folge davon war, dass beide Positionen weiterhin innerhalb der römischen Kirche existierten: Vor allem im Osten des Reiches lehnten viele die Erklärung von Nizäa ab und führten den Kampf gegen die Unterstützer des Konzils weiter, indem sie Bischöfe absetzten, die dann ihrerseits von westlichen Synoden wieder eingesetzt wurden. Nach der (temporären) Reichsteilung unter Konstantins Söhnen drohte sich ab 337 die dogmatische Zweiteilung sogar noch zu zementieren, weil der neue Ost-Kaiser Constantius (317–361) ebenfalls ein Gegner des Konzils von Nizäa war (vgl. Schatz 2008: 37f.). Zum anderen schien der Beschluss von Nizäa theologisch letztlich mehr Fragen aufzuwerfen als zu beantworten, was in der Folgezeit zu einer noch viel größeren dogmatischen „Zerklüftung" (ebd.: 39) führte, die durch die zahllosen Versuche entstand, die Unklarheiten der Erklärung der 318 Väter zu bereinigen. Denn wie war die festgelegte Wesensgleichheit mit der traditionellen Dreiheit (also Vater, Sohn und Heiliger Geist) in Einklang zu bringen, wenn es doch nur einen einzigen wahren Gott gab (1)? Und wenn Christus nun vollständiger Gott war, wie war es dann um seine menschliche Natur bestellt, er, der er doch qualvoll am Kreuz gestorben war (2)?

Zu (1): Um dem ersten Problem Herr zu werden, bediente man sich der bereits von älteren Denkern wie Tertullian (ca. 150–220) verwendeten Figur der *Hypostase*. Im Gegensatz zur einzigen *Substanz* des einen göttlichen Wesens verstand dieser unter einer Hypostase eine konkrete „eigenständige Daseinsweise" (Lange 2012: 21) mit spezifischen Eigenschaften, die durch die *persona* (ein Begriff aus dem griechischen Theater) veranschaulicht würden: Wie ein und derselbe Schau-

---

[15] Das im griech. Original verwendete Verb bedeutet neben „gebären" auch „hervorbringen" und ist im Kontrast zu der von Areios verwendeten Sprechweise „gemacht"/„geschaffen" gebraucht.

spieler durch den Wechsel der Masken verschiedene Figuren darstellen kann, so stehen „die drei Personen (*personae*) von Vater, Sohn und Geist für die drei unterscheidbaren göttlichen Hypostasen mit ihren charakteristischen Kennzeichen" (ebd.: 21). Dennoch bilden sie nur ein einziges Wesen, und zwar Gott „an sich" (ebd.: 21)[16] – ein Denkmodell, das dann Sinn ergibt, wenn man sich die zugrunde liegende, zeitgenössische Vorstellung von Wirklichkeit vor Augen führt, die das wahre Sein (das *Sein an sich*) auf einer geistigen, vollständig abstrakten Ebene verortet (s. Kap. 3.2). Das Problem bestand nun darin, dass sich das Konzil von Nizäa offenbar zu der Position versteift hatte[17], dass in Gott nur ein Wesen und *eine* Hypostase existierten, und damit das Problem der Dreiheit letztlich bestehen ließ. In der Folgezeit bildeten sich daher verschiedene Lehren, die mal von einem Wesen und einer Hypostase, mal von drei Hypostasen sprachen, oder die die Wesensgleichheit (wie Areios es getan hatte) gleich ganz ablehnten oder zumindest anders bestimmten als die Vertreter der nizänischen Position (vgl. Schatz 2008: 36–40; Lange 2012: 25–29). Erst 381 wurde, angestoßen durch Kaiser Theodosius, schließlich das Drei-Hypostasen-Modell auf einem Konzil in der Hauptstadt Konstantinopel festgelegt (vgl. Lange 2012: 28).

Zu (2): Das Grundproblem des sog. *christologischen Streits*, also der Frage nach der Natur Jesu Christi, findet sich in einem Lehrbrief des römischen Bischofs Leo d. Gr. (reg. 440–461) (→ s. Kap. 3.4.2) exemplarisch ausgeführt: Zunächst sei ja (mit Nizäa) „der Sohn als gleichewig erwiesen und unterscheidet sich in nichts vom Vater, weil er ja als Gott von Gott, als Allmächtiger vom Allmächtigen, als Gleichewiger vom Ewigen geboren ist" (zit. n. Alberigo/Wohlmuth 1998: 77). Und doch könne Christus nur dann stellvertretend für die Sünden der Menschen gestorben sein, wenn er ebenfalls ein wirklicher Mensch gewesen sei: „Denn wir könnten den Urheber der Sünde und des Todes [den Teufel] nicht überwinden, wenn nicht jener [Christus] unsere Natur annähme und zu seiner eigenen machte" (zit. n. ebd.: 7). Hier sind wir also am Kern der christlichen Heilslehre angelangt, die sich im ausgehenden vierten Jahrhundert als ein Paradoxon darstellen konnte: Mit Nizäa müsste Christus als vollständig göttlich verstanden werden, doch die Lehre von Jesu Stellvertretertod ist nur plausibel, wenn dieser *sterblich* – und damit von menschlicher Natur – war. Denn nur wenn Gott selbst am Kreuz *als Mensch* wirklich gestorben ist, kann er die Bestrafung des sündigen Menschen vor dem jüngsten Gericht (den ewigen Tod) kompensieren und dessen – letztlich unverdientes – Heil (das ewige Leben) bewirken.

Um diesem Problem zu begegnen, bildeten sich im Wesentlichen zwei Optionen heraus: Die erste wurde von der sog. *Antiochenischen Schule* (benannt nach dem syrischen Patriarchat in Antiochia) vertreten und lehrte die *Zweiheit* der Naturen in Christus, und zwar in der Form, dass „in Christus ein voller Mensch von Gott *angenommen*" (Schatz 2008: 50) worden sei, indem „der Logos im Menschen

---

[16] Tertullian veranschaulicht sein Modell, indem er die drei Hypostasen des Sonnenkörpers, des aus diesem hervorgehenden Strahls sowie der davon ausgehenden Wärme anführt, die alle drei ein einziges Wesen repräsentierten, und zwar die „Sonne an sich" (vgl. Lange 2012: 21). Dieses „Wesen" der Sonne kann am ehesten mit dem Verweis auf die oben skizzierte platonische Philosophie als Idee der Sonne plausibilisiert werden.

[17] Sichtbar in dem Anathem gegen Areios und seine Anhänger.

Jesus wie in einem Tempel wohnt oder ihn als sein ‚Werkzeug' benutzt" (ebd.: 50). Die andere, zunächst vor allem von Kyrill von Alexandria (reg. 412–444) vertretene und daher auch *kyrillische* Richtung genannte Position betonte dagegen die *Einheit* der Natur Christi: So „wie das Feuer das glühende Eisen durchdringt" (ebd.: 48), sei der Logos Mensch geworden, indem sich die göttliche und menschliche Natur zu einer „wahrhaftigen Einheit" (Lange 2011: 7) verbunden hätten. Nach jahrzehntelangen Streitereien in dieser Sache, die in ihrer Heftigkeit jedoch zu einem Gutteil auf kirchen- und machtpolitische Konflikte zurückzuführen waren, wurde auf dem von Kaiser Markian (reg. 450–457) einberufenen Konzil von Chalkedon (bei Konstantinopel) im Jahre 451 schließlich ein Kompromiss beschlossen. Demnach existierten in Christus menschliche und göttliche Natur gleichermaßen. Um nun der antiochenischen Richtung entgegenzukommen, sprach man von einem *unvermischten* Verhältnis der beiden Naturen; und für die kyrillischen Vertreter erklärte man sie für *ungetrennt*, und zwar beides in einer einzigen Formel:

> „Unser Herr Jesus Christus ist als ein und derselbe Sohn zu bekennen, [...] wahrhaft Gott und wahrhaft Mensch derselbe, [...] wesensgleich dem Vater der Gottheit nach, wesensgleich uns derselbe der Menschheit nach, [...] in zwei Naturen unvermischt, unverändert, ungeteilt und ungetrennt zu erkennen [...]" (zit. n. Alberigo/Wohlmuth 1998: 86).

Dass diese Verhältnisbestimmung aus philosophischer Sicht unplausibel und in sich widersprüchlich ist, war gewiss auch den zeitgenössischen Theologen bewusst. Dementsprechend bezeichnet etwa Leo in dem oben zitierten Brief die Zeugung Jesu durch Gott im Menschen Maria auch als „wunderbar" (zit. n. ebd.: 78) und also nicht den logischen Gesetzen der menschlichen Vernunft unterworfen (demgemäß störten sich die Gegner dieser Formel auch weniger an deren fehlender philosophischer Kohärenz). Und dennoch führte der auch nach Chalkedon andauernde Streit um die Natur Christi schließlich zur Zementierung einer bis dato recht fluiden Pluralität des antiken Christentums – und zwar durch die Herausbildung verschiedener Kirchen mit unterschiedlichen Bekenntnissen und jeweils eigenen institutionellen Strukturen.

3.3.2. Die Zementierung der Differenz: Lateinisch-griechisches, ägyptisches, syrisches und persisches Christentum

Die Gegnerschaft zu den Beschlüssen von Chalkedon rekrutierte sich zunächst vor allem aus den Reihen der Anhänger der kyrillischen Position: Denn in deren Augen war das Anliegen der Betonung der einen Natur Christi durch die Attribute „ungeteilt" und „ungetrennt" nicht ausreichend gewürdigt worden, wenn doch weiterhin von „zwei Naturen" in Christus die Rede war. Dementsprechend lehnten sie die auf dem Konzil formulierte gemäßigte *Zwei-Naturen-Lehre* ab und hielten weiterhin an der *Ein-Naturen-Lehre* Kyrills fest, wonach in Christus Logos und Mensch zu einer einzigen (griech. *mia*) zusammengesetzten Natur (griech.

physis) verschmolzen seien, und die in der Forschung daher auch als *Miaphysitismus*[18] bezeichnet wird (vgl. Lange 2011: 10 f).

Naturgemäß war die Ablehnung von Chalkedon vor allem in Ägypten, dem Wirkungsbereich von Kyrill, verbreitet; doch auch in Syrien fanden sich viele Anhänger der miaphysitischen Lehre, die sich der Unionsformel von 451 ebenfalls nicht anschließen wollten. Die „neue Besinnung auf das Chalcedonense" (ebd.: 12) durch die Kaiser Justin (reg. 518–527) und Justinian (reg. 527–565) führte ab Beginn des 6. Jahrhunderts denn auch zu zahlreichen Vertreibungen antichalkedonensischer ägyptischer und syrischer Bischöfe von ihren Stühlen, sodass sich – trotz der zwischenzeitlich unternommenen Einigungsbemühungen – seit dieser Zeit allmählich parallele Kirchenstrukturen in diesen Regionen etablierten (vgl. ebd.: 12 f.). In Ägypten ist mit dieser Entwicklung vor allem der zunächst noch vom Kaiser anerkannte Bischof Theodosius von Alexandria (gest. 566) verbunden, der den Grundstein für die miaphysitische *Koptische Kirche* (→ s. Kap. 4.3.1) legte (vgl. Oeldemann 2016: 26). Dieser hatte 541 vom Exil aus den Miaphysiten Jakob Baradeios (gest. 578) zum Bischof von Edessa (in der heutigen Türkei gelegen) ernannt, wo er die sog. „jakobitische Kirche" gründete, als deren noch heute existierende Nachfolgeinstitution die syrisch-orthodoxe Kirche (→ s. Kap. 4.3.3) gilt (vgl. Oeldemann 2016: 26).

Etwas anders gestaltete sich die Situation der Christen außerhalb des römischen Reichs, und zwar in Persien, das im Osten in Form des gewaltigen Sassanidenreichs an Rom angrenzte. Historisch greifbar wird dieses Christentum erstmals in Form der (von Ephraim dem Syrer [ca. 306–373] in Edessa gegründeten) theologischen *Schule der Perser* (vgl. ebd.: 29), die im Wesentlichen eine *antiochenische* Christologie vertrat. Als deren prominentester Schüler tat sich Narsai (ca. 410–503) hervor: Unter seiner Leitung entwickelte sich die persische Stadt Nisibis (heute an der türkisch-syrischen Grenze gelegen) zum blühenden Zentrum des Christentums und zur bedeutenden theologischen Ausbildungsstätte (vgl. Lange 2011: 14). Vor diesem Hintergrund wird verständlich, weshalb die persischen Theologen der Folgezeit an die Christologie der *Antiochenischen Schule* mit ihrer strengen Zwei-Naturen-Lehre (s. oben) anknüpften (vgl. Hage 2007: 276). Damit wandten sie sich (ebenso wie die *kyrillischen* Ägypter und Syrer) von der lateinisch-griechischen Theologie ab – ungeachtet des Umstandes, dass die persische Kirche das 325 in Nizäa formulierte Glaubensbekenntnis auf einer Synode in der Reichshauptstadt Seleukeia-Ktesiphon (410) noch anerkannt hatte (vgl. ebd.: 14). Demgemäß sprach das unter dem persischen Großkönig Chosrau II. (reg. 590–628) im Jahre 612 durch Babai d. Gr. (ca. 551–628) angefertigte Glaubensbekenntnis nicht nur von zwei Naturen, sondern auch von zwei Hypostasen in Christus – eine Lehre, die zu dem in Chalkedon formulierten Bekenntnis, das von zwei Naturen in einer Hypostase sprach, in Widerspruch stand (vgl. ebd.: 15 f.). Und in Abgrenzung zur syrisch-orthodoxen Kirche, die auch als *westsyrisch* bezeichnet wird, spricht man von den auf das persische Christentum zurückgehen-

---

[18] Davon zu unterscheiden ist nach neuerer Terminologie der sogenannte *Monophysitismus*, der die Lehre von der einen, ausschließlich *göttlichen* Natur Christi vertritt. Diese Lehre spielte nach Chalkedon jedoch keine Rolle mehr (vgl. Lange 2011: 11).

den Kirchen heute als dem *ostsyrischen* Christentum, da es zunächst vor allem unter der syrisch- bzw. aramäischsprachigen[19] Bevölkerung Mesopotamiens Verbreitung fand (vgl. Hage 2007: 271). Die sich selbst als *Assyrische Kirche des Ostens* (→ s. Kap. 4.2) bezeichnende Strömung war im frühen Mittelalter (obgleich seit dieser Zeit maßgeblich unter muslimischer Herrschaft stehend [s. u.]) noch bedeutender als das römische Christentum und reichte – aufgrund ihrer „dynamische[n] und effektive[n] Missionsarbeit" (Oeldemann 2016: 30) von Persien über Indien bis nach China!

Blickt man also auf die christliche Landkarte an der Wende zum 7. Jahrhundert, so ergibt sich folgender (grober) Befund: Zum einen existierte die von den Kaisern getragene römische Reichskirche, die sich spätestens seit Justinian zur Lehre des Konzils von Chalkedon bekannte. Zum anderen hatten sich im Osten des Reichs eigenständige Kirchen mit miaphysitischem („kyrillischem") Bekenntnis etabliert; dabei handelte es sich keineswegs um abgelegene Regionen: Vielmehr bildeten Ägypten mit seiner Großstadt Alexandria sowie Syrien mit seinen zahlreichen Metropolen (darunter Antiochia) bedeutende Zentren der römischen Welt, deren Schwerpunkt sich spätestens seit Konstantin (und freilich noch mehr nach dem Ende des Westreichs im 5. Jahrhundert) längst nach Osten verlagert hatte. Und außerhalb des römischen Reichs gab es (neben den im 6. Jahrhundert entstehenden germanischen Kirchen auf ehemals weströmischem Gebiet [→ s. Kap. 3.4]) vor allem[20] die Kirche im persischen Großreich, die sich ein antiochenisches, „streng dyophysitisch[es]" (Lange 2011: 16) Bekenntnis gegeben hatte. Dass heute dennoch der mit Abstand überwiegende Teil der Christenheit eine im Kern chalkedonensische, gemäßigt dyophysitische Christologie vertritt, hängt mit den weiteren politischen Entwicklungen in jenen Regionen zusammen, die ab dem 5. Jahrhundert (zum Teil im Zuge der Abgrenzung zu Chalkedon) eigenständige kirchliche Strukturen ausgebildet hatten. Denn nachdem sich die römischen und persischen Heere in langanhaltenden militärischen Auseinandersetzungen bis zum Beginn des 7. Jahrhunderts gegenseitig aufgerieben hatten, konnten sie den ab 630 vordringenden arabischen Truppen wenig entgegensetzen (vgl. Lange 2011: 16 f.; Meier 2021: 1020–1088). Binnen weniger Jahre gingen dem nur mehr (ost-)römisch-byzantinischen Reich (→ s. Kap 3.4.1) große Teile seines Territoriums verloren – darunter nicht nur Palästina, sondern auch Syrien und Ägypten. Und auch das persische Reich kollabierte Mitte des 7. Jahrhunderts schließlich unter dem Druck (vgl. Tamcke 2017: 35), sodass die in den eroberten Gebieten existierenden Kirchen (→ s. Kap. 4) seit 661 vom Kalifen der muslimischen Umayyaden, Muʿāwiya I. (603–680), zunächst von Damaskus aus regiert wurden (vgl. Meier 2021: 1078 f.).

---

19 Das Syrische ist ein Zweig der aramäischen Sprachfamilie.
20 Hier ist ergänzend besonders das armenische Christentum (s. Kap. 4.3.4) zu nennen, das noch vor der Etablierung der römischen Kirche unter Theodosius (380) bereits 301 den Rang einer Staatskirche bekam, ab dem 5. Jahrhundert allerdings zunächst unter persischer Herrschaft stand.

3.4. Staatskirchen und kirchliche Staatsmacht
3.4.1. Fränkisches und byzantinisches Reich

Anders als im Osten, wo die römischen Kaiser noch bis ins 7. Jahrhundert hinein als politische Großmacht agieren konnten, waren die Herrscher der weströmischen Gebiete bereits seit dem 4. Jahrhundert in zunehmende Bedrängnis geraten. Den „Anfang des Unglücks" (Rosen 2020: 7) stellte zunächst das Jahr 378 dar, und zwar in Gestalt der Niederlage des (ost-)römischen Heeres gegen die germanischen Westgoten, die Kaiser Valens (reg. 364–378) das Leben kostete. Diese waren von den Hunnen aus ihren angestammten Siedlungsgebieten vertrieben worden und daher (im Rahmen der sogenannten Völkerwanderung) auf römisches Territorium vorgedrungen (vgl. Meier 2021: 171–183). Nachdem das Reich nach dem Tode Kaiser Theodosius' (395) unter dessen beiden Söhnen endgültig in einen Ost- und Westteil aufgespalten worden war, zogen die Westgoten weiter in Richtung Italien, wo sie 410 Rom eroberten (vgl. ebd.: 191–223). Auch andere germanische Völker breiteten sich im fünften Jahrhundert (zum Teil gewaltsam) auf weströmischem Gebiet aus: Ab 429 eroberten die Vandalen sukzessive große Teile des wirtschaftlich äußerst bedeutsamen Nordafrikas und plünderten im Jahre 455 ebenfalls Rom (vgl. ebd.: 649–730). 476 entmachtete der germanischstämmige römische Offizier Odoaker (ca. 433–493) den letzten, von Ravenna aus regierenden, weströmischen Kaiser Romulus Augustus (reg. 475–476), nachdem er sich von seinen Soldaten zum König über Italien hatte ausrufen lassen (vgl. ebd.: 500). 493 wurde seine Herrschaft von den Westgoten beendet (vgl. ebd.: 512–515).

Als nachhaltiger sollte sich die Eroberung Nordgalliens durch den Frankenkönig Chlodwig (466–511) erweisen, die die Grundlage für das mächtige fränkische Reich legte, das sich in der Folgezeit praktisch sämtliche übrigen germanischen Staaten einverleibte (vgl. ebd.: 591–605). Kirchengeschichtlich relevant ist dabei vor allem das Jahr 498: In diesem Jahr ließ sich Chlodwig – angeblich auf Drängen seiner Frau Chlothilde – christlich taufen. Wahrscheinlicher aber ist, dass es sich dabei um eine strategische Entscheidung gehandelt hat, mit der sich der König der Gunst des Bischofs von Rom versichern wollte, der ab dem 5. Jahrhundert – vor dem Hintergrund der zunehmenden Zerstörungen staatlich-römischer Strukturen – zum letzten institutionellen Bindeglied zu den alten römischen Eliten avanciert war (→ s. Kap. 3.4.2). In diesem Zusammenhang ist vor allem bedeutsam, dass Chlodwig durch seine Hinwendung zum nizänischen Christentum (→ s. Kap. 3.3.1) die Hoheit über die römische Kirche in seinem Gebiet erlangte, die er „zielstrebig für Landesausbau und Herrschaftsstabilisierung" (Hauschild 2007: 364) zu nutzen wusste. Demgemäß nahm der Franke auch das in Nizäa und Chalkedon sanktionierte Bekenntnis der römischen Kirche an – anders als etwa die Westgoten, die zunächst der arianischen Theologie gefolgt waren. Im Jahre 511 berief er seine Bischöfe zu einer Reichssynode nach Orléans, um die Gepflogenheiten der römischen Kirche fortzuführen, und legte damit den Grundstein für die bedeutende fränkische Kirche (vgl. ebd.: 365). Die Strategie, an die alten (kirchlichen) Strukturen des römischen Reichs anzuknüpfen, sollte sich auch langfristig als äußerst erfolgreich erweisen: An Weihnachten 800 ließ sich der mächtige fränkische König Karl d. Gr. (reg. 768–814) von Papst Leo III. (reg. 795–816) zum Kaiser krönen und führte damit nach eigenem Verständnis das 476 untergegangene römische Kaisertum im Westen fort. Im Bewusstsein, der legitime ‚Erbe' des (west-)römischen Kaisers zu sein, konnte er von nun an dem noch immer in Konstantinopel residierenden oströmischen Kaiser als ebenbürtig entgegentreten (vgl. Moeller 2004: 148).

Doch anders als im Falle des fränkischen Reichs, dessen Ausdehnung im 9. Jahrhundert gewaltige Ausmaße angenommen hatte und große Teile West- und Mitteleuropas sowie Italiens umfasste, war das oströmische Reich seit der Spätantike von einer politischen Großmacht zusehends zu einer nur mehr regional bedeutsamen Größe geschrumpft. Grund dafür waren vor allem die bereits oben thematisierten Gebietsverluste durch die Eroberungszüge arabischer Heere (→ s. Kap. 3.3.2), aber auch der Aufstieg slawischer und bulgarischer Völker ab dem 7. Jahrhundert. Dennoch blieb dort die „staatliche Kontinuität" (ebd.: 117) in Person des (ost-)römischen Kaisers (ganz anders als im Westen) im Wesentlichen bis zum Fall Konstantinopels im Jahre 1453 erhalten. Damit verbunden war die byzantinische Herrschaftsvorstellung, in der der Kaiser „als Diener Gottes in einem hervorgehobenen Sinn prädiziert [wurde], ja er trug das vorchristliche Kaiserattribut *Sotér*, Heiland [...]; denn Kraft seines Amtes war ihm der Heilige Geist zu eigen. Dass er der irdische Herr von Kirche und Welt war, erschien daher als selbstverständlich" (ebd.: 118). Während im Westen der Bischof von Rom ab dem frühen Mittelalter in Gestalt des Papstes immer stärker in Rivalität und Konkurrenz zum Kaiser trat (→ s. Kap. 3.4.2), so regierten der byzantinische Kaiser und der in der Hauptstadt Konstantinopel (dem ehemaligen Byzanz) ansässige Patriarch „der Idee nach[21] [...] [i]n vollkommener *symphonia* [...] das im Reich zusammengeschlossene heilige Volk Gottes" (ebd.: 118). Diese enge Verflechtung von Kaisertum und Kirche im byzantinischen Reich, in der letztlich noch immer der Kaiser als unumschränkter Herr sowohl in theologischen als auch kultischen Fragen fungieren konnte, war eine wesentliche Ursache für die in der Folgezeit immer stärker zutage tretende Auseinanderentwicklung zwischen oströmischer und ehemals weströmischer Kirche. Dieser Prozess wurde indes nicht allein durch den Aufstieg und die politische Emanzipation des Papstes vorangetrieben; auch der sukzessive Rückgang von Verkehr und Handel zwischen den beiden Regionen nach dem Untergang des weströmischen Reichs sowie die sprachliche Trennung zwischen lateinischer West- und griechischer Ostkirche sorgten für eine zunehmende ‚Entfremdung' zwischen den Hemisphären, was ab dem 11. Jahrhundert schließlich zum Bruch der (bis dato immerhin noch formell bestehenden) Einheit der ehemals römischen Reichskirche führte (s. Kap. 3.4.3).

3.4.2. Papsttum und Kirchenstaat

Während also im Ostreich der Patriarch sozusagen in direkter Nachbarschaft zum Kaiser von der Hauptstadt Konstantinopel aus regierte, gab es in Rom seit dem 4. Jahrhundert neben dem dortigen Bischof keine mit dem Kaiser vergleich-

---

21 Dass dies in der Realität nicht immer der Fall war, ist wenig erstaunlich und besonders für die spätere Zeit belegt (vgl. Lilie 2014: 72–74).

bare politische Größe mehr; Regierungssitze der weströmischen Kaiser waren seit dieser Zeit vor allem Mailand und Ravenna. In dieses Machtvakuum fällt der politische Aufstieg des römischen Bischofs, dem traditionell auch in der Kirche ein gewisses Ehrenprimat im Sinne eines geistlichen ‚Vaters' (lat. *papa*) zugebilligt wurde. Denn zum einen war der Bischof von Rom seit alters her der Vorsteher der bedeutenden hauptstädtischen Gemeinde gewesen. Zum Zweiten hatte sich ab dem 2. Jahrhundert die Überlieferung formiert, dass der Apostel Petrus (zusammen mit Paulus) nach seiner Flucht aus Jerusalem die Leitung der christlichen Gemeinde in der Stadt Rom übernommen habe, wo er im Jahre 67 den Märtyrertod erlitt (vgl. Denzler 2009: 13 f.). Petrus galt – in Anknüpfung an Mt 16,18–19 – vielen als der Anführer der Apostel, da er von Jesus selbst zum obersten Sachwalter der Urgemeinde eingesetzt worden sei:

> 18Ich aber sage dir: Du bist Petrus, und auf diesen Felsen werde ich meine Kirche bauen, und die Mächte der Unterwelt werden sie nicht überwältigen. 19Ich werde dir die Schlüssel des Himmelreichs geben; was du auf Erden binden wirst, das wird auch im Himmel gebunden sein, und was du auf Erden lösen wirst, das wird auch im Himmel gelöst sein.

In dem Bewusstsein, Nachfolger des ‚Apostelfürsten' Petrus zu sein, beanspruchten römische Bischöfe nachweisbar bereits seit dem Ende des 2. Jahrhunderts des Öfteren eine gewisse Entscheidungskompetenz in kirchlichen Angelegenheiten, ohne sich zunächst jedoch gegenüber den übrigen Bischöfen behaupten zu können (vgl. Denzler 2009: 17).

Zur vollen Ausprägung kam dieses Bewusstsein indes in der Person des bereits erwähnten römischen Bischofs Leo I. (→ s. Kap. 3.3.1). Er verstand die Nachfolge Petri – in Anknüpfung an ältere Traditionen – im Sinne der sogenannten *Apostolischen Sukzession*: Damit ist die bereits aus Kap. 3.2 bekannte Linie der vermeintlich von den Aposteln eingesetzten Bischöfe sowie deren Nachfolger bis zum heutigen Tag gemeint, die in dieser Form als Träger einer ununterbrochenen apostolischen Tradition fungierten. Indem Leo nun „in St. Paul die Reihe der römischen Bischöfe in Medaillons abbilden" (Goez 2009: 9) ließ, wies er „für jedermann sichtbar auf die Sukzession Petri sowie die damit verbundene Lehre von der *sedes apostolica* [also vom *Apostolischen Stuhl*]" (ebd.: 9) hin. Dementsprechend verstand sich Leo als „Stellvertreter Petri" (*vicarius Petri*), der seinerseits von Jesus selbst zu dessen eigenem Stellvertreter auf Erden ernannt worden sei (vgl. ebd.: 8 f.). Damit verbunden war für Leo jedoch nicht allein der Vorrang in Fragen der christlichen Lehre, den er als Träger der petrinischen Tradition beanspruchte. Vielmehr erhob er – im Rückgriff auf das römische Erbfolgerecht sowie die Lehre von der doppelten Apostolizität Roms (also der durch Petrus und Paulus dortselbst begründeten Tradition) – auch den Anspruch auf das kirchliche Jurisdiktionsprimat – und damit *de facto* auf die Herrschaft in der gesamten Kirche (vgl. Herbers 2012: 34 f.; Hauschild 2007: 422). In diesem Verständnis führte Leo auch den erstmals von Bischof Damasus I. (reg. 366–384) übernommenen Kaisertitel *pontifex* (Brückenbauer), um sich gegenüber dem römischen Kaiser als wahrer Herr der Kirche zu positionieren (vgl. Hauschild 2007: 420). Aus diesem Grund spricht man von der Amtszeit eines Papstes auch als *Pontifikat*. Nicht zuletzt aufgrund seiner politischen Erfolge (etwa gegen die Hunnen und die Vandalen [vgl. Denzler 2009: 25]) stand Leo I. (auch Leo d. Gr. genannt) bereits zu Lebzeiten als einflussreicher Kirchenfürst in hohem Ansehen, was er – zumindest in Ansätzen – vor allem im Westen zur „adäquaten Realisierung" (Hauschild 2007: 421) seiner Ideen zu nutzen wusste. „Insofern kann man den Beginn des Papsttums im spezifischen Sinn mit ihm ansetzen" (Hauschild 2007: 421).

Bereits bei Leo lässt sich das Ausgreifen des päpstlichen Machtanspruchs auch auf den weltlich-politischen Bereich nachweisen: Zwar wollte er „die Eigenständigkeit beider Bereiche stets gewahrt sehen", weil „nach seiner Überzeugung [...] zwei unterschiedliche Gewalten vor[lagen]" (Denzler 2009: 32). Dennoch gebühre „dem Religiösen immer der Vorrang" (ebd.: 32). Prägnant formulierte diese Sichtweise auch Papst Gelasius (reg. 492–496) in einem Brief an den oströmischen Kaiser:

> „Denn Du weißt, mildtätigster Sohn, daß Du, obwohl Du aufgrund Deiner Würde dem Menschengeschlecht vorstehst, dennoch den Verwaltern des Göttlichen demütig den Nacken beugst und von ihnen die Urgründe deines Heils erwartest und daß Du beim Genuß der himmlischen Sakramente Dich der Ordnung der Religion [...] eher unterwerfen mußt, als ihr Vorschriften zu machen [...]" (zit. n. ebd.: 34).

Während dieser Anspruch am Ende des 5. Jahrhunderts noch eher theoretischer Natur war, so bot der Aufstieg des Frankenreichs (→ s. Kap. 3.4.1) den Päpsten ab dem 8. Jahrhundert die Gelegenheit, sich dem byzantinisch-kaiserlichen Einfluss zu entziehen: Im Jahre 754 ging Papst Stephan II. (reg. 752–757) ein Bündnis mit dem fränkischen König Pippin III. (714–768), dem Vater Karls d. Gr., ein, um sich militärische Hilfe gegen die Langobarden zu verschaffen, die 751 das in Italien gelegene oströmische Exarchat Ravenna erobert hatten. Nach dem Sieg über die Langobarden trat Pippin das Gebiet an den Papst ab (sog. *Pippinische Schenkung*), der fortan die staatlichen Hoheitsrechte über die ehemals oströmische Provinz sowie das ‚Herzogtum' Rom ausübte (vgl. Hauschild 2007: 430): Der Kirchenstaat war geboren, dessen Überrest heute noch durch den Vatikan repräsentiert wird. Dass diese Entwicklung freilich ihren Preis hatte, zeigt der Umstand, dass Papst Leo III. – im Gegenzug für die Bestätigung der Schenkung – Pippins Sohn Karl an Weihnachten 800 zum Kaiser krönte (vgl. ebd.: 430), der sich damit nun auch formell als unumschränkter Herr der Kirche in seinem Reich legitimiert sah (vgl. Schatz 2008: 92 f.).

Diese Ordnung bekam Risse im Rahmen des sogenannten Investiturstreits unter dem Pontifikat Gregors VII. (reg. 1073–1085). Dieser ist der Namensgeber der Gregorianischen Reform, die – in Anknüpfung an die Theologie des einflussreichen Kardinals Humbert von Silva Candida (um 1010–1061) – die Kirche den politischen Einflüssen der weltlichen Herrscher zu entziehen suchte (vgl. Denzler 2009: 47). In diesem Zusammenhang berief sich Gregor auf die oben skizzierte Zwei-Gewalten-Lehre Papst Gelasius': In seinem *Dictatus papae* von 1075 formulierte er 27 Leitsätze, die sein Verständnis des Papsttums im Gegenüber zum Kaiser, aber auch im Gegenüber zu den übrigen Bischöfen deutlich machten:

> „(2) Nur der römische Bischof hat das Recht, allgemeiner (Bischof) zu heißen [...].
>
> (3) Er allein vermag Bischöfe ab- und wieder einzusetzen.
>
> (4) Sein Legat soll auf allen Bischofssynoden den Vorsitz haben [...].
>
> (9) Allein des Papstes Füße haben alle Fürsten zu küssen [...].
>
> (12) Ihm allein ist es gestattet, Kaiser abzusetzen [...].
>
> (18) Seinen Urteilsspruch [...] darf niemand nochmals zur Erörterung stellen [...].
>
> (27) Er vermag Untertanen von der Lehnspflicht gegenüber Ungerechten (Kirchenfeinden) zu entbinden [...]"
>
> (zit. n. Ritter/Lohse/Leppin 2001: 90).

Zur „Eskalation" (Goez 2009: 58) kam es schließlich, als Kaiser Heinrich IV. (1050–1106) Ende 1075 „ins unmittelbare Hoheitsgebiet des Papstes" (ebd.: 59), nämlich die Einsetzung (Investitur) von Bischöfen, eingriff, indem er mehrere Bischöfe ernannte – „eine ungeheure, wenn auch vielleicht unbeabsichtigte Provokation" (ebd.: 59). Nachdem er deswegen von Gregor 1076 exkommuniziert und damit *de facto* abgesetzt worden war, verlor der Kaiser große Teile seiner Unterstützer, zumal der Papst diese ebenso von ihrem Treueid entbunden hatte. Nur der berühmte Bußgang nach Canossa im Januar 1077, auf dem Heinrich mit wenigen Getreuen die Alpen überquerte, um Gregor in Oberitalien im Büßergewand entgegenzutreten, konnte die Wiedereinsetzung des Kaisers erwirken – ein Ereignis, das die theokratische Konzeption des Königtums nachhaltig beschädigte (vgl. Herbers 2012: 131 f.).

Als Höhepunkt päpstlicher Machtfülle wird im Allgemeinen das Pontifikat Innocenz' III. (reg. 1198–1216) angesehen, der im deutschen Thronstreit im Anschluss an das durch den frühen Tod Heinrichs VI. (1165–1197) ausgelöste Machtvakuum die führende Rolle einnahm: Nachdem er 1209 zunächst Otto IV. (1176–1218) gegen Philipp von Schwaben (1177–1208) zum Kaiser gekrönt hatte, belegte er diesen nach dessen Wortbruch mit dem Kirchenbann und hob bis 1215 – im Rückgriff auf das von ihm geforderte päpstliche Prüfungsrecht – schließlich sein ehemaliges Mündel Friedrich II. (1194–1250), den jugendlichen Sohn Heinrichs, auf den Thron (vgl. Goez 2009: 80–83).

Am Pontifikat Innocenz' III., der sich selbst gar als Stellvertreter Christi (*vicarius Christi*) verstand (vgl. Hauschild 2007: 453), lassen sich indes auch die folgenreichen Schattenseiten der gewaltigen Machtfülle des mittelalterlichen Papsttums illustrieren. So ist mit ihm vor allem auch der Beginn einer institutionalisierten Verfolgung der angeblichen „Feinde der Kirche" (ebd.: 461) verbunden, die später von seinem Neffen, Papst Gregor IX. (reg. 1227–1241), zum „spezifischen Gerichtswesen der Inquisition" (ebd.: 461) ausgebaut wurde (→ s. Kap. 3.4.4). Der Gedanke, vermeintliche Gegner der christlichen Wahrheit mit Gewalt zu bekämpfen, war schon seit Ende des 11. Jahrhunderts grundlegend für die sogenannten Kreuzzüge gewesen (→ Kap. 3.4.4). Die Kreuzzugsidee richtete sich ursprünglich – zumindest in der Theorie – gegen die muslimischen Staaten im Osten (→ s. Kap. 3.3.2), war von Innocenz jedoch auch zur Legitimation der äußerst brutalen militärischen Bekämpfung der religiösen Bewegung der *Katharer* (dt. Ketzer) in Frankreich herangezogen worden (→ s. Kap. 3.4.4). Die Kombination des Anspruchs auf universale Vormachtstellung mit der Bereitschaft, diesen notfalls auch mit Gewalt durchzusetzen, zementierte darüber hinaus spätestens mit dem von Innocenz III. ins Leben gerufenen Vierten Kreuzzug (1202–1204), der mit der Eroberung Konstantinopels endete, die Spaltung zwischen lateinischer und griechischer Kirche „endgültig" (Schatz 2008: 110) (→ s. Kap. 3.4.3).

Es liegt in der Natur des Höhepunkts, dass er nicht nur das Ende eines Aufstiegs, sondern zugleich auch den Beginn des Abstiegs markiert. Als deutliches Symptom dafür kann die sogenannte „Babylonische Gefangenschaft" (Denzler 2009: 59) des Papsttums in Avignon gelten, die von 1309 bis 1376 andauerte und anschließend gar ein mehrere Jahrzehnte währendes Schisma der lateinischen Kirche auslöste (sog. *Abendländisches Schisma*): Durch den Aufstieg König Philipps IV. (genannt der Schöne, 1268–1314) war das Papsttum seit Beginn des 14. Jahrhunderts zunehmend in die politische Abhängigkeit der neuen Großmacht Frankreich geraten, sodass Papst Clemens V. (reg. 1305–1314) erstmals seinen Sitz nicht mehr in Rom, sondern in Avignon einnahm (vgl. Herbers 2012: 227). Nachdem Gregor XI. (reg. 1370–1378) im Jahre 1377 nach Rom zurückgekehrt war, erhoben französische Kardinäle gegen dessen Nachfolger einen Gegenpapst in Avignon, sodass fortan zwei konkurrierende Papstlinien den Anspruch auf das universale Bischofsamt erhoben (vgl. Goez 2009: 110 f.) – eine Konstellation, die erst 1417 auf dem Konzil von Konstanz mit der Wahl Martins V. (reg. 1417–1431) beendet wurde (vgl. Lange 2012: 81 f.).

Als „Tiefpunkt des Papsttums" (Herbers 2012: 293) wird oftmals das Renaissancepapsttum des 15. und 16. Jahrhundert angesehen, das nach landläufiger Meinung das Ende der mittelalterlichen lateinischen Kirche mitverschuldet habe, deren fragile Einheit mit der Reformation endgültig zerbrechen sollte. Auf der anderen Seite taten sich die wie mächtige Renaissancefürsten agierenden Päpste, die in großem Reichtum einem eher weltlichen Lebenswandel frönten, auch als bedeutende Förderer des Humanismus sowie von Kunst und Kultur hervor. Bauwerke wie die heutige Peterskirche oder die Sixtinische Kapelle, die teilweise von Künstlern wie Michelangelo und Raffael ausgestaltet wurden, prägen bis heute das äußere Bild Roms als kultureller Weltstadt (vgl. Denzler 2009: 67–71; Herbers 2012: 274–300). Aus kirchlicher Sicht jedoch erschien die Prachtentfaltung und weltliche Orientierung des Renaissancepapsttums vielen Zeitgenossen als ein „Verrat an seiner religiösen Sendung" (Denzler 2009: 71), was bereits lange vor Luther Rufe nach einer umfassenden kirchlichen Erneuerung laut werden ließ.

3.4.3. Das Schisma zwischen byzantinischer und lateinischer Kirche

Mit der Auseinanderentwicklung der beiden ehemaligen römischen Reichshälften (→ s. Kap. 3.4.1) sowie dem Aufstieg des Papsttums stehen uns nun zwei wesentliche Hintergründe für den endgültigen Bruch zwischen lateinisch-römischer und griechisch-byzantinischer Kirche vor Augen (sog. *Morgenländisches Schisma*). Die bereits weiter oben ausgeführte kulturelle und kommunikative ‚Entfremdung' zwischen den beiden Hemisphären war sicherlich einer der Gründe, warum die formelle Trennung von römischer und byzantinischer Kirche letztlich im Wesentlichen das Ergebnis einer Reihe unglücklicher Umstände und politischer Grenzüberschreitungen gewesen ist und nicht aufgrund fundamentaler theologischer Konflikte erfolgte (vgl. Bayer 2002: 9–20).

Ausdruck dieser Entfremdung waren auch die ab Ende des 8. Jahrhunderts einsetzenden Anstrengungen zur Missionierung der slawischen Völker (→ s. Kap. 5.2.1). In deren Verlauf „verquickten sich missionarische Fragen und politische Interessen der Herrscher mit dem Gegensatz zwischen Rom und Konstantinopel" (Schatz 2008: 96), sodass sich die verschiedenen slawischen Länder in der Folge zu einem Spiegelbild der zunehmenden Spaltung des ehemals römischen Reichschristentums entwickelten (westslawisch: lateinisch; süd- und ostslawisch: griechisch) (vgl. Lange 2013: 10 f.).

Als zentrales Datum auf dem Weg zur endgültigen Trennung gilt indes das Jahr 1054 (vgl. Bayer 2002: 63–116). In diesem Jahr eskalierte der Konflikt zwischen Papsttum und dem konstantinopolitanischen Patriarchat, das sich den päpstlichen Vormachtansprüchen auf byzantinische Restbesitzungen in Unteritalien zu widersetzen suchte. In diesem Zusammenhang war bereits ein Jahr zuvor eine im Auftrag des Patriarchen von Konstantinopel, Michael Kerullarios (reg. 1043–1059), verfasste Schmähschrift erschienen, die gegen die westliche Praxis der Verwendung von ungesäuertem Brot in der Eucharistie polemisierte (vgl. Hauschild 2007: 447) und von Michael zur Legitimation für die Schließung aller lateinischen Kirchen in der Kaiserstadt herangezogen wurde. Gegenspieler auf römischer Seite waren der Reformpapst Leo IX. (reg. 1049–1054), vor allem aber dessen mächtiger Berater Humbert von Silva Candida (→ s. Kap. 3.4.2). Dieser reiste 1054 als Anführer einer päpstlichen Gesandtschaft nach Konstantinopel, um in Verhandlungen mit dem dortigen Patriarchen einzutreten. Als diese scheiterten, verfasste Humbert, „ein Mann von aufbrausendem Temperament" (Ritter/Lohse/Leppin 2001: 87), eine Bannbulle, in der er „Michael, den mißbräuchlich Patriarch Genannten, und die Förderer seiner Dummheit" (zit. n. ebd.: 87) als Häretiker verfluchte und in seiner Autorität als päpstlicher Legat exkommunizierte. Theologisch begründete der Kardinal dies u. a. damit, dass die Griechen „den Ausgang des Geistes [auch] aus dem Sohne aus dem Symbolum herausgetrennt" (zit. n. ebd.: 87) hätten. Damit spielt er auf einen Zusatz an, der im fränkischen Reich (und später auch im gesamten Westen) in das auf dem Konzil von Nizäa begründete Glaubensbekenntnis (→ s. Kap. 3.3.1) eingefügt worden war: dass nämlich der Heilige Geist aus dem Vater *und dem Sohn* (lat. *filioque*) hervorgehe. Dadurch unterschied sich das lateinische Glaubensbekenntnis vom griechischen, was bereits seit dem 9. Jahrhundert immer wieder als theologische Legitimation politischer

Differenzen zwischen Ost und West herangezogen worden war (vgl. Schatz 2008: 96), obgleich dieser Unterschied erst in der Nachwirkung der Humbert'schen Bannbulle seine kirchenspaltende Bedeutung zugeschrieben bekam. Michael reagierte entsprechend, indem er seinerseits Humbert und dessen Gesandtschaft von einer eilends einberufenen Synode mit dem Kirchenbann belegen ließ.

Trotz dieser in Konstantinopel zutage tretenden „Abkühlung bis zum Nullpunkt" (Lange 2013: 12) im Verhältnis zwischen lateinischer und griechischer Kirche handelt es sich bei der gegenseitigen Exkommunikation der beiden Kontrahenten formell nicht um eine Aufkündigung der kirchlichen Einheit. Denn die Bannflüche bezogen sich jeweils nur auf Personen, weshalb die „kirchenpolitischen Kontakte" (Hauschild 2007: 447) zunächst noch bestehen blieben. Dies änderte sich recht nachhaltig, als im Jahre 1203 ein lateinisches Kreuzfahrerheer im Rahmen des Vierten Kreuzzugs (→ s. Kap. 3.4.4) statt nach Ägypten gen Konstantinopel zog. Die Gründe für diese „Ablenkung" (Lilie 2014: 89) bestanden möglicherweise darin, dass dort ein der neuen Kolonialmacht Venedig, die den Kreuzzug maßgeblich finanziert hatte, genehmes Kaisertum installiert werden sollte, um die politische und wirtschaftliche Zusammenarbeit wiederherzustellen (vgl. ebd.: 89 f.). 1204 wurde die Stadt erobert, der amtierende Kaiser Alexios V. (1160–1204) hingerichtet und ein neuer lateinischer Kaiser, Balduin I. (1171–1205), in der Hauptstadt des byzantinischen Reichs installiert. Auch kirchlich fand eine Reorganisation statt: nach der Vertreibung des byzantinischen Patriarchen Johannes X. Kamateros (reg. 1198–1204) setzten die Kreuzfahrer einen lateinischen Patriarchen, den Venzier Thomas Morosini (reg. 1204–1211), ein, wodurch das Patriarchat der Kaiserstadt formell der Papstkirche einverleibt wurde (vgl. Grünbart 2014: 114). Diesen Prozess besiegelte ausgerechnet der mächtige Papst Innocenz III. (→ s. Kap. 3.4.2), der Morosini 1205 als rechtmäßigen Patriarchen von Konstantinopel anerkannte (vgl. Denzler 2009: 56).

Auch wenn das griechische Kaisertum nach der Rückeroberung Konstantinopels 1261 zunächst reinstalliert und auch die byzantinische Kirchenhierarchie wiederhergestellt werden konnte, so gelang es in der Folgezeit nicht mehr, eine Kirchenunion mit dem Westen herzustellen (vgl. Lange 2013: 13–14). Der endgültige Zusammenbruch des oströmischen Reiches nach der Eroberung Konstantinopels durch die Osmanen im Jahre 1453 führte schließlich zum Ende der kaiserlichen Bemühungen einer Kirchenunion. Gemäß dem von den neuen Herrschern auf nichtmuslimische Gruppen angewandten Millet-System, das weitgehende Religionsfreiheit ermöglichte, kam es in der Folgezeit zur weiteren Konsolidierung der orthodoxen Kirche unter der Führung des konstantinopolitanischen Patriarchats als eigenständiger Institution im osmanischen Reich (vgl. Oeldemann 2016: 41 f.). Das „dauerhafte[...] Schisma zwischen Rom und Konstantinopel [...] wird heute [daher] von den meisten Historikern auf das Jahr 1204 datiert" (ebd.: 41).

3.4.4. Gewalt im Namen der ‚Wahrheit': Kreuzzüge und Inquisition

Es klang bereits an, dass die große Machtfülle der lateinischen Kirche, die im Hochmittelalter als von den weltlichen Herren weitgehend unabhängige Größe agieren konnte, mit der zunehmenden Bereitschaft verbunden war, kirchliche Interessen auch mit Gewalt durchzusetzen (→ s. Kap. 3.4.2). Während zwar bereits auf den altkirchlichen Konzilien von der mehrheitlichen Meinung abweichende theologische Positionen verurteilt und deren Vertreter im Extremfall mit dem Kirchenbann belegt worden waren, so scheiterte die Durchsetzung dieser Urteile zumeist an anders gelagerten Diskursen und Interessen des weltlich-politischen Umfelds. Der Aufstieg der Kirche zur Quasi-Staatsmacht änderte freilich diese Konstellation: Denn nun verfügte die Kirche selbst über die geeigneten Instrumente, ihrem Willen auch entsprechende Taten folgen zu lassen.

Deutliches Anzeichen für die zunehmende Gewaltbereitschaft sind die ab dem Ende des 11. Jahrhunderts einsetzenden Kreuzzüge. Anlass war ein im Jahre 1095 ergangenes Hilfegesuch des byzantinischen Kaisers Alexios I. Komnenos (1081–1118) gegen die Bedrohung seines Reiches durch die nach Westen vorrückenden türkischen Seldschuken. Wohl um die Wirkung seines Gesuchs zu verstärken, wandte sich Alexios nicht an Kaiser Heinrich IV. (1056–1106), sondern an Papst Urban II. (reg. 1088–1099), möglicherweise, weil er sich vom Angebot einer Kirchenunion sowie dem Bedrohungsszenario durch muslimische ‚Ungläubige' größeren Anklang im Westen erhoffte (vgl. Lilie 2004: 33; Thorau 2012: 23 f.). Urban nutzte die Gunst der Stunde, sich als „das spirituelle Oberhaupt der gesamten Christenheit" (Thorau 2012: 25) zu inszenieren: In einer furiosen Rede im Rahmen eines Konzils in Clermont rief er zum Kriegszug zur Eroberung Jerusalems auf, indem er herausstellte, dass es sich nicht nur um ein militärisches Unternehmen, sondern zuallererst um die Verteidigung der christlichen Wahrheit handele:

> „Ich bin überzeugt, ihr, meine Brüder, habt schon längst durch viele Berichte erfahren, daß barbarische Raserei die Kirchen Gottes in den östlichen (Erd-)Teilen in beklagenswerter Feindseligkeit verwüstet und darüber hinaus auch die heilige Stadt [Jerusalem] [...] mitsamt ihren Kirchen, was auszusprechen frevelhaft ist, ihrer unerträglichen Knechtschaft unterworfen [hat]" (zit. n. Ritter/Lohse/Leppin 2001: 118).

Demgemäß bestehe die Motivation einer Teilnahme an dieser Operation nicht darin, „Ehre und Reichtum zu erlangen"; vielmehr solle „dieser Pilgerweg als Abgeltung jeglicher Buß(straf)e angerechnet werden" (zit. n. ebd.: 118). Es überrascht wenig, dass die mit diesem Generalablass ausgestatteten Ritter, die zum Zeichen der Übernahme des Kreuzes Christi Stoffkreuze auf ihren Mänteln trugen (vgl. Thorau 2012: 27), keinerlei Gnade gegenüber den Besatzern Jerusalems walten ließen. Ein Augenzeuge berichtet von Kreuzrittern, die „bis zu den Knöcheln im Blut" ihrer Feinde wateten. „Als endlich die Heiden besiegt waren, ergriffen die Unseren hinlänglich viele Männer und Frauen [...] und töteten und ließen am Leben, wen sie wollten" (zit. n. Ritter/Lohse/Leppin 2001: 119).

Ähnliches weiß der byzantinische Historiker Niketas Choniates (1155–1217) zu berichten, der 1204 die Eroberung Konstantinopels durch lateinische Ritter im Rahmen des bereits erwähnten Vierten Kreuzzugs miterlebt hat: „Was soll ich als erstes aufzählen, was als zweites, was als letztes von dem, was diese blutbesudelte Soldateska sich erdreistete?" (zit. n. ebd.: 124) Als Kontrastbild dienen ihm ausgerechnet die muslimischen Truppen, gegen die die lateinischen Ritter ja ursprünglich zu Felde gezogen waren:

> „Ja, diese benahmen sich geradezu menschenfreundlich und mild […]. Sie fielen nicht wie wiehernde Hengste über die Frauen der Lateiner her, machten […] nicht das Leben zum Tode, nicht die Auferstehung (Christi) zum Fall (vieler), sondern gewährten allen den Abzug und bestimmten pro Mann nur ein geringes Lösegeld […]. So verfuhren Feinde Christi mit den andersgläubigen Lateinern!" (zit. n. ebd.: 125)

Die Idee, besagte „Feinde Christi" nicht nur mit dem Wort, sondern auch mit dem Schwert zu bekämpfen, wurde seit dem Ende des 12. Jahrhunderts indes nicht nur nach außen, sondern auch auf die vermeintlichen Gegner innerhalb der Kirche angewandt. Als solche gerieten ab dieser Zeit besonders die sogenannten Katharer (von griech. *katharoi*, „die Reinen") in den Fokus der Amtskirche, von denen sich das mittelhochdeutsche Wort *Ketzer* ableitet. Darunter versteht man eine vor allem in Südwestfrankreich (nach ihrem dortigen Zentrum Albi auch Albigenser genannt) und Italien verbreitete Reformbewegung, die sich selbst u. a. als „Arme Christi" (*pauperes Christi*) oder auch als „gute Menschen" (*boni homines*) bezeichnete (vgl. Schwerhoff 2019: 19; Auffarth 2016: 44). Wie dieses Selbstverständnis vermuten lässt, handelte es sich im Wesentlichen um eine kirchenkritische Bewegung, die den großen Reichtum und die Machtentfaltung des hochmittelalterlichen Papsttums radikal ablehnte und stattdessen ein besitzloses „Leben in der Nachfolge der Apostel" (Schwerhoff 2019: 19) propagierte. Wie der Inquisitor Bernard Gui (1261–1331) berichtet, war die kirchenähnliche Organisation der Katharer oder Ketzer, die auch über Bischöfe und Diakone verfügte, zweigeteilt:

> „‚Vollendete Ketzer' [lat. *perfecti*] heißen aber jene, die sich auf Glaube und Leben der Ketzer gemäß ihrem Ritus verpflichtet haben, sie halten und beobachten und anderen lehren. ‚Unvollendete Ketzer' [lat. *credentes*, also einfache Gläubige] heißen aber jene, die zwar den Glauben der Ketzer haben, aber ihr Leben nicht führen, was Ritus und Regeln angeht" (zit. n. Rottenwöhrer 2007: 57).

Während also die Zahl der dem apostolischen Armutsideal verpflichteten *perfecti* um 1250 mit einigen Tausend (darunter ein hoher Anteil Frauen) verhältnismäßig gering ausfiel, so betrug deren Anhängerschaft in Gestalt der *credentes* mit 30 bis 40 Prozent der Bevölkerung Südfrankreichs sowie mehreren Hunderttausend in Italien, darunter auch zahlreiche lokale Fürsten, ein Vielfaches mehr (vgl. ebd.: 56).

Diesen (und anderen) Versuchen, die nach Ansicht vieler Zeitgenossen korrumpierte und verweltlichte Kirche durch eine ‚reinere' und vermeintlich ursprüngliche Form des Christentums zu ersetzen, suchte Papst Innocenz III. (→ s. Kap. 3.4.2) zunächst durch die Entsendung von Mönchen (→ s. Kap. 3.5) entgegenzutreten, die durchs Land zogen, um „mit Predigten die Ketzerei zu bekämpfen" (Schwerhoff 2019: 26). Nachdem jedoch einer von ihnen, der Zisterzienser Peter von Castelnau, 1208 ermordet worden war, rief Innocenz – nach dem Vorbild des bewaffneten Kampfes gegen die muslimischen ‚Häretiker' – zum Kreuzzug gegen die Katharer auf:

> „Damit die heilige Kirche Gottes ihren grausamsten Feinden [...] entgegenziehen könne, um die Anhänger jener ketzerischen Bosheit, die, schlangengleich, nahezu die gesamte Provence wie ein Krebsgeschwür infiziert hat, auszurotten, hielten wir es für geboten, die Kommandos christlicher Ritterschaft in den umliegenden Regionen zusammenzurufen" (zit. n. Ritter/Lohse/Leppin 2001: 141).

Diese auch als Albigenserkriege bezeichnete militärische Bekämpfung der ‚inneren Feinde' der Kirche endete nach der blutigen Verwüstung Südfrankreichs 1229 schließlich mit der weitgehenden Vernichtung der dortigen Katharer sowie der Kapitulation von deren einflussreichstem Unterstützer, dem Grafen Raimund VII. von Toulouse (1197–1249) (vgl. Auffarth 2016: 85–87; Schwerhoff 2019: 27).

Parallel dazu hatte Innocenz 1215 die Grundlage für ein weiteres Instrument zur Ketzerbekämpfung gelegt, das im weiteren Verlauf als Inquisition (von lat. *inquisitiones*, „Nachforschungen") Bekanntheit erlangen sollte. Hintergrund waren die Bemühungen des Papstes, seines Zeichens ausgebildeter Jurist, das Kirchenrecht und die daraus abgeleiteten innerkirchlichen Rechtsverfahren zu rationalisieren und zu zentralisieren. Statt wie in der bisherigen Praxis, in der ein Reinigungseid und ggf. ein Gottesurteil über Schuld und Unschuld eines Klerikers Aufklärung gaben, konnte die Verurteilung nun nur nach eindeutigem Beweis, also durch ein „Geständnis oder mindestens zwei übereinstimmende Zeugenaussagen" (Herbers 2012: 194), erfolgen (später konnte das Geständnis je nach Indizienlage auch durch Folter herbeigeführt werden). Prozess und Strafe waren dabei getrennt: Während der Prozess durch kirchliche Vertreter durchgeführt wurde, überstellten diese den Verurteilten anschließend zur Bestrafung an die weltlichen Instanzen, da die Kirche selbst keine Blutgerichtsbarkeit ausübte (vgl. ebd.: 194).

Während das Verfahren zunächst allein gegen Kleriker eingesetzt worden war, fand es seit einem Konzil in Toulouse im Jahre 1229 (im Anschluss an die Kapitulation Raimunds) zunehmend auch gegen Katharer und andere der Irrlehre verdächtigte Laien Anwendung. So bestellte das Konzil spezielle Suchtrupps, die – unter der Leitung eines geistlichen Inquisitors – in den Dörfern der Region „sorgfältig nach Ketzern forschen [lat. *inquirere*] und diese den kirchlichen Behörden anzeigen" (Schwerhoff 2019: 24) sollten, um ihnen den Prozess zu machen und zur Bestrafung an die weltliche Obrigkeit zu übergeben. Die Strafen reichten dabei von der Verpflichtung zur Buße über die Konfiszierung von Eigentum bis hin zum Tod durch Verbrennung; letzterer wurde dadurch legitimiert, dass die Ketzerei von Innocenz als Majestätsverbrechen gegen Gott verstanden worden war, und zwar in Parallele zum weltlichen Recht, wo Verbrechen gegen die Obrigkeit mit der Todesstrafe geahndet werden konnten (vgl. ebd.: 22).

Um den Kampf gegen die verbliebenen Katharer auch nach dem Ende des Albigenserkreuzzuges aufrecht zu erhalten, kam es unter dem Pontifikat Gregors IX.

(→ s. Kap. 3.4.2) zu einer konsequenten Systematisierung der Inquisition, mit deren Durchführung vor allem der Dominikanerorden (→ s. Kap. 3.5) betraut war. Dessen Angehörige nahmen den Prozess häufig aufgrund von Anzeigen und Denunziationen auf, verhängten aber zunächst noch recht milde Strafen (vgl. ebd.: 28–30). Dies änderte sich jedoch, als der Inquisitor Guillelmus Arnaldi 1242 „einem Mordanschlag kämpferischer Katharer zum Opfer" (ebd.: 30) fiel: Zwei Jahre später wurden nach dem Fall der Katharerfestung Montségur über 200 *perfecti* auf dem Scheiterhaufen verbrannt. Bis Anfang des 14. Jahrhunderts gelang es der Inquisition schließlich, den von Innocenz knapp einhundert Jahre zuvor gefassten Plan zur „Ausrottung" der „ketzerischen Bosheit" zu verwirklichen: 1321 wurde mit Guillaume Bélibaste (geb. um 1280) der ‚letzte Katharer' dem Feuertod übergeben (vgl. Auffarth 2016: 84–90; Schwerhoff 2019: 30–33).

Doch auch nach dem Ende der Katharerbewegung existierte das Instrument der (im Auftrag des Papstes agierenden) Inquisition weiter und dehnte den Begriff der Ketzerei nun auf alle Arten von Häresie, also der kirchlichen Wahrheit widersprechende Irrlehren, aus. So mussten sich in den nachfolgenden Jahrhunderten zahllose Persönlichkeiten, darunter bis heute angesehene Theologen und Wissenschaftler wie William von Ockham (1288–1347) oder Galileo Galilei (1564–1642), vor Inquisitionsgerichten verantworten oder landeten, wie etwa der böhmische (Vor-)Reformator Jan Hus (um 1370–1415) oder der Philosoph Giordano Bruno (1548–1600) gar auf dem Scheiterhaufen. Seit der sog. Hexenbulle von Papst Innocenz VIII. (reg. 1484–1492) galt auch die Hexerei als Ketzerei, was in der Folgezeit zur unerbittlichen Verfolgung vermeintlicher Hexen durch Inquisitionsgerichte führte – eine Praxis, die erst im 17. Jahrhundert ihr Ende fand (vgl. Denzler 2009: 83–90). Nachdem das Papsttum im Spätmittelalter deutlich an Einfluss eingebüßt hatte, übernahmen in manchen Kontexten verstärkt staatliche Stellen das Ruder. Hier sticht besonders die berüchtigte spanische Inquisition hervor, die sich ab Ende des 15. Jahrhunderts zu einer Behörde der spanischen Krone entwickelte und vor allem zur systematischen Verfolgung von Juden und Muslimen (und in geringerem Maße auch von Protestanten) eingesetzt wurde (vgl. Schwerhoff 2019: 59–80). Daneben existierte jedoch weiterhin die römische Inquisition unter Verantwortung des Papstes, deren Einfluss indes im Wesentlichen auf Italien beschränkt blieb. Nachdem diese jedoch spätestens seit dem 19. Jahrhundert (nicht zuletzt aufgrund des Untergangs des Kirchenstaates [→ s. Kap. 3.4.2] nach der Gründung des Königreichs Italien) stark an Bedeutung eingebüßt hatte, wurde sie im 20. Jahrhundert (im Rahmen des *Zweiten Vatikanischen Konzils* [1962–1965; → s. Kap. 6.1]) in die sog. *Glaubenskongregation* überführt, die nach wie vor Disziplinarmaßnahmen gegen Amtsträger der römisch-katholischen Kirche verhängen kann (vgl. ebd.: 108–110).

3.5. Klöster und Ordensgemeinschaften

Aus heutiger Perspektive wirken klösterliche Ordensgemeinschaften eher wie eine Randerscheinung des weltweiten Christentums und werden häufig im Kontext einer vermeintlich unzugänglichen, ‚mittelalterlichen' Religiosität verortet. Doch tatsächlich ist der Einfluss des Mönchtums auf praktisch alle großen christlichen

Strömungen nicht zu unterschätzen: Nicht allein waren bis in die frühe Neuzeit ein großer Teil der bedeutenden Denkerinnen und Denker aus Theologie, Philosophie und Wissenschaft Mönche und Nonnen; gerade reformorientierte Geister kamen häufig aus Ordensgemeinschaften und taten sich zuweilen als Motoren der kirchlichen Entwicklung hervor. Hier sind etwa Päpste wie Gregor I. (reg. 590–604) oder der oben genannte Gregor VII. zu nennen, aber auch streitbare Theologen wie der mehrfach erwähnte Humbert von Silva Candida – oder der Reformator Martin Luther (→ s. Kap 3.6.1). Umgekehrt bildeten die Ordensgemeinschaften jedoch auch einen wesentlichen Bestandteil der kirchlichen Struktur, indem sie theologischen Nachwuchs ausbildeten, Mission betrieben oder (vor allem in Gestalt der Dominikaner) die Inquisition (→ s. Kap. 3.4.4) verantworteten. Auch gesamtgesellschaftlich sind die Klöster bis in die Neuzeit hinein nicht in ihrer Bedeutung zu unterschätzen: So bildeten sie zunächst auf dem Land und später in den Städten einen wichtigen Teil der sozialen Infrastruktur, indem sie Armen- und Krankenfürsorge betrieben. Zentral war nicht zuletzt ihre Bildungsarbeit: Zum einen, weil sie auch Frauen und Angehörige ‚einfacherer' Schichten in ihre Klosterschulen aufnahmen, sodass diesen in der mittelalterlichen Feudalgesellschaft marginalisierten Gruppen ein sozialer Aufstieg (zumindest im Rahmen der jeweiligen Ordensgemeinschaft) ermöglicht wurde; zum anderen, weil zahlreiche dieser Schulen maßgebliche Keimzellen heutiger Universitäten (z. B. Köln, Paris oder Oxford) bildeten, an denen Wissenschaft und Theologie in einem geschützten Raum und (entgegen dem Klischee) zumeist recht unabhängig von äußeren Zwängen betrieben werden konnte.

Erste klosterartige Gemeinschaften lassen sich in Ägypten nachweisen. Hier zogen sich ab dem 3. Jahrhundert zunächst einzelne Christen in die Abgeschiedenheit unwirtlicher Gegenden zurück, um (dem Ideal einer christlichen Askese folgend) „in einem Leben der Enthaltsamkeit, der Buße und des Gebetes Gott zu suchen" (Schwaiger/Haim 2008: 9). Die Idee, dass der Verzicht auf leibliche Bedürfnisse mithilfe bestimmter körperlicher und geistiger Übungen eine besondere Tugend sei, war den christlichen Asketen bereits aus der griechischen Philosophie, aber auch aus dem spätantiken Judentum bekannt (vgl. Frank 2010: 1–19). Männer wie der ‚Mönchsvater' Antonius d. Gr. (251–356), früh aber auch in der Ehelosigkeit lebende ‚gottgeweihte Jungfrauen', standen dabei für den Anspruch, dem sich durch Besitz- und Ehelosigkeit auszeichnenden Leben Jesu in besonderem Maße nachzueifern (vgl. Holtz 2001: 34–36). Ein Leben in der konsequenten Nachfolge Christi zu führen, galt dabei als „Nachweis persönlicher Heiligkeit" (Frank 2010: 12), und zwar im Sinne einer bereits im Diesseits verwirklichten christlichen Vollkommenheit. Während dieses Ideal in früherer Zeit durch die Märtyrer verkörpert worden war (vgl. Holtz 2001: 41), entwickelte sich mit der allmählichen Institutionalisierung des Christentums vor allem das asketische Leben zu einer Art ‚Ersatz' für das Martyrium, wodurch das Ideal einer ‚heiligen Kirche' in Form einer ausgewählten Personengruppe inmitten der profanen Realität einer Kirche der Massen aufrechterhalten werden konnte (vgl. Frank 2010: 12 f.).

Vor diesem Hintergrund erklärt es sich, dass die Institutionalisierung des asketischen Lebens bereits im 4. Jahrhundert einsetzte, als größere Gruppen von

Mönchen (von griech. *monachos*, „der allein Lebende"[22]) Siedlungen nach dem Vorbild der Jerusalemer Urgemeinde gründeten. Diese als Klöster (von lat. *claustrum*, „verschlossener Ort") bezeichneten Stätten standen teilweise bereits unter der Leitung eines „geistlichen Vaters" (Abt, von aramäisch *aba*, Vater) und waren mithilfe eines schriftlich festgehaltenen Regelwerkes, der sog. Mönchsregel, organisiert (vgl. Schwaiger/Haim 2008: 10–12). Dies umfasste das gemeinsame Leben, Beten und Arbeiten sowie die „Einheitlichkeit in asketischer Grundhaltung, Nahrung und Kleidung" (ebd.: 11).

Von Ägypten breitete sich das Mönchtum zunächst nach Palästina und Syrien und bald auch nach Mesopotamien aus. Doch auch im byzantinischen Kleinasien entstanden – maßgeblich beeinflusst durch das Schrifttum des Basilius von Caesarea (330–379) – ab Ende des 4. Jahrhunderts zahlreiche Klostergemeinschaften. Zum „Mittelpunkt des byzantinischen Mönchtums" (ebd.: 15) entwickelte sich dabei die Hauptstadt Konstantinopel, wo im 6. Jahrhundert über 70 Klöster existierten. Besonderen Einfluss übte das 463 gegründete Studitenkloster (benannt nach dessen berühmtem Abt Theodor Studites [759–826]) aus, dessen Organisationsstruktur in der Folgezeit vor allem durch die am nordgriechischen Berg Athos gelegenen Klöster übernommen wurde. Hier bildete sich im späten 9. Jahrhundert eine Art Mönchsstaat, indem sich zahlreiche der am Berg existierenden Klöster zu einer Gemeinschaft mit einem Vorsteher, einem Ältestenrat sowie einer „Verfassung" (ebd.: 15) zusammenschlossen. In dieser Form überdauerte das byzantinische Mönchtum (anders als in Palästina und Syrien) den Zusammenbruch des Reiches und die Einführung der osmanischen Herrschaft ab 1430. Gleichzeitig strahlte es auch über die Grenzen Griechenlands hinaus, etwa nach Russland, wo das im 11. Jahrhundert gegründete Kiewer Höhlenkloster die Studitenregel annahm (vgl. ebd.: 16–18). Wie in Byzanz spielten auch die russischen Klöster eine entscheidende kulturelle und kirchliche Rolle, nicht zuletzt als Rekrutierungsreservoir für Bischöfe, die erst mit dem „vernichtenden Einbruch des Bolschewismus im frühen 20. Jahrhundert" (ebd.: 18) ein Ende fand.

Im Westen war vor allem die Mönchsregel des Benedikt von Nursia (480–547) bedeutsam. Dieser gründete 529 in einem ehemaligen Apollotempel auf dem Berg Montecassino bei Neapel ein Kloster, das zum Stammkloster des Benediktinerordens werden sollte. Die von ihm um 540 verfasste *Regula Benedicti* diente im 9. Jahrhundert dem fränkischen Reichsabt Benedikt von Aniane (750–821) als Vorlage für sämtliche ihm unterstellten Klöster und fand so weite Verbreitung (vgl. Hauschild 2007: 308). Hauptkennzeichen dieser Regel waren, neben der Ehelosigkeit sowie der Ortsansässigkeit im Kloster:

1. Gehorsam: „Der erste Schritt zur Demut ist Gehorsam ohne Zögern […], sobald der Obere etwas befohlen hat: sie führen es umgehend aus, als käme der Befehl von Gott" (zit. n. Ritter/Lohse/Leppin 2001: 8).

---

22 Angehörige von Frauenorden werden üblicherweise als Nonnen (von lat. *nonna*, „ehrwürdige Mutter") bezeichnet.

2. Verzicht auf Privateigentum: „Keiner darf sich erlauben, ohne Geheiß des Abtes etwas [...] zu besitzen, rein gar nichts: weder eine Handschrift, noch eine Schreibtafel, noch einen Griffel" (zit. n. ebd.: 9).
3. Streng geregeltes Leben („Bete und arbeite!", lat. *ora et labora*): „Müßiggang ist ein Feind der Seele; deshalb müssen sich die Brüder zu bestimmten Zeiten mit Handarbeit und wiederum zu festgesetzten Zeiten mit heiliger Lesung beschäftigen" (zit. n. ebd.: 9).

Mag ein solches Leben aus heutiger Sicht wenig attraktiv wirken, so ermöglichte es den Menschen jener Zeit, in der Armut, Hunger, Krankheit und Tod allgegenwärtig waren, eine gewisse Sicherheit, weshalb häufig etwa nachgeborene Söhne, die nicht den elterlichen Hof übernehmen konnten, ins Kloster gegeben wurden – ebenso wie Töchter, denen neben einer Existenzgrundlage auch eine Ausbildung ermöglicht wurde. Berühmtes Beispiel ist die Benediktinerin und Universalgelehrte Hildegard von Bingen (1098–1179), die, wie damals üblich, mit 8 Jahren von ihren Eltern ins Kloster gegeben worden war.

Die straffe Organisation des monastischen Lebens führte bald dazu, dass sich die Klöster im Mittelalter zu wichtigen geistigen, kulturellen und wirtschaftlichen Zentren in der gesamten christlichen Welt entwickelten. Zum einen, indem sich die Klosterschulen als zentrale Orte des intellektuellen Lebens etablierten, zum anderen, weil die Klöster durch die gut organisierte und emsige Bewirtschaftung des von ihnen urbar gemachten Landes oftmals großen Reichtum anhäuften, der zwar nicht im Besitz der einzelnen Mönche, wohl aber im Besitz der Kirche war (vgl. Hauschild 2007: 305–316).

Der große Reichtum vieler Klöster, der dem asketischen Ideal ja diametral gegenüber stand, sorgte (wie auch der Reichtum des Papsttums, dem seit dem 10. Jahrhundert viele Klöster direkt unterstanden) bald für Kritik und andauernde Reformbemühungen (vgl. Frank 2010: 66–85). Besonders erwähnenswert sind in diesem Zusammenhang die sog. Bettelorden: Nach dem Aufstieg zahlreicher Städte in Westeuropa im 12./13. Jahrhundert bestand die zunehmende Notwendigkeit, der dortigen Bevölkerung Seelsorge, aber auch Armen- und Krankenfürsorge zukommen zu lassen. In diesem Kontext gründeten sich ab dem 13. Jahrhundert zahlreiche Gemeinschaften, deren Klöster im Zentrum der großen Städte lagen; da hier jedoch die wirtschaftliche Grundlage der Landwirtschaft nicht gegeben war, waren die dortigen Klöster von Spenden abhängig, die von den sog. Bettelmönchen eingeworben wurden (vgl. Schweiger/Heim 2008: 43–46; Frank 2010: 86–108). Mit dieser Praxis verbunden war die Kritik am Reichtum der übrigen Kirche. Und weil, wie wir oben gesehen haben, bereits seit einiger Zeit kirchenkritische Armutsbewegungen wie die Katharer in der Bevölkerung großen Rückhalt genossen (→ s. Kap. 3.4.4), gewannen auch die Bettelorden rasch an Popularität, weil ihre Angehörigen das Armutsideal wieder ‚wahrhaftig' verkörperten. Und während der oben genannte Papst Innozenz III. die Katharer noch blutig verfolgen ließ, machte er sich nun die Dynamik der Bettelorden zunutze, indem er zahlreiche dieser Ordensgemeinschaften in die Kirche integrierte:

3.5. Klöster und Ordensgemeinschaften

Bekanntestes Beispiel dafür ist der durch den Umbrier Franz von Assisi (1181–1226) gegründete Franziskanerorden (*Ordo Fratrum Minorum*, OFM). Ursprünglich ein wohlhabender Kaufmann, lebte Franz ab etwa 1205 als bettelnder Einsiedler, der bald eine größere Gemeinschaft um sich scharte – unter ihnen auch Frauen, die später den Klarissen-Orden (benannt nach dessen Mitbegründerin Klara von Assisi [1193–1253]) bildeten (vgl. Frank 2010: 93–102). Nachdem dem mit dem Kampf gegen die Katharer beschäftigten Papst Innozenz ein Traumbild erschienen sein soll, in dem Franz als Stütze der schwankenden Lateransbasilika fungierte, erkannte er die Franziskaner um das Jahr 1210 offiziell als Ordensgemeinschaft an – eine Vereinnahmung, mit der Franz niemals wirklich glücklich war (vgl. Hauschild 2007: 333; Schweiger/Heim 2008: 47 f.).

Ähnlich erging es auch den Dominikanern (*Ordo Praedicatorum*, OP), die ihre Anerkennung als Teil des Mönchtums durch den Nachfolger des Innozenz, Papst Honorius III. (reg. 1216–1227), erhielten. Deren Gründer Dominikus (1170–1221) hatte zunächst dadurch große Popularität erlangt, dass er, im Auftrag von Innozenz III., zu Fuß durch Frankreich gezogen war, um die Katharer durch das Vorleben des apostolischen Ideals in die Kirche zurückzuholen (vgl. Frank 2010: 87–93). Später führten die Dominikaner diese Tätigkeit in gewisser Weise dadurch fort, dass sie zu maßgeblichen Trägern der Inquisition wurden (→ s. Kap. 3.4.4).

Die Anerkennung und anschließende Etablierung der Bettelorden hatte zur Folge, dass diese bald zu wichtigen kulturellen und intellektuellen Zentren der spätmittelalterlichen Städte wurden, deren Klosterschulen Grundlage vieler europäischer Universitäten bildeten. So ist es kein Wunder, dass einige der herausragendsten Gelehrten und Wissenschaftler des Mittelalters Bettelmönche waren. Als Beispiele seien hier stellvertretend genannt: Der Dominikaner Thomas von Aquin (1225–1274), der Franziskaner Wilhelm von Ockham (1288–1347) – und nicht zuletzt der Augustiner-Eremit Martin Luther (1483–1546), von dem gleich noch die Rede sein wird (→ s. Kap. 3.6.1).

Von den Mönchsorden im engeren Sinne zu unterscheiden sind die sog. *Regularkleriker*. Darunter versteht man Kleriker und gottgeweihte Frauen, die zwar nach einer (Ordens-)Regel leben, bei denen aber das gemeinschaftliche und abgeschlossene Leben nicht denselben hohen Stellenwert besitzt wie im Falle der ‚klassischen' Ordensgemeinschaften (vgl. Hauschild 2010: 488–492). Entstanden sind diese Ordensformen im Anschluss an die Reformation (→ s. Kap. 3.6) im 15. und 16. Jahrhundert, die das herkömmliche Ordensleben in eine tiefe Krise geführt hatte. Zentrales Kennzeichen dieser Reformorden sind ihr erklärter „Praxisbezug" (ebd.: 488) durch ihre Konzentration auf seelsorgerliche, missionarische, pädagogische und karitative Tätigkeiten; die Regularkleriker leben daher ‚in der Welt', also in offeneren Gemeinschaften, zuweilen aber auch außerhalb von Kommunitäten. Das wichtigste Beispiel sind die von dem Basken Ignatius von Loyola (1491–1556) gegründeten Jesuiten (*Societas Jesu*, SJ), die sich ab 1540 rasch in den katholisch gebliebenen Ländern Europas ausbreiteten. „Ihre eigentliche Domäne wurde bald das höhere Schulwesen [...], die Einrichtung von Kollegien mit Internaten, Gymnasien und Lyzeen sowie der Eintritt in die philosophischen und theologischen Fakultäten katholischer Universitäten" (Schwaiger/Heim 2008: 64).

Dieses Programm teilten sie mit dem „pädagogisch orientierte[n] Frauenorden" (Hauschild 2010: 488) der Ursulinen (*Ordo Sanctae Ursulae*, OSU), der 1535 von Angela Merici (1474–1540) gegründet worden war und den Grundstein für eine strukturierte Erziehung und Bildung von Mädchen und jungen Frauen in Europa legte. Die Jesuiten taten sich außerdem durch ihre umfangreichen Missionsunternehmungen in den ab dem 16. Jahrhundert eroberten Kolonien katholischer Mächte in Mittel- und Südamerika und später auch in Asien hervor. Auch hiervon wird noch die Rede sein (→ s. Kap. 6.2.2).

3.6. Das Ende der lateinisch-mittelalterlichen Kirche: Die Reformation

3.6.1. Martin Luther und die Wittenberger Reformation

Es wurde bereits angedeutet, dass theologisch reformorientierte Geister häufig in Klostergemeinschaften zu finden waren. Es ist daher gewiss kein Zufall, dass auch der Initiator jener Reformbewegung, die letztlich zur Spaltung der lateinischen Kirche führen sollte, ein Mönch gewesen ist, und zwar der Augustiner-Eremit und Wittenberger Theologieprofessor Martin Luther (1483–1546).

Mit einer theologie- und kirchenkritischen Wissenschaft war Luther bereits während seines Studiums in Erfurt in Berührung gekommen. Hier hatte er sich ab 1501 mit der nominalistischen Philosophie in der Tradition Wilhelms von Ockham (→ s. Kap. 3.5) beschäftigt, die – entgegen der herkömmlichen Sichtweise (→ s. Kap. 3.2) – eine Trennung von Vernunft und Offenbarung und damit eine Entflechtung von Philosophie und Gotteserkenntnis propagierte (vgl. Schorn-Schütte 2016: 28). Nachdem er 1512 zum Professor an der Universität in Wittenberg ernannt worden war, arbeitete er zunächst an einer Neuausrichtung der zeitgenössischen philosophischen („scholastischen') Theologie und etablierte sich damit „in Fachkreisen [...] als das Schulhaupt einer neuen, der Wittenberger Theologie" (Wallmann 2012: 10). Die zentralen Bestandteile dieser Reformtheologie werden üblicherweise mit den drei lateinischen Termini *sola gratia* (1), *sola fide* (2) und *sola scriptura* (3) zusammengefasst:

Zu (1): Aus Selbstzeugnissen Luthers wissen wir, dass der Eintritt des ursprünglich zum Juristen bestimmten jungen Mannes ins Kloster einer existentiellen Krise zu verdanken war. Gemäß der zu jener Zeit vorherrschenden Frömmigkeit war auch Luther von der tiefen Angst geprägt, „dermaleinst vor dem Weltenrichter Christus nicht bestehen zu können" (Schilling 2016: 90) – nämlich dann, wenn ein plötzlicher Tod ihn unvorbereitet vor das himmlische Gericht rufen würde, das alle Sünder seiner strafenden Gerechtigkeit unterwirft. „Ihn geißelte die Vorstellung vom Schlund der Hölle und den ewigen Qualen der verdammten Seelen, wie sie zur selben Zeit der niederländische Maler Hieronymus Bosch so drastisch ins Bild setzte. Diese Schreckensvisionen galt es durch immer neue und immer strengere Bußübungen zu bannen" (ebd.: 90), die Luther sich im klösterlichen Leben anzueignen hoffte. Dementsprechend erleichtert beschreibt er sich, als er (wohl um 1515/1516) beim Studium der biblischen Briefe des Apostels Paulus auf eine Textstelle im Römerbrief gestoßen war, die sein Bild der göttlichen Gerechtigkeit fundamental veränderte: „Denn im Evangelium wird die Gerechtigkeit Gottes offenbart aus Glauben zum Glauben, wie es in der Schrift heißt: Der aus Glauben Gerechte wird leben" (Röm 1,17). Luther interpretierte diese Textstelle nun in der Form, dass hier die göttliche Gerechtigkeit nicht mehr im Sinne der aristotelischen Philosophie verstanden werden könne, nach der Gleiches mit Gleichem zu vergelten sei. Vielmehr handele es sich bei der von Paulus vertretenen Gerechtigkeit um ein *Geschenk* des barmherzigen Gottes, das dem Menschen im Glauben zuteilwird. An die Stelle eines strafenden Gottes, der Sünde mit Verdammnis vergilt, setzte Luther einen liebenden Gott, der den sündigen Menschen *allein aus Gnade* (lat. *sola gratia*) gerecht macht, indem er ihm seine Sünden – mithilfe des stellvertretenden Todes seines Sohnes Jesus Christus – vergibt. „Gottes Barmherzigkeit [...] und Gottes Gerechtigkeit – das sind keine auseinanderfallenden Gegensätze mehr" (Wallmann 2012: 14 f.), sondern sie bedingen einander.

Zu (2): Wie erwähnt wird die göttliche Gerechtigkeit dem Menschen nach Luthers Meinung allein im Glauben (lat. *sola fide*) zuteil, mit dessen Hilfe sich der Mensch das Heil sozusagen aneignet. Der Glaube ist allerdings *nicht* die Folge der freien Entscheidung des Menschen, sondern Ausdruck und Ergebnis der göttlichen Gnade, die den Menschen ohne dessen Zutun gerecht macht. Auch hier wird der philosophiekritische Charakter der lutherischen Theologie deutlich: Während etwa Aristoteles vom (in der Vernunfterkenntnis begründeten) freien Willen des Menschen ausgegangen war, verwarf Luther diese Annahme in Bezug auf das Heil des Menschen (vgl. Kaufmann 2017: 40 f.). Denn aufgrund seiner Sündhaftigkeit sei der Mensch zur selbstständigen Erkenntnis der göttlichen Gerechtigkeit nicht fähig und bedürfe zur Erlösung daher der göttlichen Hilfe ‚von außen'. Man sieht, wie radikal diese Theologie hier die Axt an ältere (stark philosophisch geprägte) Entwürfe der Scholastik legt, die von einer grundsätzlichen Vereinbarkeit von Vernunft- und Gotteserkenntnis ausgegangen waren.

Zu (3): Bereits vor seiner Erkenntnis des *sola gratia* hat sich Luther in einer Vorlesung über die Psalmen (1513–1515) vom vorherrschenden Verständnis der Bibelauslegung abgewendet. Während man bisher im Wesentlichen zwischen einem buchstäblichen Schriftsinn und einem interpretativen (‚allegorischen') Sinn unterschieden hatte, dessen Richtigkeit letztlich durch das Lehramt der Kirche (→ s. Kap. 6.1.2) festgelegt und gewährleistet werden musste, vertrat Luther die Ansicht, dass die Bibel nur einen einzigen Schriftsinn besitze: In Anknüpfung an den „Erfurter Ockhamismus" (Wallmann 2012: 12) seiner Studienzeit erklärte er, dass nicht die Kirche, sondern die *Schrift selbst* die Instanz ihrer Auslegung bilde: Nach seinem Verständnis kann und soll die Bibel „allein aus sich selbst, aus ihrem eigenen Geist heraus verstanden werden" (ebd.: 12); zu ihrem Verständnis bedarf es keiner ihr äußerlichen „Auslegungsregeln und Meinungen der Tradition" (ebd.: 12) oder des kirchlichen Lehramts. „Die heilige Schrift legt sich selbst aus, sie ist ihr eigener Interpret" (ebd.: 12): Nicht die Kirche bildet den Maßstab zur Auslegung der Schrift, sondern die Schrift allein (lat. *sola scriptura*) ist die „Instanz, an der sich die Kirche messen lassen muß" (ebd.: 12). Vor diesem Hintergrund erklärt sich, weshalb Luther später die Bibel eigenhändig aus den Originalsprachen ins Deutsche übersetzt hat. Denn nun konnte der Schriftsinn letztinstanzlich nicht mehr nur durch die sprachkundigen Gelehrten der kirchlichen Auslegungstradition, sondern auch und vor allem durch die eigenhändige Lektüre der einzelnen Gläubigen erfasst werden.

Es erstaunt zunächst, dass die lutherische Theologie, deren Verständnis damals wie heute ein gehöriges Maß an Spezialwissen erforderte, eine derartige Breitenwirkung auch außerhalb der Universitäten entwickeln konnte, dass dadurch das weitgehende Ende der mittelalterlichen Kirche eingeläutet wurde. Den Stein ins Rollen brachte denn auch ein Problem von eher „praktischer Bedeutung" (Schorn-Schütte 2016: 31), an dem sich die Wittenberger Theologie schärfen und in der Folge immer mehr an Einfluss gewinnen konnte: der sog. Ablasshandel. Unter einem Ablassbrief ist eine Urkunde zu verstehen, mit der die spätmittelalterliche Kirche – gegen Zahlung eines entsprechenden Geldbetrages – die Vergebung vorher festgelegter Sünden zusicherte, um die Gläubigen für das Endgericht zu rüsten. Aus der bereits erwähnten Angst heraus, nach dem Tode der ewigen Verdammnis anheim zu fallen, kauften viele Menschen solche Briefe bei den im Lande umherziehenden Ablasspredigern. In Luthers Kontext war diese Praxis besonders virulent, weil das eingenommene Geld zur Finanzierung der Wahl Albrechts von Brandenburg (1490–1545) zum Erzbischof von Mainz, also gewissermaßen dem ‚Kauf' des Bischofsamtes durch den Verkauf von Ablassbriefen in dessen Territorium diente (vgl. Kaufmann 2016: 198–200). Nachdem Albrecht in diesem Zusammenhang den päpstlichen ‚Petersablass' (zur Neuerrichtung der Peterskirche in Rom) in Umlauf gebracht hatte, der den „volle[n] Nachlass aller Sünden und aller Bußstrafen" (ebd.: 201) gewährte, ließ Luther dem Bischof im Oktober 1517 in einem Protestbrief 95 Thesen zukommen, in denen er kritisierte, dass durch den Ablass die Rolle der Buße zur Vergebung der Sünden konterkariert werde (vgl. Dingel 2018: 52).[23] Doch anders als von Luther erhofft, antwortete Albrecht nicht, sondern leitete den Brief nach Rom an den Papst weiter (vgl. Schilling 2017: 170). Dieser Schritt setzte, zusammen mit der unmittelbar einsetzenden öffentlichen Verbreitung von Luthers Thesen mithilfe des erst wenige Jahrzehnte zuvor entwickelten Buchdrucks (vgl. Kaufmann 2016: 183), eine Lawine der Eskalation in Gang, deren bald absehbarer Ausgang von Luther erst im Laufe der Ereignisse realisiert wurde (vgl. Leppin 2015: 48 f.). Die Auseinandersetzungen der Kirche mit dem Wittenberger Professor führten bis 1520 zur immer engeren Verknüpfung von dessen ursprünglich auf die Reform der universitären Theologie abzielendem Programm mit einer dezidierten Kritik an der Institution Kirche, die freilich in seinen akademischen Texten bereits angelegt war. In mehreren Disputationen (1518 vor seinen Ordensoberen in Heidelberg, 1519 in Leipzig) und den drei reformatorischen Hauptschriften von 1520 (vgl. Dingel 2018: 53–64) baute Luther seine Betonung der alleinigen Relevanz von Glauben und Schrift für die Erlösung des Menschen zu einer fundamentalen Kritik an der Heilsrelevanz der kirchlichen Ordnung aus: So verwarf er in seiner Schrift *An den christlichen Adel* das Konzept eines höheren geistlichen Standes (in Form des Klerus mit dem Papst an der Spitze), der den einfachen Gläubigen bzw. Laien das Heil vermittele. Stattdessen

---

23 Ob Luther seine Thesen zeitgleich an das ‚schwarze Brett' der Universität Wittenberg, das Nordportal der dortigen Schlosskirche, geheftet hat, um eine akademische Debatte anzustoßen, ist historisch umstritten (vgl. Leppin 2015: 43–45).

propagierte er die Idee eines allgemeinen Priestertums *aller* Gläubigen, weil diese qua ihrer Taufe gleichen Standes seien und damit niemand exklusiven Zugang zur Heiligen Schrift oder zur Organisation bzw. Reformierung der Kirche beanspruchen könne (vgl. ebd.: 57 f.). Dementsprechend betrachtete er es als sein Ziel, die Kirche aus der ‚babylonischen Gefangenschaft' (so der Titel der zweiten Schrift) des Papsttums zu befreien. Zu diesem Zweck wandte er sich auch gegen die herkömmlichen Formen kirchlicher Heilsvermittlung in Form der Sakramente: Von den bisher gültigen sieben Sakramenten (→ s. Kap. 6.1.2) verwarf er fünf als unbiblisch und erkannte nur noch die Taufe und das Abendmahl als heilsstiftend an. In Bezug auf letzteres verwarf er die traditionelle Vorstellung, dass sich Brot und Wein, die während der Abendmahlsfeier (*Eucharistie*) konsumiert wurden, durch das vom Priester initiierte Wandlungswunder in ihrer Substanz tatsächlich in den Leib und das Blut Christi verwandelten, während ihr äußerer Schein unverändert blieb (sog. *Transsubstantiationslehre*). Dieses in Luthers Augen magische Abendmahlsverständnis ersetzte er durch die Betonung der biblischen Zusage Jesu („Das ist mein Leib, der für euch hingegeben wird" [Lk 22,19]) und behauptete, dass dessen Leib und Blut während der Abendmahlsfeier zwar in Brot und Wein auf unerklärliche Weise gegenwärtig seien, letztere aber weiterhin vollständig erhalten blieben (vgl. ebd.: 60). Und damit die Menschen diese Zusage auch im Glauben annehmen könnten, sollte der Abendmahlsgottesdienst allgemein verständlich sein – und nicht wie üblich in lateinischer Sprache abgehalten werden. Mit der dritten Schrift *Von der Freiheit eines Christenmenschen* wandte sich Luther schließlich an ein breiteres Publikum und stellte daher in deutscher Sprache (und nicht in der Gelehrtensprache Latein) und in pointierten Formulierungen seine oben bereits skizzierte Rechtfertigungslehre dar:

> „Obwohl der Mensch inwendig nach der Seele durch den Glauben genügend gerechtfertigt ist und alles hat, was er haben soll [...], so bleibt er doch noch in diesem leiblichen Leben auf Erden und muß seinen eigenen Leib regieren und mit Menschen umgehen. Da heben nun die Werke an. Hier darf er nicht müßig gehen" (zit. n. Obermann 1985: 56).

Mit anderen Worten: Vor Gott ist der Mensch aus Gnade gerechtfertigt; zu seiner Erlösung kann und muss er daher keine Werke tun. Aber als Teil der ihn umgebenden Gesellschaft ist er in die irdische Ordnung eingebunden – und daher zu entsprechendem Handeln verpflichtet, das aber keinen Bezug zu seinem Seelenheil hat. Es geht Luther hier also „offenkundig nicht um soziale Freiheit, sondern um die Freiheit des Menschen davon, sich selbst durch eigenes Tun erlösen zu müssen" (Leppin 2015: 56).

Dass diese neue Wittenberger Theologie, als deren maßgeblicher Vertreter auch Luthers Professorenkollege Philipp Melanchthon (1497–1560) zu nennen ist, nicht dem 1518 eröffneten Inquisitionsverfahren gegen Luther zum Opfer fiel, erklärt sich auch aus der zeitgenössischen politischen Lage im Reich (vgl. Dingel 2018: 188–194). So hatte die päpstliche Zentralgewalt in Gestalt Leos X. (reg. 1513–1521) nicht mehr die Kraft, sich gegen die regionalen Fürsten durchzusetzen – allen voran Kurfürst Friedrich der Weise von Sachsen (1463–1525), der

Luther ab 1521 nach Verhängung der Reichsacht gegen ihn (sog. Wormser Edikt durch Kaiser Karl V. [1500–1558]) unter seinen persönlichen Schutz gestellt hatte. So konnten Leo und seine Nachfolger im Amt nicht verhindern, dass sich mit der zunehmenden Popularität des reformatorischen Gedankenguts auch mächtige Reichsfürsten der neuen Bewegung anschlossen, die sich damit gegen den ‚altgläubigen' Kaiser in Stellung zu bringen gedachten (vgl. Dingel 2018: 198). 1526 wurde auf dem Reichstag in Speyer daher zwischen den anwesenden Reichsständen der Kompromiss ausgehandelt, dass die Durchsetzung des Wormser Edikts (also die Auslieferung Luthers) in die Verantwortung der einzelnen Landesherren gelegt werde. Dies nahmen die reformatorisch gesinnten Fürsten als Gelegenheit wahr, mit dem Umbau der kirchlichen Strukturen in ihren Territorien zu beginnen und damit deren Herauslösung aus der Papstkirche zu betreiben (etwa durch die Einführung eigener Kirchenverfassungen oder die Abschaffung der Messe), woran zum Teil auch Luther und Melanchthon persönlich beteiligt waren (vgl. ebd.: 197–202). Nachdem 1529 auf einem weiteren Reichstag zu Speyer dieser Kompromiss ausgesetzt und sämtliche Landesherren zur Durchsetzung des Wormser Edikts verpflichtet werden sollten, reichten die reformorientierten Reichsstände (insgesamt fünf Fürsten und 14 Reichsstädte) eine Protestschrift ein, in der sie argumentierten, dass ihr Gewissen ihnen den Gehorsam gegenüber der Mehrheitsentscheidung verbiete. 1530 legten die (lutherischen) ‚Protestanten', wie sie seither genannt werden, auf dem Reichstag zu Augsburg sodann ein gemeinsames, von Melanchthon verfasstes reformatorisches Glaubensbekenntnis vor (sog. ‚Augsburger Bekenntnis', lat. *Confessio Augustana*) und schlossen sich nach dem Scheitern der Verhandlungen ein Jahr später auch militärisch im Rahmen des Schmalkaldischen Bundes gegen den Kaiser zusammen. Nach langen kriegerischen Auseinandersetzungen handelte der Reichstag schließlich 1555 den sogenannten ‚Augsburger Religionsfrieden' aus, der das Reich formell befriedete und den „Abschluß der Reformation als Bewegung erreicht[e]" (Schorn-Schütte 2016: 89). Dieser bestand in der reichsrechtlichen Anerkennung der *Confessio Augustana* und der entsprechend reorganisierten, von der Papstkirche unabhängigen Territorialkirchen. Außerdem wurde den weltlichen Reichsständen das Recht zugebilligt, das Bekenntnis (lat. *confessio*) für ihre Untertanen festzulegen. Diese weitreichende, häufig mit der lateinischen Wendung *cuius regio eius religio* (wessen Land, dessen Religion) bezeichnete Befugnis überließ die Konfessionszugehörigkeit der verschiedenen Territorien also den jeweiligen Landesherren (sog. landesherrliches Kirchenregiment) – ein Ergebnis, das die konfessionelle Landschaft Deutschlands und Europas bis heute prägt (vgl. ebd.: 88–90).

3.6.2. Die ‚andere' Reformation: Ulrich Zwingli, Johannes Calvin und Heinrich Bullinger

Obgleich die Gestalt Martin Luthers für gewöhnlich das Erinnern an die Reformation (nicht zuletzt im Jubiläumsjahr 2017) dominiert, kommt der maßgeblich auf den Zürcher Pfarrer Ulrich Zwingli (1484-1531) zurückgehenden Reformation in der Schweiz global gesehen eine ungleich größere Bedeutung zu. Dieser war zunächst durch den zeitgenössischen Humanismus (hier besonders in Gestalt des Erasmus von Rotterdam [1466-1536]) geprägt, wodurch er die Theologie „nicht mehr als kompliziertes Lehrgebäude zu betrachten lernte, sondern als Möglichkeit, Anweisung für ein ‚der Lehre Christi entsprechendes Tatchristentum' [...] zu gewinnen" (Schorn-Schütte 2016: 44). Ähnlich wie Luther kam er daher zur Einsicht, dass allein die Bibel als Maßstab für die Kirche fungieren könne, sodass sein „Verständnis der heiligen Schrift einerseits und die Papstgewalt bzw. päpstlichen Lehren andererseits [...] für ihn immer mehr in Gegensatz zueinander" (Dingel 2018: 93) gerieten. Ab etwa 1520 rezipierte Zwingli dann verstärkt das reformatorische Schrifttum Luthers und wandte sich allmählich vom Humanismus ab; zeitgleich begann er mit dem Umbau des Zürcher Kirchenwesens und dessen Herauslösung aus der papstkirchlichen Hierarchie. Unterstützt wurde er dabei vom Stadtrat, der sich damit einen „Machtgewinn auf Kosten der geistlichen Institutionen" (Schorn-Schütte 2016: 45) erhoffte. Obgleich Zwinglis Reformgeist dabei zweifellos durch lutherisches Schriftgut inspiriert war, entwickelte sich seine Theologie insgesamt recht eigenständig, was zu einigen Widersprüchen zu Luthers Denken führte. Neben der Frage nach der Gehorsamkeit gegenüber weltlichen Obrigkeiten stach dabei vor allem das unterschiedliche Abendmahlsverständnis hervor: Während Luther (wie oben skizziert) von der Realpräsenz von Leib und Blut Christi in Brot und Wein ausging, verstand Zwingli – im Sinne des Humanismus argumentierend – die Feier des Abendmahls rein symbolisch, sodass für ihn Brot und Wein allenfalls Zeichen für den Leib und das Blut Christi darstellten (vgl. Schorn-Schütte 2016: 46). Vor allem aufgrund dieser theologischen Unstimmigkeit (immerhin ein Sakrament betreffend!) scheiterten die zeitgenössischen Versuche, die beiden reformatorischen Bewegungen zu vereinen – zuletzt beim sogenannten Marburger Religionsgespräch im Jahre 1529, das Luther und Zwingli ohne Einigkeit in dieser Frage verließen.

Im Unterschied zum ‚Heiligen Römischen Reich' konnte sich die von Zürich ausgehende Reformation in der Schweiz deutlich schneller ausbreiten und verfestigen. Denn die Schweiz war kein durch eine Zentralgewalt regierter Staat, sondern ein loser Zusammenschluss einzelner Kantone, die den Umbau der kirchlichen Strukturen eigenständig in Angriff nehmen konnten. Zwar kam es bis 1531 zu mehreren kriegerischen Auseinandersetzungen zwischen den ‚altgläubigen' und reformierten Kantonen, bei denen auch Ulrich Zwingli ums Leben kam. Allerdings sorgte die Friedensordnung noch im selben Jahr dafür, dass „dem Land die konfessionellen Kämpfe der Nachbarn" (Hauschild 2010: 190) erspart blieben, sodass sich in der Schweiz deutlich früher unabhängige kantonale Landeskirchen in den protestantischen Territorien etablieren konnten als in Deutschland. ‚Reformiert' waren dabei besonders die mächtigen Stadtkantone (v. a. Zürich, Bern, Basel), während die ländlichen Kantone Teil der Papstkirche blieben (vgl. ebd.: 190).

Eine besondere Rolle nahm die Stadt Genf ein, die im 15. Jahrhundert jedoch nicht zur Schweiz gehörte, sondern als Bischofssitz ein Stand des Kaiserreiches war. Im Bestreben, sich rechtlich und politisch vom Kaiser zu lösen, suchte Genf seit Beginn des 16. Jahrhunderts den Schulterschluss mit den mächtigen Schweizer Stadtkantonen Bern und Zürich und führte daher 1535 die Reformation ein. Mit der Reorganisation des Genfer Kirchenwesens wurde ab 1536 Johannes Calvin (1509–1564) beauftragt, ein französischer Protestant, der 1534 aus dem papsttreuen Frankreich geflohen war (vgl. Strohm 2009: 29–33). Ursprünglich Jurist, war Calvin unter anderem in Straßburg und Basel mit führenden Vertretern der Reformation in Kontakt gekommen. Kurze Zeit später hatte er sein reformatorisches Werk *Institutio Christianae Religionis* (*Unterricht in der christlichen Religion*) veröffentlicht, mit dem er alsbald auch zu einem einflussreichen theologischen Vordenker avancierte (vgl. ebd.: 34–40). Die in der *Institutio* niedergelegten Ideen dienten ihm in der Folgezeit als Grundlage zur Reorganisation der Genfer Kirche, die er zusammen mit Guillaume Farel (1489–1565) durchführte. Ein wesentlicher Bestandteil des Programms bestand dabei (neben der Neuordnung der kirchlichen Ämter) in einer strengen Kirchenzucht, die die gesamte Bevölkerung betraf und zu „erheblichen Reibungen [mit] großen Teilen der Bürgerschaft" (Dingel 2018: 259) führte, sodass Calvin 1538 zunächst aus Genf vertrieben wurde (vgl. Strohm 2009: 41–59). Nach seiner Rückkehr im Jahre 1541 konnte er sein Programm indes fortsetzen und seine mit der Erstausgabe der *Institutio* begonnene reformatorische Theologie weiter schärfen – nicht zuletzt in Auseinandersetzung mit theologischen Gegnern, die zum Teil ausgewiesen, in einem Fall aber auch auf dem Scheiterhaufen verbrannt wurden (vgl. Dingel 2018: 265–268).

Zwischenzeitlich war in Zürich der Schweizer Theologe Heinrich Bullinger (1504–1575) als Nachfolger Zwinglis mit der Fortsetzung der Reformation betraut worden, der in der Forschung als der eigentliche „Vater der reformierten Kirche" (Hauschild 2010: 194) gilt. Denn nachdem die Einigungsversuche mit den Lutheranern auf dem Marburger Religionsgespräch gescheitert waren, vereinte er als geschickter Diplomat ab 1531 nicht nur die protestantischen Kantone unter einem gemeinsamen Bekenntnis zu einer eigenständigen ‚reformierten Tradition', sondern nahm in diesem Zuge auch Verbindung zu Calvin nach Genf auf (vgl. ebd.: 194). Obgleich theologisch und von ihrem Kirchenverständnis her keineswegs einheitlich, bildeten Zwinglianismus und Calvinismus bis 1550 eine gemeinsame, sich vom Luthertum absetzende Konfession aus (vgl. Dingel 2018: 270 f.), die große Strahlkraft auf viele Länder Europas ausübte. Hauptgrund dafür war der große Einfluss der Schriften Bullingers und Calvins, die außerdem eine intensive Korrespondenz mit Politikern und Gelehrten in ganz Europa pflegten, weit über ihr eigenes Wirkungsfeld hinaus. Auch die 1559 gegründete *Académie* in Genf „wurde zu einem europäischen Anziehungspunkt und entscheidenden Multiplikator" (ebd.: 273) für die reformierte Theologie. So organisierten sich reformatorisch gesinnte Gemeinden nach dem Vorbild der Reformierten nicht nur in Deutschland, wo sie in Konkurrenz zur lutherischen Reformation traten, sondern etwa auch in Frankreich (in Gestalt der Hugenotten[→ s. Kap. 7.2.3]), in den Niederlanden, in Schottland und besonders in England, wo sie die Entstehung der Anglikanischen Kirche (→ s. Kap. 7.3) entscheidend vorbereiteten. Vor diesem Hintergrund verwundert es kaum, dass auch die heute außerhalb Europas existierenden protestantischen Strömungen historisch maßgeblich auf das reformierte Christentum zurückgehen: Zum einen, weil der überwiegende Teil der Auswanderungsbewegung, die zur Besiedelung Nord-Amerikas führte, sich aus reformierten Ländern bzw. entsprechenden Milieus wie den Puritanern (→ s. Kap. 7.3.2) oder den Hugenotten speiste; zum anderen, weil mit den Niederlanden und vor allem England zwei (von ihrem historischen Zusammenhang her) reformierte Staaten in der Kolonialzeit zu imperialen Weltmächten aufstiegen, die ihre spezifische Form des Christentums über die Mission in die kolonisierten Kontexte trugen. Demgegenüber ist die globale Wirkung des Luthertums deutlich geringer anzusetzen; nichtsdestotrotz ist mit dem Namen Martin Luther zweifellos die Initialzündung zum Zerbrechen der mittelalterlich-lateinischen Kirche verbunden – für manche sogar das Ende des Mittelalters überhaupt.

3.6.3. Der ‚radikale Flügel' der Reformation: Das Täufertum

Indes waren die Vorstellungen darüber, auf welche Weise die Kirche zu erneuern sei, keineswegs so übersichtlich geordnet, wie der Blick auf die ‚großen' Akteure der Reformation in Deutschland und in der Schweiz vielleicht impliziert. Denn parallel zu den quellenmäßig gut belegten Entwicklungen in Wittenberg, Zürich und Genf existierten gerade in der reformatorischen Frühzeit diesbezüglich zahllose „kaum greifbare Netzwerke, Kommunikations- und Austauschprozesse zwischen unterschiedlichen Akteuren innerhalb des deutschen Sprachgebietes" (Kaufmann 2019: 17 f.). In dieser „reformatorischen Öffentlichkeit" (Schlachta 2020: 19) forderten zahlreiche Stimmen ein deutlich konsequenteres Vorgehen, um die Reformation der althergebrachten Ämterkirche durchzusetzen; besonders virulent geriet dabei der Konflikt um die Frage, ob die traditionelle Praxis der Taufe von Säuglingen abgeschafft und auf einen späteren Zeitpunkt verschoben werden müsse, an dem die zu Taufenden zur vernunftbedingten Entscheidung zum christlichen Bekenntnis in der Lage seien. Die klassische Argumentation des antiken Theologen Augustinus (354–430), der die Notwendigkeit der Säuglingstaufe mit der Annahme begründet hatte, dass jeder Mensch seit der Vertreibung aus dem Paradies mit dem Makel der Erbsünde behaftet sei, überzeugte längst nicht alle Anhänger Luthers und Zwinglis (vgl. Kaufmann 2019: 8). Hinzu kam, dass das Taufsakrament, das den Täufling ja am göttlichen Heil teilhaben ließ, die spendende Person (in der Regel ein Pfarrer oder sogar Priester) nach wie vor als Repräsentanten einer heilsvermittelnden kirchlichen Struktur zu legitimieren schien. Vor diesem Hintergrund verkörperte die Abschaffung der Kindertaufe für einige reformatorisch gesinnte Zeitgenossen den ersehnten radikalen Bruch mit der Papstkirche: „Sie bedeutete, die Erbsündenlehre bzw. das ihr zugrunde liegende Menschenbild und das mit ihr verbundene Erlösungskonzept in Frage zu stellen, dazu die Rolle der Amtsgeistlichkeit und nicht zuletzt die Notwendigkeit der Heilsanstalt Kirche" (ebd.: 8). Mit diesem Verständnis war Kirche nicht länger als gesellschaftlich geordnete „Sozialform" (ebd.: 8) zu verstehen, in die man *de facto* ‚hineingeboren' wird, sondern vielmehr als Gemeinschaft, die „durch freiwillige Entscheidungen religionsmündiger Einzelner geprägt" (ebd.: 9) ist.

Die kommunikative Vernetzung der verschiedenen von der Reformation ergriffenen Territorien führte dazu, dass sich deren radikalere Vertreter ab etwa 1524 bezüglich der Tauffrage überregional zu verständigen begannen. Als Vordenker galt ihnen der ehemalige Pfarrer und Anhänger Luthers Thomas Müntzer (1489–1525), der als der „eigentliche Urheber einer gegenüber der Kindertaufe kritischen Lehre" (ebd.: 21) gelten kann. Dieser hatte bereits 1520 im kursächsischen Zwickau einige Anhänger (sog. *Zwickauer Propheten*) um sich geschart, die 1522 (nach ihrer Vertreibung aus Zwickau) in Wittenberg eingetroffen waren (vgl. Schlachta 2020: 24). Dort beeinflussten sie Luthers reformatorischen ‚Antipoden', den Theologieprofessor Andreas Bodenstein, genannt Karlstadt (1486–1541), der nach seinem Wegzug aus Wittenberg die Müntzer'sche Lehre in seiner eigenen Pfarrgemeinde in Orlamünde in die Praxis umsetzte (vgl. Kaufmann 2019: 23 f.).

Nachdem 1524 der Bruch Luthers mit Müntzer und Karlstadt aufgrund von unterschiedlichen Vorstellungen bezüglich der Konsequenz reformatorischer Maßnahmen publik geworden war, formierten sich in Zürich verschiedene Anhänger Zwinglis unter dem jungen Gelehrten Konrad Grebel (1498–1526) zum Widerstand gegen die Kindertaufe (vgl. ebd.: 24–31; Schlachta 2020: 29–35). An ihrem Beispiel zeigt sich, dass die Positionen nicht allein in Bezug auf das Taufsakrament variierten; denn während Zwingli die Reformation in seiner Stadt sozusagen ‚behutsam' mithilfe des Zürcher Rats, also der politischen Akteure, durchführen wollte, drängten die ‚Radikalen' auf die sofortige Abschaffung vermeintlich unbiblischer kirchlicher Praktiken. Als Ideal schwebte ihnen die vollständige politische Eigenständigkeit der Kirchengemeinden vor, die mit einer ‚Fürstenreformation' ohnehin nicht zu haben war (vgl. Kaufmann 2019: 28). 1525 tauften sich die Mitglieder der Gruppe gegenseitig – kurz bevor sie Zürich verlassen mussten. Legitimiert sahen sie ihre Vorgehensweise durch das reformatorische Dictum vom allgemeinen Priestertum, das prinzipiell jedem Menschen das Spenden der Sakramente zugestand (vgl. ebd.: 30 f.). Die Gruppe inszenierte durch diesen Akt ihre „Abkehr von einer verweltlichten Kirche, dokumentierte den Bruch mit den traditionellen Formen der Sakralität und inaugurierte die Zugehörigkeit zu einer separierten Heiligkeitsgemeinschaft, die in die Nachfolge der apostolischen Kirche eintrat" (ebd.: 31).

Die früh einsetzende Verfolgung vergleichbarer Gruppierungen, die nicht nur die ‚altgläubige' Kirche des Mittelalters, sondern ebenso die etablierten Formen der Reformation ablehnten, sorgte dafür, dass sich deren Gedankengut recht schnell im ganzen Reich verbreitete, weil „die Prediger oft nicht lange an einem Ort bleiben konnten. So zog mit ihnen die täuferische Botschaft von Glaubenstaufe [und] unabhängigen Versammlungen [...] durch die Lande" (Schlachta 2020: 37). Ein Schwerpunkt dieser von Zeitgenossen als ‚Wiedertäufer' oder *Anabaptisten* bezeichneten Strömung war zunächst das religionspolitisch tolerante Straßburg, „so dass 1526 fast alle einflussreichen täuferischen Prediger hier für eine längere oder kürzere Zeit Station machten" (ebd.: 38). So auch der aus Schwäbisch Hall stammende Handwerker Melchior Hoffmann (1495–1543), der ab 1530 erfolgreich in Friesland und Holland missionierte (vgl. Hauschild 2010: 136): Er verstand sich selbst als Akteur im „endzeitlichen Kampf gegen die Mächte der Gottlosigkeit (Kaiser, Papst, Irrlehrer)" (ebd.: 137); in dieser Situation sollten die „Gerechten [...] ein theokratisches Zwischenreich bilden bis zur Vorbereitung auf die Parusie [Wiederkunft] Christi, welcher dann sein Friedensreich errichten würde" (ebd.: 137). Folgenreich war diese Theologie vor allem in Gestalt des ‚Melchioriten' Jan Matthijs (ca. 1500–1534), eines holländischen Bäckers und „charismatisch-gewalttätige[n] Prediger[s]" (ebd.: 137). Unter seinem Einfluss siedelten zahlreiche niederländische ‚Wiedertäufer' ins evangelisch gewordene Münster um, wo sie ab 1534 das ‚neue Jerusalem' in Erwartung der baldigen Wiederkehr Christi errichteten. In der Praxis bedeutete dies die Etablierung einer städtischen Theokratie „nach dem Vorbild der israelitischen Richterzeit" (Dingel 2018: 142), zu deren „messianischen König" (ebd.: 142) sich der Matthijs-Schüler Jan van Leiden (1509–1536) ausrief. Obgleich der Großteil der nicht täuferisch gesinnten Bevölkerung zuvor die Stadt verlassen hatte, waren drakonische Strafen gegen Abweichler an der Tagesordnung. 1535 fiel Münster nach entbehrungsreicher Belagerung wieder in die Hände des ansässigen Bischofs und ist seither römisch-katholisch (vgl. Kaufmann 2019: 55–60; Schlachta 2020: 99–103).

Abseits der „entgleisten Ideologie" (ebd.: 60), wie sie das Münsteraner Täuferreich offenbart hatte, breitete sich das Täufertum seit 1530 vor allem in solchen Gegenden aus, wo es als abweichende Minorität von den (protestantischen) Landesherren geduldet wurde. Von den bedeutsameren Gruppierungen sind zunächst die noch heute existierenden *Hutterer* zu nennen, die sich in Mähren unter dem täuferischen Prediger und ehemaligen Tiroler Hutmacher Jakob Hutter (ca. 1500–1536) ansiedelten (vgl. Schlachta 2020: 106–111). Als führender täuferischer Theologe tat sich ab etwa 1540 der niederländische Pfarrer Menno Simons (1496–1561) hervor, der „sich entschieden gegen die revolutionären münsterischen Täufer [wandte] und […] zum einflussreichen Repräsentanten einer zurückgezogen lebenden täuferischen Richtung" (Dingel 2018: 143) avancierte. Auf diese Weise trug er maßgeblich zur Konsolidierung der täuferischen Gemeinden in den Niederlanden und in Norddeutschland bei; die auf diesen Prozess zurückgehende Strömung, die bald auch auf andere Teile Deutschlands und die Schweiz ausstrahlte, bezeichnet sich daher seit dem 17. Jahrhundert als *Mennoniten*. Auf das Täufertum gehen auch die *Amischen* zurück, die (wie viele andere marginalisierte christliche Gemeinschaften) ab dem 18. Jahrhundert nach Nordamerika auswanderten. Die von dem Schweizer Mennoniten Jakob Ammann (1644–1730) begründete Gruppierung fällt noch heute durch ihren scheinbar ‚aus der Zeit gefallenen' agrarischen Lebensstil auf, der jegliche Form von Luxus und moderner Technik ablehnt (vgl. Schlachta 2020: 340–344). Damit hat sie sich die weltabgewandte und „radikal-separatistische Ideologie, die dem Täufertum seit den Anfängen als Option inhärent war" (Kaufmann 2019: 94), bewahrt. Und schließlich haben auch die heutigen baptistischen Kirchen (→ s. Kap. 7.4) Wurzeln im Täufertum, werden aber üblicherweise (aufgrund ihrer historischen Verflechtung mit der englischen Reformation [→ s. Kap. 7.3.2]) nicht im engeren Sinne zu den täuferischen Gemeinschaften gezählt.

> **Literatur zum Einstieg**
>
> ■ Gerd Theißen/Annette Merz: Der historische Jesus. Ein Lehrbuch. 4. Aufl., Göttingen: Vandenhoeck & Ruprecht 2011.
>   → Klassisches Lehrbuch zur historischen Jesusforschung.
> ■ Christoph Markschies: Das antike Christentum. Frömmigkeit, Lebensformen, Institutionen. 3. Aufl., München: C. H. Beck 2016.
>   → Gut lesbares und allgemein verständliches Einführungswerk zur sog. Alten Kirche.

3. Kontextualisierung: Älteres Christentum

- Johannes Oeldemann: Die Kirchen des christlichen Ostens. Orthodoxe, orientalische und mit Rom unierte Kirchen. Kevelaer: Topos 2016.
  → Allgemeinverständliche und knappe Übersicht mit historischer und theologischer Charakterisierung sowie Statistiken zum ‚östlichen' Christentum.
- Elke Goez: Papsttum und Kaisertum im Mittelalter. Darmstadt: Wissenschaftliche Buchgesellschaft 2009.
  → Kompaktes Lehrbuch zur mittelalterlichen lateinischsprachigen Kirche mit besonderem Fokus auf deren Positionierung im Gegenüber zur weltlichen Macht.
- Gerd Schwerhoff: Die Inquisition. Ketzerverfolgung in Mittelalter und Neuzeit. 4. Aufl., München: C. H. Beck 2019.
  → Allgemeinverständliche und kompakte Darstellung zur Inquisition in der bekannten Reihe C. H. Beck Wissen.
- Peter Thorau: Die Kreuzzüge. 4. Aufl., München: C. H. Beck 2012.
  → Ebenfalls bei C. H. Beck Wissen erschienene empfehlenswerte Übersicht zur mittelalterlichen Kreuzzugsbewegung.
- Karl Suso Frank: Geschichte des christlichen Mönchtums. 6. Aufl., Darmstadt: WBG 2010.
  → Aktualisierter Klassiker zum Thema christliche Ordensgemeinschaften in Geschichte und Gegenwart.
- Irene Dingel: Geschichte der Reformation. Göttingen: Vandenhoeck & Ruprecht 2018.
  → Kompakte, auf ein breiteres Publikum abzielende Überblicksdarstellung, die im Kontext des Reformationsjubiläums entstanden ist.
- Thomas Kaufmann: Martin Luther. 5. Aufl., München: C. H. Beck 2017.
  → In der Reihe C. H. Beck Wissen erschienene Lutherbiographie mit Informationen zu Leben, Werk und Wirkung.
- Christoph Strohm: Johannes Calvin. Leben und Werk des Reformators. München: C. H. Beck 2009.
  → Kompakte Übersicht zum wichtigsten theologischen Mitbegründer der reformierten Tradition.

4. Jenseits des ‚Orients': Die sog. altorientalischen Kirchen

> **Überblick**
>
> Das Kapitel präsentiert in knapper Form grundlegende Informationen zu den sogenannten altorientalischen Kirchen. Darunter fallen die Assyrische Kirche des Ostens (inkl. der indischen Thomaschristen) sowie die verschiedenen Richtungen der miaphysitischen bzw. orientalisch-orthodoxen Tradition (koptische, äthiopische, syrisch-orthodoxe sowie armenische Kirchen). Jede Kirche wird kurz in ihrer gegenwärtigen Verfasstheit vorgestellt; anschließend werden für alle Gruppen zentrale historische Entwicklungen, Ereignisse und Persönlichkeiten skizziert, um die heutige Situation der ‚altorientalischen Welt' zu erklären und verstehbar zu machen.

In der klassischen Terminologie der lateinischsprachigen Welt war mit dem Orient (lat. *oriens*, „Osten") traditionell die oströmische Reichshälfte und später das byzantinische Reich bezeichnet worden. Dementsprechend verstand man seit der institutionellen Entflechtung der byzantinischen von der lateinischen Kirche ab dem 11. Jahrhundert (→ s. Kap. 3.4.3) unter der ‚Kirche des Orients' das griechischsprachige (oströmische) Christentum. Um die Abgrenzung zu jenen Kirchen des Ostens herzustellen, die sich bereits ab dem 5. Jahrhundert in der Folge des Konzils von Chalkedon von der römischen Reichskirche abgelöst hatten (→ s. Kap. 3.3.2), werden diese unter anderem in Ägypten, Armenien, Persien, Syrien und später auch in Äthiopien und Indien angesiedelten Kirchen traditionell als die ‚*alten* Kirchen des Orients' oder kurz als ‚altorientalisch' bezeichnet. Wie diese recht vage Terminologie bereits erahnen lässt, handelt es sich dabei keineswegs um eine einheitliche Gruppe, die theologisch und strukturell unter einen gemeinsamen Nenner gebracht werden könnte. Und auch die in der heutigen Forschung verwendete Terminologie ist nicht einheitlich, sodass diese Kirchen teilweise auch als ‚orientalisch-orthodox' (in Abgrenzung zur Orthodoxie nach byzantinischem Ritus) bezeichnet werden. Im Folgenden sollen wichtige noch heute existierenden ‚autokephalen' (also selbstständigen[24]) Kirchen im Einzelnen kurz vorgestellt werden und in den breiteren historischen Kontext im Anschluss an Kap. 3.3.2 eingeordnet werden.

4.1. Der ‚Orient' ist global

Anders als die Terminologie vermuten lässt, handelt es sich bei den ‚altorientalischen' Kirchen heute größtenteils um globale Gemeinschaften, deren Angehörige in allen Teilen der Welt leben. Im Anschluss an die in Kap. 3.3.2 ausgeführten theologischen Entwicklungen unterscheidet man im Wesentlichen die *Assyrische Kirche des Ostens*, die historisch auf das ostsyrische („antiochenische" oder streng dyophysitische) Christentum in Persien zurückgeht, von den miaphysitischen Kirchen, die (gegen die Lehre der zwei Naturen Christi in der römischen Kirche) eine Einnaturenlehre vertreten (→ s. Kap 3.3.2). Innerhalb der Gruppe der

---

[24] Daneben existieren in den verschiedenen ‚altorientalischen' Richtungen auch solche Kirchen, die mit der römisch-katholischen Kirche uniert sind.

miaphysitischen Kirchen unterscheidet man im Wesentlichen solche mit alexandrinischem Ritus (also ägyptisch-koptische, äthiopische und eritreische Kirchen), solche mit westsyrischem Ritus (v. a. die syrisch-orthodoxe Kirche sowie den westsyrischen Teil der indischen Thomaschristen) sowie solche mit armenischem Ritus (vgl. Oeldemann 2016: 68).

Ostsyrisches („persisches") Christentum	Miaphysitisches Christentum
Ostsyrischer Ritus	*Alexandrinischer Ritus*
■ Assyrische Kirche(n) des Ostens ■ [Syro-Malabarische Kirche (Thomaschristen), mit Rom uniert]	■ Koptische Orthodoxe Kirche ■ Äthiopische Orthodoxe Kirche ■ Eritreische Orthodoxe Kirche
	Westsyrischer Ritus
	■ Syrische Orthodoxe Kirche ■ Malankarische Orthodoxe Kirche (Thomaschristen)
	Armenischer Ritus
	■ Armenische Apostolische Kirche
Insgesamt ca. 500000 Gläubige	Insgesamt ca. 65 Millionen Gläubige

Tab. 4.1: Übersicht über die „altorientalischen" christlichen Traditionen (Quelle: nach Oeldemann 2016: 68)

4.2. Die Assyrische Kirche des Ostens

Im Gegensatz zu den gewaltigen Ausmaßen, die die ostsyrische Kirche in den verschiedenen Phasen ihrer Blütezeit bis zum Ende des 13. Jahrhundert erreicht hatte (→ s. Kap. 3.3.2), handelt es sich beim heutigen assyrischen Christentum im Wesentlichen um eine ethnische (also auf eine einzige Volksgruppe beschränkte) Religion, deren weltweite Anhängerzahl auf etwa 330000 bis 500000 Gläubige geschätzt wird (vgl. Hage 2007: 270; Pinggéra 2011d: 40; Oeldemann 2016: 70f.). Dabei handelt es sich um die Volksgruppe der syrischsprachigen Aramäer, die sich selbst als Nachkommen des alten Volkes der Assyrer verstehen und traditionell im Zweistromland (in der Antike in Persien und heute im Irak gelegen) angesiedelt waren. Gegenwärtig existieren zwei eigenständige Kirchen innerhalb des ostsyrischen Christentums, die sich aber erst in den 1960er-Jahren voneinander abgespalten haben: Zum einen die *Apostolische Katholische Assyrische Kirche des Ostens*, deren Oberhaupt, der Katholikos-Patriarch, lange im US-amerikanischen Exil residierte und seit 2015 seinen Sitz wieder im Irak, und zwar in der Stadt Erbil, hat. Ihr gehört der größere Teil der assyrischen Christenheit an, von denen viele heute in den USA, in Europa, aber auch noch immer im Irak, in Syrien und im Iran leben (vgl. Hage 2007: 270f; Oeldemann 2016: 69–71). Der kleinere Teil wird durch die *Alte Apostolische Kirche des Ostens* mit Sitz in Bagdad repräsentiert. Sie wird auch als ‚altkalendarisch' bezeichnet, weil einer der Gründe ihrer Abspaltung in der Ablehnung der Einführung des ‚westlichen' (also gregorianischen) Kalenders durch den in den USA lebenden Patriarchen Mar Eschai Shimun XXIII. (reg. 1920–1975) gelegen hatte. Außerdem kritisierte der sich 1968 als Gegenpatriarch ausrufende südindische Metropolit Mar Thomas Darmo (1904–1969) die Erblichkeit des Amtes des Katholikos, das nach dem Niedergang der ostsyrischen Kirche seit dem 15. Jahrhundert zumeist vom Onkel auf den Neffen übergegangen war (vgl. Pinggéra 2011 d: 38 f.).

Dass das assyrische Christentum heute weit über sein mesopotamisches ‚Stammland' hinaus verbreitet ist, gleichzeitig aber im Kern auf eine Volksgruppe beschränkt ist, hängt mit seiner äußerst komplexen und wechselvollen Geschichte zusammen, die hier jedoch nur schlaglichtartig beleuchtet werden kann. Im Wesentlichen lassen sich hier (wie auch im Falle der westsyrischen Kirche [→ s. Kap. 4.3.3]) drei Phasen der Entwicklung unterscheiden: (1) Die Blüte der ostsyrischen Kirche seit ihrem Aufkommen im persischen Reich bis zum Niedergang im 13. Jahrhundert unter den Mongolen, (2) die osmanische Zeit sowie (3) die Epoche seit der Vertreibung der Assyrer aus ihren Siedlungsgebieten im 20. Jahrhundert.

Zu (1): Die in Kapitel 3.3.2 skizzierte Eroberung Persiens durch die muslimischen Araber hatte für die dort lebenden Christen zwiespältige Folgen. Auf der einen Seite konnte die Kirche die guten Beziehungen, die bis dato zu den persischen Königen geherrscht hatten, auch mit den neuen Herren fortsetzen, die die christlichen Kirchen und Klöster im Reich unter ihren Schutz gestellt hatten. Dementsprechend verlegte der ostsyrische Katholikos Timotheos I. (reg. 780–823) nach dem Niedergang des Omayyaden-Reichs seinen Sitz in die neue Hauptstadt Bagdad, wo er direkten Zugang zum Hof des neuen abbassidischen Kalifen hatte (vgl. Baum/Winkler 2000: 57 f.). In der Folge fanden sich zahllose Christen in hohen politischen Ämtern wieder, etwa als Hofärzte, deren Position in christlichen Familien ‚vererbt' wurde (vgl. Pinggéra 2011 d: 27). Auch ihre Tätigkeit als Übersetzer der griechischen Philosophen (hier vor allem des Aristoteles) ins Arabische muss erwähnt werden, wodurch sie entscheidend zur „Schaffung einer arabischen Wissenschaftssprache" (ebd.: 27) beitrugen. Dieser Zugang zur politischen Elite wurde indes dadurch konterkariert, dass Christen (wie alle Nichtmuslime) mit einer Sondersteuer belegt waren, sodass im Laufe der Zeit immer mehr von ihnen zum Islam konvertierten, um der „finanziellen Mehrbelastung" (ebd.: 26) zu entgehen. Doch trotz dieser Widrigkeit entwickelte sich das ostsyrische Christentum unter Timotheos I. zur „größten Missionskirche [seiner] Zeit, zur ersten ‚Weltkirche' der Christentumsgeschichte" (ebd.: 29) mit mehreren zehn Millionen Gläubigen (vgl. Baum/Winkler 2000: 58): Über die Seidenstraße gelangten ostsyrische Missionare nach Zentralasien, China, die Mongolei und nach Indien (vgl. ebd.: 58 f.), wo sie Bistümer und Klöster errichteten und damit „eine fast ganz Asien umspannende kirchliche Organisation bildeten" (Pinggéra 2011 d: 29). Dieser Umstand führte dazu, dass die ostsyrischen Christen nach der Eroberung Bagdads im Jahre 1258 durch die Mongolen verschont wurden und unter den neuen Herren nochmals

als Gemeinschaft aufblühen konnten. Doch dieses Glück währte nicht mehr allzu lang: 1295 ergriff der zum Islam konvertierte Mongolenfürst Ghazan I. die Macht über Persien und beendete die bis dato tolerante Haltung der Machthaber zur Kirche. Bis zum 15. Jahrhundert verschwand so das ostsyrische Christentum fast vollständig aus dem gewaltigen von den Mongolen beherrschten Territorium (vgl. Baum/Winkler 2000: 85–94). Ebenso waren mit der Vertreibung der Mongolen aus China und der Errichtung der Ming-Dynastie ab 1368 auch alle Christen von dort vertrieben worden (vgl. ebd.: 94), sodass „das asiatische Christentum seit dem 13./14. Jahrhundert seiner einstmals großen Bedeutung beraubt und bis auf wenige Reste ausgelöscht" (Bischof/Bremer/Collet/Fürst 2014: 73) wurde.

Zu (2): Die im Wesentlichen auf den aramäischen Sprachraum beschränkten überlebenden Gemeinden der ostsyrischen Kirche standen seit Mitte des 16. Jahrhunderts schließlich unter der Herrschaft der muslimischen Osmanen, von denen sie als religiöse Minderheit toleriert wurden. Das von den Osmanen eingeführte Millet-System ermöglichte dabei „einzelnen religiösen und ethnischen Gruppen eine weitgehende Selbstverwaltung" (Baum/Winkler 2000: 101), was jedoch mit einer besonderen, an den Sultan zu entrichtenden Schutzsteuer verbunden war. In dieser Zeit intensivierten sich die Kontakte zum lateinischen Christentum, deren Ergebnis die durch eine Kirchenspaltung innerhalb der ostsyrischen Tradition entstandene *Chaldäische Kirche* ist, die heute mit der katholischen Kirche uniert ist (vgl. Hage 2007: 398–407). Zu Beginn des 19. Jahrhunderts ‚entdeckten' dann auch protestantische Missionare das vermeintlich noch aus der Apostelzeit stammende ostsyrische Christentum im heutigen Iran (vgl. Baum/Winkler 2000: 111 f.) und erkannten in ihm (aufgrund seiner Unabhängigkeit von der katholischen Kirche) „in gewisser Weise eine Schwesterkirche" (Pinggéra 2011d: 36). Die (historisch umstrittene) Vorstellung der Missionare, dass es sich bei deren Angehörigen um die Nachfahren des antiken Volkes der Assyrer handele, wurde in der Folgezeit von den ostsyrischen Christen im Sinne einer eigenen Volksidentität adaptiert. Seit dieser Zeit trägt das aramäische Christentum die Eigenbezeichnung *assyrisch* (vgl. Pinggéra 2011d: 36).

Zu (3): Die politische Neuordnung des Nahen Ostens im Zuge des Ersten Weltkriegs (1914–1918) führte zu einem weiteren fundamentalen Einschnitt in die Geschichte der ostsyrischen Christen. Nachdem deren Siedlungsgebiet kurzzeitig unter russische Herrschaft geraten war, gerieten sie zwischen die Fronten; die erschütternde Folge war die auch als „Völkermord" (Tamcke 2008: 179) an den Aramäern bezeichnete Ermordung zehntausender Menschen durch türkische und kurdische Truppen in den Jahren 1915–1917 (vgl. Baum/Winkler 2000: 120–122). Nach jahrelanger Irrfahrt und einem weiteren Massaker (1933 durch irakische Truppen [vgl. ebd.: 126]) gelang dem bereits genannten Patriarchen Mar Eschai Schimun XXIII. 1940 mit einigen Angehörigen schließlich die Ausreise in die USA, von wo aus er die *Assyrische Kirche des Ostens* als Diaspora-Gemeinschaft wiederaufbaute. Die in jener Zeit im Irak verbliebenen ostsyrischen Christen repräsentieren heute daher nur noch eine Minderheit dieser Konfession.

Die indischen Thomaschristen

Obgleich sich die konfessionskundliche Einordnung der heute vor allem in Südindien verbreiteten Thomaschristen komplexer gestaltet, hängen diese jedoch in ihrer Entstehung eng mit dem persischen Christentum zusammen. Die nach ihrem Selbstverständnis auf den Apostel Thomas zurückgehende Strömung ist wahrscheinlich erstmals im 4. Jahrhundert historisch greifbar, als eine Gruppe syrischer Judenchristen unter der Führung des Thomas von Kana nach Indien auswanderte. Aus dem 6. Jahrhundert finden sich dann Berichte über mehrere indische Gemeinden persischer Prägung, und seit dem Ende des 8. Jahrhunderts bildete Indien schließlich eine eigene Provinz der ostsyrischen Kirche (vgl. Hage 2007: 319f.). Als Marco Polo 1293 nach Indien kam, fand er ein Grab des Apostels Thomas bei Madras vor, das indischen Christen als Wallfahrtsort diente (vgl. Oeldemann 2016: 54).

Die ostsyrische Prägung der Thomaschristen wurde durch die schrittweise Kolonisierung Indiens seit dem 16. Jahrhundert indes gehörig aufgewirbelt. Die zunächst mit den Portugiesen einziehenden lateinischen Missionare zwangen die indischen Gemeinden, deren ostsyrische Tradition in ihren Augen eine Irrlehre darstellte, den lateinischen Ritus anzunehmen – eine Demütigung, die den „Keim für zahlreiche neue Spaltungen innerhalb des indischen Christentums" (ebd.: 55) legte. Denn nach der Vertreibung der Portugiesen durch die Niederländer entsandte nun der westsyrische (also miaphysitische) Patriarch von Antiochien einen Bischof nach Indien. Diesem gelang es, dort eine westsyrische Kirchenhierarchie zu etablieren, der sich in der Folgezeit ein großer Teil der von der eigenen Tradition entfremdeten Thomaschristen anschloss. Mit der Eroberung Indiens durch die Engländer wandte sich schließlich ein Teil der westsyrischen Thomaschristen dem protestantischen Anglikanismus zu (heute vor allem die *Mar-Thoma-Kirche*), sodass sich die alte Kirche Indiens heute auf eine große Zahl verschiedener Gruppierungen aufgespalten hat, die sich im Wesentlichen durch ihr ostsyrisches, westsyrisch-miaphysitisches und protestantisches Bekenntnis unterscheiden lassen (vgl. Hage 2007: 322–373). Von den verbliebenen ostsyrischen Thomaschristen ist heute der deutlich größere Teil mit Rom uniert (*Syro-Malabarische Kirche*), ein kleinerer Teil bildet eine Metropolie der *Assyrischen Kirche des Ostens*. Insgesamt werden weltweit über 6 Millionen Menschen zu den Thomaschristen gezählt, von denen der größte Teil nach wie vor in Südindien lebt.

4.3. Die miaphysitischen/orientalisch-orthodoxen Kirchen

Als miaphysitisch oder (in Bezug auf ihr Selbstverständnis) auch orientalisch-orthodox werden solche Kirchen bezeichnet, die historisch auf jene Gruppierungen zurückgehen, die sich nach dem Konzil von Chalkedon im Jahre 451 von der römischen Reichskirche abgespalten haben (→ s. Kap. 3.3.2). Gemeinsam ist ihnen die Ablehnung der dort beschlossenen Theologie der zwei Naturen Christi in Anknüpfung an die ältere Einnaturenlehre des Ägypters Kyrill von Alexandria (→ s. Kap. 3.3.1), weshalb diese Kirchen zuweilen auch als ‚vorchalkedonensisch' bezeichnet werden. Die orientalisch-orthodoxe Christenheit lässt sich (wie in Kap. 4.1 skizziert) im Wesentlichen in drei Strömungen aufteilen: Zum einen das ägyptisch-koptische Christentum mit den daraus hervorgegangenen äthiopischen/eritreischen Kirchen (alexandrinischer Ritus); zum anderen die syrisch-orthodoxe

Kirche (westsyrischer Ritus); und drittens das armenische Christentum als älteste Staatskirche der Welt.

4.3.1. Koptische Orthodoxe Kirche

Das koptische Christentum (von arab. *qubti*, ägyptisch) repräsentiert bis heute die alte Kirche des ehemals ägyptischen Sprach- und Kulturraums. Von den heute etwa 10 Millionen Mitgliedern lebt der größte Teil nach wie vor in Ägypten. Doch auch die weltweite Diaspora ist in den letzten Jahrzehnten stetig angewachsen, vor allem aufgrund der Auswanderungswellen vieler Koptinnen und Kopten seit der Einführung des Islam als der Staatsreligion Ägyptens im Jahre 1971 (vgl. Pinggéra 2011 a: 76). Der Sitz des Patriarchen, der auch als Papst bezeichnet wird, ist Kairo. Er steht den 60 ägyptischen Bistümern vor, weitere Bischöfe residieren in verschiedenen afrikanischen und europäischen Ländern sowie in den USA und Australien. Auch in Deutschland leben etwa 12000 Gläubige, denen zwei Bischöfe vorstehen, die in den beiden koptischen Klöstern in Höxter-Brenkhausen und Waldsolm-Kröffelbach bei Wetzlar residieren (vgl. Oeldemann 2016: 74).

Wie die assyrische Kirche erlebte auch das koptische Christentum seit der arabischen Eroberung Ägyptens im 7. Jahrhundert eine wechselvolle Geschichte (vgl. Langener 2018: 217–227). Auch sie konnte ihre Kirchenstruktur, die zunächst auf das seit der Antike bestehende Patriarchat in Alexandria ausgerichtet war, erhalten und zum Teil sogar ausbauen. Allerdings war auch das ägyptische Christentum mit einer Sondersteuer für Nicht-Muslime belegt, was den „Übertritt breiter Bevölkerungsschichten zum Islam begünstigt[e]" (Pinggéra 2011 a: 70), sodass das zunächst mehrheitlich christliche Ägypten zusehends muslimisch wurde. Auch die koptische Sprache wurde als Alltagssprache bis zum 10. Jahrhundert weitgehend vom Arabischen verdrängt (vgl. Boochs 2018: 120), hat sich aber in der kirchlichen Liturgie bis heute erhalten. Ihre Blüte erlangte die koptische Kirche unter der Dynastie der muslimischen Fatimiden (10. bis 12. Jahrhundert), die „das kirchliche Leben ihrer koptischen Untertanen mit freundlicher Sympathie" (Hage 2007: 174) betrachteten. Diese Lage veranlasste den koptischen Patriarchen Christodoulos (reg. 1047–1077), seinen Sitz von Alexandria in die neu errichtete Hauptstadt Kairo zu verlegen (vgl. Hage 2007: 175), wo Christen teilweise bis in höchste Ämter am Hofe des Kalifen gelangten (Pinggéra 2011 a: 71). Ab dem 13. Jahrhundert verschlechterte sich die Lage allerdings deutlich: Kopten wurden zunehmend aus der öffentlichen Verwaltung zurückgedrängt, was die Möglichkeit des gesellschaftlichen Aufstiegs für Menschen christlichen Glaubens verringerte. Daneben wurden Kopten, obgleich offiziell als Schutzbefohlene (*dhimmis*) des Kalifen geltend, besonders im 14. Jahrhundert zur Zielscheibe pogromartiger Angriffe, was ebenfalls vermehrt zu Übertritten zum Islam führte (vgl. ebd.: 71). Auch unter osmanischer Herrschaft (ab 1517) änderte sich die Situation nicht wesentlich, sodass der koptische Anteil an der ägyptischen Bevölkerung am Ende des 18. Jahrhunderts nur noch bei etwa 10 bis 12 Prozent lag (vgl. ebd.: 71).

Einen Einschnitt bildete die sukzessive Eroberung Ägyptens durch die Kolonialmächte Frankreich und England ab Anfang des 19. Jahrhunderts. Seit 1815 (noch unter osmanischer Herrschaft) von der Kopfsteuer für Nicht-Muslime befreit, leitete Patriarch Kyrill IV. (reg. 1854–1861) eine Erneuerung seiner Kirche ein, die den heutigen Status der koptischen Christenheit maßgeblich bedingen sollte (vgl. Hage 2007: 185 f.): Unter „dem Eindruck westlicher Missionare, ihrer Schulen, Druckereien und sozialen Einrichtungen" (Pinggéra 2011a: 74) begründete er eine Bildungsbewegung, die durch die Einrichtung von Sonntagsschulen zur religiösen Unterweisung von Jugendlichen den Reformgeist auch in der breiten Anhängerschaft (also nicht nur unter Klerikern, sondern auch unter Laien) implementierte. Parallel dazu entwickelte sich auch das karitativ-soziale Engagement, das in der „Errichtung eines eigenen Bischofsamtes für soziale Dienste im Jahr 1962" (ebd.: 74) gipfelte. Auch das Mönchtum, das ja maßgeblich in Ägypten entstanden war (→ s. Kap. 3.5), erhielt durch die Sonntagsschulbewegung neuen Aufschwung – eine Entwicklung, die vor allem mit dem koptischen Papst Kyrill VI. (reg. 1959–1971) und seinem Nachfolger Schenuda III. (reg. 1971–2012), beide selbst Mönche, verbunden ist (vgl. Hage 2007: 188–192). Das hohe Bildungsniveau koptischer Christinnen und Christen sorgte im 20. Jahrhundert für deren zunehmende Bedeutung auch in der breiteren ägyptischen Gesellschaft, auch und gerade im Kontext der 1918 gegründeten säkular-laizistischen *Wafd*-Partei, die sich der Bekämpfung der britischen Kolonialherrschaft verschrieben hatte und für die politische Unabhängigkeit Ägyptens im Jahre 1922 mitverantwortlich war (vgl. Pinggéra 2011a: 75).

In jüngerer Zeit ist in Ägypten (wie in vielen Regionen der arabischsprachigen Welt) die ursprünglich ebenfalls im antikolonialen Widerstand verwurzelte islamistische Bewegung erstarkt. Diese hatte 1928 zunächst zur Gründung der Muslimbruderschaft durch Hassan al-Banna (1906–1949) geführt, welcher die säkulare Verfassung des neuen ägyptischen Staates ablehnte und für die Wiedereinführung der Scharia als Grundlage der Gesellschaft eintrat. Obgleich die in der Nachkriegszeit herrschende Regierung unter Gamal Abdel Nasser (1918–1970) den Angehörigen der koptischen Minderheit zunächst weiterhin die politische Teilhabe ermöglichte, so ist seit dessen Tod – nicht zuletzt befördert durch die wirtschaftlichen Verwerfungen im Land – eine zunehmende Islamisierung der ägyptischen Gesellschaft zu verzeichnen (vgl. Hage 2007: 189–191), die sich auch nach dem Rücktritt Husni Mubaraks (1928–2020) im Jahre 2011 weiter fortsetzte. Die Folge dieses Umschwungs sind seit Jahrzehnten wiederkehrende Anschläge auf koptische Kirchen und Einrichtungen; außerdem sind deren Mitglieder systematischen Benachteiligungen im Rechtswesen ausgesetzt, die das maßgebliche Ergebnis einer Verfassungsänderung von 1980 sind, mit der die Prinzipien der Scharia in die Gesetzgebung eingeführt wurden (vgl. Tamcke 2008: 182 f.). Obgleich koptische Christinnen und Christen daher in Staatsdienst und Politik stark unterrepräsentiert sind, gelang doch einzelnen Vertretern zuweilen der politische Aufstieg. Bekanntestes Beispiel ist Boutros Boutros-Ghali (1922–2016), der Enkel des ehemaligen ägyptischen Ministerpräsidenten Boutros Ghali (1846–1910), der zunächst als ägyptischer Minister und später als UN-Generalsekretär (1992–1996) wirkte (vgl. Pinggéra 2011a: 76). Trotz der schwierigen Situation in ihrem Herkunftsland hat die koptische Kirche ihre Beziehung zum Weltchristentum und zur Ökumene seit den Reformbewegungen im 19. Jahrhundert sukzessive ausgebaut. Diese Linie verfolgt auch der derzeitige koptische Papst, Patriarch Tawadros II.

(seit 2012), der 2013 auch mit dem katholischen Papst Franziskus zusammentraf (vgl. Oeldemann 2016: 73).

4.3.2. Äthiopische und Eritreische Orthodoxe Kirche

Mit ihren etwa 40 Millionen Angehörigen handelt es sich bei der *Äthiopisch Orthodoxen Kirche* mit Abstand um die größte der ‚altorientalischen' Gemeinschaften. Und anders als die übrigen Kirchen ist diese nicht von größeren Emigrationsbewegungen aus ihrem Stammland betroffen, sodass fast alle äthiopisch-orthodoxen Christinnen und Christen noch immer in Äthiopien leben. Hier stellen sie rund 43 Prozent der Bevölkerung. Daneben gehören etwa 19 Prozent protestantischen Kirchen an, die übrige Bevölkerung zählt, neben kleineren Minderheiten, im Wesentlichen zum sunnitischen Islam (vgl. Merten 2012: 10). Dieser Situation ist es zu verdanken, dass die *Äthiopisch Orthodoxe Kirche* heute „eine prägende Rolle in der äthiopischen Gesellschaft" (Oeldemann 2016: 82) einnimmt. Der Sitz des Patriarchen ist die Hauptstadt Adis Abeba, von wo aus er insgesamt 47 Diözesen regiert. Daneben existiert seit 1998 das Patriarchat in der eritreischen Hauptstadt Asmara als Sitz des Oberhaupts der *Eritreisch Orthodoxen Kirche*. Diese hatte sich nach der Unabhängigkeit Eritreas von Äthiopien im Jahre 1993 von der *Äthiopisch Orthodoxen Kirche* losgesagt, die deren Selbstständigkeit (anders als der koptische Papst) allerdings nicht anerkennt (vgl. ebd.: 82 f.).

Neben ihrer miaphysitischen Christologie und der Liturgie in alt-äthiopischer Sprache stechen in der äthiopischen Orthodoxie vor allem die zahlreichen Elemente jüdischer Herkunft hervor. Diese Konstellation hängt mit der politischen Geschichte Äthiopiens (nach älterer Terminologie: Abessinien) zusammen, dessen Christianisierung mit der Konversion König Ezanas (reg. 330–370) seinen Anfang nahm – nur wenige Jahre nach der Hinwendung des römischen Kaisers Konstantin zum Christentum (→ s. Kap. 3.3). Ezana herrschte über das mächtige antike Königreich Aksum, das wohl im 3. oder 2. Jahrhundert v. Chr. entstanden und zur Zeit Ezanas ein wohlhabender Staat mit Handelsbeziehungen in den Mittelmeerraum, nach Syrien und sogar nach Indien war (vgl. Merten 2012: 25). Neben dem römischen Reich, Persien und China galt Aksum in der Antike als „eines der vier großen Reiche der Welt" (ebd.: 25). Ezana war durch die beiden syrischen Brüder Frumentios und Aidesios zum Christentum gebracht worden, die nach einem Schiffbruch an den Hof in Aksum (heute in der Region Tigray im Norden Äthiopiens gelegen) gekommen waren. 340 reiste Frumentios nach Alexandria weiter, um sich vom dortigen Patriarchen Athanasius (ca. 300–373) zum Bischof weihen zu lassen (vgl. Pinggéra 2011 b: 41 f.). Ein Jahr später erklärte der König das Christentum schließlich zur Staatsreligion – fast 40 Jahre bevor es von Kaiser Theodosius zur offiziellen Religion des römischen Reichs erklärt wurde. Nach seiner Weihe kehrte Frumentios unter dem neuen Namen Abba Sälama (‚Vater des Friedens') an den Hof zurück und residierte dort als dem Patriarchat von Alexandria unterstellter Bischof (vgl. Merten 2012: 26). Diese Situation blieb auch bestehen, nachdem sich Alexandria von der römischen Reichskirche gelöst und eine miaphysitische Theologie angenommen hatte: Im frühen 6. Jahrhundert prägten vor allem aus dem römischen Reich ausgewanderte Mönche, die sich in Äthiopien niedergelassen hatten, die dortige Kirche und sorgten so für eine weitere Ausbreitung der alexandrinisch-miaphysitischen Christologie im Reich (vgl. Pinggéra 2011 b: 42). Bis Mitte des 20. Jahrhunderts war die äthiopische Kirche daher formell Teil der koptischen Kirche; erst 1959 erhielt sie ein eigenes Patriarchat und ist seit dieser Zeit autokephal, also selbstständig.

Zwar existierten bereits in der Antike jüdische Gemeinden in Aksum; die jüdischen Elemente in der äthiopischen Orthodoxie sind jedoch im Wesentlichen mittelalterlichen Ursprungs. Urheber waren die ab 1270 regierenden christlichen Kaiser der sogenannten ‚Salomonischen Dynastie', die ihrem Selbstverständnis gemäß über 700 Jahre bestand und erst mit der Absetzung Kaiser Haile Selassies (1892–1975) im Jahre 1974 ihr Ende fand (vgl. Hage 2007: 206 f.). Unter ihnen erblühte das äthiopische Christentum, auch und vor allem in Form einer reichhaltigen amharischsprachigen Literatur. Eines ihrer Hauptwerke ist das Epos *Die Herrlichkeit der Könige* (amhar. *Kebrä nägäst*) aus dem 14. Jahrhundert. Dieses führt die Wurzeln der Dynastie auf die im Alten Testament (1 Kön 10,1–13; 2 Chr 9,1–12) geschilderte Begegnung zwischen der legendären „südlichen" Königin von Saba und dem jüdischen König Salomo zurück, aus der nach äthiopischer Tradition ein Sohn mit Namen Menilek hervorgegangen sei. Nachdem dieser im Alter von 22 Jahren nach Israel zurückgekehrt sei, um seinen Vater kennenzulernen, habe dieser ihn geküsst und gesagt: „Siehe, mein Vater David ist wieder verjüngt worden und auferstanden von den Toten" (zit. n. Merten 2012: 127). Anschließend habe Salomo Menilek zum König von Äthiopien gekrönt und angeordnet, dass alle Erstgeborenen seiner höfischen Beamten als Gefolge mit ihm in seine Heimat zurückkehren sollten. Da diese „Zion, wo Gott wohnt" (Merten 2012: 129), nicht zurücklassen wollten, stahlen sie die Bundeslade aus dem Tempel in Jerusalem, die nach biblischer Überlieferung die Steintafeln mit den von Mose empfangenen Zehn Geboten enthält, ersetzten sie durch eine Kopie, und nahmen das Original mit nach Aksum (dort steht sie – nach äthiopischer Überzeugung – bis heute in der Kathedrale *Heilige Maria von Zion*). Mithilfe dieser Erzählung beanspruchten die äthiopischen Kaiser des Mittelalters nicht nur, die direkten Abkömmlinge des jüdischen Königs Salomo zu sein; mit der Überführung der Bundeslade nach Äthiopien war auch die Überzeugung verbunden, das Volk Israel als das auserwählte Volk Gottes abgelöst zu haben, weil der zur Bundeslade gehörige „Segen und der Bund Gottes auf sie übertragen" (ebd.: 133) worden sei. Dieses Bewusstsein führte ab dem 15. Jahrhundert dazu, dass nun zahlreiche jüdische Traditionen ins äthiopische Christentum Einzug hielten, etwa die Heiligung des Sabbats oder die Einhaltung bestimmter Speisevorschriften (vgl. ebd.: 85–95). Daneben prägte die äthiopischen Kaiser jener Zeit freilich das Selbstbewusstsein als Herren eines wahrhaft christlichen Reiches, das auch in der Aussendung von Missionaren seinen Ausdruck fand: In einer Zeit, als Äthiopien in Europa noch in legendarischer Form als das Reich des ‚Priesterkönigs Johannes' bekannt war, gelangte der äthiopische Mönch und Missionar Abba Mikael über Italien bis nach Wittenberg, um Kontakt mit den beiden Reformatoren Martin Luther und Philipp Melanchthon aufzunehmen (→ s. Kap. 3.6.1). In mehreren theologischen Gesprächen im Jahre 1534 versicherten sich die drei Männer ihrer inhaltlichen

Gemeinsamkeiten – ein Ergebnis, das indes wohl vor allem sprachlichen Verständigungsschwierigkeiten geschuldet war (vgl. Palau 2021: 21–31).

Nachdem die äthiopische Kirche seit dem 16. Jahrhundert aufgrund der Bedrohung durch muslimische Heere und die zwischenzeitliche militärische Koalition mit den katholischen Portugiesen in Bedrängnis geraten war (vgl. Pinggéra 2011 b: 45–47), konnte sie sich im 19. Jahrhundert unter Kaiser Johannes IV. (reg. 1872–1889) wieder konsolidieren und bezeichnet sich seither (aufgrund ihrer miaphysitischen Lehre von der Einheit [amhar. *täwahedo*] der Natur Christi) als *Äthiopische Orthodoxe Täwahedo-Kirche*. In dieser Form wurde sie vom letzten Kaiser Äthiopiens, dem bereits erwähnten Haile Selassie, nach einem kurzen Intermezzo italienischer Kolonialherrschaft (1935–1941), in die Selbstständigkeit geführt: Im Jahre 1959 weihte der koptische Papst Kyrill VI. den äthiopischen Metropoliten Baselyos (1891–1970) schließlich zum Patriarchen und „entließ die äthiopische Kirche in die Unabhängigkeit" (ebd.: 48).

Erwähnenswert ist darüber hinaus, dass die äthiopische Orthodoxie auch im karibischen Inselstaat Trinidad und Tobago ein Bistum unterhält. Hintergrund ist der Umstand, „dass afrikanische Auswanderer in die Karibik auf der Suche nach einer genuin schwarzafrikanischen kirchlichen Beheimatung sich der äthiopischen Orthodoxie angeschlossen haben" (ebd.: 50). Eine besondere, vor allem auf Jamaika verbreitete Form stellt dabei die göttliche Verehrung Haile Selassies dar, die sogenannte *Rastafari*-Bewegung. Dieser Ausdruck bezieht sich auf den Prinzennamen des letzten äthiopischen Kaisers, Ras Täfäri Mäkwännen, den dieser vor seiner Thronbesteigung getragen hatte (vgl. ebd.: 50).

4.3.3. Die Kirchen der syrisch-orthodoxen Tradition

Wie auch im Falle der *Assyrischen Kirche des Ostens* (→ s. Kap. 4.2) handelt es sich bei den Kirchen der syrisch-orthodoxen Tradition um Gruppen, die historisch auf den „syrischen Kulturraum von der Levante bis ins obere Mesopotamien" (Pinggéra 2011 e: 77) zurückgehen, und die zur Unterscheidung vom ostsyrischen Christentum auch als westsyrisch bezeichnet werden. Theologisch zeichnen sie sich durch ihr miaphysitisches Bekenntnis aus – im Unterschied zur assyrischen (ehemals persischen) Kirche mit ihrem streng dyophysitischen Bekenntnis (→ s. Kap. 3.3.1). Gemeinsam ist beiden Kirchen indes die Sprache ihrer Liturgie in Form des Alt-Aramäischen bzw. Syrischen, also „jener Sprache, die nach Überzeugung der syrisch-orthodoxen Christen auch Jesus selbst gesprochen hat" (Oeldemann 2016: 76). Auch die Kirchen der westsyrischen Tradition sind heute vor allem außerhalb ihres traditionellen Siedlungsgebietes anzutreffen: Von den insgesamt etwa 2 Millionen Angehörigen lebt rund die Hälfte im Süden Indiens und bildet dort die eigenständige *Malankarische Orthodoxe Syrische Kirche*. Dabei handelt es sich um einen Teil der ursprünglich ostsyrischen Thomaschristen, die im 17. Jahrhundert zur westsyrischen Tradition gewechselt sind (→ s. Kap. 4.2). Die übrigen Gläubigen bilden die *Syrische Orthodoxe Kirche*, deren Oberhaupt, der (westsyrische) Patriarch von Antiochia (Titularsitz), in Damaskus residiert, obgleich ein großer Teil der Mitglieder seiner Kirche heute in den USA und in Europa lebt.

Historisch lässt sich die Syrische Orthodoxe Kirche auf den miaphysitischen Bischof Jakob Baradaios (gest. 578) zurückführen. Dieser war 542 von dem (von der römischen Kirche abgesetzten) Patriarchen von Alexandria, dem Miaphysiten und Begründer der koptischen Kirche Theodosios (→ s. Kap. 3.3.2), zum Bischof von Edessa geweiht worden. In der Folgezeit hatte Jakob durch die Weihe weiterer Bischöfe eine eigene miaphysitische Kirchenstruktur gegen die römische Kirche aufgebaut und 557 schließlich einen neuen Patriarchen von Antiochia, Sergios von Tella (reg. 557–ca. 561), eingesetzt (vgl. Hage 2007: 132–134). Diese Kirchenstruktur existierte bis ins siebte Jahrhundert parallel zur römischen Kirche in Syrien, weshalb die ‚jakobitischen' Bischöfe zunächst nicht in den ihnen zugewiesenen Städten, sondern „im Untergrund" (ebd.: 134) in abgelegenen Klöstern residierten (vgl. Pinggéra 2011e: 80).

Nachdem Syrien ab 636 unter muslimische Herrschaft gefallen war, konnte sich die Kirche zunächst konsolidieren, hatte aber wie alle anderen christlichen Gruppen mit dem Problem der Kopfsteuer für Nicht-Muslime zu leben, was große Wellen der Konversion zum Islam nach sich zog. Dennoch haben viele westsyrische Christen die Muslime später als Befreier vom Joch der römischen Kirche empfunden, was in erster Linie ihrem konfliktbeladenen Verhältnis zur byzantinischen Kirche geschuldet war (vgl. ebd.: 81f.). Zugleich erhielt mit Johannes II. (reg. 739/40–754) erstmals ein syrischer Patriarch „ein förmliches Diplom aus der Hand des Kalifen" (Hage 2007: 138) und war damit (wie auch seine Nachfolger) offiziell vom Staat anerkannt. Die Zeit vom 11. bis zum 13. Jahrhundert wird zuweilen gar als ‚syrische Renaissance' bezeichnet, in der zahlreiche bedeutende literarische und wissenschaftliche Werke in syrischer Sprache aus den Händen westsyrischer Theologen und Mönche entstanden sind (vgl. ebd.: 154–157). Wie auch das ostsyrische Christentum erlebte die westsyrische Kirche ihre „Phase letzter Blüte" (ebd.: 141) unter mongolischer Herrschaft im 13. Jahrhundert. Und ebenso wie diese fand sie ihren Niedergang mit der Hinwendung der Mongolen zum Islam: Bis zum Beginn des 15. Jahrhunderts schrumpfte das westsyrische Christentum auf wenige Gegenden in der heutigen Südosttürkei, im nördlichen Irak, in Syrien und im Libanon zusammen (vgl. Pinggéra 2011e: 83).

Die sich anschließende Epoche osmanischer Duldung endete schließlich mit dem Erstarken des türkischen Nationalismus am Ende des 19. Jahrhunderts. Nach zahllosen Übergriffen durch die lokale Bevölkerung und der zunehmend systematischen Christenverfolgung im osmanischen Reich fielen 1915 dem bereits oben erwähnten Völkermord an den Aramäern (→ s. Kap. 4.2) auch Tausende westsyrischer Christinnen und Christen zum Opfer, weshalb dieses Jahr von der syrischorthodoxen Kirche auch als ‚Jahr des Schwertes' (aram. *seyfo*) bezeichnet wird (vgl. Tamcke 2008: 179). Nach Gründung der türkischen Republik durch Mustafa Kemal Atatürk (1881–1938) im Jahre 1923 wurde der westsyrische Patriarch verbannt und fand ab 1932 in Homs Zuflucht. 1959 siedelte er schließlich in die Hauptstadt der neuen Republik Syrien, Damaskus, über (vgl. Hage 2007: 162f.). Die prekäre Situation in der Türkei, die durch politische Ausgrenzung, aber auch durch die wirtschaftliche Marginalisierung vieler Angehöriger der syrisch-orthodoxen Kirche bedingt war, sorgte in der Nachkriegszeit dafür, dass eine große Zahl westsyrischer Christinnen und Christen das Land verließ (vgl. Pinggéra 2011 e: 86). Viele von ihnen kamen ab 1961 im Zuge des Anwerbeabkommens mit der Türkei auch als ‚Gastarbeiter' nach Deutschland, wo heute etwa einhunderttausend Menschen syrisch-orthodoxen Glaubens leben (vgl. Oeldemann 2016: 76).

4.3.4. Armenische Apostolische Kirche

Bei der armenischen Kirche handelt es sich um die erste Staatskirche der Welt, die seit ihrer Gründung am Anfang des 4. Jahrhunderts auf eine freilich wechselvolle Geschichte blicken kann. Sie umfasst heute etwa 6 bis 8 Millionen Gläubige, von denen die eine Hälfte im heutigen Armenien, die andere in der weltweiten Diaspora lebt. Der nach seinem Selbstverständnis *Oberste Patriarch und Katholikos aller Armenier* hat seinen Sitz in der armenischen Stadt Etschmiadsin, ein zweites Katholikat (Kilikien) wird von der libanesischen Stadt Antelias aus geführt. Darunter residieren noch zwei Patriarchen in Jerusalem und Istanbul (vormals Konstantinopel). Liturgiesprache ist alt-armenisch (vgl. Oeldemann 2016: 78).

Die armenische Kirche versteht sich selbst als apostolisch und führt ihre Ursprünge auf „zwei Jünger Christi, nämlich Thaddäus und Bartholomäus" (Krikorian 2002: 22) zurück, die „in den 60er-Jahren n. Chr. nach Armenien gekommen [seien] und [...] dort das Evangelium verkündet" (ebd.: 22) haben sollen. Historisch greifbar wird das armenische Christentum spätestens im 3. Jahrhundert aufgrund der Existenz mehrerer christlicher Gemeinden (vgl. ebd.: 23 f.). In dieser Zeit bestand Armenien zum einen Teil als römische Provinz, zum anderen Teil als eigenständiges Königreich (auch ‚Großarmenien' genannt), das östlich des Euphrats in „prekärer Mittellage" (Pinggéra 2011 c: 51) zwischen römischem und persischem Reich angesiedelt war. Als maßgeblicher Begründer der armenischen Kirche gilt der Tradition nach Gregor der Erleuchter (ca. 240–331), Spross einer armenischen Adelsfamilie, der im Exil im kappadokischen Caesarea christlich erzogen worden war. Von dort kehrte er als Missionar in seine Heimat zurück, wo es ihm gelang, König Tiridates (ca. 280–330) zum Christentum zu bekehren, der daraufhin das Christentum zur offiziellen Religion Armeniens erklärte (vgl. Krikorian 2002: 25–27). In der armenischen Tradition wird dieses Ereignis im Jahre 301 verortet; wahrscheinlicher ist, dass der König unter dem Eindruck des *Mailänder Edikts* von 313 (→ s. Kap. 3.3) gehandelt hat, welches das Christentum im römischen Reich anerkannt hatte (vgl. ebd.: 27 f.). Gregor wurde als Bischof eingesetzt und begründete damit im Wesentlichen die seit Schahak (reg. 373–377) eigenständige armenische Kirchenhierarchie.

Diese Hierarchie konnte sich, nachdem das armenische Königreich bereits 387 zwischen römischem und persischem Reich aufgeteilt worden war, nur noch im (größeren) persischen Teil halten. In diese Epoche fällt auch das ‚Goldene Zeitalter' der armenischen Literatur: Unter Bischof Sahak (387–439) entwickelte der Mönch Mesrop das armenische Alphabet, das in der Folgezeit nicht nur der Übersetzung der Bibel diente, sondern das liturgische Leben der Kirche vereinheitlichte und über eine armenischsprachige Literatur zu einer gemeinsamen christlich-armenischen Identität unter persischer Herrschaft führte (vgl. Pinggéra 2011 c: 53 f.).

Dieser Prozess erklärt auch, weshalb der Widerstand im armenischen Volk so verbittert ausfiel, als der persische König Yazdgird II. (reg. 438–457) versuchte, „den Armeniern die eigene persische Staatsreligion, den Zoroastrismus, aufzuzwingen" (ebd.: 54): Im „Schicksalsjahr 451" (Krikorian 2002: 30) trafen armenische und persische Truppen auf dem Schlachtfeld von Awarayr aufeinander. Zwar endete die Schlacht mit einem Sieg der Perser, doch die Armenier führten den Krieg als Partisanen weiter und zwangen die Perser schließlich zum Einlenken (vgl. ebd.: 30): „Ein Fürst aus den Reihen der [armenischen] Mamikonier wurde als Statthalter eingesetzt. Die Armenier hatten die Freiheit des Glaubens errungen und ihre nationale Selbstständigkeit bewahrt" (Pinggéra 2011c: 54).

451 war auch deshalb ‚schicksalshaft', weil in diesem Jahr das Konzil von Chalkedon stattfand, das ja den christologischen Streit für die römische Reichskirche endgültig klärte und die miaphysitische Position Alexandrias und die streng dyophysitische Position Antiochias verurteilte (→ s. Kap. 3.3.1). Die Geschehnisse im armenischen Teil Persiens machen jedoch verständlich, dass die Repräsentanten der dortigen Kirche zu jener Zeit nicht an „spitzfindigen christologischen Fragen" (Krikorian 2002: 31) interessiert waren und daher auch keine Delegation nach Chalkedon entsandt hatten. Erst Anfang des 6. Jahrhunderts beschäftigten sich die armenischen Bischöfe mit den christologischen Beschlüssen der römischen Kirche: Auf einer Synode in Dvin (508) lehnten sie nicht nur die (in Chalkedon ebenfalls verurteilte) antiochenische Christologie des persischen Christentums ab, sondern auch die dortselbst festgeschriebene Zweinaturenlehre der römischen Kirche. Stattdessen erklärten sie die miaphysitische Lehre von der einen Natur Christi zur Grundlage ihres Bekenntnisses – eine Entscheidung, die auf einer zweiten Synode in Dvin im Jahre 555 nochmals durch die Verurteilung des christologischen Lehrbriefs Papst Leos (→ s. Kap. 3.3.1) bekräftigt wurde (vgl. Krikorian 2002: 32). „Mit dieser Entscheidung hatte man die eigene Selbstständigkeit unterstrichen: gegen die [römische] Reichskirche im Westen, aber auch gegen die [ostsyrische] Apostolische Kirche des Ostens [...], die im Perserreich mächtig war" (Pinggéra 2011c: 55).

Nachdem das persische Reich im 7. Jahrhundert von arabischen Heeren erobert worden war, geriet auch die armenische Kirche unter muslimische Herrschaft. Ein Teil des Adels und der Bevölkerung wanderte daher bis zum 11. Jahrhundert in byzantinisches Gebiet ab, und zwar in die Mittelmeerregion Kilikien, wo sich ein weitgehend selbstständiges Königreich (‚Kleinarmenien') etablieren konnte. 1147 ließ sich dann auch der armenische Katholikos in Kilikien nieder, und zwar in der Stadt Sis (heute Kozan im Süden der Türkei). Nachdem auch Kilikien 1375 in die Hände muslimischer Eroberer gefallen war, zog der Katholikos 1441 an seinen alten Sitz in Etschmiadsin im armenischen Stammland (jetzt wieder unter persischer Herrschaft) zurück. Einem „unseligen Kirchenzwist" (Pinggéra 2011c: 59) ist es zu verdanken, dass auch in Sis ein zweiter Katholikos verblieb, weshalb die armenische Kirche bis heute zwei Katholikate besitzt (vgl. Hage 2007: 247–249). Die unsichere politische Lage in den armenischen Siedlungsgebieten führte im 16. und 17. Jahrhundert allerdings zu großen Auswanderungswellen, die vor allem Süd- und Südostasien zum Ziel hatten. „Und wo das armenische Volk sich niederließ, brachte es ganz natürlich auch seine Kirche mit" (Pinggéra 2011c: 58), sodass das armenische Christentum spätestens seit dieser Zeit global verbreitet war.

Nachdem zu Beginn des 19. Jahrhunderts der Ostteil des armenischen Siedlungsraumes (einschließlich Etschmiadsin) als Folge des russisch-persischen Kriegs (1803–1814) unter russische Herrschaft gefallen war (vgl. Pinggéra 2011c: 60), konnte sich die dortige Bevölkerung (samt ihrer Kirche) konsolidieren und weiter anwachsen, was die Grundlage für die heutige Republik Armenien bildete (vgl. Hage 2007: 252f.). Anders erging es den westlichen Gebieten unter osmanischer Herrschaft. Zunächst als religiöse Minderheit im Rahmen des *millet*-Systems (mit einem Patriarchat in der Hauptstadt Istanbul) toleriert, hatten die politischen Veränderungen im osmanischen Reich am Ende des 19. Jahrhunderts katastrophale Folgen für die dort lebenden Armenier. So war das Erwachen eines auch über das osmanische Territorium hinausreichenden armenischen Nationalbewusstseins von dem regierenden Sultan Abdülhamit II. (reg. 1876–1909), der zur Festigung seines im Zerfall begriffenen Reiches seinerseits einen osmanischen Nationalismus verfolgte, zunächst blutig niedergeschlagen worden. Nachdem die so bedrängte armenische Bevölkerung mit Beginn des Ersten Weltkriegs mit den ins Land vorrückenden Russen sympathisiert hatte, nahm die nationalistische ,jungtürkische' Regierung dies zum Anlass, „die ,Armenierfrage' grundsätzlich zu lösen" (Hage 2007: 225). Parallel zur Verfolgung der syrisch-christlichen Bevölkerung (→ s. Kap. 4.2) wurden

> „die Armenier [...] seit 1915 aus allen Teilen des Reiches zusammengetrieben, um angeblich in andere Landesteile umgesiedelt zu werden. In Wirklichkeit führten die Gewaltmärsche in das Nirgendwo der syrischen Wüste, in der die Geschundenen unter grauenhaften Umständen ums Leben kamen. Die Zahl der Opfer dürfte sich nach Schätzungen auf rund 1,5 Millionen Armenier belaufen" (Pinggéra 2011c: 61).

Dass hinter diesen Aktionen der staatliche Vernichtungswille zur Auslöschung einer ganzen Bevölkerungsgruppe stand, wird aus Dokumenten des Zentralausschusses der regierenden ,jungtürkischen' Partei ersichtlich (vgl. Krikorian 2002: 42–50), weshalb die Ermordung der armenischen Bevölkerung im osmanischen Reich im allgemeinen als einer der ersten Genozide des 20. Jahrhunderts bezeichnet wird.

Der *Völkermord an den Armeniern* führte auch zur weitgehenden Vernichtung der armenischen Kirche im osmanischen Reich. Der bislang in Sis residierende Katholikos wanderte mit weiteren Überlebenden in den Libanon aus, wo er 1930 das Katholikat von Kilikien in Antelias bei Beirut neu errichtete (vgl. Pinggéra 2011c: 61). Die unter russischer Herrschaft stehenden armenischen Gebiete wurden nach der bolschewistischen Revolution ab 1920 in die Sowjetunion integriert, wo sie zur Sowjetrepublik Armenien zusammengefasst wurden. Nachdem die armenische Kirche in dieser Zeit zunächst verfolgt, später aber „in engen Grenzen" (ebd.: 62) von den kommunistischen Machthabern geduldet worden war, hat sie ihre Strukturen nach dem Ende der Sowjetunion und der Gründung der Republik

Armenien im Jahre 1991 nicht nur im Land, sondern weltweit festigen können. So ist die ‚Wiedervereinigung' mit dem Katholikat von Kilikien besonders mit dem dortigen Katholikos Karekin Sarkissian (1932–1999) verbunden, der 1995 zum Katholikos von Etschmiadsin (und damit ‚aller Armenier') gewählt wurde und sein altes Katholikat seinem Nachfolger Aram I. (geb. 1947) übergab (vgl. ebd.: 62). Sein seit 1999 regierender Nachfolger Karekin II. (geb. 1951) setzte das Reformprogramm fort, sodass die *Armenische Apostolische Kirche* heute wieder den Großteil der Bevölkerung Armeniens umfasst und auch ihre Verbindungen zur weltweiten Diaspora weiter ausbaut (vgl. Tamcke 2008: 70 f.).

Literatur zum Einstieg

- Christian Lange/Karl Pinggéra (Hrsg.): Die altorientalischen Kirchen. Glauben und Geschichte. 2. Aufl., Darmstadt: WBG 2011.
  → Das Lehrbuch zum Thema, mit vielen Abbildungen und Quellenbeispielen angereichert.
- Wolfgang Boochs (Hrsg.): Geschichte und Geist der koptischen Kirche. 3. Aufl., Aachen: Bernardus 2018.
  → Thematisch gegliederte Einführung in die koptische Orthodoxie mit Beiträgen verschiedener Expertinnen und Experten.
- Mesrob K. Krikorian: Die armenische Kirche. Materialien zur armenischen Geschichte, Theologie und Kultur. Frankfurt a. M.: Peter Lang 2002.
  → Allgemeinverständliches und detailreiches Einführungswerk des armenischen Erzbischofs Krikorian, reichhaltig mit Quellenmaterial ausgestattet.

5. Orthodoxe Welt(en)

> **Überblick**
>
> Das Kapitel präsentiert in knapper Form grundlegende Informationen zu den orthodoxen Kirchen der byzantinischen Tradition, die ihre Wurzeln im griechischsprachigen Teil des römischen Christentums haben. Ausgehend von einem Überblick zur heutigen Situation der weltweiten Orthodoxie wird zunächst die Ausbreitung des Christentums in Südosteuropa behandelt; anschließend illustriert der Abschnitt zur russisch-orthodoxen Kirche die Entstehung des slawischen Kirchentums, indem zentrale historische Prozesse, Ereignisse und Personen dargestellt werden.

5.1. Orthodoxie heute

Wie im Falle der altorientalischen (,orientalisch-orthodoxen') Kirchen, so verbirgt sich auch hinter den orthodoxen Kirchen des byzantinischen Ritus eine auf den ersten Blick nur schwer überschaubare Anzahl an Gruppen und Traditionen, die heute in der ganzen Welt anzutreffen sind. Doch trotz dieses Umstandes ist die Rede von der *einen* orthodoxen Kirche oder einer ,orthodoxen Welt' weit verbreitet, was vor allem daran liegt, dass sich die Angehörigen der verschiedenen Gruppen als eine kirchliche Einheit verstehen, welche die verschiedenen (Teil-)Kirchen zu einer globalen christlich-orthodoxen Gemeinschaft (griech. *koinonia*) unter dem Ehrenvorsitz des Patriarchen von Konstantinopel verbindet (vgl. Tamcke 2017: 11). Wörtlich übersetzt bedeutet das griechische Adjektiv *orthodox* denn auch schlichtweg „rechtgläubig". Traditionell werden damit jedoch all jene Kirchen bezeichnet, die historisch auf das griechischsprachige (ehemals oströmische) Christentum des byzantinischen Reichs zurückgehen (→ s. Kap. 3.4.3). Schwerpunktmäßig leben orthodoxe Christinnen und Christen daher nach wie vor in Griechenland sowie weiteren südosteuropäischen Staaten (Albanien, Bulgarien, Serbien, Zypern); die mit Abstand größte Anzahl lebt indes in Osteuropa (Russland, Ukraine, Belarus); auch in einigen Ländern Mitteleuropas gibt es eigenständige orthodoxe Kirchen, und zwar in Rumänien, Polen, Estland, Tschechien und der Slowakei. Darüber hinaus existieren Gemeinschaften u. a. in Finnland, Georgien, Japan und in den USA. Nicht alle der genannten Gruppen sind kirchenrechtlich *autokephal*, also vollständig unabhängig. Vor allem die kleineren Kirchen sind lediglich *autonom*, bekommen ihr Oberhaupt also durch den Vorsteher einer autokephalen Kirche eingesetzt. Dies betrifft etwa die Kirchen in Belarus, Japan und Amerika, die dem russischen Patriarchen unterstehen; in der Ukraine hat sich nach der russischen Annexion der Krim (2014), die 2022 in den russischen Angriffskrieg mündete, die orthodoxe Kirche von Russland losgesagt und bildet seit 2018 die *Orthodoxe Kirche der Ukraine* (seit 2019 autokephal). Darüber hinaus sind die finnische und estnische Kirche dem ökumenischen Patriarchen von Konstantinopel unterstellt, der ansonsten auch das Ehrenprimat über alle anderen orthodoxen Patriarchate und Kirchen innehat (vgl. Oeldemann 2016: 18). Weiterhin existieren nach wie vor die altkirchlichen ,griechischen' Patriarchate von Alexandria, Antiochia und Jerusalem, die neben dem Patriarchat von Konstantinopel (trotz ihrer zahlenmäßig vergleichsweise geringen Bedeutung) dennoch den höchsten Rang einnehmen.

Die autokephalen orthodoxen Kirchen des byzantinischen Ritus	Anzahl der Gläubigen
Ökumenisches Patriarchat von Konstantinopel (Ehrenprimat) ■ u. a. mit Finnland und Estland	4 Millionen
Griechisch-Orthodoxes Patriarchat von Alexandria	1 Millionen
Griechisch-Orthodoxes Patriarchat von Antiochia	3 Millionen
Griechisch-Orthodoxes Patriarchat von Jerusalem	120.000
Orthodoxes Patriarchat von Moskau und der ganzen Rus ■ u. a. mit Belarus, Japan, USA	120 Millionen
Orthodoxes Patriarchat von Serbien	9 Millionen
Orthodoxes Patriarchat von Rumänien	20 Millionen
Orthodoxes Patriarchat von Bulgarien	7 Millionen
Orthodoxes Patriarchat von Georgien	4 Millionen
Orthodoxe Kirche von Zypern	650.000
Orthodoxe Kirche von Griechenland	10 Millionen
Orthodoxe Kirche von Polen	500.000
Orthodoxe Kirche von Albanien	300.000
Orthodoxe Kirche von Tschechien und der Slowakei	75.000
Orthodoxe Kirche der Ukraine (seit 2018/19)	
Gesamt	ca. 200 Millionen

Tab. 5.1: Die orthodoxen Kirchen des byzantinischen Ritus (Quelle: nach Oeldemann 2016: 84–116)

Anders als ihre große Anzahl vermuten lässt, weisen die verschiedenen Kirchen dennoch eine insgesamt recht einheitliche Theologie und Organisationsstruktur sowie eine gemeinsame Liturgie auf. Die Ausdifferenzierung in viele Einzelkirchen erklärt sich vor allem dadurch, dass sich die verschiedenen „Einheiten auf der Basis kultureller, ethnischer, nationaler und sprachlicher Übereinstimmung" (Tamcke 2017: 11) herausgebildet haben, sich also gegenwärtig im Wesentlichen entlang nationalstaatlicher Grenzen orientieren. Dem Bewusstsein, eine gemeinsame ‚rechtgläubige' Kirche zu bilden, wird seit dem 20. Jahrhundert in Form ‚panorthodoxer' Synoden Ausdruck verliehen, auf denen die Oberhäupter (zumeist Patriarchen und Bischöfe) verschiedener Teilkirchen unter dem Ehrenvorsitz des Ökumenischen Patriarchen von Konstantinopel eine gewisse theologische und organisatorische Zusammenarbeit pflegen (vgl. Oeldemann 2016: 211–218). Am unteren Ende der Ämterhierarchie stehen in allen orthodoxen Kirchen die (einfachen) Priester, die durch das Weihesakrament eingesetzt werden. Die Priester verkörpern daher ein prinzipiell heiliges Amt, was sie (anders als die einfachen Gläubigen) zum Spenden der Sakramente befähigt. Die orthodoxe Ämterhierarchie versteht sich dabei als *apostolisch*, weil die fünf altkirchlichen Patriarchate (neben den vier oben genannten noch Rom) nach ihrem Verständnis jeweils von einem Apostel, also einem direkten Jünger Jesu, gegründet wurden (sog. *Apostolische Sukzession* [→ s. Kap. 3.2]) (vgl. Tamcke 2017: 11 f.).

Theologisch gelten die orthodoxen Kirchen des byzantinischen Ritus als ‚chalkedonensisch', weil sie – anders als die altorientalischen Kirchen – die Lehre von den zwei Naturen Christi in Gestalt des Konzils von Chalkedon (→ s. Kap. 3.3.1) rezipiert haben (man spricht daher zuweilen auch von der *chalkedonensischen Orthodoxie*). Traditionell zeichnet sich die orthodoxe Theologie indes durch ihren ausgeprägten Erfahrungsbezug aus, in dem der „Übergang von dogmatischer Lehre zu gelebter Frömmigkeit oder Religiosität stets fließend" (Tamcke 2017: 102) ist. Demgemäß sind nach orthodoxer Sichtweise theologische Dogmen nur durch die gelebte Glaubenspraxis verständlich, weshalb vor allem der Liturgie (vielleicht noch stärker als im römischen Katholizismus) eine zentrale Rolle zukommt, in der das unerkennbare Wesen Gottes sinnlich erfahrbar wird (vgl. Groen 2013: 136): Im Zentrum des stark formalisierten Gottesdienstes steht das Abendmahlssakrament, indem sich Brot und Wein unter dem Segen des Priesters zu Leib und Blut Christi wandeln (vgl. Tamcke 2017: 40–46). Daneben kennt die orthodoxe Kirche (wie auch die römisch-katholische [→ s. Kap. 6]) noch weitere sechs Sakramente (Taufe, Myronsalbung [entspricht der Firmung], Krankenölung, Beichte, Priesterweihe und Ehe), wodurch den Gläubigen das Heil Gottes bereits im Diesseits zuteilwird (vgl. ebd.: 54–56). Die Liturgiesprache ist traditionell Altgriechisch oder Kirchenslawisch, doch feiern viele Gemeinden zunehmend auch in der jeweiligen Landessprache (vgl. Groen 2013: 132 f.). Besonders augenfällig ist die Verehrung sogenannter Ikonen. Darunter versteht man „visuelle Darstellungen von Jesus Christus, der Gottesmutter Maria, von anderen Heiligen, Engeln, Festen und biblischen Ereignissen" (ebd.: 133). Diese finden sich zum einen in reichhaltiger Form in fast allen orthodoxen Gotteshäusern, wo neben den „Protagonisten [...] aus dem Alten und dem Neuen Testament" (ebd.: 133) auch wichtige Kirchenväter, Märtyrer und weitere Heilige zu sehen sind. Zum anderen sind die Ikonen auch abseits des Gottesdienstes im Leben vieler Gläubiger gegenwärtig, sei es in Form einer Ikonen-Ecke in der eigenen Wohnung oder als tragbare Reise-Ikonen. Nach Überzeugung ihrer Träger kommt den Bildern dabei eine „quasi-sakramentale Bedeutung" (ebd.: 134) zu: Weil nach diesem Verständnis „die Kraft und die Gnade der dargestellten Personen im Bild gegenwärtig" (ebd.: 134) sind, ist die Ikone selbst „Träger einer göttlichen Wirklichkeit" (ebd.: 134) und wird daher als ein „Fenster zur Ewigkeit" (ebd.: 134) verehrt. Eine herausgehobene Form des frommen Lebens stellt schließlich die klösterliche Gemeinschaft (→ s. Kap. 3.5) dar, die „in den orthodoxen Kirchen keine Zutat zum kirchlichen Leben, sondern seine Konzentration" (Tamcke 2017: 59) verkörpert. Zwar existieren (anders als im römisch-katholischen Christentum) keine Orden, doch zeichnen sich die orthodoxen Mönchs- und Nonnenklöster durch eine große Vielfalt an

5. Orthodoxe Welt(en)

Spiritualitäts- und Lebensformen aus, die indes allesamt durch „das Leben in Askese, Besinnung und Teilnahme an der gemeinschaftlichen Liturgie" (Groen 2013: 13) zusammengehalten werden.

Für westeuropäische Augen auffällig ist ebenfalls, dass die meisten orthodoxen Christinnen und Christen ihre kirchlichen Feste ‚später' feiern, als dies beispielsweise für die römisch-katholische Kirche gilt. Am bekanntesten ist der Termin für das orthodoxe Weihnachtsfest, das aus hiesiger Perspektive erst am 6. und 7. Januar gefeiert wird; tatsächlich feiern aber auch Orthodoxe Heilig Abend und Weihnachten am 24. und 25. Dezember, allerdings orientieren sie sich dabei an einem (im Vergleich zu dem in Westeuropa gebräuchlichen) älteren Kalender: Während die auf das lateinische Christentum zurückgehenden Kirchen seit dem 16. Jahrhundert den von Papst Gregor XIII. (reg. 1572–1585) eingeführten *gregorianischen* Kalender verwenden, der heute auch weltweit verbreitet ist, orientieren sich viele orthodoxe Kirchen bei der Berechnung des Kirchenkalenders am älteren *julianischen* Kalender, der auf den römischen Diktator Julius Caesar (100–44 v. Chr.) zurückgeht (vgl. Oeldemann 2016: 161 f.) und eine Differenz von 13 Tagen zum gregorianischen Kalender aufweist.

In Bezug auf das historisch schwierige Verhältnis zwischen byzantinischem und lateinischem Christentum sind seit dem 20. Jahrhundert wichtige Schritte der Annäherung zwischen orthodoxer und römisch-katholischer Kirche zu verzeichnen. So konnte Mitte der 1960er-Jahre zeitgleich von beiden Traditionen „die Tilgung der Bannsprüche von 1054 [→ s. Kap. 3.4.3] aus dem Gedächtnis der Kirche verkündet werden" (Oeldemann 2013: 171). 2006 erkannten die Orthodoxen „erstmals die Notwendigkeit eines Primats auf der Ebene der Universalkirche an, während die Katholiken vor die Herausforderung gestellt werden, die synodalen Elemente im Leben der Kirche zu stärken" (ebd.: 171), die in den orthodoxen Kirchen seit jeher (etwa in Form der oben genannten panorthodoxen Konferenzen) eine tragende Rolle spielen. Eine Annäherung gelang auch im Falle der altorientalischen Kirchen: Hier konnte im Jahre 1989 eine *Gemeinsame Erklärung zur Christologie* verabschiedet werden, in der orthodoxe und miaphysitische Kirchen (→ s. Kap. 4.3) unter Berufung auf den in beiden Traditionen verehrten Kyrill von Alexandria (→ s. Kap. 3.3.1) einem gemeinsamen Glauben Ausdruck geben (vgl. ebd.: 169) – trotz ihrer im Detail unterschiedlichen Lehren. Ausdrücklich ausgenommen davon sind die Kirchen ostsyrischer Prägung mit ihrer persischen, streng dyophysitischen Christologie (→ s. Kap. 4.2); aus diesem Grund fallen diese auch als einzige altorientalische Tradition nicht unter den Terminus der ‚orientalisch-orthodoxen' Kirchen.

5.2. Historischer Überblick

5.2.1. Das Byzantinische Christentum und die Entstehung der orthodoxen Kirchen in Südosteuropa

Anders als das Christentum in der lateinischen Welt, das ab dem fünften Jahrhundert sukzessive von den entstehenden Germanenreichen adaptiert worden war (→ s. Kap. 3.4.1), blieb das griechischsprachige Christentum bis zum Untergang des byzantinischen Reichs im Jahre 1453 von seinem Selbstverständnis her ‚reichskirchlich': Der Grund dafür ist darin zu sehen, dass der Sitz des später wichtigsten griechischen Patriarchen, Konstantinopel (vormals Byzanz), die Stadt Rom im Jahr 330 als Hauptstadt des Kaiserreichs abgelöst hatte (→ s. Kap. 3.3.1). Diesen Status behielt sie auch, nachdem zunächst Rom selbst und später auch die übrigen altkirchlichen Patriarchate der sog. Pentarchie (Alexandria, Antiochia, Jerusalem) dem Reich verloren gegangen waren (→ s. Kap. 3.4.1). In diesem Sinne fungierte der oströmisch-byzantinische Kaiser als der Bewahrer und oberste Herr der Kirche – ein Bewusstsein, das Kaiser Justinian (482–565) durch den Bau der berühmten Hagia Sophia zum Ausdruck brachte, die Konstantinopel zum Zentrum der christlichen Welt machen sollte (vgl. Oeldemann 2016: 39). Demgegenüber entwickelte sich im Westen, unter dem Einfluss des nach politischer Unabhängigkeit strebenden römischen Bischofs, das Konzept einer „das Reich übersteigende[n] Universalität der Kirche" (Schatz 2008: 90) mit dem Papst an der Spitze (→ s. Kap. 3.4.2) – eine Idee, die für Zeitgenossen umso mehr an Plausibilität gewinnen musste, je weiter das byzantinische Reich von einer einstigen Großmacht (vor allem durch die Feldzüge der Perser, Araber und Osmanen ab dem 7. Jahrhundert) zur Regionalmacht zusammenschrumpfte (vgl. Lilie 2014: 47–61). Darüber hinaus tat das oben thematisierte ‚Auseinanderleben' von lateinischer und griechischsprachiger Welt ein Übriges dazu, dass sich die beiden Hemisphären mit ihren unterschiedlichen Kirchenverständnissen zusehends feindselig gegenüberstanden, was seit 1054 auch formell zur Aufspaltung des ehemals gesamtrömischen Christentums führte (→ s. Kap. 3.4.3): Im Westen der sich (gegenüber den politischen Mächten) als eigenständige Gewalt verstehende Papst als Oberhaupt der universalen (griech. *katholikos*) Kirche, im Osten der eng mit dem Kaisertum verbundene ökumenische Patriarch von Konstantinopel als Vertreter einer christlichen Theokratie – in Gestalt der „fruchtbare[n] Symbiose von römischem Staatswesen, griechischer Kultur und christlichem Glauben" (Oeldemann 2016: 39).

Wie direkt die byzantinischen Kaiser in die Kirche eingriffen, lässt sich exemplarisch am sogenannten Bilderstreit illustrieren (vgl. Grünbart 2014: 52–59). Dieser bezog sich auf die seit dem 6. Jahrhundert vor allem in der griechischsprachigen Welt verbreitete, bereits weiter oben thematisierte kultische Verehrung von Ikonen (→ s. Kap. 5.1). Parallel dazu hatte sich innerhalb des oströmischen Reiches eine stark bilderkritische Sichtweise entwickelt, die sich auf das Bilderverbot im Alten Testament bezog und zu Beginn des 8. Jahrhunderts „schließlich zum ‚Ikonoklasmus', zur gewaltsamen Zerstörung der Bilder" (Schatz 2008: 88) überging. Diese Bewegung nahm zunächst Kaiser Leon III. (reg. 717–741) im Jahre 730 durch ein Bilderverbot und die Zerstörung von Ikonen auf. Sein Sohn und Nachfolger Konstantin V. (reg. 741–775) setzte diese Politik fort und verurteilte die Ikonenverehrung mithilfe eines Konzils „mit der beachtlichen Zahl von 338 Bischöfen [...], freilich nur aus dem Byzantinischen Reich und damit dem Patriarchat Konstantinopel" (ebd.: 89). Widerstände gegen den ikonoklastischen Kurs, der in Byzanz vor allem vom Mönchtum ausging, wurden blutig niedergeschlagen. Erst mit der Regentschaft Kaiserin Irenes (reg. 780–802) wendete sich das Blatt: Als Vertreterin der bilderverehrenden ‚Ikonodulen' ließ sie auf einem allgemeinen Konzil in Nizäa (787) die Bilderverehrung in ihrer noch heute gültigen Form rehabilitieren, in der zwischen Anbetung (griech. *latreia*) und Verehrung (griech. *proskynesis*) unterschieden wird: Erstere komme nur dem Urbild, also Gott und Christus zu, während die Ikonen in ihrem quasi-sakramentalen Charakter Gegenstand der Verehrung sind (vgl. ebd.: 92).

Zu Beginn des 15. Jahrhunderts war von dem einstmals so gewaltigen byzantinischen Reich lediglich ein Rumpfstaat um die Kaiserstadt Konstantinopel verblieben (vgl. Grünbart 2014: 135). Nachdem die Stadt 1453 schließlich von den Osmanen erobert und damit das oströmische Reich endgültig zerstört worden war, konnte sich die Kirche zunächst reorganisieren und konsolidieren, weil mit der Eingliederung Konstantinopels in das ausgedehnte osmanische Territorium „nun alle orthodoxen Gläubigen des Patriarchats wieder in einem Herrschaftsgebiet vereint" (Oeldemann 2016: 42) waren. Im 16. Jahrhundert gerieten dann auch die übrigen altkirchlich-byzantinischen Patriarchate (Alexandria, Antiochia und Jerusalem) unter osmanische Herrschaft, und ihre Führer wurden als Titularwürdenträger dem Ökumenischen Patriarchen in Konstantinopel unterstellt (vgl. Winkler 2013: 30). Auch die übrigen Regionen Südosteuropas, die seit dem 9. Jahrhundert vor allem durch byzantinische Missionare sukzessive christianisiert worden waren (vgl. Oeldemann 2016: 43–47), wurden nach und nach dem osmanischen Reich (und damit dem ökumenischen Patriarchat) einverleibt. Die Folgen dieser institutionellen Konsolidierung waren für die Kirche indes zwiespältig: Zwar gewährte das bereits erwähnte osmanische Millet-System, das auch verschiedenen altorientalischen Traditionen ihre Selbstständigkeit bewahrte (→ s. Kap. 4), dem byzantinischen Christentum eine gewisse „Kultusfreiheit sowie das Recht auf Eigenverwaltung und Rechtsprechung in kirchlichen Angelegenheiten" (Oeldemann 2016: 42). Auf der anderen Seite war die christliche Bevölkerung der muslimischen nicht gleichgestellt, sondern verschiedenen Auflagen sowie einer zusätzlichen Steuerpflicht gegenüber dem Staat unterworfen (vgl. Gazer 2013: 16). Diese Schutzsteuer einzutreiben und an den Sultan weiterzuleiten war eine der Hauptaufgaben des Ökumenischen Patriarchen und seiner Metropoliten, sodass „die Kirche den Gläubigen immer mehr als eine Art von Finanzbehörde" (ebd.: 16) erschien – und der Patriarch als ein „Vertreter der osmanischen Herrscher" (Oeldemann 2016: 42).

Neben der großen Steuerlast führte auch die zunehmende Käuflichkeit der kirchlichen Führungsämter sowie die Abwanderung der theologischen Bildungsschicht bis ins 18. Jahrhundert zu starken Verfallserscheinungen der ehemals byzantinischen Kirche (vgl. Gazer 2013: 16 f.). Diese Situation begünstige im 19. Jahrhundert den institutionellen Diversifikationsprozess des orthodoxen Christentums in Südosteuropa, der im Wesentlichen die in Kap. 5.1 skizzierte heutige Untergliederung der ‚orthodoxen Welt' mitbegründete. Denn mit dem sich beschleunigenden Zerfall des osmanischen Reiches (und der damit verbundenen Ausrufung unabhängiger Nationalstaaten auf ehemals osmanischem Territorium) strebten die neu entstehenden orthodoxen Staatskirchen eine institutionelle Unabhängigkeit vom Patriarchat von Konstantinopel an. So erklärte sich die Kirche des neuen Königreichs Hellas im Jahre 1833 für unabhängig und wurde 1850 vom Ökumenischen Patriarchen als die orthodoxe Kirche Griechenlands in die Autokephalie entlassen (vgl.: Moschos 2013: 77 f.). Diesem Beispiel folgte die rumänische Kirche, die nach der politischen Unabhängigkeit Rumäniens (1859) im Jahre 1885 ihre Autokephalie erhielt (vgl. Munteanu/Röhrer-Ertl 2013: 57). Einen ähnlichen Prozess hatte ab 1872 auch die bulgarische Kirche eingeleitet, wurde jedoch erst 1945 vom Ökumenischen Patriarchen als unabhängig anerkannt (vgl. Lis 2013: 63). In Serbien gelang schließlich 1920 die Wiederherstellung eines von Konstantinopel unabhängigen Patriarchats, das bereits 1375 vom Ökumenischen Patriarchen anerkannt, 1766 aber von den Osmanen aufgelöst worden war (vgl. Kisić 2013: 48–50).

5.2.2. Die russisch-orthodoxe Kirche

In der zaristischen Überlieferung gilt die Taufe des Kiewer Großfürsten Wladimir I. (reg. 980–1015) im Jahre 988 als der Beginn der russischen Kirche. Wohl um die byzantinische Prinzessin Anna Porphyrogenneta (963–1011) heiraten zu können (vgl. Oeldemann 2016: 48), forderte er in diesem Zusammenhang auch seine Untertanen zur Massentaufe auf und leitete damit die Christianisierung Altrusslands, der sogenannten Kiewer Rus, ein (vgl. Prokschi 2013: 33). Bereits wenige Jahrzehnte später konnte sich das Christentum unter seinem Sohn, Großfürst Jaroslaw dem Weisen (reg. 1019–1054), als Volksreligion etablieren. Der Grund für diese rasante Verbreitung ist darin zu sehen, dass die Bibel und wichtige liturgische Texte bereits in slawischer Sprache vorlagen und daher recht schnell im Reich verbreitet werden konnten. Verantwortlich für die Übersetzungen zeichneten jene byzantinischen Missionare, die bereits im 9. Jahrhundert die (west-)slawischen Völker Südosteuropas christianisiert (→ s. Kap. 5.2.1) und mit ihrer Arbeit eine Art *lingua franca* des slawischen Christentums, das sogenannte Kirchenslawisch, geschaffen hatten (vgl. Lange 2013: 10). Darunter versteht man die im Wesentlichen auf die beiden ‚Slawenapostel' Kyrill (826–869) und Methodios (815–885) zurückgehende altslawische Liturgiesprache, zu deren Zweck die beiden Brüder eigens ein aus dem Griechischen abgeleitetes Alphabet (sog. glagolitisches Alphabet) esntwickelt hatten (eine spätere Version, das kyrillische Alphabet, ist nach einem der beiden Griechen benannt). Um die Ausbreitung des Christentums zu befördern und zu festigen, gründete Jaroslaw – neben zahlreichen Bistümern in allen größeren Städten seines Reiches – auch das berühmte Kiewer Höhlenkloster, das in der Tradition des Athos und des Studitenklosters (→ s. Kap. 3.5) in Konstantinopel stand und sich in der Folgezeit zur Keimzelle zahlreicher weiterer Klöster entwickeln sollte (vgl. Oeldemann 2016: 48; Bremer 2016: 27 f.).

Nachdem die Kiewer Rus im Jahre 1240 von den Mongolen (‚Tartaren') erobert worden war, verschob sich im 13. Jahrhundert der Schwerpunkt des russischen Reichs allmählich nach Nordosten, sodass 1325 auch der orthodoxe Metropolit von Kiew seine Residenz in den neuen Mittelpunkt des Reichs verlegte – nach Moskau (vgl. Prokschi 2013: 34). Im Jahre 1380 gelang schließlich Dimitrij Donskoj, dem Großfürsten von Moskau (reg. 1359–1389), der entscheidende Sieg über die Mongolen in der Schlacht auf dem Schnepfenfeld, was bis 1476 zur endgültigen Befreiung vom ‚Tartarenjoch' und zum Anwachsen des Selbst- und Machtbewusstseins der Moskauer Herrscher führte (vgl. Bremer 2016: 34). Dieses

Selbstbewusstsein zeigte sich auch und gerade im Verhältnis zum byzantinischen Kaiser, der zu dieser Zeit freilich nur mehr einen größeren Stadtstaat regierte (→ s. Kap. 5.2.1), und schlug sich in diesem Zusammenhang auch in kirchlichen Belangen nieder: Denn trotz des Aufstiegs des Moskauer Reichs war die russische Kirche kirchenrechtlich nach wie vor Teil des Patriarchats Konstantinopel, weshalb auch der in Moskau residierende Metropolit (der darüber hinaus noch immer den alten Titel „von Kiew und der ganzen Rus" trug [vgl. ebd.: 34]) vom byzantinischen Patriarchen eingesetzt werden musste. Nachdem es über die Frage einer Kirchenunion zwischen Byzanz und Rom im Angesicht der osmanischen Übermacht zum Streit gekommen war (vgl. ebd.: 34–36), ernannte der russische Großfürst 1448 kurzerhand selbst einen Metropoliten in Moskau (seit 1461 mit dem Titel „von Moskau und der ganzen Rus") und führte damit seine Kirche in die faktische Autokephalie. Die Sanktionierung aus Konstantinopel erübrigte sich mit dem Fall der Stadt fünf Jahre später, der dem römischen Kaisertum nach mehr als einem Jahrtausend ein Ende setzte. Vor diesem Hintergrund bemühten sich die russischen Herrscher ab dem späten 15. Jahrhundert, ihr Reich zum Erben des untergegangenen Kaiserreichs zu erklären: Zum einen durch den Anspruch, die Tradition des byzantinischen Kaisertums fortzusetzen, weshalb sich Iwan IV., genannt ‚der Schreckliche' (reg. 1547–1584), im Jahre 1547 vom russischen Metropoliten Makarij (reg. 1543–1564) zum Zaren (von lat. *Caesar*, also „Kaiser") krönen ließ (vgl. Prokschi 2013: 36). Zum anderen, indem sie Moskau als das ‚dritte Rom' zur Bewahrerin der Orthodoxie stilisierten, die durch die Eroberung des ‚zweiten Roms' (Konstantinopel) in Bedrängnis geraten sei (das erste [papstkirchliche] Rom wurde als ungläubig angesehen). Oder in den Worten eines Zeitgenossen: „[Z]wei Rome sind gefallen, und das dritte steht, ein viertes aber wird es nicht geben" (zit. n. Prokschi 2013: 35). „Konsequenterweise folgte 1589 die Erhebung der Moskauer Metropolie zum Patriarchat, das in der Rangfolge der Patriarchate [→ s. Kap. 5.1] den fünften Platz nach den altkirchlichen Patriarchaten von Konstantinopel, Alexandrien, Antiochien und Jerusalem erhielt" (Oeldemann 2016: 51). Dass der Ökumenische Patriarch von Konstantinopel die Erhebung schließlich vornahm, lag nicht zuletzt daran, dass die sich inzwischen sämtlich im osmanischen Reich befindenden altkirchlichen Patriarchate finanziell von Moskau abhängig waren. Der Zar erhielt damit nun auch offiziell seine eigene, autokephale Kirche – wie einstmals der byzantinische Kaiser, den er zu beerben suchte (vgl. Bremer 2016: 40).

Die traditionell ohnehin große Nähe der russisch-orthodoxen Kirche zu den Moskauer Herrschern wurde durch die Reformen Zar Peters I., genannt ‚der Große' (reg. 1682–1725), noch weiter verstärkt, was die Situation der Kirche in Russland bis ins 20. Jahrhundert hinein prägt. In dem Bestreben, sein Reich „nach Westen hin zu orientieren [und] Staat und Gesellschaft nach westeuropäischen Vorbildern neu zu organisieren" (ebd.: 42), schaffte Peter das Amt des Patriarchen im Jahre 1721 vollständig ab. An dessen Stelle trat jetzt – nach dem Vorbild protestantischer Kirchenverwaltung – eine Bischofssynode, die jedoch einem staatlichen Beamten, dem sogenannten ‚Oberprokuror', unterstellt und damit vollständig ins Staatswesen integriert war (vgl. Prokschi 2013: 40 f.). Diese Politik, die auch durch den aufgeklärten Absolutismus Katharinas II., genannt ‚die Große' (reg.

1762–1796), fortgesetzt wurde, führte zur weitgehenden Marginalisierung der Kirche in der Gesellschaft:

> „Gegen die Säkularisierungsmaßnahmen war sie machtlos, die Zuwanderung von nichtorthodoxer Bevölkerung musste sie hinnehmen, gegen die aufklärerischen Gedanken, die bei Hof modern waren, kam sie nicht an, und in allen ihren Aktivitäten war sie gänzlich vom Oberprokuror und damit letztlich vom Zaren abhängig" (Bremer 2016: 47).

Die prekäre Situation verschlechterte sich im 20. Jahrhundert noch weiter. Zwar gelang es der Kirche in den Wirren der russischen Revolution, das Amt des Patriarchen Ende 1917 wieder einzuführen (vgl. Prokschi 2013: 41 f.); doch schon Anfang 1918 setzten die Repressionsmaßnahmen der neuen religionskritischen ‚bolschewistischen' Machthaber ein (vgl. Bremer 2016: 52), deren erklärtes Ziel darin bestand, „die Kirche vollständig zu vernichten" (Prokschi 2013: 42). Bis 1940 wurden die orthodoxen Gemeinden, deren Anzahl am Ende des Zarenreichs rund 40000 betragen hatte, durch die Verfolgung von Priestern, Ordensleuten und Gläubigen sowie die Zerstörung von Gotteshäusern auf etwa 500 dezimiert (vgl. ebd.: 43). Die Lage besserte sich erst nach dem Zweiten Weltkrieg: 1945 genehmigte Stalin (reg. 1927–1953) die Wahl eines neuen Patriarchen und beschränkte in der Folgezeit die anti-kirchlichen Maßnahmen des Staates im Wesentlichen auf administrative Vorgänge, wodurch sich die Kirche in engen Grenzen konsolidieren und „etwas größere Handlungsmöglichkeiten nach innen" (Bremer 2016: 57) gewinnen konnte.

Die große Wende brachte auch in kirchlichen Belangen der Fall des Eisernen Vorhangs: Nachdem Patriarch Alexius II. (reg. 1990–2008) bereits im Rahmen des sog. August-Putsches eine vermittelnde Rolle eingenommen hatte, ließ sich der erste demokratisch gewählte Präsident Russlands, Boris Jelzin (reg. 1991–1999), nach seiner Vereidigung im Kreml von ihm segnen (vgl. Prokschi 2013: 43). Auch der heutige Präsident Vladimir Putin „erhielt nach seiner erfolgreichen Wahl den patriarchalen Segen in der ehemaligen Krönungskirche im Kreml" (ebd.: 43). Seither hat sich die orthodoxe Kirche (im Gegensatz zu den Jahrzehnten davor) immer mehr zu einer staatstragenden, identitätsstiftenden Glaubensgemeinschaft entwickelt, die „aus dem offiziellen gesellschaftlichen Leben in Russland nicht mehr wegzudenken [ist]" (ebd.: 43). Wie weit diese Funktion – zumindest an der Oberfläche – inzwischen gediehen ist, zeigt sich am derzeitigen Patriarchen Kyrill I. (reg. seit 2009), dessen Person auch in Russland umstritten ist: Dieser gilt nicht nur als enger Verbündeter des inzwischen weitgehend autoritär regierenden Putin, sondern unterstützt seit 2022 auch offen den Angriffskrieg Russlands gegen die Ukraine (vgl. Hartwich 2022).

5. Orthodoxe Welt(en)

> **Literatur zum Einstieg**
>
> ■ Thomas Bremer/Hacik Rafi Gazer/Christian Lange (Hrsg.): Die orthodoxen Kirchen der byzantinischen Tradition. Darmstadt: WBG 2013.
> → Kompaktes und übersichtliches Lehrbuch zum Thema mit Einzeldarstellungen zu allen wichtigen Kirchen der byzantinisch-orthodoxen Tradition.
> ■ Michael Grünbart: Das Byzantinische Reich. Darmstadt: WBG 2014.
> → Einführende Darstellung, die die Geschichte der byzantinischen Kirche in enger Verflechtung mit dem oströmischen Kaisertum behandelt.
> ■ Thomas Bremer: Kreuz und Kreml. Geschichte der orthodoxen Kirche in Russland. 2. Aufl., Freiburg: Herder.
> → Allgemeinverständliche Darstellung zentraler historischer und theologischer Aspekte der russischen Kirche.

6. Die römisch-katholische Kirche

Überblick

Das Kapitel stellt die römisch-katholische Konfessionskirche in Geschichte und Gegenwart dar. Zunächst wird die heutige globale Ausprägung dieser sich selbst als ‚Weltkirche' verstehenden größten christlichen Gruppierung skizziert, indem wichtige theologische und institutionelle Aspekte des gegenwärtigen Katholizismus' skizziert werden. Anschließend werden zentrale Eckpunkte der historischen Entwicklung der katholischen Konfessionskirche seit der Reformation beleuchtet: Ihre konfessionelle Grundsteinlegung im Zuge der Gegenreformation, ihre Globalisierung u. a. im Rahmen der gewaltsamen Expansion katholischer Mächte nach Lateinamerika sowie ihre Neuaufstellung im Anschluss an die französische Revolution im 19. Jahrhundert.

6.1. Katholizismus als Weltkirche

Die katholische Kirche ist heute – mit ihren etwa 1,2 Milliarden Gliedern – eine vor allem im globalen Süden verbreitete Spielart des Weltchristentums. Ihr zahlenmäßiger Schwerpunkt liegt, neben den ‚klassischen' katholischen Ländern in Europa (u. a. Frankreich, Italien, Polen, Portugal und Spanien) vor allem in Mittel- und Südamerika: Weltweit gesehen leben die mit Abstand meisten Katholikinnen und Katholiken heute in Brasilien (ca. 150 Millionen) und Mexiko (ca. 116 Millionen) (vgl. Johnson/Zurlo 2020: 21). Doch auch in Afrika wächst die Anzahl katholischer Gläubiger in den letzten Jahrzehnten stetig, vor allem in der Demokratischen Republik Kongo, in Nigeria, in Uganda und Angola (vgl. ebd.: 21). In Asien stechen besonders die Philippinen (als ehemals spanische Kolonie) mit einem großen katholischen Bevölkerungsanteil hervor. Damit widerspricht die zahlenmäßig größte christliche Konfession einer hierzulande häufig stark auf Europa bezogenen Wahrnehmung, auch wenn das ideelle und strukturelle Zentrum des weltweiten Katholizismus – Rom – nach wie vor großen Einfluss auch auf die außereuropäischen Kontexte ausübt.

Region	Anhängerzahl
Europa	248 Millionen
Nordamerika	88 Millionen
Afrika	236 Millionen
Asien	150 Millionen
Lateinamerika	508 Millionen
Ozeanien	10 Millionen
Gesamt:	ca. 1,2 Milliarden

Tab. 6.1: Weltweiter Katholizismus in Zahlen (Quelle: nach Johnson/Zurlo 2020: 21)

6. Die römisch-katholische Kirche

Die Kirche hat auf diese Verschiebung nach Süden im Wesentlichen erst Mitte des zwanzigsten Jahrhunderts im Rahmen eines großen ökumenischen Konzils, des sogenannten *Zweiten Vaticanums*, reagiert. Zwischen 1962 und 1965 versammelten sich mehr als zweitausend katholische Bischöfe aus aller Welt in der Stadt Rom, um das von Papst Johannes XXIII. (reg. 1958–1963) ausgegebene Motto der „Verheutigung" (ital. *aggiornamento*), also die Öffnung der Kirche für die eigene Globalität sowie die ‚moderne' Welt, in konkrete Beschlüsse zur zukünftigen Gestaltung der katholischen ‚Weltkirche' zu gießen (vgl. Lange 2012: 124). Das Konzil, das vor allem durch reformorientierte Kräfte dominiert wurde, gilt vielen Beobachtern als eine „Zäsur in der [katholischen] Kirchen- und Konziliengeschichte" (Bischof et al. 2014: 567), und zwar im Sinne eines „große[n] Aufbruch[s] zu einem zeit- und weltoffenen Christentum – das Forum, auf dem sich die katholische Kirche der Moderne stellte" (ebd.: 567). Obgleich die kirchenpolitische Richtung, die der Reformpapst Johannes XXIII. und sein Nachfolger Paul VI. (reg. 1963–1978) mit dem Konzil eingeschlagen hatten, damals wie heute auch auf breiten (und zuweilen erbitterten) innerkirchlichen Widerstand traf, so hat sich die Kirche in nachkonziliarer Zeit seither deutlich pluralisiert: Zum einen legte die auf dem Konzil beschlossene Reform und ‚Liberalisierung' der katholischen Liturgie, die nun nicht mehr nur in ihrer lateinischsprachigen ‚tridentinischen' Form (→ s. Kap. 6.2.1), sondern in den verschiedenen Landessprachen abgehalten werden konnte, die Grundlage dafür, dass allmählich zahlreiche kulturelle Elemente der verschiedenen lokalen Kontexte (z. B. in Form von Musik oder Kleidung) in die katholische Glaubenspraxis einflossen – ein Prozess, der in der katholischen Theologie als *Inkulturation* bezeichnet wird (vgl. ebd.: 569 f.). Auch führte das mit dem Konzil „erwachte Selbstbewusstsein der verschiedenen Ortskirchen" (ebd.: 569) dazu, dass sich in der Folgezeit eine Vielzahl sogenannter kontextueller Theologien in den verschiedenen Teilen der Welt entwickelt hat, sodass die Kirche heute auch theologisch deutlich diverser ist als es eine allzu sehr auf Europa beschränkte Perspektive zuweilen vermuten lässt. Als bekannte Beispiele seien hier genannt:

(1) Die lateinamerikanische Befreiungstheologie, die ihre Wurzeln in dortigen katholischen Jugendverbänden hat und der Einsicht folgt, „dass der Armut in Lateinamerika nur durch politische Veränderungen beizukommen ist" (ebd.: 577). Demgemäß nahm man die Ergebnisse des Zweiten Vatikanischen Konzils zum Ausgangspunkt, um einen „gesellschaftliche[n] Standortwechsel" (ebd.: 578) zu fordern, der auch als Kritik an der Verflechtung kirchlicher Machtstrukturen mit Akteuren gesellschaftlicher Unterdrückung und wirtschaftlicher Ausbeutung zu verstehen war: In Anknüpfung an das Diktum Johannes' XXIII., dass Kirche „[h]eute [...] in besonderer Weise eine Kirche der Armen" (zit. n. Kern 2013: 10) sei, gründeten sich zahlreiche Initiativen von Priestern, Ordensangehörigen und Laien, die – im Rahmen einer dezidierten Kritik an der kapitalistischen Wirtschaftsordnung – ein „sozialistisches Wirtschaftsmodell [...] als die unabdingbare Voraussetzung für die Entwicklung solidarischer und geschwisterlicher Beziehungen unter den Menschen" (ebd.: 19) propagierten. Parallel dazu erfolgte die Förderung kirchlicher Basisgemeinden vor allem auf dem Land und in den städtischen Elendsvierteln,

die „vielfach zu Keimzellen von Formen der Selbstorganisation des Volkes [wurden]. Sie standen oft am Anfang von Stadtteilinitiativen, sie wurden wichtige Träger der Landlosenbewegung und etlicher anderer Volksbewegungen" (ebd.: 21). Es ist gewiss kein Zufall, dass der derzeit amtierende, aus Argentinien stammende Papst Franziskus (reg. seit 2013) ebenfalls durch zahlreiche recht eindeutige Positionierungen zum Thema Armut und soziale Gerechtigkeit aufgefallen ist, auch wenn er sicherlich nicht im engeren Sinne als Vertreter der lateinamerikanischen Befreiungstheologie gelten kann.

(2) Die sich als *Black Catholicism* oder *Black Catholic Movement* bezeichnende Bewegung afroamerikanischer Katholikinnen und Katholiken in den USA. Diese integrierten – im Anschluss an das Zweite Vatikanische Konzil sowie an Ideen der US-amerikanischen *Black Power*-Bewegung (vgl. Cressler 2017: 5) – ab den 1960er-Jahren kontextuelle Elemente in ihre Frömmigkeit, indem sie etwa die Liturgie mit Gospel-Musik kombinierten oder an einer katholisch geprägten Form der *Black Theology* arbeiteten – eine zunächst in den USA und später auch in afrikanischen Ländern (vor allem in Südafrika) verbreitete Variante der Befreiungstheologie, die sich aus der Erfahrung von Rassendiskriminierung, Segregation und Apartheid herausgebildet hatte. Hintergrund der *Black Catholics* war dabei die Forderung, „dass Schwarze Katholikinnen und Katholiken ihre eigenen Institutionen kontrollierten sollten; sie sollten die Freiheit haben, ihre Gottesdienste so zu feiern, wie es ihrem Verständnis von Schwarzsein entspräche" (ebd.: 155). Ihre Repräsentanten „kämpften leidenschaftlich für ihre katholische Identität und propagierten gleichzeitig *Black Power* als den Schlüssel, die Kirche aus der Sünde der weißen Vorherrschaft zu erretten" (ebd.: 155).

(3) Die indische Religionstheologie, die sich intensiv mit dem Verhältnis des in Indien als Minderheitsreligion existierenden Christentums zum Hinduismus beschäftigt und in diesem Zusammenhang wichtige Impulse für den interreligiösen Dialog gegeben hat. Im katholischen Bereich war hier besonders der Religionsphilosoph Raimundo Panikkar (1918–2010) einflussreich, der den Dialog der Religionen als gegenseitige Bereicherung verstand – mit dem Ziel, die Einheit aller Religionen zu erreichen:

> „Dem Anspruch des Christentums auf allgemeine Gültigkeit steht als logischer Gegenpart die Tatsache gegenüber, daß das Christentum noch nicht vollständig [...] ist, solange diese Einheit nicht verwirklicht ist. Wir sind nicht Monaden, die sich selbst genügen, sondern Bruchstücke derselben einen Religion, obwohl der Wasserstand verschieden sein mag" (Panikkar 1965: 41).

Doch trotz (oder vielleicht gerade wegen) ihrer Größe und globalen Vitalität ist die römisch-katholische Kirche der Gegenwart auch von großen Herausforderungen und inneren Missständen geprägt, die sich in einigen Kontexten gar zu existenziellen Krisen ausgewachsen haben – nicht zuletzt deshalb, weil diese Missstände auch von vielen katholischen Gläubigen angeprangert werden und dadurch maßgeblich zu den beispiellosen Austrittswellen beitragen, die sich aktuell etwa in

Deutschland beobachten lassen (vgl. Ahrens 2022: 30). Im medialen Fokus stehen dabei vor allem die Fälle sexuellen Missbrauchs, die zum Teil bereits Jahrzehnte zurückliegen, aber erst in jüngerer Zeit allmählich aufgearbeitet werden (vgl. Großbölting 2022: 209–237). Doch auch das vor allem in Europa anzutreffende Problem des Mangels an Nachwuchs für das Priesteramt stellt die Kirche vor große Herausforderungen, kann teilweise aber immerhin durch die Bildung von Pfarrverbänden oder den Einsatz von Priestern aus anderen Teilen der Weltkirche kompensiert werden. Die in diesem Zusammenhang geführten Debatten um das Zölibat, das vor allem in jenen Teilkirchen unter Beschuss zu stehen scheint, die vom Priestermangel in besonderer Weise betroffen sind, zeigen einmal mehr, wie kulturell und gesellschaftlich divers die verschiedenen Kontexte sind, die unter dem Dach der katholischen Kirche versammelt sind.

6.1.1. Ämterhierarchie und Apostolizität

Trotz der geschilderten Diversität lassen sich einige grundlegende Eckpunkte bestimmen, über die die römisch-katholische Kirche mal mehr und mal weniger deutlich von anderen christlichen Konfessionen unterschieden werden kann. Diese Eckpunkte verdanken sich im Wesentlichen dem chalkedonensischen Erbe (→ s. Kap. 3.3.2) der Kirche sowie dem lateinischsprachigen Christentum (→ s. Kap. 3.4), aus dem sie im 16. Jahrhundert als Konfessionskirche hervorgegangen ist (→ s. Kap. 6.2.1). Aus letzterem hat sie besonders den Primatsanspruch des Petrusamtes übernommen (→ s. Kap. 3.4.2), sodass nach wie vor der in Rom residierende Papst an der Spitze der kirchlichen Ämterhierarchie steht. Dieser versteht sich selbst als der Stellvertreter Christi auf Erden und übt die sogenannte Primatialgewalt aus, besitzt also in kirchenrechtlichen und dogmatischen Fragen das letztinstanzliche Entscheidungsrecht. Seit dem *Ersten Vatikanischen Konzil* (1869/70) ist er in diesem Zusammenhang unfehlbar (→ s. Kap. 6.2.3), und zwar dann, wenn er als römischer Bischof *ex cathedra* spricht, „das heißt, wenn er in Ausübung seines Amtes als Hirte und Lehrer aller Christen kraft seiner höchsten Apostolischen Autorität entscheidet, daß eine Glaubens- oder Sittenlehre von der gesamten Kirche festzuhalten ist" (Alberigo 1998: 407). Vom Papstamt aus ist die katholische Kirche „hierarchisch von oben nach unten" (Frieling 1999: 109) gegliedert. Unterhalb des Papstes stehen die übrigen etwa 5000 Bischöfe, die in ihrer weltweiten Gesamtheit die regelmäßig tagende Bischofssynode bilden, um den Papst in seinen Entscheidungen zu beraten. Einzelne Bischöfe besitzen darüber hinaus die Kardinalswürde, die sie zur Wahl eines neuen Papstes sowie zu besonderen Leitungsaufgaben berechtigt, vor allem im Rahmen der Kurie als der „zentrale[n] Behörde zur Regierung der Weltkirche" (ebd.: 110). Die Kurie ist – wie auch der Papstsitz (der sog. *Heilige Stuhl*) – im Vatikanstaat im Herzen Roms angesiedelt. Die Bischöfe stehen (mit Ausnahme der Titularbischöfe) einer Teil- oder Ortskirche, der sogenannten *Diözese*, vor, in deren Bereich sie die volle kirchenrechtliche Gewalt besitzen. Im nationalen Kontext sind verschiedene Diözesen in der Regel zu Bischofskonferenzen zusammengeschlossen, so auch in Deutschland mit der *Deutschen Bischofskonferenz*. Innerhalb der Bistümer existieren schließlich die einzelnen Kirchengemeinden, die von einem Pfarrer als dem „kirchenrechtlich[en] Vertreter des Bischofs" (ebd.: 110) geleitet werden. Ihm obliegt die „geistliche Betreuung der Gemeindeglieder und die Leitung der Messe" (ebd.: 110).

Die römisch-katholische Kirche versteht sich selbst als apostolisch, weil ihre durch das Weihesakrament eingesetzten Bischöfe (inkl. des Papstes) als Nachfolger der Apostel gelten. Begründet wird dies dadurch, dass die Einsetzung der Bischöfe durch Handauflegung in einer „ununterbrochene[n] Abfolge von Handauflegungen durch Bischöfe" (ebd.: 102) seit der Zeit der Apostel gesehen wird. Die Kirche beansprucht daher, dass ihre Ämterhierarchie von Jesus selbst gestiftet worden sei, der seine Jünger als seine Nachfolger installiert habe, wie in den Beschlüssen des Zweiten Vatikanischen Konzils zu lesen ist:

„[D]er ewige Hirt Jesus Christus [hat] die heilige Kirche gebaut [...], indem er die Apostel sandte, wie er selbst gesandt war vom Vater (vgl. Jo 20, 21). [...] Diese Apostel (vgl. Lk 6, 13) setzte er nach Art eines Kollegiums oder eines festen Kreises ein, an dessen Spitze er den aus ihrer Mitte erwählten Petrus stellte (vgl. Jo 21, 15–17). [...] Jene göttliche Sendung [...] wird bis zum Ende der Welt dauern (vgl. Mt 28, 20). [...] Aus diesem Grunde trugen die Apostel in dieser hierarchisch geordneten Gesellschaft für die Bestellung von Nachfolgern Sorge. [...] Deshalb bestellten sie solche Männer und gaben dann Anordnung, daß nach ihrem Hingang andere bewährte Männer ihr Dienstamt übernähmen. [...] So wird [...] durch die von den Aposteln eingesetzten Bischöfe und deren Nachfolger bis zu uns hin die apostolische Überlieferung in der ganzen Welt kundgemacht und bewahrt" (zit. n. Rahner/Vorgrimler 2008: 143–145).

Aus diesem Selbstverständnis leitet die Kirche wiederum den Anspruch ab, universale und allumfassende (griech. *katholikos*) Kirche zu sein. Demgemäß erkennt sie nur solche christlichen Strömungen als Kirche im vollen Sinne an, die in ihren Augen über Apostolizität, also eine ununterbrochene Abfolge von Amtsübertragungen (in Form des Weihesakraments), verfügen: die altorientalischen und orthodoxen Kirchen. Voraussetzung für die Bischofsweihe ist (nach dem Diakonat) das Priesteramt bzw. *Presbyterat*, das ebenfalls auf dem Weihesakrament gründet und die Voraussetzung für den Pfarrdienst ist. Das Priesteramt ist dabei nur Männern zugänglich, die (anders als in den orthodoxen und altorientalischen Kirchen) im Zölibat, also ehelos leben. Aufgrund der Heiligkeit ihres Amtes ist es nur Priestern gestattet, die Sakramente zu spenden (→ s. Kap. 6.1.2); die in vielen Gemeinden anzutreffenden Pastoralassistenten sind als nicht-geweihte Personen (sog. *Laien*) dazu nicht berechtigt (vgl.: ebd.: 110).

Neben der Ämterhierarchie (dem sog. *Klerus*) existiert freilich eine schier unüberschaubare Vielfalt an kirchlichen Organisationen, von denen besonders die in Kap. 3.5 ausführlicher thematisierten Ordensgemeinschaften hervorstechen, deren Angehörige prinzipiell nicht Teil der Ämterhierarchie sind. Einzige Ausnahme bilden die Priestermönche bzw. Regularkleriker, also Personen, die sowohl das Weihesakrament empfangen haben als auch einer Ordensgemeinschaft angehören. Darüber hinaus existiert eine Vielzahl an katholischen Laienorganisationen, etwa geistliche Gemeinschaften (z. B. die *Gemeinschaft Sant'Egidio*), Hilfswerke (z. B.

Misereor) oder Jugendorganisationen (in Deutschland etwa die *Katholische junge Gemeinde* [KjG]).

6.1.2. Theologie

In ihrer Gotteslehre, ihrer Christologie und ihrer Heilslehre folgt die katholische Kirche im Wesentlichen den Beschlüssen der altkirchlichen Konzilien von Nizäa und Chalkedon (→ s. Kap. 3.3.1). Dementsprechend spricht das in der Liturgie verwendete ‚Große Glaubensbekenntnis' (sog. *Nizäno-Konstantinopolitanum*) auch von Christus als „Gott von Gott, Licht vom Licht, wahrer Gott vom wahren Gott, [...] eines Wesens mit dem Vater" (*homoousios*) zur Bestimmung der Trinität. Christologisch vertritt die Kirche die in Chalkedon verabschiedete gemäßigte Form der Zweinaturenlehre, wonach in Christus menschliche und göttliche Natur „unvermischt, unverändert, ungeteilt und ungetrennt" (zit. n. Alberigo/Wohlmuth 1998: 86) existieren, und unterscheidet sich daher in diesem Punkt von den altorientalischen (miaphysitischen bzw. streng-dyophysitischen) Kirchen.

Gemäß dem bereits zitierten Glaubensbekenntnis ist Gott in Christus um des menschlichen Heils wegen

> „vom Himmel gekommen, hat Fleisch angenommen [...] und ist Mensch geworden. Er wurde für uns gekreuzigt [...], hat gelitten und ist begraben worden, ist am dritten Tage auferstanden [...] und aufgefahren in den Himmel. Er sitzt zur Rechten des Vaters und wird wiederkommen in Herrlichkeit, zu richten die Lebenden und die Toten; seiner Herrschaft wird kein Ende sein."

Obgleich die endgültige Errettung der Menschen also in der Zukunft, und zwar nach dem zweiten Kommen Christi und dem jüngsten Gericht liegt, kann nach katholischer Lehre das göttliche Heil auch bereits in dieser Welt erfahren werden – in den Sakramenten. Damit sind bestimmte kirchliche Handlungen gemeint, „die bei rechtem Glauben ‚kraft des vollzogenen Ritus' den Gläubigen die Gnade Gottes vermitteln" (Frieling 1999: 24). Am deutlichsten wird das beispielsweise in der sogenannten *Eucharistie*, also dem Abendmahl bzw. der *heiligen Kommunion*, die das Zentrum des Gottesdienstes (sog. *heilige Messe*) bildet und sich auf die biblischen Berichte vom letzten Mahl Jesu am Vorabend der Kreuzigung (bspw. Mk 14,22–24) bezieht:

> „[22]Während des Mahls nahm [Jesus] das Brot und sprach den Lobpreis; dann brach er das Brot, reichte es [seinen Jüngern] und sagte: Nehmt, das ist mein Leib. [23]Dann nahm er den Kelch, sprach das Dankgebet, reichte ihn den Jüngern, und sie tranken alle daraus. [24]Und er sagte zu ihnen: Das ist mein Blut, *das Blut des Bundes*, das für viele vergossen wird."

Anders als in der reformierten Tradition handelt es sich bei der gottesdienstlichen Feier des Abendmahls indes nicht nur um eine Art Gedenkfeier, in der Jesu Leib und Blut durch Brot und Wein symbolisiert werden (→ s. Kap. 3.6.2); vielmehr verwandeln sich das auf dem Altar platzierte Brot und der Wein nach katholischem Verständnis – aufgrund des vom Priester kraft seines Amtes vollzogenen

Ritus – *tatsächlich* in den Leib und das Blut Christi, was auf eine weitgehend wörtliche Interpretation der Worte Jesu in der zitierten Bibelstelle zurückgeführt werden kann. In diesem Sinne werden die Gläubigen, nachdem sie das vom Priester ausgeteilte Brot (und zuweilen auch den Wein) konsumiert haben, buchstäblich durch den heilsstiftenden Leib (bzw. das Blut) Christi genährt, der in Brot und Wein *real* anwesend ist (sog. *Realpräsenz*). Dass Leib und Blut dennoch weiterhin die äußere Form von Brot und Wein tragen, wird damit erklärt, dass sich lediglich die *Substanz*, also das ideenhafte ‚innere Wesen' (→ s. Kap. 3.1.2) von Brot und Wein, wandelt, die *Akzidenzien* in Form der sinnlich erfahrbaren Merkmale (etwa Aussehen oder Geschmack) aber unverändert bleiben (sog. *Transsubstanziationslehre*). Die Eucharistie zeigt also, wie greifbar das göttliche Heil nach katholischer Lehre in den Sakramenten zutage tritt, von denen die Kirche insgesamt sieben kennt: Taufe, Abendmahl, Firmung, Buße, Priesterweihe, Ehe und Krankensalbung.

Wie alle christlichen Konfessionen betrachtet auch die katholische Kirche die Bibel, die in ihren Augen das Wort Gottes in Christus verkündet, als Grundlage ihres Glaubens und ihrer Theologie. Doch im Unterschied etwa zu den protestantischen Kirchen ist dieser Basis das durch den Papst und die Bischöfe getragene *kirchliche Lehramt* beigeordnet, welches „das Wort Gottes aus göttlichem Auftrag und mit dem Beistand des Heiligen Geistes voll Ehrfurcht hört, heilig bewahrt und treu auslegt" (zit. n. Rahner/Vorgrimler 2008: 372 f.); mit anderen Worten: während die Bibel freilich zunächst auf verschiedene Art und Weise ausgelegt werden kann, bildet das Lehramt die Instanz, die die amtliche Interpretation der Kirche *verbindlich* für alle katholischen Gläubigen in Form theologischer *Dogmen* festlegt, denen im Glaubensgehorsam zugestimmt werden soll (vgl. Frieling 1999: 19). Begründet wird dies nach den Beschlüssen des Zweiten Vaticanums mit der apostolischen Sukzession (→ s. Kap. 6.1.1):

> „Damit das Evangelium in der Kirche für immer unversehrt und lebendig bewahrt werde, haben die Apostel Bischöfe als ihre Nachfolger zurückgelassen und ihnen ‚ihr eigenes Lehramt überliefert'. […] Die Heilige Überlieferung aber gibt das Wort Gottes, das von Christus dem Herrn und vom Heiligen Geist den Aposteln anvertraut wurde, unversehrt an deren Nachfolger weiter, damit sie es unter der erleuchtenden Führung des Geistes der Wahrheit in ihrer Verkündigung treu bewahren, erklären und ausbreiten" (zit. n. Rahner/Vorgrimler 2008: 370–372).

In diesen Kontext ist auch die auf dem Ersten Vatikanischen Konzil eingeführte Unfehlbarkeit des Papstes (→ s. Kap. 6.2.3) einzuordnen: Ihm obliegt als dem Nachfolger des ‚Apostelfürsten' Petrus das letzte Wort, wenn es um Fragen der Lehre in Auslegung der Bibel geht, und in dieser Hinsicht ist er (aufgrund der ihm überkommenen Überlieferungstradition) als höchste lehramtliche Instanz unfehlbar.

Charakteristisch für den römischen Katholizismus ist des Weiteren ein Element, dem vor allem durch die Volksfrömmigkeit in aller Welt Ausdruck verliehen wird, und das daher das breitere öffentliche Bild der Kirche stark prägt – die

Heiligenverehrung. Im biblischen Sinne werden freilich alle, die in der Gemeinschaft Gottes leben, als heilig bezeichnet, weshalb sich viele Christen zunächst ganz allgemein als der „Gemeinschaft der Heiligen" (Frieling 1999: 66) zugehörig verstehen. Daneben gibt es in der katholischen Tradition jedoch noch eine zweite Bedeutung von *heilig*, die sich bereits im spätantiken Christentum nachweisen lässt (vgl. Dassmann 1999: 200–203): Damit werden „besonders vorbildliche Christen" (Frieling 1999: 66) bezeichnet, die nach katholischem Verständnis bereits ‚jetzt' (also nicht erst nach dem jüngsten Gericht, wenn sich alle Toten aus ihren Gräbern erhoben haben) bei Gott sind und daher „verehrt und um Fürbitte angerufen werden" (ebd.: 67) können. Dem Status ‚heilig' geht dabei ein längerer Prozess voraus, in dessen Verlauf die betreffende Person nach ihrem Tod vom römischen Papst zunächst *selig* und anschließend *heilig* gesprochen wird. Voraussetzung dafür sind wiederum „eine jahrelange öffentliche Verehrung für diesen Christen, seine Tugendhaftigkeit während des irdischen Lebens und der Nachweis, daß Gott durch ihn Wunder gewirkt hat" (ebd.: 67). Einen besonderen Status nimmt dabei Maria, die Mutter Jesu, ein: Denn sie ist

> „mit dieser höchsten Aufgabe und Würde beschenkt, die Mutter des Sohnes Gottes und daher die bevorzugt geliebte Tochter des Vaters und das Heiligtum des Geistes zu sein. Durch dieses hervorragende Gnadengeschenk hat sie bei weitem den Vorrang vor allen anderen himmlischen und irdischen Kreaturen[25]. [...] Daher wird sie auch als überragendes und völlig einzigartiges Glied der Kirche wie auch als ihr Typus und klarstes Urbild im Glauben und in der Liebe gegrüßt, und die katholische Kirche verehrt sie, vom Heiligen Geist belehrt, in kindlicher Liebe als geliebte Mutter" (zit. n. Rahner/Vorgrimler 2008: 187).

6.2. Historische Schlaglichter

6.2.1. Die Entstehung der katholischen Konfessionskirche

Die bisherigen Ausführungen haben deutlich werden lassen, dass zahlreiche Elemente des heutigen römischen Katholizismus tief im lateinischen Christentum des westeuropäischen Mittelalters verwurzelt sind. Dennoch kann die katholische Kirche nicht einfach mit der mittelalterlichen Kirche gleichgesetzt werden. Dies zum einen, weil auch die katholische Kirche seit jener Zeit substantielle Reformprozesse und strukturelle Veränderungen (einschließlich ihrer Globalisierung [→ s. Kap. 6.2.2]) durchgemacht hat; zum anderen, weil natürlich auch die protestantischen Kirchen ihre geschichtliche Herkunft im lateinischen Christentum haben, auch wenn diese ihre Identität traditionell eher über die Abgrenzung zur Kirche des Mittelalters (als über die verbindenden Elemente) begründen.

Auch wenn die katholische Kirche ihrem Selbstverständnis nach (sowohl kirchenrechtlich als auch in Bezug auf die apostolische Sukzession) die legitime Nachfolgeinstitution der lateinischen Papstkirche repräsentiert, so lässt sich aus diskursgeschichtlicher Sicht argumentieren, dass ihr heutiger Status im Sinne einer christli-

---

25 Damit nimmt sie den zweiten Rang hinter Christus ein, der ja, wie das Konzil in Nizäa verkündet hatte, „wesensgleich dem Vater" und daher „geboren, nicht geschaffen", also keine „Kreatur" ist (→ s. Kap. 3.3.1).

chen Konfession im Wesentlichen auf die Auseinandersetzungen der Papstkirche mit den neuen reformatorischen Kirchen zurückzuführen ist, die in der ersten Hälfte des 16. Jahrhunderts entstanden waren. Maßgeblicher Kulminationspunkt dieser Auseinandersetzungen war in diesem Zusammenhang das Konzil von Trient (1545–1563), auf dem – in dezidierter Abgrenzung zur reformatorischen Theologie (→ s. Kap. 3.6.1) – wesentliche Eckpfeiler der ‚altgläubigen' Konfession festgelegt wurden und gleichzeitig ein Reformprogramm in Gang gesetzt wurde, das den „Weg der katholischen Kirche in die Neuzeit" (Rahner 2015: 231) ebnete (sog. „Katholische Reform" [Zollitsch 2015] oder auch „Gegenreformation" [Rahner 2015: 230]). Dementsprechend zeichnen sich die auf dem Konzil beschlossenen Dekrete dadurch aus, dass sie einen großen Reigen grundlegender theologischer Themen abhandeln und diese dabei klar gegen die vermeintlichen Irrtümer der Reformatoren abgrenzen. Die dadurch erfolgte Schärfung der eigenen (zuvor teilweise ungeklärten) theologischen Positionen grenzte dabei die Identität des römisch-katholischen Glaubens eindeutig und erklärtermaßen von der reformatorischen Theologie ab, wie sie in der *Confessio Augustana* niedergelegt war. Mit dieser Gegenüberstellung hat seinerseits das „Konzil von Trient […] die ‚katholische Konfessionskirche' geprägt und ihr lehrmäßig und diszplinär ihre Ordnung und Gestalt gegeben" (Schatz 2008: 211). Und weil sich, wie die Ausführungen in Kap. 3.6.1 gezeigt haben, ja „auf der protestantischen Seite ein ähnliches Phänomen eingestellt" (Lange 2012: 112) hat, spricht man von der durch das Konzil von Trient eingeleiteten Epoche auch als dem *Konfessionellen Zeitalter*.

Im Folgenden sollen einige Themen exemplarisch abgehandelt werden, an denen diese konfessionelle Grenzziehung deutlich wird und mit deren Hilfe sich einige der in Kap. 6.1 skizzierten Charakteristika des römischen Katholizismus' historisch herleiten lassen.

(1) Die oben getätigten Ausführungen zum kirchlichen Lehramt werden im *Dekret über die Schrift und die Tradition* von 1546 vorgezeichnet. Hier wird festgehalten, dass das Wort Gottes enthalten sei „in den geschriebenen Büchern und den ungeschriebenen Überlieferungen, die, von den Aposteln aus dem Munde Christi selbst angenommen oder von ebendiesen Aposteln durch Eingebung des Hl. Geistes gleichsam von Hand zu Hand überliefert, bis zu uns gelangt sind" (zit. n. Alberigo/Wohlmuth 2002: 663). Gegen das lutherische Dictum des *sola scriptura* (→ s. Kap. 3.6.1), das ja die Bibel zur einzigen, sich selbst auslegenden Grundlage des Glaubens erklärt hatte, „stellte das Konzil für die in der Gemeinschaft mit dem Apostolischen Stuhl stehende Kirche die Schrift und die Tradition als Quellen für die Selbstmitteilung Gottes gegenüber den Menschen, die Offenbarung, fest" (Lange 2012: 94). Allerdings ließ das Konzil offen, was nun im Einzelnen mit jenen *traditiones* (lat. für „Überlieferungen") der Apostel gemeint sei; es steht zu vermuten, dass es den Konzilsvätern an dieser Stelle „weniger darum [ging], gegen die Häretiker die ‚Quellen der Offenbarung' zu klären, als darum, die eigene konziliare Arbeit auf eine sichere autoritative Basis zu stellen" (Schatz 2008: 181) – eine Basis, die formell freilich auch ganz allgemein die Vorstellung eines kirchlichen Lehramtes zu legitimieren half.

Neben der Festlegung der *traditiones* erfolgte im selben Atemzug auch die Autorisierung bzw. Kanonisierung jener Fassung der Bibel, die in der Folgezeit als Basis des katholischen Glaubens und der Theologie dienen sollte (vgl. O'Malley 2013: 89–92). Dabei handelte es sich um die lateinische Übersetzung der Bibel, die sogenannten *Vulgata*, die zur authentischen Fassung der heiligen Schrift erklärt wurde. Dies steht im gewissen Gegensatz zu Luther, der für seine Übersetzung der Bibel ins Deutsche die Version herangezogen hatte, der in seinen (humanistisch geschulten) Augen die höchste Authentizität zukam: die hebräische (Altes Testament) bzw. griechische Fassung (Neues Testament). Dieser Umstand wird auch darin sichtbar, dass sich die von der katholischen Kirche verwendete Bibel (einschließlich der in Deutschland gebräuchlichen Einheitsübersetzung) in einigen Büchern von der Lutherbibel unterscheidet: Denn der antike Urheber der Vulgata, Hieronymus (348/49–420), hatte für seine Übersetzung des Alten Testament vor allem auf die griechische Variante des Tanach, die *Septuaginta* (→ s. Kap. 3.1.2), zurückgegriffen (vgl. Rösel 2016: 141); diese enthält verschiedene, bereits von Hieronymus als *Apokryphen* (gr. für „verborgen") bezeichnete Texte, die nicht in der hebräischen Vorlage enthalten sind – und die daher auch in der Lutherbibel fehlen (etwa die Bücher Tobit und Judith oder die beiden Makkabäerbücher) (vgl. O'Malley 2013: 90).

(2) Gegen Luthers *sola gratia* und *sola fide* war das *Dekret über die Rechtfertigung* (1547) gerichtet. Hier wurde bestritten, dass der Mensch „alleine durch den Glauben gerechtfertigt [werde], so daß er meint, nichts anderes sei erforderlich, wodurch er mitwirkt, um die Gnade der Rechtfertigung zu erlangen, und es sei keinesfalls nötig, daß er sich durch die Regung seines Willens vorbereite [...]" (zit. n. Alberigo/Wohlmuth 2002: 679). Demgegenüber spricht das Dekret von der „zuvorkommenden Gnade" (zit. n. ebd.: 672), die von Gott ausgeht, und zwar in Form des göttlichen Rufes, „so daß diejenigen, die sich durch die Sünden von Gott abgewandt hatten, durch seine anregende und helfende Gnade zu ihrer Bekehrung und zu ihrer eigenen Rechtfertigung disponiert werden, indem sie eben dieser Gnade zustimmen und mit ihr mitwirken" (zit. n. ebd.: 672). Während also Luther den freien Willen des in der Sünde verhafteten Menschen negiert hatte (→ s. Kap. 3.6.1), wird diesem hier eine entscheidende Bedeutung bei der göttlichen Rechtfertigung und damit der Errettung des Menschen zugebilligt:

> „Die so gerechtfertigt wurden [...], schreiten ‚*von Tugend zu Tugend*' [Ps 84,8] voran und werden – wie der Apostel sagt – von Tag zu Tag erneuert, indem sie die Glieder ihres Fleisches töten und sie als Waffen der Gerechtigkeit zur Heiligung verwenden durch die Beobachtung der Gebote Gottes und der Kirche" (zit. n. ebd.: 675).

(3) Weitere Dekrete befassen sich mit Zahl und Bedeutung der Sakramente. Deren Zahl wird auf die in Kap. 6.1.2 aufgeführten sieben Sakramente festgelegt; besondere Bedeutung wird dabei dem Abendmahlssakrament im *Dekret über die Eucharistie* (1551) beigemessen, das als „geistliche Speise der Seelen" (zit. n. ebd.: 694) bezeichnet wird, „mit der die Lebenden genährt und gestärkt werden mit dem Leben dessen, der gesagt hat: ‚*Wer mich ißt, wird auch selbst leben durch*

mich' [Joh 6,57]" (zit. n. ebd.: 694). Die Konzilsväter bezogen sich dabei explizit auf die im Kern bereits seit dem frühen Mittelalter verbreitete, in Kap. 3.6.1 erläuterte Transsubstantiationslehre, wie sie bereits der fränkische Mönch Radbertus (gest. um 859) gegen das bildliche Verständnis seines Mitbruders Ratramnus (gest. um 868) in Stellung gebracht hatte (sog. erster Abendmahlsstreit). Dieser hatte zum Ausdruck gebracht, dass das Mysterium der substantiellen Wandlung von Brot und Wein in Leib und Blut Christi deshalb von Gott gewollt sei, weil es „ein Greuel wäre, Christus mit den Zähnen zu zerreißen" (zit. n. Ritter/Lohse 2001: 59). Im Sakrament sei daher „dies Brot und dieser Wein wahrhaft als sein Fleisch und Blut durch die Weihung des Hl. Geistes machtvoll erschaffen" (zit. n. ebd.: 59 f.) und besitze dennoch „ganz und gar nicht Aussehen oder Geschmack von Fleisch" (zit. n. ebd.: 60). Die Bestätigung der bereits unter Papst Innocenz III. (→ s. Kap. 3.4.2) auf dem Vierten Laterankonzil (1215) gegen andere Verständnisse in Stellung gebrachten Transsubstantiationslehre illustriert dabei die Bedeutung des Trienter Konzils, die „vergleichsweise ‚pluralere', offenere, aber auch chaotischere Gestalt" (Schatz 2008: 212) des älteren lateinischen Christentums im Zuge der identitätsstiftenden Positionierung gegenüber der reformatorischen Theologie „reguliert, normiert, kanalisiert" (ebd.: 212) zu haben.

(4) Gegen Luther war auch die Betonung gerichtet, dass „die priesterlichen und bischöflichen Weihen vom Herrn selbst eingesetzt worden seien" (Lange 2012: 105), und zwar im Sinne einer „Vollmacht, den wahren Leib und das Blut des Herrn zu konsekrieren und darzubringen sowie die Sünden zu vergeben" (zit. n. Alberigo/Wohlmuth 2002: 743). Demgegenüber hatte der Reformator argumentiert, dass es keine sakramental ‚herausgehobenen' Personen in der Kirche geben dürfe; denn vor Gott seien alle Menschen gleichen Standes, weshalb Luther umgekehrt auch vom „allgemeinen Priestertum" oder vom „Priestertum aller Gläubigen" sprach: Weil „der einzelne Mensch vor Gott allein aufgrund seines Glaubens […] zu bestehen vermag, weil ferner alle Christen *sola fide* (‚allein aus Glauben') vor Gott berechtigt sind, sind sie auch […] ermächtigt, an der äußerlichen Gestaltung der Kirche im Sinne des Evangeliums mitzuwirken" (Kaufmann 2016: 300). Die kirchlichen Ämter waren für Luther daher nicht ‚heilig', also durch ein Sakrament erwirkt, sondern rein funktional, „weil es eine Notwendigkeit gebe, das Wort Gottes, die Hl. Schrift, durch gelehrtes Personal korrekt auszulegen und die Sakramente der Taufe und der Eucharistie liturgisch korrekt zu vollziehen" (Lange 2012: 105).

(5) Auch das *Dekret über die Heiligenverehrung* (1563) grenzt diese Praxis gegen die reformatorische Position ab, die behauptet hatte, „daß die Fürbitte der Heiligen und die auf diese Fürbitte bezogene ‚invocatio' [Anrufung] im Widerspruch zur Stellung Christi" (Burschel 2001: 242) als dem alleinigen Heilsmittler stehe. Im Rückgriff auf das zweite Konzil von Nizäa (787), das ja zwischen Anbetung (griech. *latreia*) und Verehrung (griech. *proskynesis*) unterschieden hatte (→ s. Kap. 5.2.1), hielten die Konzilsväter die Gläubigen dazu an, den

> „Bildern Christi, der jungfräulichen Gottesgebärerin und der anderen Heiligen, die vor allem in den Gotteshäusern sein und bleiben müssen, die schuldige Hochachtung und Verehrung [zu erweisen], nicht als würde ge-

glaubt, in ihnen sei irgendeine Göttlichkeit oder Kraft [...], sondern weil die Ehre, die ihnen erwiesen wird, sich auf die Urgestalten bezieht, die jene Bilder vergegenwärtigen [...]" (zit. n. Alberigo/Wohlmuth 2002: 775).

(6) Einen weiteren wichtigen Aspekt bilden jene Dekrete, die weniger gegen die reformatorische Theologie gerichtet waren, als vielmehr eine innere Reform der ‚altgläubigen' papsttreuen Kirche in verschiedenen Bereichen zum Ziel hatten. Besonders hervorgehoben sei hier die bereits angesprochene Vereinheitlichung der Liturgie (vgl. Haunerland 2018: 484–489). Dies geschah dadurch, dass der römische Messkanon als irrtumsfrei bezeichnet und daher als verbindlicher liturgischer ‚Leitfaden' für die Abhaltung der Messe festgeschrieben wurde, da „ein Großteil der Konzilsväter den bestehenden römischen Kanon im wesentlichen für direkt apostolischen Ursprungs [hielt], also auf Petrus zurückgehend [...]" (Schatz 2008: 204). Als Liturgiesprache wurde – gegen die reformatorischen Kirchen, die ihre Gottesdienste in den Volkssprachen abhielten (→ s. Kap. 3.6.1) – am Lateinischen festgehalten, denn es „genüge [...] für das Volk zu wissen, *daß* der Priester für es bei Gott eintrete; den Wortlaut seiner Worte zu verstehen, sei für es nicht wichtig[...]" (Schatz 2008: 205). Der ‚tridentinische Ritus', der im historischen Rückblick zuweilen als „Erstarrung" (ebd.: 207) der „gewachsene[n] Vielfalt" (Haunerland 2018: 487) der bisherigen Liturgie gilt, wurde erst Mitte des 20. Jahrhunderts im Zuge des Zweiten Vatikanischen Konzils (→ s. Kap. 6.1) abgeschafft und ist heute nur noch in Ausnahmefällen gestattet. Dennoch halten besonders die dem Zweiten Vaticanum allgemein kritisch gegenüberstehenden Traditionalisten innerhalb der Kirche bis heute an der tridentinischen Liturgie fest, etwa die Angehörigen der von Marcel Levebvre (1905–1991) im Jahre 1969 gegründeten Piusbruderschaft.

6.2.2. Der lange Weg zur Weltkirche: Kolonialismus und Mission

Wenngleich die Kirche ihr eurozentrisches Selbstverständnis im Wesentlichen erst Mitte des 20. Jahrhunderts mit dem Zweiten Vatikanischen Konzil revidiert hat, waren die historischen Grundlagen für dieses neue Bild einer katholischen, allumfassenden Weltkirche bereits seit dem 16. Jahrhundert angelegt. Ihr Entstehen fällt nicht zufällig zusammen mit dem Beginn der gewaltsamen Expansion europäischer Staaten nach Amerika, Asien und Afrika, sodass die Globalisierung des Katholizismus (ebenso wie später die protestantischer Gruppen [→ s. Kap. 7]) eng mit der Geschichte des Kolonialismus verbunden ist. In zeitlicher Parallele zum Prozess der ‚Gegenreformation' (→ s. Kap. 6.2.1) konnte die Kirche den im Zuge der Reformation erlittenen Macht- und Gebietsverlust in Europa insofern kompensieren, „als ihr im 16./17. Jh. durch die Kolonisierung seitens der Spanier und Portugiesen (im 17./18. Jh. auch der Franzosen), also katholischer Mächte, riesige Gebiete in Amerika sowie kleinere Gebiete in Asien und Afrika zuwuchsen" (Hauschild 2010: 527).

Der Preis für diese kirchlichen Gebietsgewinne vor allem in Südamerika war hoch: Denn die Ausbreitung des katholischen Glaubens war untrennbar verbunden mit der zum Teil äußerst grausam durchgeführten militärischen Eroberung der neu erschlossenen Gebiete durch die *conquistadores* (span./port. für Eroberer). Im Hintergrund dieser Verflechtung stand dabei die Missionspflicht, welche die Päpste „– kraft ihres Anspruchs auf Universalherrschaft über Welt und Kirche – den spanischen und portugiesischen Monarchen zusammen mit allen Rechten in den zu erobernden Gebieten" (ebd.: 527) übertragen hatten. Dies erfolgte in Kombination mit der Verleihung des sogenannten *Kirchenpatronats* an die weltlichen Eroberer, also des „vollständige[n] Verfügungsrecht[s] über die im Neuland entstehende Christenheit […] (z. B. Errichtung von Bistümern und Pfarreien, Besetzung der entsprechenden Stellen, Beteiligung an den kirchlichen Einkünften)" (ebd.: 528). Neben der totalen Abhängigkeit der kirchlichen Strukturen von staatlichen und staatlich legitimierten Akteuren war diese Verflechtung auch deshalb fatal, weil es sich bei den Konquistadoren (euphemistisch zuweilen auch als ‚Entdecker' bezeichnet) in der Regel um Privatleute handelte, die als Lizenznehmer (span. *capitulante*) der Könige auf eigenes (finanzielles) Risiko nach Übersee aufbrachen (vgl. Huber 2019: 9), um die dortigen Territorien den europäischen Herrschern militärisch und wirtschaftlich zu erschließen. Vor diesem Hintergrund wird verständlich, weshalb die Eroberung Mittel- und Südamerikas zunächst stark von den persönlichen Interessen einzelner Warlords wie Hernando Cortés (1485–1547), der Zerstörer des Aztekenreichs, oder Francisco Pizarro (1475–1540), der Eroberer des Inkareichs, dominiert war, die vor allem die Anhäufung materiellen Reichtums (etwa durch die Ausbeutung der lokalen Arbeitskräfte und Rohstoffe) sowie den damit verbundenen sozialen Aufstieg in der Heimatgesellschaft im Blick hatten (vgl. ebd.: 9 f.). Bereits von Christoph Kolumbus (1451–1506), der 1492 als erster neuzeitlicher Europäer den amerikanischen Kontinent erreichte, wird berichtet, „dass er unter den *Tainos* des heutigen Kuba und den indigenen Völkern von *Hispaniola* [in der heutigen Dominikanischen Republik] auf brutale Art und Weise Sklaven rekrutierte beziehungsweise Kinder und Jugendliche wegen Bagatelldelikten zu solchen machte und nach Europa transportierte" (Estermann 2022: 61 f.) oder sie vor Ort in den von ihm betriebenen Goldminen arbeiten ließ:

> „Kolumbus selbst sah in den neuen Territorien einen künftigen Markt für Gold, Spezereien und Baumwolle, sowie dafür ‚so viele Sklaven wie eure Majestät anordnet, unter jenen Wesen, die Götzendiener sind, zu machen'. Deren Verkauf in Spanien und dem größeren Mittelmeerraum sollte zukünftige Expeditionen finanzieren" (ebd.: 64).

Entsprechend brutal gingen die Konquistadoren auch bei der Umsetzung der ihnen auferlegten Missionspflicht vor: Geprägt waren sie dabei von der spätmittelalterlichen Kreuzzugsmentalität, in deren Geist die christlichen Herrscher der iberischen Halbinsel bis 1492 die seit 711 in verschiedener Form existierenden arabischen Reiche Andalusiens (von arab. *al-Andalus*) zurückgedrängt hatten – ein Prozess, der später als *Reconquista* (span./port. für Rückeroberung) bezeichnet wurde. Dementsprechend beschränkte sich das Missionsverständnis der Konquistadoren im Wesentlichen auf die „Ausrottung des Heidentums durch Zwangsbekehrung oder Vernichtung" (Hauschild 2010: 528). Dieses Ziel suchten sie ab 1513 mit der zuvor bereits im Rahmen der *Reconquista* praktizierten Methode des *Requerimiento* (span. für Aufforderung) zu erreichen: Im Kern ist damit ein

Dokument gemeint, das den einheimischen Gegnern vor Beginn eines Feldzuges verlesen wurde. Die Verlesung erfolgte in der Regel auf Spanisch und hatte den wesentlichen Zweck, die bei der Missionierung angewandte Gewalt gegenüber Kritikern aus den eigenen Reihen zu legitimieren (vgl. Koschorke/Ludwig/Delgado 2004: 222). Der Inhalt des Dokuments zeichnet dabei die sich an die Verlesung anschließende Vorgehensweise der Konquistadoren weitgehend vor:

> „Im Namen des [kastilischen] Königs Don Ferdinand und der Königin Doña Johanna [...] geben wir, ihre Diener, euch [...] kund und zu wissen, was folgt:
>
> Gott unser Herr, der Einige und Ewige, schuf Himmel und Erde, einen Mann und eine Frau, von denen wir und ihr alle Menschen auf der Welt abstammen [...]. Unter allen diesen Menschen beauftragte Gott unser Herr einen, den hlg. Petrus, daß er über alle Menschen auf Erden Herr und Meister sei [...]. Diesem hlg. Petrus haben die Menschen gehorcht und ihn als Herrn, König und Oberen der ganzen Welt anerkannt [...]. Einer der letzten Päpste [Alexander VI. (reg. 1492–1503)], die an seiner Stelle zu dieser Würde und auf diesen Thron gekommen sind, hat kraft seiner Herrschaft über die Welt diese Inseln und dieses ozeanische Festland besagtem König und besagter Königin [...] mit allem, was darin ist, zum Geschenk gegeben, wie es in gewissen darüber ausgestellten Urkunden steht, die ihr einsehen könnt [...]. Deswegen bitten und ersuchen wir euch [...], daß ihr die Kirche als Oberherren der ganzen Welt und in ihrem Namen den *Summus Pontifex*, Papst genannt, sowie an seiner Statt den König und die Königin Doña Johanna, unsere Herren, als Oberherren und Könige dieser Inseln und dieses Festlandes kraft der erwähnten Schenkung anerkennt [...].
>
> Wenn ihr das [...] nicht tut und böswillig zögert, dann werde ich, das versichern wir euch, mit Gottes Hilfe gewaltsam gegen euch vorgehen, euch überall und auf alle nur mögliche Art mit Krieg überziehen, euch unter das Joch und unter den Gehorsam der Kirche [...] beugen, eure Frauen und Kinder zu Sklaven machen [...]. Wir werden euch euer Eigentum nehmen, euch schänden und euch Übles antun, soviel wir nur können [...]. Wir bezeugen feierlich, daß das Blutvergießen und die Schäden, die daraus erwachsen, allein euch zur Last fallen, nicht Ihren Hoheiten [also König und Königin], nicht mir, und nicht diesen Rittern, die mit mir gekommen sind. Alles, was ich euch hier gesagt und gefordert habe, bitte ich den anwesenden Notar schriftlich zu beurkunden [...]" (zit. n. ebd.: 223).

Wie bereits angedeutet, stieß die hier zum Ausdruck kommende Brutalität auch schon bei Zeitgenossen auf teilweise entschiedene Kritik. Besonders taten sich dabei Angehörige der verschiedenen kirchlichen Ordensgemeinschaften (→ s. Kap. 3.5) hervor, die – ebenfalls im Auftrag des Papstes – als Missionare mit den Konquistadoren nach Amerika gekommen waren (vgl. Bischof et al. 2014: 108 f.). Berühmtes Beispiel ist der als „Vater des Völkerrechts" (Huber 2019: 84) geltende spanische Dominikaner Francisco de Vitoria (ca. 1483–1546), der einen „natürlichen Sklavenstatus der Indios [ab]lehnte" (ebd.: 84). Demgegenüber vertrat er die Ansicht, dass die Einheimischen sehr wohl das Eigentumsrecht über ihr Land innehätten, womit die im Allgemeinen geäußerte Legitimation der *Conquista* als bloße Inbesitznahme herrenlosen Gebiets in Frage stand (vgl. ebd.: 84). Auch Vitorias Ordensbruder Bartolomé de las Casas (ca. 1485–1566) setzte sich ab 1516, „ausgestattet mit dem offiziellen Titel ‚Universeller Interessenvertreter aller Indios in Westindien', sowohl am Hof als auch mit friedlichen Missionierungsprojekten für die Indigenen ein" (ebd.: 85), obgleich er die Eroberung grundsätzlich befürwortete und zuvor auf seiner Hacienda sogar selbst Sklaven beschäftigt hatte (vgl. Estermann 2022: 63). Andere Versuche, die Einheimischen den Ausbeutungsinteressen der Konquistadoren zu entziehen, bestanden in der Errichtung sogenannter Schutzgebiete (span. *reducciones*), die zunächst von einzelnen Angehörigen des Dominikaner- und Franziskanerordens und später auch von Jesuiten eingerichtet wurden (vgl. Bischof et al. 2014: 111 f.). „In Nachahmung der spanischen Lebenswelt entstand in den neuen Siedlungen eine Kirchenorganisation mit zahlreichen Bistümern und mit (oft synkretistisch adaptierten) europäischen Frömmigkeitsformen" (Hauschild 2010: 528). Das bekannteste Beispiel dafür ist der zwischen 1608 und etwa 1750 existierende sogenannte *Jesuitenstaat* im heutigen Paraguay, der eine eigene Verwaltung sowie eine florierende Landwirtschaft besaß und um 1740 über 140.000 Einwohner zählte (vgl. ebd.: 529). Auch in Mexiko existierten zwei von Vasco de Quiroga (ca. 1470–1565) gegründete „Hospital-Republiken" (Huber 2019: 89), die nach dem Vorbild der staatsutopischen Ideen Thomas Morus' (1478–1535) gebildet waren.

Trotz dieser recht eindrücklichen Versuche, die lokale Bevölkerung dem brutalen Zugriff der Konquistadoren zu entziehen, wird die Rolle der Ordensleute heute im allgemeinen recht zwiespältig beurteilt. Auf der einen Seite betrieben diese in den eroberten Gebieten das aus Europa importierte ‚klassische Geschäft' der kirchlichen Ordensgemeinschaften weiter, indem sie etwa in der Armen- und Krankenfürsorge tätig waren oder Schulen und Klöster errichteten. Daneben wirkten sie auch als Übersetzer und Chronisten, indem sie die lokalen Sprachen erlernten und entsprechende Wörterbücher, Grammatiken und religiöse Unterweisungsliteratur verfassten (vgl. ebd.: 89). Auf der anderen Seite trugen die kirchlichen Orden auf diese Weise ganz wesentlich dazu bei, dass sich die spanische Kolonialherrschaft „*nach* den Eroberungen […] mittel- bis langfristig[…]" (ebd.: 89) etablieren konnte, nicht zuletzt dadurch, dass sie die lokalen Gesellschaften nicht nur erforschten, sondern parallel dazu auch zahlreiche Zeugnisse und Archive der vorkolonialen Zeit gezielt vernichteten (vgl. Bischof et al. 2014: 113 f.), wie das Beispiel des Franziskanermönchs und Bischofs von Yukatan, Diego de Landa (1524–1579), zeigt, der 1562 einen großen Teil des Maya-Geschichtswerks verbrennen ließ (vgl. Huber 2019: 90). Gleichzeitig führte die andauernde „Dezimierung der Indios durch Zwangsarbeit und Krankheit, der Import von Sklaven aus Afrika und das starke Anwachsen der Mestizen" (Hauschild 2010: 528) zu einer

> „neuartige[n] Bevölkerungsstruktur, die ideell durch die katholische Religion zusammengehalten wurde. Die kirchliche Prägung dieses spanischen und portugiesischen Kolonialsystems blieb erhalten, als sich 1810–21 auto-

nome Staaten in Süd- und Mittelamerika bildeten. Ortsnamen von Santiago bis San Francisco, von São Paulo bis San Antonio künden noch heute davon" (ebd.: 528).

Völlig anders gestaltete sich die Lage in Regionen, in denen katholische Kolonialmächte nur Stützpunkte besaßen. Dies betrifft in der frühen Neuzeit vor allem Portugal, das (mit Ausnahme Brasiliens) keine großflächigen Gebiete erobert und die dortigen staatlichen Strukturen vernichtet, sondern lediglich Handelsposten in ansonsten intakten Gesellschaften errichtet hatte (vgl. Bischof et al. 2014: 121). Dies war besonders in Ostasien der Fall, doch auch in Südasien und Afrika existierten seit dem 16. Jahrhundert portugiesische Handelszentren, die vor allem dem Export afrikanischer Sklaven dienten. Und anders als in Süd- und Mittelamerika, wo die missionierenden Ordensleute unter dem militärischen Schutz der Kolonialmacht standen, mussten sie in Asien und Afrika „ohne staatlichen Schutz [...] die christliche Botschaft verkünden" (Hauschild 2010: 530). Dort stießen sie in der Regel auf althergebrachte staatliche und gesellschaftliche Strukturen – und zuweilen auch auf kirchliche, etwa im Falle der südindischen Thomaschristen (→ s. Kap. 4.2) oder der äthiopischen Kirche (→ s. Kap. 4.3.2).

In dieser Situation erkannten die Missionare, dass sich die Kirche an die einheimischen Gebräuche anpassen und vor allem die Gebildeten gewinnen musste, um in den zu missionierenden Gebieten Fuß zu fassen. Diesem Prinzip folgte denn auch das Konzept der *Akkomodation*, das von jesuitischen Missionaren zunächst mit großem Erfolg in Japan und China angewendet wurde:

> „Seit 1583 missionierten die Jesuiten unter dem gelehrten Italiener Matteo Ricci (1562–1610), erlernten die chinesische Schriftsprache und glichen sich der Lebensweise der konfuzianischen Beamtenelite an, imponierten durch philosophische Diskussionen und interpretierten Elemente des Konfuzianismus um" (Hauschild 2010: 531).

Am Kaiserhof in Peking genoss der in chinesische Gelehrtengewänder gekleidete Ricci hohes Ansehen aufgrund seiner mathematischen und astronomischen Kenntnisse; sein Nachfolger, der deutsche Jesuit Johann Adam Schall von Bell (1591–1666), war als kaiserlicher Hofastronom gar maßgeblich an der chinesischen Kalenderreform beteiligt (vgl. Bischof et al. 2014: 125). Durch ihren Einfluss auf die politische Elite gelang es den jesuitischen Missionaren, zu Beginn des 17. Jahrhunderts mehrere christliche Gemeinden in China zu errichten, die 1638 immerhin etwa 38.000 Mitglieder zählten (vgl. Hauschild 2010: 531). Noch größeren Erfolg erzielte das Wirken des spanischen Jesuiten Francisco des Xavier (1506–1552), der „als päpstlicher Legat und im Auftrag des portugiesischen Königs" (Bischof et al. 2014: 124) bereits 1549 über Indien nach Japan gelangt war und dort, unterstützt von der lokalen politische Elite, mithilfe der Akkomodation mehrere Gemeinden gründen konnte, die bis Ende des 16. Jahrhunderts gar auf über 750.000 Mitglieder anwuchsen.

Dass die Kirche dennoch langfristig weder in Japan noch in China hat Fuß fassen können, hat verschiedene Gründe. Zum einen spielte die Veränderung der lokalen politischen Machtverhältnisse eine Rolle, die zur sukzessiven Ablehnung christlicher Aktivitäten durch die Herrschenden führte. In Japan wurde das Christentum so bereits 1635 verboten, nachdem es seit 1600 immer wieder zu Verfolgungen gekommen war; in China kam es ab 1723 zur Ausweisung aller Missionare, was bis zum Ende des Jahrhunderts ebenfalls in großangelegte Verfolgungen chinesischer Christinnen und Christen mündete (vgl. Hauschild 2010: 531). Doch die Motive für diesen Umschwung waren nicht allein innenpolitisch bedingt. Denn eine weitere, auf lange Sicht „verheerend[e]" (Bischof et al. 2014: 126) Ursache für das Verschwinden christlicher Gemeinden vor allem in China war der sogenannte Ritenstreit, der spätestens ab 1643 innerhalb der Papstkirche (und damit auch unter den missionierenden Ordensleuten) tobte und deren Ansehen in Asien nachhaltig beschädigte.[26] Im Zentrum stand dabei die von den Jesuiten angewandte Methode der Akkomodation, die von den Franziskanern und Dominikanern, die ebenfalls in Asien missionarisch aktiv waren, als „bedenkliche[r] Substanzschwund" (Hauschild 2010: 530) kirchlicher Lehren kritisiert und daher grundsätzlich abgelehnt wurde. Nachdem Papst Benedikt XIV. (reg. 1740–1758) die Akkomodation im Jahre 1742 vollständig verboten hatte, kam es in der Folgezeit zum weitgehenden Verschwinden der christlichen Gemeinden in China. Denn deren äußere Gestalt war nun von höchster kirchlicher Ebene im Sinne der tridentinisch-katholischen Konfessionskirche (→ s. Kap. 6.2.1) festgeschrieben und wurde daher im lokalen Kontext zunehmend als ‚fremdartig' wahrgenommen (vgl. ebd.: 530).

6.2.3. Die (Neu-)Erfindung des Katholizismus im 19. Jahrhundert

Die große Diversität der geographischen Kontexte sowie die Komplexität der historischen Prozesse, die seit der frühen Neuzeit zur Globalisierung des Katholizismus' geführt hatten, lassen erahnen, dass die heute so geschlossen wirkende Identität der ‚einen', auf den Papst ausgerichteten, katholischen Kirche keineswegs von Anfang an gegeben war. So waren die fernab Roms gelegenen süd- und mittelamerikanischen Teilkirchen bald weitgehend in die verschiedenen Kolonialstaaten unter Aufsicht der spanischen und portugiesischen Könige integriert; ihre Hierarchie wurde mehrheitlich durch kreolische Geistliche getragen, also europäisch-stämmige Personen, die nicht mehr in Europa, sondern in den jeweiligen Kolonien geboren waren (vgl. Bischof et al. 2014: 128). Und auch in Europa war die katholische Kirche keineswegs so auf den Papst zentriert, wie sie es heute ist: In mehreren europäischen Ländern hatten sich (vor allem während der Zeit des Absolutismus') katholische Staatskirchen etabliert, die insgesamt recht eigenständig agierten (vgl. Wolf 2020: 92–97), indem sie beispielsweise ihre Bischöfe selbst nominierten, was den Einfluss des Papstes auf die betreffenden Teilkirchen massiv beschränkte (vgl. Bischof et al. 2014: 448). Das wichtigste Beispiel ist der

---

26 Eine Ausnahme bilden hier die Philippinen, die als spanische Kolonie (ab 1571) ein von den Eroberern eingeführtes Staatskirchentum besaßen. Die systematische Missionierung der Bevölkerung durch die Orden führte hier zur Verbreitung eines Volkskatholizismus, indem sich vorchristliche mit katholischen Praktiken verbanden. 1611 gründeten Dominikanermönche in Manila die erste katholische Universität in Asien (vgl. Bischof et al. 2014: 149–151). Bis heute sind die Philippinen das Land mit dem größten katholischen Bevölkerungsanteil in Asien.

sogenannte Gallikanismus in Frankreich, der sich bereits ab 1438 in Folge eines Vertrags (sog. *Konkordat*) der französischen Bischöfe mit dem König von Frankreich im Sinne eines Staatskirchentums entwickelt hatte (vgl. ebd.: 448). Zentrale ideologische Leitlinien des Gallikanismus waren u. a. die Bestreitung der Gewalt des Papstes über die weltlichen Herrscher (und damit über den französischen König) sowie die Superiorität der allgemeinen Konzilien (→ s. Kap. 3.3.1) über den Papst, und zwar in dem Sinne, dass päpstliche Verfügungen grundsätzlich der Zustimmung der Gesamtheit der Bischöfe bedürfen (vgl. Wolf 2020: 93). Auch im Heiligen Römischen Reich hatte sich seit dem 15. Jahrhundert ein „reichskirchlicher Episkopalismus" (Bischof et al. 2014: 450) ausgebildet, der vor allem von den deutschsprachigen Fürstbischöfen getragen wurde und primär „die Abwehr römischer Jurisdiktionsansprüche" (ebd.: 450) sowie die friedliche Koexistenz mit den protestantischen Kirchen zum Ziel hatte. Als führender Theoretiker dieser Tendenz trat – vom Gallikanismus beeinflusst – der Trierer Weihbischof Johann Nikolaus von Hontheim (1701–1790) hervor, der unter dem Pseudonym Justinus Febronius 1763 eine programmatische Schrift verfasste, in der er die Unabhängigkeit einer nationalen deutschen katholischen Kirche von Rom forderte (sog. Febronianismus) (vgl. Wallmann 2012: 170). Daneben existierte freilich nach wie vor der Kirchenstaat (→ s. Kap. 3.4.2) auf italienischem Gebiet, der vom Papst als dem alleinigen politischen wie religiösen Oberhaupt von Rom aus regiert wurde.

Obgleich also der Katholizismus im 18. Jahrhundert auf vielfältige Weise in die verschiedenen Gesellschaften der (katholischen) Welt integriert war, markiert *ein* Ereignis für alle diese Formen eine tiefgreifende Zäsur: die Französische Revolution (1789–1799). Diese entfaltete ihre Wirkung freilich nicht nur in Frankreich, sondern im Verlauf des 19. Jahrhunderts auch in ganz Europa (und zum Teil darüber hinaus [vgl. Bayly 2008: 122–126]), indem sie dem absolutistischen *Ancien Régime*, das noch stark von den feudalen/grundherrschaftlichen Strukturen des Mittelalters geprägt war, ein Ende setzte (vgl. Thamer 2023: 12–29). Ihre kontextübergreifende Bedeutung zeigte sich vor allem im Politischen, und zwar

> „in der Entwicklung von Verfassungen und neuen Formen der Legitimation von Herrschaft, in der Proklamation von Menschen- und Bürgerrechten und in der Funktion der Revolution als Gründungsereignis für eine demokratische politische Kultur, in der Entfaltung neuer Formen der politischen Repräsentation und Integration" (ebd.: 8 f.).

In dieser Form war die Französische Revolution das Ergebnis eines längeren gesellschaftlichen Wandlungsprozesses, der sich überall in Europa (und freilich auch in den amerikanischen Kolonien) beobachten ließ, und der die Grundlage für das Modell des ‚modernen', auf dem Konzept der Volkssouveränität fußenden, republikanischen Staatswesens legte.

In Frankreich hatte die Revolution zunächst „mit der feudalen Gesellschaftsstruktur auch den Bau der gallikanischen Staatskirche zum Einsturz gebracht" (ebd.: 172). Doch auch in Deutschland zeitigte die im Nachbarland im Rahmen der politischen Umwälzungen begründete *Säkularisation* bzw. Enteignung von Kirchengut bald verheerende Wirkung: Der sogenannte Reichsdeputationshauptschluss von Regensburg schaffte 1803 die geistlichen Fürstentümer, die bis dato von den oben erwähnten Fürstbischöfen regiert worden waren, vollständig ab und übertrug nicht nur die entsprechenden Territorien, sondern auch den kirchlichen Vermögensbesitz den neuen weltlichen (und überdies zumeist protestantischen) Landesherren, darunter zahlreiche Bistümer, Klöster, Hochstifte und kirchliche Universitäten (vgl. Wolf 2020: 52–54). Die Feldzüge des seit 1799 als Militärdiktator und später als Kaiser von Frankreich regierenden Napoleon Bonaparte (1769–1821) führten 1809 mit der Gefangennahme von Papst Pius' VII. (reg. 1800–1823) durch französische Truppen gar zur zwischenzeitlichen Auflösung des Kirchenstaats (vgl. Bischof et al. 2014: 452). Napoleons Aktivitäten hatten mittelfristig auch Auswirkungen auf die katholischen Territorien in Amerika: Denn die Eroberung Portugals und Spaniens durch napoleonische Truppen ermöglichte es den lateinamerikanischen Kolonien, bis 1824 ihre politische Unabhängigkeit zu erlangen. Die dortigen Kirchen verloren dadurch ihren kolonialen Schutz und ihre Privilegien und sahen sich zusätzlich zum Teil mit kirchenfeindlich eingestellten Regierungen konfrontiert, die durch das Gedankengut der französischen Revolution geprägt waren (vgl. ebd.: 130 f.).

Was für Zeitgenossen wie das Ende katholischer Kirchlichkeit angemutet haben mag, führte auf mittlere Sicht zu einer fundamentalen Neuaufstellung – wenn nicht gar „Neuerfindung" (Wolf 2020: 150) der katholischen Tradition. Denn Profiteur dieser Entwicklung war der Papst – ungeachtet der Tatsache, dass er im Laufe des 19. Jahrhunderts durch die sukzessive Eingliederung des Kirchenstaats in den neuen italienischen Staat seiner weltlichen Macht vollständig verlustig ging (Endpunkt der Entwicklung war die Besetzung Roms und dessen Erhebung zur Hauptstadt Italiens durch nationalistische Truppen im Sommer 1870). Ein Hauptgrund für diesen neuerlichen (kirchlichen) Aufstieg des Papsttums bestand darin, dass die Auswirkungen der französischen Revolution den alten staats- bzw. reichskirchlichen Gebilden in ganz Europa ein Ende setzten, die den päpstlichen Einfluss auf die verschiedenen Teilkirchen bislang stark eingeschränkt hatten – ein Prozess, der im Wesentlichen mit dem Untergang der lateinamerikanischen Kolonialkirchen seine Fortsetzung fand.

Von der allgemeinen Verunsicherung katholischer Kreise konnte bereits der oben erwähnte Papst Pius VII. profitieren: Denn nach der Abdankung Napoleons kehrte er 1814 nach Rom zurück und stellte damit den Kirchenstaat wieder her. Die „hohe moralische Autorität" (Wolf 2020: 48), die ihm sein vorheriger „Widerstand gegen den ‚Usurpator' und die ‚Bestie Bonaparte'" (ebd.: 48) eingebracht hatte, bildete nun die Grundlage für die Entwicklung des Papsttums zum „Fels in der Brandung der Moderne" (ebd.: 48), der den Erhalt der ‚einen' Kirche in einer Zeit der politischen Umbrüche in aller Welt zu garantieren schien. Die ideologische Grundlage dieses neuen, stark auf den Papst zentrierten Kirchenverständnisses bildete der sogenannte *Ultramontanismus* – eine betont ‚antimoderne' Geistesströmung, die das „religiös-politische[...] Zentrum [der Kirche] *ultra montes*/jenseits der Alpen, eben in Rom" (Hauschild 2010: 544), verortete und damit den Papst als das alleinige Zentrum des Katholizismus' propagierte. „Sie wollten aus den Trümmern der [...] Kirche, die die Revolution übrig gelassen hatte, etwas ganz Neues schaffen: einen möglichst straff gegliederten, strikt einheitlichen antimodernen katholischen Kampfverband" (Wolf 2020: 108). Dabei „entwarfen sie ein Idealbild von Rom als heiliger Stadt, die nicht mehr nur der organisatorische Mittelpunkt der katholischen Kirche, sondern auch ihr emotional-religiöses Zentrum werden sollte" (ebd.: 108). Als Multiplikatoren dieser Ideologie taten sich besonders die Jesuiten hervor, die dem Ultramontanismus (in Allianz mit dem Papst) nicht nur in Europa, sondern auch in Lateinamerika zu großer Popularität verhalfen (vgl. Bischof et al. 2014: 109).

Den Höhepunkt dieser Entwicklung bildete das Erste Vatikanische Konzil (1869/70) unter Pius IX. (reg. 1846–1878), dem „maßgebliche[n] Gestalter einer im antimodernistischen Geist modernisierten Papstkirche" (Hauschild 2010: 544). Gegen den erbitterten Widerstand der liberalen und modernistischen Kräfte innerhalb der katholischen Kirche setzte er (mithilfe der ultramontan ausgerichteten Mehrheit der Bischöfe) jene Beschlüsse und Dogmen durch, die die katholische Kirche (auch über das ein Jahrhundert später abgehaltene *Zweite Vatikanische Konzil* hinaus [→ s. Kap. 6.1]) nachhaltig prägten:

(1) Das sogenannte Iurisdiktionsprimat des Papstes, das diesen zum alleinigen Gesetzgeber und obersten Richter zugleich erklärte (vgl. Wolf 2020: 298) und die katholische Kirche damit faktisch zur „absoluten Papstmonarchie" (ebd.: 298) im Geiste des *Ancien Régime* umbaute. In der berühmten Konstitution *Pastor aeternus* heißt es dazu:

> „Demnach lehren und erklären wir, daß die […] Jurisdiktionsgewalt des römischen Bischofs […] unmittelbar sei. Ihr gegenüber sind die Hirten und Gläubigen unabhängig von Ritus und Rang […] zur hierarchischen Unterordnung und zu echtem Gehorsam verpflichtet. Dies gilt nicht nur in Fragen des Glaubens und der Sitten, sondern auch in Disziplinar- und Leitungsfragen der über die ganze Erde ausgebreiteten Kirche" (zit. n. Alberigo/Wohlmuth 2002: 813 f.).

(2) Das bereits in Kap. 6.1.1 angesprochene „‚unfehlbare[…] Lehramt des Römischen Bischofs' als ein[…] Teilaspekt des allgemeinen apostolischen Vorrangs" (Alberigo 1998: 406). Nachdem Pius IX. diesen Anspruch bereits zuvor in verschiedenen Lehrentscheidungen praktiziert hatte (so hatte er 1854 das Dogma von der unbefleckten Empfängnis Mariens quasi im Alleingang [also ohne ein Konzil] erlassen [vgl. Wolf 2020: 187–217]), konnte er das Konzept der päpstlichen *Infallibilität* (von lat. *infallibilis*, „unfehlbar") schließlich mithilfe der Majorität der Konzilsväter im Sinne einer allgemeinen Glaubenswahrheit durchsetzen. Das ältere Verständnis, das die allgemeine Gültigkeit kirchlicher Lehrentscheidungen von der Gesamtheit der in der apostolischen Nachfolge stehenden Bischöfe, etwa in Form eines allgemeinen Konzils, herleitet, wird hier durch das Bewusstsein ersetzt, dass die „Entscheidungen des römischen Bischofs aus sich [*ex sese*], nicht aber aufgrund der Zustimmung der Kirche [in Form der Bischöfe] unabänderlich [sind]" (zit. n. Alberigo/Wohlmuth 2002: 816). Beschränkt wird dieser Anspruch freilich auf solche Entscheidungen, die der Papst „vom Lehrstuhl aus" (*ex cathedra*), also in Ausübung seines Amtes, trifft, und zwar in Bezug auf „Aussagen der

Glaubens- oder Sittenlehre, die für die gesamte Kirche von Bedeutung sind" (Alberigo 1998: 497). Die Konsequenz dieses 1870 verabschiedeten Unfehlbarkeitsdogmas fasst der katholische Kirchenhistoriker Hubert Wolf wie folgt zusammen: „An die Stelle von Schrift und Tradition trat der Papst. Er war von nun an die Kirche" (Wolf 2020: 213). Dass dies auch Pius selbst bewusst war, zeigt ein von ihm überlieferter Ausspruch, den er einem seiner Kardinäle im Zorn entgegengeschleudert haben soll: „*Io, io sono la tradizione, io, io sono la Chiesa* [Ich, ich bin die Tradition, ich, ich bin die Kirche]" (zit. n. ebd.: 13).

Die von zeitgenössischen Beobachtern befürchtete Kirchenspaltung ob der sich während des Konzils so unversöhnlich gegenüberstehenden Parteien trat jedoch nicht ein: Binnen weniger Jahre gab die modernistisch gesinnte Minorität der Bischöfe ihren Widerstand auf und akzeptierte die Beschlüsse des Konzils endgültig. Dennoch formierte sich vor allem in Deutschland eine Protestbewegung aus katholischen Theologieprofessoren und Intellektuellen, die sich gegen das Jurisdiktionsprimat des Papstes, vor allem aber gegen das Unfehlbarkeitsdogma richtete. Auf einem Kongress in München formierte sich diese Bewegung 1871 zur heute noch existierenden *Altkatholischen Kirche*, die den Anspruch vertritt, den „alten", also vorkonziliaren, Glauben der Kirche zu bewahren (vgl. Küry/Oeyen 1978: 66). Dass dies durchaus nicht gegen, sondern vielmehr unter Aufnahme ‚modernistischen' Gedankenguts gedacht war, zeigen die auf dem Kongress formulierten Grundsätze der neuen Gemeinschaft:

> „Wir erstreben unter der Mitwirkung der Wissenschaft eine Reform der Kirche im Geiste der alten Kirche und die Mitwirkung des Volkes an den kirchlichen Angelegenheiten. [...] Wir hoffen auf eine Wiedervereinigung mit den orthodoxen Kirchen und auf eine Verständigung mit den protestantischen und bischöflichen Kirchen. [...] Wir halten zu den die bürgerliche Freiheit und Kultur verbürgenden Verfassungen unserer Länder und verwerfen auch aus diesem Grunde den päpstlichen Universalepiskopat" (zit.n. ebd.: 66).

Literatur zum Einstieg

- Franz Xaver Bischof/Thomas Bremer/Giancarlo Collet/Alfons Fürst: Einführung in die Geschichte des Christentums. Freiburg/Basel/Wien: Herder 2014.
  → Die historische Einführung fokussiert insbesondere auf die Herausbildung der katholischen Weltkirche in ihrer Einbettung in die übrigen Entwicklungen des globalen Christentums.
- Klaus Schatz: Allgemeine Konzilien – Brennpunkte der Kirchengeschichte. 2. Aufl., Paderborn: Schöningh 2008.
  → Flüssig lesbare Darstellung der Genese der heutigen konfessionellen katholischen Identität anhand der Geschichte der allgemeinen Konzilien.
- Karl Rahner/Herbert Vorgrimler: Kleines Konzilskompendium. 35. Auflage, Freiburg: Herder 2008.
  → Einleitender Kommentar zu den Beschlüssen des Zweiten Vatikanischen Konzils von dem bedeutenden Konzilstheologen Rahner und seinem Schüler.

7. Protestantisches Christentum

> **Überblick**
>
> Das Kapitel versucht, konzeptuelle ‚Schneisen' in das komplexe Feld des weltweiten Protestantismus zu schlagen, der heute eine unüberschaubare Vielfalt verschiedener Kirchen und Gruppierungen vor allem in den Regionen des globalen Südens umfasst. In weitgehend chronologischer Reihenfolge werden dabei die wichtigsten konfessionellen Untergruppen behandelt (Luthertum und reformierte Tradition/Calvinismus, Anglikanismus, Baptismus, Erweckungsbewegungen [einschließlich des historischen Pietismus'], pfingstliches bzw. pentekostales Christentum sowie Evangelikalismus). Alle Strömungen werden zunächst in ihrer gegenwärtigen Verfasstheit präsentiert; anschließend stellt ein historisches Unterkapitel jeweils wichtige historische Eckpunkte, Entwicklungen und Persönlichkeiten dar – nicht nur, um die heutige Situation der ‚protestantischen Welt' zu erklären, sondern auch, um die komplexen und sich im Laufe der Zeit stetig wandelnden Abgrenzungen zwischen den verschiedenen konfessionellen Untergruppen verständlich zu machen.

7.1. Protestantismus – gibt es das?

Die konfessionelle Vielfalt des Christentums ist in den letzten ein- bis zweihundert Jahren vor allem durch jenes Spektrum christlicher Gemeinschaften immens vergrößert worden, die gemeinhin als ‚protestantisch' bezeichnet werden. Diese auch für Fachleute inzwischen nicht mehr zu überschauende Diversifizierung macht es – ähnlich wie im Falle der Kategorie ‚Christentum' (→ s. Kap. 1) – praktisch unmöglich, sich dem Gegenstand des Protestantismus auf inhaltliche Art zu nähern, etwa, indem man die theologischen Kernpunkte bestimmen wollte, die alle protestantischen Kirchen verbinden.[27] In der Forschung wird aufgrund dieses Problems zuweilen gar bestritten, dass es überhaupt sinnvoll sei, von *dem* Protestantismus zu sprechen; analog zu dem Vorschlag, dass man in Bezug auf die christliche Welt von einer Vielzahl von ‚Christentümern' sprechen sollte (vgl. Grümme et al. 2022), konzeptionieren manche Forschende das protestantische Christentum also als ein Geflecht verschiedener ‚Protestantismen'. Einzelne Forschende sind sogar dazu übergangen, neben den ‚klassischen' konfessionellen Kategorien eine weitere „unabhängige" (Johnson/Zurlo 2020: 6) Konfession zu propagieren, was jedoch nicht darüber hinwegtäuschen darf, dass praktisch alle dieser „Independents" historisch in irgendeiner Form mit protestantischen Strömungen zusammenhängen (vgl. ebd.: 934 f.).

Im Rückgriff auf die in Kap. 1.2 skizzierten Überlegungen soll das Problem an dieser Stelle wieder dadurch abgefedert werden, dass wir (im Sinne eines kulturwissenschaftlichen Zugangs) primär nicht das Substantiv ‚Protestantismus', sondern das Adjektiv ‚protestantisch' in den Blick nehmen: Indem wir danach fragen,

---

[27] Häufig werden hier die drei (in Kap. 3.6.1 skizzierten) *sola* der lutherischen Theologie angeführt (vgl. Graf 2017: 18 f.). Unabhängig davon, dass sich die Gültigkeit dieser Prinzipien schwerlich in allen Gruppen des globalen Protestantismus überprüfen lässt, würde eine solche Bestimmung m. E. auch wenig zu einem tieferen Verständnis der inneren Ausdifferenzierung der protestantischen Welt beitragen.

wer heute als protestantisch gilt und wie diese Zuschreibung im Allgemeinen begründet wird, lenken wir unser Erkenntnisinteresse auf die Welt ‚da draußen', in der sehr wohl christliche Gruppen existieren, die sich selbst als protestantisch verstehen und auch von anderen mit diesem Attribut versehen werden. In diesem Sinne werden (nicht nur in der Forschung) üblicherweise solche Gruppen als protestantisch bezeichnet, deren Genese sich historisch in der Hauptsache[28] auf die Reformation(en) des lateinischen Christentums im 16. Jahrhundert (→ s. Kap. 3.6) zurückführen lässt; diese geschichtliche Verortung ist häufig auch selbst Teil der Identität der verschiedenen Gruppen, die sich daher „als Erben des reformatorischen Protests verstehen" (Graf 2017: 7), ohne dass es dabei ein einheitliches, das gesamte Spektrum protestantischer Kirchen umfassendes Selbstbewusstsein dafür gäbe, gemeinsam den *einen* Protestantismus zu repräsentieren. Damit können unter dem Schlagwort ‚protestantisch' summarisch immerhin „all jene Strömungen des neuzeitlichen Christentums [erfasst werden], die sich in ausdrücklicher Differenz zum römischen Katholizismus [→ s. Kap. 6] und zu den orthodoxen Christentümern [→ s. Kap. 4 & 5] als eigene, dritte Überlieferungsgestalt des Christlichen verstehen" (ebd.: 18).

Dass mit dieser recht grob erscheinenden Eingrenzung des Gegenstands (gemäß der in Kap. 2.2 präsentierten Statistik) bald die Hälfte der Weltchristenheit als protestantisch aufzufassen wäre, zeigt dabei einmal mehr, dass eine solche ‚Definition' von Protestantismus letztlich primär den Zweck erfüllt, solche Gruppen zu bestimmen, die in einem Kapitel zum Thema schwerpunktmäßig zu behandeln sind. Um ein grundlegendes Verständnis zu ermöglichen, was den Protestantismus ‚eigentlich' ausmacht, ist die entsprechende Kategorie schon allein aufgrund der Diversität der Gruppierungen, die sie zu fassen sucht, nicht geeignet. Im Folgenden sollen daher solche Strömungen, die heute üblicherweise als protestantisch verstanden werden (und die sich auch selbst als solche ansehen) in ihren historischen Zusammenhängen dargestellt werden. Dadurch soll den Lesenden die Komplexität des *heutigen* konfessionellen Diskurses vor Augen gestellt werden – mit dem Ziel, ein grundlegendes Verständnis für die ganz konkreten Positionierungen, Zuschreibungen und Konflikte zu entwickeln, die das weltweite Feld protestantischer Gemeinschaften aufspannen.

Mit Blick auf die aktuelle Situation lassen sich deskriptiv bereits einige grundlegende Charakteristika dieses Feldes bestimmen:

(1) Zunächst der Befund, dass es sich dabei – wenig verwunderlich – um ein globales Phänomen handelt; mehr noch: Von den heute vielleicht 900 Millionen Angehörigen protestantischer Kirchen lebt die überwiegende Mehrheit in Afrika, Lateinamerika, Asien und Ozeanien, sodass sich die „einstmals dominant europäische und nordamerikanische Sozialgestalt des protestantischen Christentums […] zunehmend zu einer außereuropäischen Religion bzw. zu einer Religion der südlichen Hemisphäre" (ebd.: 23) wandelt. Dieser Prozess

---

28 Einige Gruppen, wie etwa die auf den mittelalterlichen Armutsprediger Petrus Valdes (gest. vor 1218) zurückgehenden Waldenser oder die protestantischen Thomaschristen in Indien (→ s. Kap. 4.2) haben gleichwohl ältere Wurzeln, haben sich im Laufe ihrer Geschichte jedoch protestantischen Bewegungen angeschlossen.

hat sich in den letzten einhundert Jahren rapide beschleunigt, was zu der bereits erwähnten gewaltigen „Differenzierungs- und Pluralisierungsdynamik [geführt hat], die im 21. Jahrhundert ungebrochen ist" (ebd.: 23) und im Wesentlichen mit der Inkulturation protestantischer Frömmigkeit in die verschiedenen Kontexte des globalen Südens erklärt werden kann.

(2) Zudem ist auffällig, dass die unzähligen Gemeinschaften weit davon entfernt sind, eine mehr oder weniger einheitliche (oder zumindest ähnliche) Form der Organisation zu repräsentieren. Zwar gibt es (etwa in Form der *Evangelischen Kirche in Deutschland* [EKD]) stark verfasste Formen von Protestantismus, die zum Teil sogar in staatliche Strukturen integriert sind und dementsprechende Privilegien genießen (→ s. Kap. 7.2); die andere Seite des Spektrums bilden jedoch die unzähligen institutionell vollkommen unabhängigen Kirchen, die manchmal im Wesentlichen um einen charismatischen Prediger herum organisiert sind und oft auch nur eine einzige Gemeinde umfassen. Anders als etwa im Fall der katholischen und orthodoxen Kirchen gibt es also keinerlei (zentralistische) Struktur, die alle protestantischen Gemeinschaften umfassen würde, sondern eine Vielzahl unterschiedlicher, voneinander völlig unabhängiger Organisationsformen.

(3) Die Tatsache, dass es sich bei ‚dem' Protestantismus also keineswegs um eine in irgendeiner Form strukturell zusammenhängende Organisation oder gar Institution handelt, führt zwangsläufig zu dem Umstand, dass es auch keinerlei theologische Lehren oder Bekenntnisse gibt, die in der gesamten protestantischen Welt als allgemeingültig anerkannt (geschweige denn als verbindlich angenommen) würden. Im Gegenteil: In der Praxis vertritt jede *Denomination* (also strukturell zusammenhänge Gruppe) eine eigene Lehre – und nicht selten auch viele einzelne Gemeinden oder Pastoren. Auch in stark verfassten Gemeinschaften gibt es in der Regel kein zentrales Lehramt, sodass die Lehr- und Bekenntnisschriften allenfalls identitätsstiftend, aber keineswegs verbindlich für alle Gläubigen sind. Dass dies auch innerhalb vieler Gemeinschaften nicht als Problem empfunden wird, liegt sicherlich nicht zuletzt an der reformatorischen Idee, dass die Bibel keiner offiziösen Auslegungsinstanz (etwa in Form eines zentralen Lehramts) bedürfe, sondern sich selbst in der Lektüre des Einzelnen auslege (*sola scriptura* [→ s. Kap. 3.6.1]). Dass dieses Prinzip in der Praxis indes nicht immer so ‚liberal' und individualistisch ist, wie es auf den ersten Blick scheint, zeigen solche Diskurse innerhalb der protestantischen Welt, die aus der Bibellektüre sehr wohl verbindliche Wahrheiten abzuleiten versuchen, diese jedoch weniger über eine kirchliche Autorität oder Tradition, sondern vielmehr mit der vermeintlichen ‚Faktizität' des biblischen Textes begründen.

Dass die zuletzt genannten Merkmale letztlich nicht mehr als eine Art Skelett bilden, das die heute als protestantisch aufgefassten Kirchen und Gemeinschaften zusammenfasst, liegt wie gesagt daran, dass es die inhaltliche und institutionelle Diversität des Feldes kaum zulässt, sich dem Gegenstand anders als *ex negativo* zu nähern. Dennoch lassen sich innerhalb des Feldes sehr wohl Schneisen schlagen, die sich dann auch stärker substantiell bestimmen lassen, etwa über gemeinsame

Formen der Organisation oder eine ähnliche Theologie. Viele dieser Elemente haben ihre Wurzeln zweifelsohne in den reformatorischen Diskursen des 16. Jahrhunderts; die große Dynamik des Feldes hat im Laufe der Jahrhunderte jedoch dazu geführt, dass viele dieser Konzepte in den unterschiedlichen Kontexten starke Veränderung durchlaufen haben, sodass diese teilweise nur mehr aufgrund ihrer gemeinsamen historischen Herkunft nebeneinander gestellt werden können, aber nicht als die *eine* protestantische Theologie konzeptioniert werden können. Die folgenden Abschnitte sollen einige dieser Formen repräsentieren, in denen die wichtigsten Traditionen der heutigen protestantischen Welt in ihrer gegenwärtigen und historischen Verflechtung skizziert werden.

7.2. Luthertum und reformierte Tradition/Calvinismus

7.2.1. Situation weltweit

Die beiden Konfessionen, die sich im 16. Jahrhundert in Abgrenzung zur ‚altgläubigen', also römisch-katholischen, Konfessionskirche (→ s. Kap. 6.2.1) herausgebildet haben, werden gemeinhin als *Luthertum* (im Sinne der auf die Reformation in Deutschland zurückgehenden Strömung [→ s. Kap. 3.6.1]) bzw. als *reformierte Tradition* (auf die Reformation in der Schweiz und in Genf zurückgehend [→ s. Kap. 3.6.2]) bezeichnet. Beide Strömungen „fixierten ihre konfessionelle Identität" (Graf 2017: 42) nach dem Scheitern des sogenannten Marburger Religionsgesprächs (→ s. Kap. 3.6.2) im Jahre 1529 durch verschiedene Bekenntnisschriften, die bis heute das Bewusstsein lutherischer bzw. reformierter Kirchen prägen und als theologische und identitätsstiftende Grundlage rezipiert werden.

Im Falle des *Luthertums* ist das in erster Linie die im Jahre 1530 auf dem Augsburger Reichstag vorgestellte *Confessio Augustana* (→ s. Kap. 3.6.1), in der die zentralen Lehren der Wittenberger Reformation niedergelegt sind. Dieses ‚Augsburger Bekenntnis' begründete nicht allein die Identität der lutherischen Kirchen in Deutschland, sondern diente in der Folgezeit auch den in anderen europäischen Kontexten (hier vor allem in Skandinavien, im Baltikum und in Teilen Südosteuropas) neu entstehenden reformatorischen Gemeinschaften als theologische Grundlage. „Als durch kolonialistische Expansion und Mission der europäische Konfessionspluralismus nach Übersee gebracht wurde, definierten sich die dort entstehenden lutherischen Kirchen, etwa in den USA oder in verschiedenen lateinamerikanischen Gesellschaften, so im brasilianischen Süden, von den alten Bekenntnissen her" (ebd.: 34 f.). Vor diesem Hintergrund zählt die *World Christian Encyclopedia* für das Jahr 2020 etwa 70 Millionen Angehörige lutherischer Kirchen, die konfessionell unabhängig, also nicht Teil von Kirchenunionen (d. h. von Zusammenschlüssen lutherischer und reformierter Kirchen [s. u.]) sind (vgl. Johnson/Zurlo 2020: 7). Der mit Abstand größte Teil (ca. 32 Millionen) lebt demnach in Europa (vgl. ebd.: 13); afrikanische Länder (v. a. Äthiopien, Tansania und Madagaskar [vgl. Dieter 2007: 74]) sind mit etwa 16 Millionen Gläubigen verzeichnet (vgl. Johnson/Zurlo 2020: 9), Asien (hier v. a. Indonesien und Indien [vgl. Dieter 2007: 74]) mit ca. 12 Millionen (vgl. Johnson/Zurlo 2020: 11), Nordamerika mit 6,8 Millionen (vgl. ebd.: 17), Australien und Ozeanien mit 1,5 Millionen (vgl. ebd.: 19; hier v. a. Papua-Neuguinea [vgl. Dieter 2007: 74]) und

Südamerika mit 1,3 Millionen (vgl. Johnson/Zurlo 2020: 15). Der größte Teil der lutherischen Kirchen ist heute weltweit über den 1947 gegründeten *Lutherischen Weltbund* verbunden (vgl. Dieter 2007: 73).

Region	Anhängerzahl
Europa	32,3 Millionen
Afrika	16,4 Millionen
Asien	11,6 Millionen
Nordamerika	6,8 Millionen
Australien & Ozeanien	1,5 Millionen
Südamerika	1,3 Millionen
Gesamt	ca. 70 Millionen

Tab. 7.1.: Angehörige lutherischer Kirchen (ohne Kirchenunionen) (Quelle: nach Johnson/Zurlo 2020)

Im Bereich der *reformierten Tradition*, die häufig (aufgrund des großen Einflusses Johannes Calvins [→ s. Kap. 3.6.2]) auch als *Calvinismus* bezeichnet wird, ist als identitätsstiftende Bekenntnisschrift (neben einigen Schweizer Texten) zunächst der *Heidelberger Katechismus* zu nennen. Dieser war 1563 vor allem durch den Heidelberger Theologieprofessor Zacharias Ursinus (1534–1583) als Grundlage für die reformierte Kirchenordnung der Kurpfalz verfasst worden (vgl. Hauschild 2010: 399), diente in der Folge jedoch als Bezugspunkt für zahlreiche weitere calvinistische Kirchen in Europa (vor allem in den Niederlanden, in der Schweiz und in Ungarn, aber auch in einigen Landeskirchen in Deutschland, die sich der reformierten Tradition zugewandt hatten). Eine Ausnahme bildet die *Church of Scotland*: Nachdem die Reformation in Schottland ab 1559 durch den Calvinschüler John Knox (1514–1572) durchgeführt worden war (vgl. ebd.: 230), orientierte sich die neu entstehende Kirche am sogenannten *Bekenntnis von Westminster* von 1646. Die calvinistisch geprägte Kirchenordnung führte dabei (anstelle eines zentralen Bischofsamtes) Gremien zur Leitung der Kirche ein (sog. Presbyterien), weshalb der schottische Calvinismus häufig auch als *Presbyterianismus* (in Anlehnung an die von Calvin entworfene Kirchenstruktur) bezeichnet wird (vgl. ebd.: 230). Als calvinistisch geprägte Bekenntnisschrift gelten auch die *Neununddreißig Artikel* der *Church of England*; weil der Anglikanismus jedoch eine Sonderform protestantischer Konfessionalität darstellt, wird er in Kap. 7.3 separat behandelt. Als im engeren Sinne calvinistisch können indes die englischen *Puritaner* (→ s. Kap. 7.3.2) gelten, auch wenn es sich dabei nicht um eine zusammenhängende Konfession gehandelt hat. Darunter versteht man eine radikalere Bewegung des 16. und 17. Jahrhunderts, die für die konsequente Reformation der englischen Staatskirche eintrat, zumeist jedoch innerhalb der *Church of England* verblieb. Bedeutsam sind die Puritaner noch heute vor allem deshalb, weil ein großer Teil der im 17. Jahrhundert aus England in die nordamerikanischen Kolonien Auswandernden puritanisch gesinnt war (sog. *pilgrim fathers*). Dadurch machten sie den Calvinismus zu einer der prägenden Strömungen der späteren USA, obgleich reformierte Kirchen im engeren Sinne heute nur noch einen vergleichsweise kleinen Teil der dortigen religiösen Landschaft bilden. Einflussreich war dabei nicht zuletzt die (ebenfalls aus der Theologie Calvins abgeleitete) Kirchenstruktur des sogenannten *Kongregationalismus*: Darunter versteht man „das Prinzip absoluter Unabhängigkeit der einzelnen Gemeinden/*congregations* und [...] die Ablehnung aller staatskirchlichen Formen" (ebd.: 236) – ein Modell, das in der ‚Neuen Welt' – anders als in England – aufgrund der in der US-amerikanischen Verfassung verankerten strikten Trennung von Staat und Kirche auch in die Realität umgesetzt werden konnte. Vor diesem Hintergrund gehen weltweite Schätzungen von insgesamt etwa 65 Millionen reformierter Gläubiger aus, die konfessionell eigenständig, also nicht Teil von Kirchenunionen sind (vgl. Johnson/Zurlo 2020: 7); die größte Zahl dezidiert reformierter Kirchen existiert demnach (mit jeweils ca. 24 Millionen Anhängern [vgl. ebd.: 9; 11]) in afrikanischen und asiatischen Ländern, in Europa leben etwa 10 Millionen Angehörige reformierter Kirchen (vgl. ebd.: 13), in Nordamerika etwa 3,6 Millionen, in Südamerika 3,3 Millionen und in Australien/Ozeanien ca. 600000. Seit 2010 sind die meisten dieser Kirchen im Rahmen der *Weltgemeinschaft Reformierter Kirchen* vernetzt.

Region	Anhängerzahl
Afrika	23,9 Millionen
Asien	23,7 Millionen
Europa	10,3 Millionen
Südamerika	3,3 Millionen
Nordamerika	3,6 Millionen
Australien & Ozeanien	600.000
Gesamt	ca. 65 Millionen

Tab. 7.2: Angehörige reformierter Kirchen (ohne Kirchenunionen) (Quelle: nach Johnson/Zurlo 2020)

Obgleich seit dem 17. Jahrhundert immer wieder Versuche unternommen worden waren, die konfessionelle Spaltung der Reformation, die auf dem Marburger Religionsgespräch (→ s. Kap. 3.6.2) zu Tage getreten war, zu überwinden (vgl. Ehmann 2019: 17–32), kam es erst ab dem 19. Jahrhundert zu größeren Unionen, indem sich reformierte und lutherische Kirchen in einem Gebiet zu sogenannten *unierten Kirchen* zusammenschlossen. In dieser Form existieren sie bis heute in Form einiger unierter evangelischer Landeskirchen in Deutschland (→ s. Kap. 7.2.3), aber teilweise auch in anderen Ländern Europas (etwa in Frankreich [vgl. Dautheville/Collange 2019]). Auch im Falle einzelner US-amerikanischer Unionskirchen handelt es sich im Wesentlichen um Zusammenschlüsse von lutherischen und reformierten Gruppen (vgl. Rudolph 2019). In anderen Kontexten ist der Unionsbegriff weiter gefasst und beinhaltet häufig auch andere Gruppierungen aus dem breiten Spektrum des weltweiten Protestantismus, etwa in Indien, wo sich 1947 die *Church of South India* als ein Zusammenschluss von anglikanischen, presbyterianischen, kongregationalistischen und methodistischen

(→ s. Kap. 7.5.3) Kirchen gebildet hatte (vgl. Suarsana 2019 a). Vor diesem Hintergrund ist die von Johnson/Zurlo (2020: 7) genannte Zahl von weltweit fast 78 Millionen Mitgliedern unierter Kirchen nur zum Teil den beiden Strömungen des Luthertums und der reformierten Tradition zuzurechnen.

7.2.2. Konfessionelle Abgrenzungen

Zwar bilden sich lutherische und reformierte Tradition zunächst in dezidierter Abgrenzung zur mittelalterlichen Papstkirche heraus; dennoch zeigten sich im Laufe der Zeit auch immer stärker die innerreformatorischen Unterschiede in Theologie und Kirchenverständnis, sodass sich die beiden Strömungen in den darauf folgenden Jahrhunderten immer weiter verselbstständigten und ihre konfessionellen Differenzen zuweilen auch recht erbittert austrugen. In der Forschung wird dies dadurch erklärt, dass „die reformierten Protestanten […] den Bruch mit den Altgläubigen entschiedener, radikaler als die Lutheraner" (Graf 2017: 43) vollzogen haben. Die Reformierten entwickelten dabei

> „ein Verständnis der Praxis der Kirche und des Handelns der Christen in der Welt, das sich an dem Ideal der Heiligung und der Durchdringung des öffentlichen Lebens […] orientierte. […] Wo die Lutheraner zwei Regierungsweisen Gottes unterschieden und durch die ‚Zwei-Reiche-Lehre' […] eine relative Autonomie des Weltlichen betonten, lehrten die Reformierten die ‚Königsherrschaft Christi', durch die auch die politische Obrigkeit zu missionarischem Dienst und unbedingter Durchführung des Christusgesetzes verpflichtet sei" (ebd.: 43).

In diesen Prozess der radikalen Abgrenzung zur mittelalterlichen Frömmigkeit kann auch das abweichende Abendmahlsverständnis der reformierten Tradition eingeordnet werden, das im Wesentlichen ja die Verständigung zwischen Luther und Zwingli hatte scheitern lassen (→ s. Kap. 3.6.2). So kann die zwinglianische Deutung des Abendmahls im Sinne eines zeichenhaften Erinnerungsmahls an die Gegenwart Christi als die konsequente Abkehr von jedweder Abendmahlspraxis interpretiert werden, „in der […] noch Reste magischer Beschwörung der Verwandlung von Brot und Wein oder einer [von Luther vertretenen] mystischen Einwohnung des Auferstandenen in den beiden sinnlichen Elementen" (ebd.: 42) zu erkennen waren. Weitere Aspekte dieser Tendenz, mit der althergebrachten Frömmigkeit zu brechen, umfassen das konsequente Entfernen aller bildlicher Darstellungen aus Kirchengebäuden, was diese Außenstehenden zuweilen als besonders karg erscheinen lässt, sowie die Abschaffung der Messe „zugunsten einer ganz schlichten, allein an den Einsetzungsworten orientierten Abendmahlsfeier" (ebd.: 43).

Im Vergleich zur römisch-katholischen Kirche sind diese „religionskulturellen Differenzen" (ebd.: 43) indes als eher gering einzuschätzen. In diesem Kontext dienen die vielfältigen und zum Teil recht fundamentalen theologischen Unterschiede zwischen Katholizismus und ‚klassischem' Protestantismus beiden Konfessionen bis heute als identitätsstiftende Abgrenzungsfolie, auch wenn das ökumenische Gespräch zwischen beiden Gruppen spätestens mit dem Zweiten Vatikanischen

Konzil (→ s. Kap. 6.1) in den 1960er-Jahren an Fahrt aufgenommen hat (→ s. Kap. 8). Aus den bisherigen Ausführungen des vorliegenden Buchs lassen sich folgende zentrale Unterschiede ableiten:[29]

(1) Im Gegensatz zum globalen Organisationsgrad der römisch-katholischen Kirche, die heute in allen Kontexten der Welt auf ihr Zentrum in Rom ausgerichtet ist (→ s. Kap. 6.2.3), präsentiert sich die protestantische Welt in Form unzähliger kleinerer und größerer kirchlicher Gemeinschaften. Anders als der flüchtige Blick auf den deutschen Kontext manchmal vermuten lässt, steht der *einen* katholischen Kirche also keineswegs die *eine* protestantische Kirche gegenüber, sondern eine große Vielzahl verschiedener Gruppen mit ihrer je eigenen Frömmigkeit.

(2) Während die katholische Ämterhierarchie, der die kirchliche Leitung obliegt, als direkt von Christus gestiftet und damit als heilig angesehen wird, erhält die institutionelle Hierarchie in den lutherischen bzw. reformierten Kirchen ihre Legitimität aufgrund ihrer Funktionalität. Die katholische Hierarchie ist also theologisch begründet, und zwar durch die Vorstellung der *apostolischen Sukzession* der Bischöfe (→ s. Kap. 6.1.1), die in einer ununterbrochenen Serie von Einsetzungen seit der Zeit Jesu stehen. „Danach ist die Gestalt der Kirche – zugleich geheimnisvoller Leib Christi und sichtbare, verfaßte Gesellschaft – göttlichen Rechts" (Frieling 1999: 109). Demgegenüber üben protestantische Kirchenleitungen (mal in Form des Bischofsamtes [o. ä.], mal in Form eines Ältestenrates/Presbyteriums) ihr Amt aufgrund der organisatorischen Notwendigkeit aus, die kirchliche Gemeinschaft als Institution zu führen und zu ‚managen'. Ihr Zweck ist also rein funktionaler Natur und hat keine tiefere theologische Bedeutung. Viele protestantische Kirchen haben zur Besetzung ihrer Leitungsämter daher inzwischen Verfahren aus der parlamentarisch-demokratischen Staatsform übernommen (→ s. Kap. 7.2.3), während katholische Bischöfe vom Papst oder von anderen Bischöfen eingesetzt werden.

(3) Wie die katholischen Bischöfe sind auch die übrigen Priester gegenüber den einfachen Gläubigen aufgrund ihres Amtes qualitativ herausgehoben. Der Grund dafür ist das Weihesakrament, mit dessen Hilfe katholische Priester vom Bischof in ihr Amt eingesetzt und damit in eine Art geheiligten Stand aufgenommen werden, indem ihnen das „unauslöschliche Siegel Christi" (ebd.: 102) eingeprägt wird. Die Zugehörigkeit zu diesem Stand ist die unabdingbare Voraussetzung dafür, die Sakramente spenden zu können, sodass diese für die katholische Frömmigkeit zentrale, weil heilsstiftende, Aufgabe allein den Priestern zukommt. Katholische Priester sind dabei ausschließlich männlich und leben im Zölibat, also ehelos. Demgegenüber wird in lutherisch bzw. reformiert geprägten Kirchen „nicht zwischen Priestern und Laien unterschieden" (ebd.: 103). Die Pfarrerinnen und Pfarrer zeichnen sich vor einfachen

---

29 Diese Unterschiede gelten – neben Lutheranern und Reformierten – für viele weitere Gruppen innerhalb des protestantischen Spektrums, ebenso wie sich darüber zum Großteil auch die Abgrenzung derselben zu den orthodoxen und altorientalischen Kirchen vornehmen lässt. Dennoch bestehen zu den übrigen protestantischen Strömungen zahlreiche weitere große Unterschiede (auch und gerade im Vergleich zum Luthertum bzw. Calvinismus), sodass diese in der folgenden Auflistung nicht explizit berücksichtigt sind.

Gemeindegliedern lediglich dadurch aus, dass sie aufgrund ihrer Ausbildung als ‚Fachleute' für Predigt und Seelsorge fungieren. Sie sind zwar *ordiniert*, aber nicht geweiht: „Die Ordination bedeutet nicht die Verleihung eines besonderen Charakters an die Person des Ordinierten. Sie ist ein Berufungsakt, keine Weihe" (ebd.: 103). Das Pfarramt ist dabei – im Sinne eines bürgerlichen Berufs – allen Geschlechtern zugänglich, partnerschaftliche Beziehungen sind grundsätzlich erlaubt. Die Grundlage dieser Praxis ist die auf Luther zurückgehende Idee des ‚allgemeinen Priestertums' (→ s. Kap. 3.6.1), also die These, dass vor Gott prinzipiell alle Menschen gleichgestellt seien und deshalb keine Grade unterschiedlicher ‚Heiligkeit' existieren.

(4) Mit den verschiedenen Konzeptionen des kirchlichen Amtes hängt auch das unterschiedliche Sakramentsverständnis zusammen. Dies betrifft nicht allein deren Anzahl (katholisch: 7; lutherisch/reformiert: 2); weil nach katholischem Verständnis zum Spenden eines Sakraments, das die heilsstiftende Gnade Gottes in der Gegenwart vermittelt (→ s. Kap. 6.1.2), zwingend ein Priester notwendig ist, werden die von protestantischen Pfarrerinnen und Pfarrern ausgeteilten Sakramente nicht als authentisch (und damit als unwirksam) angesehen, da es sich bei diesem Personenkreis um Laien (also nicht um geweihte Priester) handelt. Umgekehrt bedeutet dies, dass für die katholischen Gläubigen die heilige Messe einen zentralen Stellenwert einnimmt, weil ihnen hier – im Rahmen der Eucharistie bzw. des Abendmahlssakraments – das durch den Priester vermittelte Heilshandeln Gottes zuteilwird. Nach protestantischem Verständnis bedarf die Wirksamkeit der Sakramente dagegen keiner menschlichen Vermittlung. Zwar werden diese hier in der Regel ebenfalls im Rahmen des Gottesdienstes gespendet; in dessen Zentrum steht allerdings die Verkündigung des Wortes Gottes in Form der Predigt. Den theologischen Hintergrund bildet dabei die Vorstellung, dass die beiden Sakramente des Abendmahls und der Taufe die göttliche Gnade sozusagen nicht direkt vermitteln, sondern lediglich „sichtbare Zeichen für die Gottesbegegnung" (ebd.: 25) sind und daher prinzipiell von Allen (nicht nur von Pfarrerinnen und Pfarrern) gespendet werden können. In dieser Form repräsentieren sie das „sichtbare[...] Wort Gottes" (ebd.: 25) und stehen als eine der „Verkündigungsformen, in denen Gnade zugesprochen und im Glauben angenommen wird" (ebd.: 25), neben der Predigt.

(5) Die apostolische Sukzession begründet nach katholischem Verständnis die direkt auf Jesus zurückgehende *Tradition* (→ s. Kap. 6.1.2), die (gemäß den Beschlüssen des Zweiten Vatikanischen Konzils [→ s. Kap. 6.1]) „von Christus dem Herrn und vom Heiligen Geist den Aposteln anvertraut" (zit. n. Rahner/Vorgrimler 2008: 372) und von diesen an die Bischöfe weitergegeben worden sei. Die damit von den Bischöfen getragene Tradition steht dabei als Grundlage der Theologie neben der Bibel und begründet das in höchster Instanz vom Papst verkörperte zentrale *Lehramt*, das die zentralen Glaubenssätze der katholischen Lehre festlegt. Demgegenüber existieren in lutherischen bzw. reformierten Kirchen keine verbindlichen theologischen Vorgaben. Zwar besitzen die verschiedenen Bekenntnisschriften (wie oben dargestellt) durchaus grundlegenden, identitätsstiftenden Charakter; doch als verlässliche Basis

der Theologie gilt mit Luthers Dictum des *sola scriptura* (→ s. Kap. 3.6.1) einzig und allein die Heilige Schrift als Verkörperung des Wortes Gottes, der keine weiteren Quellen der göttlichen Offenbarung beigeordnet werden. In der Praxis kann der (nach eigenem Verständnis heiligen) katholischen Lehrtradition daher keine vergleichbare ‚protestantische Lehre' entgegengesetzt werden; anders als in der katholischen Kirche existiert hier keine Instanz, die dem lebendigen theologischen Diskurs, der in beiden Konfessionen freilich ähnlich kontrovers begangen wird, zu guter Letzt die *eine* Wahrheit entgegensetzen kann, an der sich künftig alle Debatten zu orientieren haben.

(6) Ein weiterer, sich vor allem in der Volksfrömmigkeit äußernder Unterschied ist die *Heiligenverehrung* (→ s. Kap. 6.1.2). Damit werden nach katholischem Verständnis „besonders vorbildliche Christen" (Frieling 1999: 66) bedacht, die bereits ‚jetzt' (also nicht erst nach dem jüngsten Gericht) in der Gemeinschaft mit Gott sind und daher in besonderer Weise „verehrt und um Fürbitte angerufen werden" (ebd.: 67) können. Weil diese Praxis von den Reformatoren mit dem Verweis darauf abgelehnt worden war, dass als „authentisches Vorbild" (ebd.: 69) allein Christus anzuerkennen sei, „ist es der evangelischen Frömmigkeit […] fremd, im Gebet zu Gott oder zu Christus einen weiteren Fürsprecher anzurufen" (ebd.: 70). In protestantischen Kirchen „gibt es deshalb keine Altäre, die Heiligen geweiht sind, kein Patronatswesen und keinen Madonnenkult" (ebd.: 70). Demgegenüber sind Gegenden wie das fränkische ‚Madonnenländle' auf den ersten Blick als historisch vom Katholizismus geprägt zu erkennen – aufgrund der unzähligen, an Häusern und in Bildstöcken angebrachten Marien- und Heiligendarstellungen (vgl. Seidenspinner 2004).

Katholisch	Lutherisch/reformiert
Globale Organisation als *Weltkirche*, die auf den Papst in Rom ausgerichtet ist.	Keine einheitliche Organisation, sondern zahlreiche, *institutionell unabhängige Gemeinschaften* ohne gemeinsames Zentrum.
Heilige Ämterhierarchie, die im Sinne der *apostolischen Sukzession* als direkt von Christus gestiftet gilt. Die Kirche ist damit eine *Gesellschaft göttlichen Rechts* und hebt sich qualitativ aus allen anderen Formen menschlicher Gemeinschaft hervor.	*Funktionales Verständnis* der kirchlichen Leitungsämter aufgrund der Notwendigkeit, die Kirche als institutionalisierte menschliche Gemeinschaft zu führen und zu verwalten.
Priesteramt im Sinne eines durch das Sakrament der Weihe gestifteten ‚geheiligten' Standes. Aufgrund ihres besonderen Amtes sind allein Priester in der Lage die Sakramente zu spenden und fungieren so als Heilsmittler zwischen Gott und den Menschen.	Kein qualitativ herausgehobener Status einzelner Amtsträger, vielmehr Vorstellung vom ‚Priestertum aller Gläubigen'. Pfarrerinnen und Pfarrer sind lediglich Fachleute für Predigt und Seelsorge.

Katholisch	Lutherisch/reformiert
Die *sieben Sakramente* (Taufe, Firmung, Abendmahl, Beichte, Krankensalbung, Weihe, Ehe) vermitteln die heilsstiftende Gnade Gottes; sie sind nur wirksam, wenn sie vom Priester gespendet werden. Im Zentrum des kirchlichen Lebens steht daher die *heilige Messe*, in der regelmäßig das Abendmahlssakrament gereicht und den Gläubigen so das Heil Gottes vermittelt wird.	Die *beiden Sakramente* (Taufe und Abendmahl) sind sichtbare Zeichen der Gottesbegegnung und stellen eine *Verkündigungsform* dar, in der göttliche Gnade zugesagt wird. In dieser Form stehen sie auf gleicher Stufe mit der *Predigt als dem Zentrum* des Gottesdienstes.
Die an die apostolische Sukzession geknüpfte *Tradition* bedingt das *zentrale Lehramt* des Papstes, der die Grundlagen der katholischen Glaubenslehre verbindlich festlegt.	Gemäß Luthers Dictum des *sola scriptura* gilt *allein die Bibel* als die Verkörperung des Wortes Gottes. Eine Instanz, die letztgültige Entscheidungen über wahre und falsche Lehren treffen kann, existiert nicht.
Besonders ausgezeichnete Christinnen und Christen können als *Heilige verehrt* und um Fürbitten angerufen werden. Aufgrund ihrer besonderen Verdienste sind sie nach dem Tod direkt zur Gemeinschaft mit Gott gelangt.	Verehrung und Anrufung im Sinne eines authentischen Vorbilds gilt *allein Jesus Christus*.

Tab. 7.3: *Unterschiede zwischen katholischer Kirche und ‚klassischem' Protestantismus (Quelle: eigene Darstellung)*

7.2.3. Historische Ausbreitungsformen

Die heutige geographische Verbreitung von lutherischer und reformierter Tradition hängt geschichtlich eng mit den verschiedenen politischen Konstellationen im frühneuzeitlichen Europa zusammen, die ihre Durchsetzung entweder begünstigten oder verhinderten. In der Forschung werden dabei drei historische Ausbreitungsformen unterschieden (vgl. Graf 2017: 24–29): der sogenannte *Monopolprotestantismus* (1), der Protestantismus als konfessionelle *Minderheit* (2) sowie der *anerkannte*, aber eben nicht im Sinne eines privilegierten Monopols existierende Protestantismus (3).

Zu (1): Stark institutionalisiert sind Luthertum und reformierte Tradition vor allem in solchen Kontexten, in denen sie früh mit staatlichen Strukturen verschmolzen waren (vgl. Graf 2017: 24–26). Dies gilt insbesondere für die skandinavischen Länder, wo die Reformation zentral durch die herrschenden Könige vorangetrieben wurde. Hier entwickelte sich ab dem 16. Jahrhundert ein lutherisches Staatskirchentum (vgl. Leppin 2010: 104 f.), das die konfessionelle Landschaft Skandinaviens im Sinne einer lutherischen ‚Volkskirche' bis heute stark prägt. In ähnlicher Form entwickelte sich der Calvinismus nach der Union von Utrecht ab 1579 zur *de facto*-Staatsreligion der sich neu formierenden Niederlande, nachdem der zum Calvinismus übergetretene aufständische Graf Wilhelm von Oranien (1533–1584) mit Hilfe des protestantischen Adels die Fremdherrschaft der katholischen Spanier beendet hatte (vgl. Hauschild 2010: 215–219). Bis heute ist ein Großteil der niederländischen Protestanten dem Calvinismus zuzurechnen, auch wenn es sich bei der heutigen *Protestantse Kerk in Nederland* um eine *unierte* (also in Union mit der lutherischen Minderheit lebende) Kirche handelt.

Zu (2): Im Gegensatz dazu hatten protestantische Gläubige in solchen Ländern, deren Herrscher katholisch geblieben waren, häufig mit blutigen Verfolgungen und Verboten ihrer kirchlichen Aktivitäten zu kämpfen. Das wichtigste Beispiel sind hier die französischen Hugenotten (wohl vom Lehnwort *eygenot*, „Eidgenosse", abgeleitet), die ab 1530 unter dem Einfluss der Schweizer reformierten Tradition entstanden waren. Seit 1541 waren sie besonders durch die Theologie Johannes Calvins (→ s. Kap. 3.6.2) geprägt, der wie viele seiner protestantischen Landsleute vor dem Zugriff des französischen Königs ins Ausland geflohen war (vgl. ebd.: 207). Im Zuge dieser Emigrationswellen gelangte ein großer Teil der Hugenotten vor allem nach England und Holland, aber auch in die Schweiz, nach Deutschland und nach Nordamerika, wo sie zum weiteren Einfluss der reformierten Tradition beitrugen. Im heutigen Frankreich stellen protestantische Gläubige mit etwa drei Prozent der Gesamtbevölkerung daher nur eine kleine konfessionelle Minderheit dar; in dieser Form sind sie ebenfalls in einer unierten Kirche, der *Église protestante unie de France*, organisiert.

Zu (3): Während also in einigen Ländern Europas protestantische Gläubige politisch privilegiert (wenn nicht gar als Staatskirche institutionalisiert) waren oder in anderen als ‚aufrührerische' Minderheit unterdrückt und zum Teil auch verfolgt wurden, so stellt sich die Situation in Deutschland (analog zu der in der Schweiz [→ s. Kap. 3.6.2]) nochmals komplexer dar. Denn hier hatte in der ersten Hälfte des 16. Jahrhunderts die große politische Selbstständigkeit der regionalen Fürstentümer gegenüber der kaiserlichen Zentralgewalt die konfessionelle Vereinheitlichung des Reichs verhindert. Vielmehr hatte die politische Zersplitterung, die ja den Aufstieg der Reformation erst ermöglicht hatte, nach verschiedenen kriegerischen Auseinandersetzungen 1555 zum ‚Augsburger Religionsfrieden' (→ s. Kap. 3.6.1) geführt, der die Konfessionszugehörigkeit der verschiedenen Territorien den jeweiligen Landesherren überließ (sog. landesherrliches Kirchenregiment). Das Ergebnis dieses Prozesses war der konfessionelle ‚Zerfall' Deutschlands in solche Territorien, die weiterhin ‚altgläubig' (also papstkirchlich) blieben, und solche, deren Fürsten sich der *Confessio Augustana* von 1530 (→ s. Kap. 3.6.1) angeschlossen hatten und nun mit der Bildung protestantischer Territorialkirchen begannen.

Dass die Durchführung der Reformation nun in den Händen der weltlichen Herrscher (und nicht etwa in der Hand von Bischöfen) lag, führte dazu, dass das Kirchenwesen der neuen Gemeinschaften bald in die Staatsverwaltung integriert wurde, sodass der Landesherr nun auch als oberster Herr und Quasi-Bischof ‚seiner' Kirche (und der in ihr wirkenden ‚Beamten', also der Pfarrer) fungierte (vgl. Wallmann 2012: 165–168). Faktisch war der deutsche Protestantismus also ebenfalls in staatskirchlicher Form organisiert, auch wenn es freilich unzählige solcher Staatskirchen im Reich gab, die allesamt weitgehend unabhängig voneinander agierten.[30] Dieser Zustand blieb im Wesentlichen bis ins 19. Jahrhundert erhalten und wurde erst mit der Neuordnung Deutschlands im Anschluss an die französische Revolution allmählich aufgebrochen:

> „Langfristig prägend wurde dabei erstens die staatsrechtliche Gleichstellung der drei großen christlichen Religionsgemeinschaften, zweitens die sich aus der Trennung von Kirche und Staats ergebende institutionelle Autonomie der Kirchen und drittens die partielle und unvollkommene Demokratisierung kirchlicher Entscheidungsgremien" (Hölscher 2005: 239).

So führte beispielsweise der preußische Ministerpräsident Otto von Bismarck (1815–1898) ab 1873 eine vom König weitgehend unabhängige Kirchenstruktur sowie eine eigene Verfassung für die größte deutsche Landeskirche ein. Kern der Reform, die formell freilich noch vom preußischen König als Träger des Kirchenregiments erlassen werden musste, war die sogenannte *Synodalordnung*: In Anlehnung an parlamentarische Regierungsformen regelte die neue Ordnung „die kirchliche Selbstverwaltung auf der Ebene der Kirchengemeinde, des Kirchenkreises und der Kirchenprovinz und setzt[e] dafür die Ordnung des Gemeindekirchenrates bzw. Presbyteriums, der Kreissynode und der Provinzialsynode ein" (Wallmann 2012: 209). Als höchstes Gremium war die preußische Generalsynode für die Verwaltung der gesamten Landeskirche zuständig und konnte als „legislatives Verfassungsorgan" (ebd.: 209) auch landeskirchliche Gesetze erlassen. Die strukturelle Emanzipation der protestantischen Kirchen in Deutschland war nicht auf Preußen beschränkt: Ähnliche Tendenzen zeigen sich auch in den anderen Landeskirchen, die ebenfalls im Verlauf des 19. Jahrhunderts eine entsprechende Synodalordnung eingeführt haben (vgl. ebd: 209 f.).

Formell fand das landesherrliche Kirchenregiment sein Ende indes im Zuge der politischen Neuordnung Deutschlands nach dem Ersten Weltkrieg. Die Weimarer Verfassung von 1919 verzichtete dabei jedoch auf eine konsequente Trennung von Staat und Kirche; vielmehr beließ sie „den Kirchen den Status öffentlich-rechtlicher Körperschaften [und damit] das Recht der Steuererhebung von ihren Mitgliedern" (ebd.: 263). Das wechselseitige Verhältnis wurde durch Kirchenverträge (bzgl. der katholischen Kirche als *Konkordate* bezeichnet) geregelt, die im Wesentlichen „die staatlich unterhaltenen theologischen Fakultäten an den Hochschulen, [...] das Einspruchsrecht des Staates bei der Besetzung kirchenleitender Ämter aus politischen Gründen" (ebd.: 263) sowie den konfessionellen Religionsunterricht als ordentliches Lehrfach garantierten. In diesem Zuge besetzten zahlreiche lutherische (und zum Teil auch unierte) Landeskirchen die Spitzen ihrer nun unabhängigen Kirchenstrukturen mit Landesbischöfen, die an die Stelle der nun weggefallenen jeweiligen Landesherren traten.

---

30 Auch in solchen Ländern, in denen der Landesherr katholisch geblieben war, existierten (etwa nach territorialen Veränderungen) protestantische Gemeinden, beispielsweise im ‚altgläubigen' Bayern. Diese wurden in der Regel ebenfalls zu Landeskirchen zusammengefasst, als deren ‚Landesbischof' dann der katholische König fungierte.

Seit 1945 sind die zwanzig (Stand 2023) protestantischen Landeskirchen im Rahmen der *Evangelischen Kirche in Deutschland* (EKD) verbunden. Hierbei handelt es sich um einen recht losen Zusammenschluss „eigenständiger und konfessionsverschiedener Kirchen" (Greschat 2010: 23), der über eine gemeinsame nationale Verwaltungsstruktur verfügt und seit 1983 (trotz der konfessionellen Unterschiede [→ s. Kap. 7.2.2]) auch „die volle Kanzel- und Abendmahlsgemeinschaft für sämtliche Gliedkirchen" (ebd.: 23) akzeptiert. Zentrales Leitungsgremium ist der *Rat der EKD*, dessen Mitglieder von der *Synode der EKD*, also dem gesetzgebenden ‚Kirchenparlament', sowie von der durch die Leitungen der Gliedkirchen gebildeten *Kirchenkonferenz* gewählt werden (vgl. Frieling 1999: 118). Diese Struktur darf jedoch nicht darüber hinwegtäuschen, dass die verschiedenen Landeskirchen nach wie vor weitgehend autonom voneinander agieren. Demgemäß formuliert auch der erste Absatz der EKD-Verfassung von 1948:

> „Die Evangelische Kirche in Deutschland ist die Gemeinschaft ihrer lutherischen, reformierten und unierten Gliedkirchen. [...] Sie achtet die Bekenntnisgrundlage der Gliedkirchen und Gemeinden und setzt voraus, dass sie ihr Bekenntnis in Lehre, Leben und Ordnung der Kirche wirksam werden lassen. [...] Das Bekenntnis ist nicht Gegenstand der Gesetzgebung."[31]

Die evangelischen Landeskirchen im Dritten Reich

Der tiefe Einschnitt, den die Weimarer Republik für die deutschen Landeskirchen bedeutet hatte, führte in einem nicht unerheblichen Teil des protestantischen Milieus in der Folgezeit zu einer tiefgehenden Skepsis gegenüber dem neuen Staatswesen (vgl. Strohm 2017: 10–12). Entsprechend groß war die allgemeine Begeisterung ob des ‚nationalen Aufbruchs' im Zuge der Machtergreifung Adolf Hitlers, zumal dieser in seiner Regierungserklärung vom 23. März 1933 die „beiden christlichen Konfessionen" noch als „wichtigste Faktoren zur Erhaltung unseres Volkstums" (zit. n. Denzler/Fabricius 2014: 259) bezeichnet hatte. In diesem Zusammenhang tat sich die NSDAP-Führung vor allem durch die Förderung der *Glaubensbewegung Deutsche Christen* hervor, einer bereits 1931 gegründeten völkischen und antisemitischen protestantischen Kirchenpartei, die als Instrument der nationalsozialistischen Gleichschaltung der evangelischen Landeskirchen dienen sollte (vgl. Strohm 2017: 23–25). Ziel war die Bildung einer protestantischen, nationalsozialistisch gesinnten Reichskirche, die durch einen lutherischen Reichsbischof geleitet werden sollte. Als Kandidat baute Hitler zunächst auf den ostpreußischen deutschchristlichen Pfarrer Ludwig Müller (1883–1945), der nach dem großen Erfolg der Deutschen Christen bei den Kirchenwahlen im Juli 1933, bei denen diese in zahlreichen Landeskirchen die Leitung erringen konnten, mit der Gleichschaltung beauftragt wurde (vgl. ebd.: 27–35).

Zum innerkirchlichen Konflikt kam es bereits im September 1933: Nachdem Müller Anstalten gemacht hatte, den sogenannten ‚Arierparagraphen', der Menschen jüdischer Herkunft aus dem Staatsdienst entfernen sollte, auch in der Kirche zur Anwendung zu bringen, formierte sich unter der Führung von Martin Niemöller (1892–1984) der *Pfarrernotbund* zur Unterstützung der betroffenen Pfarrer. Dessen Popularität unter landeskirchlichen Pfarrern wurde bald dadurch

---

31 https://www.kirchenrecht-ekd.de/document/3435 (Stand: 18.4.2024).

erhöht, dass die Deutschen Christen im November mit dem sogenannten Sportpalastskandal einen allgemeinen Sturm der Entrüstung auslösten, der selbst den deutschchristlichen Reichsbischof zu einer Distanzierung zwang: Auf einer öffentlichen Tagung hatte der Religionslehrer Reinhold Krause (1893–1980) „die ‚Befreiung' des Alten und Neuen Testaments sowie der Gottesdienste von allem ‚Undeutschen'" (ebd.: 37) gefordert und zur Beseitigung der „‚Sündenbock- und Minderwertigkeitstheologie des Rabbiners Paulus'" (zit. n. ebd.: 37) aufgerufen. Die „‚reine Jesuslehre', die ‚heldische Gestalt' Jesu habe als Grundlage der Verkündigung zu gelten" (Meier 2008: 51).

Der Pfarrernotbund bildete denn auch die Keimzelle der kirchlichen Opposition, aus der ab 1934 die *Bekennende Kirche* (BK) hervorging. Deren Ziel bestand im Wesentlichen darin, die Gleichschaltungspolitik der NS-Regierung abzuwehren und die lehrmäßige und strukturelle Unabhängigkeit der Landeskirchen zu erhalten; ansonsten repräsentierte die BK ein breites Spektrum politischer Positionen – von Mitgliedern der NSDAP über solche der nationalkonservativen DNVP bis hin zu entschiedenen Gegnern des Regimes (vgl. Strohm 2017: 52 f.), wie der Schweizer reformierte Theologe Karl Barth (1886–1968) oder der von den Nazis ermordete lutherische Pfarrer Dietrich Bonhoeffer (1906–1945). Auch wenn im Mai 1934 mit der *Barmer Theologischen Erklärung* ein pointiertes Dokument verabschiedet werden konnte, das den Versuch der nationalsozialistischen Einflussnahme auf die Kirche klar zurückwies (vgl. Denzler/Fabricius 2014: 276–279), so führten die inneren politischen Differenzen bereits 1935 zur Aufspaltung und zunehmenden Schwächung der BK. Im Zentrum des Konflikts stand dabei u. a. die Frage der Zusammenarbeit mit den von den Machthabern eingesetzten Kirchenausschüssen in den deutschchristlich geführten Landeskirchen (vgl. Meier 2008: 77).

Ein weiterer Ort des Konfliktes der Kirchen mit dem NS-Regime war die von Hitler im Oktober 1939 angeordnete systematische Tötung sogenannten ‚lebensunwerten Lebens', der bis 1941 etwa 70.000 Menschen mit Behinderungen zum Opfer fielen (vgl. Strohm 2017: 92). Da viele der Betroffenen vor ihrer Deportation und Ermordung in kirchlichen Pflegeanstalten gelebt hatten, gab es vor allem aus den Reihen kirchlicher Würdenträger teilweise entschiedenen Widerspruch. Besonders prominent war in diesem Zusammenhang der württembergische Landesbischof Theophil Wurm (1868–1953), der in einem Brief an den Reichsinnenminister gegen die Mordaktionen protestierte (vgl. Denzler/Fabricius 2014: 325–330); auf katholischer Seite ist besonders der Bischof von Münster, Clemens August von Galen (1878–1946) zu nennen, der sich in einer Reihe öffentlicher Predigten mit scharfen Worten gegen die Morde stellte (vgl. ebd.: 330–340).

In der Forschung wird die Frage, ob der oben skizzierte ‚Kirchenkampf' als Widerstand gegen das NS-Regime gewertet werden kann, seit langer Zeit kontrovers diskutiert. Die politischen Aushandlungsprozesse im Rahmen der BK lassen sich mit Kurt Meier vielleicht am ehesten als eine „institutionelle[...] Verweigerung" (Meier 2008: 233) charakterisieren, die sich „nicht gegen die Existenz des NS-Systems richtete, aber seinem Einfluß doch spürbare Grenzen setzte" (ebd.: 233). Demgegenüber ist unbestreitbar, dass ein nicht unerheblicher Teil des deutschen Protestantismus' in Gestalt der Deutschen Christen offen mit den Machthabern paktierte – ein Umstand, der sich institutionell für die katholische Kirche so nicht feststellen lässt. Auch ist zu bedenken, dass die Kirchen zur zunehmenden Verfolgung der jüdischen Bevölkerung und zum Holocaust weitgehend geschwiegen bzw. nur dort ihr Wort erhoben haben, wo es (wie im

Falle des Pfarrernotbundes) um Maßnahmen gegen Pfarrer jüdischer Herkunft ging (vgl. Strohm 2017: 98). So waren es in diesem Bereich lediglich die Stimmen mutiger Einzelner, die unmittelbar gegen die Verfolgung und Ermordung jüdischer Menschen eintraten, und die ihren Mut – wie der oben erwähnte Bonhoeffer – teilweise mit dem Leben bezahlten (vgl. ebd.: 100–103).

Literatur zum Einstieg

- Reinhard Frieling: Katholisch und Evangelisch. Informationen über den Glauben. 8. Aufl., Göttingen: Vandenhoeck & Ruprecht 1999.
  → Pointierte Gegenüberstellung der konfessionellen Unterschiede zwischen römischem Katholizismus und den (lutherischen bzw. reformierten) evangelischen Landeskirchen.
- Johannes Wallmann: Kirchengeschichte Deutschlands seit der Reformation. 7. Aufl., Tübingen: Mohr Siebeck 2012.
  → Einschlägige Darstellung der historischen Entwicklung der protestantischen Konfessionen in Deutschland einschließlich der Kirchen in der DDR.
- Christoph Strohm: Die Kirchen im Dritten Reich. 2. Aufl., München: C. H. Beck 2017.
  → Übersichtliche und flüssig lesbare Darstellung der Rolle der Kirchen im Dritten Reich, auch und vor allem der protestantischen Landeskirchen, aber auch der römisch-katholischen Kirche.

7.3. Anglikanismus

7.3.1. Heutige Situation

Als anglikanisch werden Kirchen in aller Welt bezeichnet, die historisch mit der *Church of England*, also der im Anschluss an die Reformation (→ s. Kap. 3.6) entstandenen englischen Staatskirche, zusammenhängen. Den anglikanischen Kirchen werden dabei üblicherweise etwa 80 Millionen Gläubige zugerechnet, wobei die Schätzungen je nach Quelle deutlich variieren (→ s. Kap. 2.1). Der größte Teil davon ist Mitglied der *Church of England*, die damit die größte der insgesamt 42 Kirchen bzw. Kirchenprovinzen repräsentiert.[32] Weitere bedeutende Kirchen liegen in den Ländern des *Commonwealth*, also in solchen Regionen, die in der Kolonialzeit Teil des *British Empire* waren und noch heute lose mit der britischen Krone verbunden sind. Mitgliedsstark sind unter anderem die anglikanischen Kirchen in Australien, in Nigeria, Südafrika und Uganda (sowie in weiteren afrikanischen Ländern) und in den USA,[33] wo sie auch als *episkopale* Kirchen bezeichnet werden. Auch in Indien gibt es eine nennenswerte anglikanische Gemeinschaft, hier allerdings vor allem als Teil unierter Kirchen wie der bereits erwähnten *Church of South India* (→ s. Kap. 7.2.1). Eine Kirche bzw. Kirchenprovinz umfasst in der Regel mehrere Bischöfe als Vorsteher der einzelnen Diözesen, also der Teilkirchen; gemeinsam bilden sie (zusammen mit weiteren Repräsentanten des Bistums) die *Synode* als zentrales Leitungsorgan der gesamten Provinz. Dieser steht wiederum

---

32 https://www.anglicancommunion.org/structures/member-churches.aspx (Stand: 18.4.2024).
33 http://anglican.org/domain/admin/countries.html (Stand: 18.4.2024).

ein *Primas* vor, der von der Synode durch Wahl bestimmt wird und dann in vielen Fällen den Titel eines Erzbischofs trägt.

Region	Anhängerzahl
Afrika	63,6 Millionen
Europa (England)	24,4 Millionen
Australien & Ozeanien	4,4 Millionen
Nordamerika	2,7 Millionen
Asien	1,2 Millionen
Südamerika	959.000

Tab. 7.4: Angehörige anglikanischer Kirchen (Quelle: nach Johnson/Zurlo 2020)

Auch wenn die verschiedenen Kirchen historisch auf die *Church of England* zurückgehen, bildet diese keineswegs das institutionelle Zentrum des Anglikanismus, sondern steht als eine Kirche neben vielen. Die Gemeinschaft wird also „nicht durch eine gesetzgebende und exekutive Zentralgewalt zusammengehalten, sondern durch gegenseitige Loyalität, die von den gemeinsamen Beratungen der versammelten Bischöfe getragen wird" (Neill 1966: 171 f.). Solche Beratungen, zu denen alle anglikanischen Bischöfe mit einer eigenen Jurisdiktion eingeladen sind (vgl. ebd.: 170), finden seit 1867 im Rahmen der sogenannten *Lambeth-Konferenzen* (benannt nach der Residenz des Erzbischofs von Canterbury) im regelmäßigen Abstand von etwa zehn Jahren statt und repräsentieren das Selbstverständnis als weltweite *Anglican Communion*. Einberufen werden sie vom Primas der *Church of England*, dem Erzbischof von Canterbury (vgl. ebd.: 170), der als Inhaber des ältesten Bistums in England auf diese Weise zumindest einen symbolischen Vorsitz einnimmt, auch wenn er keinerlei kirchenrechtliche Befugnisse über die übrigen Bischöfe besitzt.

Diese lose Struktur hat allerdings in den letzten Jahrzehnten zu erheblichen Verwerfungen innerhalb der Anglikanischen Gemeinschaft geführt, die im Wesentlichen durch Konflikte um eine „Öffnung für die moralische Pluralisierung in den westlichen oder westlich geprägten offenen Gesellschaften" (Graf 2017: 48) verursacht wurden. Konkret geht es etwa um die Frage der Zulassung von Frauen zum Bischofsamt, um den Umgang mit homosexuellen Priestern oder die Trauung gleichgeschlechtlicher Paare (vgl. ebd.: 48). Die Praxis einiger Bischöfe, andere gewählte Amtsträger (etwa aufgrund ihrer sexuellen Orientierung oder ihres Geschlechts) nicht als legitime Kirchenleitungen anzuerkennen, birgt dabei bereits seit geraumer Zeit die Gefahr eines „Auseinanderbrechen[s] der weltweiten *Anglican Communion*" (ebd.: 49).

Anders als die übrigen protestantischen Kirchen versteht sich die anglikanische Kirche als Teil der durch die apostolische Sukzession (→ s. Kap. 6.1.1) begründeten *einen* ‚katholischen', also allumfassenden, Kirche. Die Verbindung zur ‚altgläubigen' (also römisch-katholischen) Hierarchie wird dabei nach eigenem Verständnis durch den 1559 zum Erzbischof von Canterbury geweihten reformatorischen Theologen und Mitverfasser der *Neununddreißig Artikel* (→ s. Kap. 7.2.1) Matthew Parker (1504–1575) gewährleistet, dessen Einsetzung durch einen ‚legitimen' (d. h. papstkirchlich konsekrierten) Bischof vollzogen worden war; dadurch blieb aus anglikanischer Sicht die althergebrachte kirchliche Hierarchie in England (anders als in den übrigen von der Reformation erfassten Territorien) erhalten (vgl. Sykes 1966: 62 f.). Vor diesem Hintergrund hält die anglikanische Kirche (im Gegensatz zur lutherischen und reformierten Tradition) an der Priesterweihe fest, die rechtmäßig nur durch einen Bischof vorgenommen werden kann (vgl. ebd.: 62). Im Unterschied zum römischen Katholizismus sind in vielen anglikanischen Kirchen indes auch Frauen zum Priesteramt zugelassen; die Pflicht zum Zölibat existiert nicht. Gleichwohl hat sich der Anglikanismus – neben seinem Ämter- und Kirchenverständnis – auch in der Liturgie, im Festkalender und in der Traditionsbindung eine Nähe zur römisch-katholischen Kirche bewahrt (vgl. Graf 2017: 47), die allerdings innerhalb der Gemeinschaft durchaus umstritten ist (s. u.). Auch existieren – ähnlich wie im Katholizismus – anglikanische Ordensgemeinschaften, die sowohl aus Männern als auch aus Frauen bestehen können (vgl. Gibbard 1966). In England ist die Kirche darüber hinaus nach wie vor stark mit den Strukturen des Staates verflochten: So sind die Bischöfe der *Church of England* „Mitglieder des House of Lords, der Premierminister besitzt Mitwirkungsrechte bei der Ernennung von Bischöfen" (Graf 2017: 49) und der König fungiert als weltliches Oberhaupt der Kirche.

Eindeutig reformatorisch geprägt sind hingegen jene Schriften, die im Allgemeinen als theologische Grundlage der anglikanischen Konfession angesehen werden. Diese umfassen, neben diversen Bekenntnisschriften (→ s. Kap. 7.2.1) wie den bereits genannten *Neununddreißig Kapiteln*, vor allem das von Thomas Cranmer (1533–1556) 1547 verfasste *Book of Common Prayer*, dessen bis heute gültige Gottesdienstordnung an „Positionen der kontinentalen Reformation" (Hauschild 2010: 223) anknüpfte: „Schriftlesungen und biblische Lehren waren zentral […]. Das Ganze war von der Rechtfertigungslehre her gestaltet; die Abendmahlslehre […] wurde […] i.S. des Calvinismus fixiert [→ s. Kap. 7.2.2]" (ebd.: 224).

Die bisherigen Ausführungen machen verständlich, weshalb der Anglikanismus häufig als eine Art „Mittelposition zwischen römischem Katholizismus und […] Protestantismus" (ebd.: 223) verstanden wird, weil sich hier – vereinfacht gesagt – katholische Formen mit protestantischen (hier vor allem reformierten) Inhalten verbunden haben. In der Praxis existiert innerhalb der *Anglican Communion* indes seit jeher ein breites Spektrum an theologischen und kirchlichen Positionen, die von einem „identitätsstarke[n] konservativ[n] Katholizismus" (Graf 2017: 47), deren Vertreter als *High Church* bezeichnet werden, bis zu einem dezidiert reformiert-calvinistischen Kirchenverständnis reichen (sog. *Low Church*). Daneben existierte bereits früh eine nicht unerhebliche Anzahl an unabhängigen Freikirchen, die sich im Rahmen theologischer Auseinandersetzungen ganz von der Kirche getrennt haben und die Lehren der Reformation in ihrem eigenen Sinne umgesetzt haben (sog. *Dissenters*): Historisch bedeutsam sind dabei vor allem die bereits in Kap. 7.2.1 erwähnten *Puritaner* (→ s. Kap. 7.3.2.), die *Baptisten* (→ s. Kap. 7.4), aber auch die bis heute existierenden *Quäker*. Dabei handelt es sich um eine 1652 von George Fox (1624–1691) gegründete Erweckungsbewegung (→ s. Kap. 7.5), die vor allem die innere religiöse Erfahrung des Einzelnen betont und daher sowohl in ihrer Theologie als auch in der kirchlichen Organisation einen deutlich stärkeren Fokus auf das protestantische Diktum des ‚Priestertums aller Gläubigen' legt als die anglikanische Kirche (vgl. Dandelion 2008: 1–18).

7.3.2. Historische Wurzeln

Dass die Reformation in England einen deutlich anderen Verlauf genommen hat als auf dem europäischen Festland, hängt mit den spezifischen politischen Entwicklungen des Inselreichs im 16. und 17. Jahrhundert zusammen. Ausgangspunkt waren zunächst die Bestrebungen König Heinrichs VIII. (1491–1547), im Zuge der Zentralisierung seiner Herrschaft auch die englische Kirche dem Einfluss des Papstes zu entziehen. Verquickt war dieser Prozess mit dem Bestreben, sich zur Bestandssicherung seiner Dynastie von seiner Ehefrau Katharina von Aragon (1485–1536) scheiden zu lassen, die ihm nur eine einzige Tochter, Maria (s. u.), geboren hatte (vgl. Hauschild 2010: 220). Da der Papst sich weigerte, die Ehe zu annullieren, „betrieb der König die Beseitigung der päpstlichen Jurisdiktion in seinem Land" (ebd.: 220). Unterstützt durch das Parlament ließ er sich 1534 in der sogenannten *Supremacy Act* zum Oberhaupt der Kirche ernennen:

> „[Z]ur Stärkung des christlichen Glaubens im Königreich England und zur Beseitigung und Ausrottung aller Irrtümer, Irrlehren und anderen Schändlichkeiten und Mißbräuche, die bislang hier üblich waren, [wird] kraft der Gewalt dieses Parlaments verfügt, daß unser höchster Herr und König, seine Erben und Nachfolger, die Könige dieses Reiches, als das alleinige Oberhaupt der Kirche von England, genannt Anglicana Ecclesia, betrachtet, gelten und angesehen werden" (zit. n. Obermann 1985: 260).

Obgleich die Loslösung der englischen Kirche vom Papsttum also zunächst ein „Akt des Staates" (Every 1966: 14) war, fand sie Unterstützung von Seiten der wichtigsten Bischöfe des Landes, die darin die Chance für eine theologische Reformation der Kirche sahen. Maßgebend war hier der Erzbischof von Canterbury, der bereits genannte Thomas Cranmer (→ s. Kap. 7.3.1), der seine von der Schweizer Reformation inspirierten Vorstellungen allerdings erst nach dem Tode des theologisch konservativ eingestellten Heinrich unter dessen Sohn Edward VI. (1537–1553) verwirklichen konnte: Während er an der althergebrachten Ämterhierarchie festhielt, waren das oben erwähnte *Book of Common Prayer* sowie seine *Zweiundvierzig Artikel* von 1553 deutlich von der reformierten Tradition geprägt. Zuvor (1548) war bereits die Austeilung des Abendmahls unter beiderlei Gestalt (also als Brot und Wein) eingeführt und den Geistlichen die Heirat gestattet worden (vgl. ebd.: 15); parallel dazu unterstützte Cranmer die Ernennung der reformierten Theologen Martin Bucer (1491–1551) und Peter Martyr Vermigli (1499–1562) zu Theologieprofessoren an den wichtigen Universitäten von Oxford und Cambridge (vgl. ebd.: 15). In dieser Form hat der „evangelisch gesinnte, jedoch strukturkonservative Erzbischof [...] den anglikanischen Konfessionstyp maßgeblich geprägt als Mittelposition zwischen römischem Katholizismus und [...] Protestantismus" (Hauschild 2010: 219–223).

Einen Einschnitt brachte zunächst die Herrschaft von Königin Maria I. (1516–1558), der Tochter Heinrichs aus der von Cranmer geschiedenen Ehe mit Katharina. Weil Maria nach der Annullierung der Ehe als illegitime Tochter Heinrichs galt, war ihr an der Wiederherstellung der Kirchengemeinschaft mit Rom gelegen, „da nur eine Versöhnung mit Rom ihre Legitimität herstellen konnte" (Every 1966: 16). In diesem Sinne ließ sie zunächst Cranmer und andere ‚anglikanisch' gesinnte Kirchenführer auf dem Scheiterhaufen hinrichten und durch altgläubige Bischöfe ersetzen – eine Vorgehensweise, die ihr in der protestantischen Propaganda den Namen *Bloody Mary* eingebracht hat. Die von Maria angestrebte vollständige Rekatholisierung wurde indes vor allem von jenen politischen Kräften torpediert, die von der Reformation der englischen Kirche, etwa in Gestalt der Enteignung klösterlichen und kirchlichen Besitzes, profitiert hatten (vgl. ebd.: 16).

Als Maria nach nur etwas mehr als fünf Jahren im Amt starb, bestieg mit ihrer Halbschwester Elisabeth I. (1533–1603) eine Königin den Thron, die die Rekatholisierung Englands vollständig stoppte und das ‚anglikanische Projekt' fortsetzte. Elisabeth war die Tochter aus Heinrichs zweiter Ehe gewesen, die vom Papst niemals anerkannt worden war; ihr Status als legitime Tochter (und damit Thronerbin) des verstorbenen Königs war also gerade davon abhängig, dass die englische Kirche *nicht* wieder dem päpstlichen Jurisdiktionbereich unterstellt wurde. Unter ihre langjährige Regierungszeit fällt der Aufstieg Englands zur politischen Großmacht – Hand in Hand mit der Etablierung der Anglikanischen Kirche als „national eigenständige, vom Königtum geleitete und vom Parlament mitbestimmte Staatskirche mit einer für das kirchliche Leben wichtigen Bischofsverfassung" (Hauschild 2010: 225): Bereits ein Jahr nach Elisabeths Thronbesteigung wurde der Klerus in der *Supremacy Act* von 1559 zum Gehorsam gegenüber der Königin als der obersten Regentin der Kirche „in allen geistlichen und weltlichen Belangen" (ebd.: 225) verpflichtet; die von Maria eingesetzten Bischöfe wurden durch protestantisch gesinnte Kirchenführer ersetzt. Gleichzeitig wurde das von Cranmer 1553 verfasste *Book of Common Prayer* (s. o.) als verbindliche Gottesdienstordnung wiedereingeführt (vgl. Every 1966: 17). 1563 wurden schließlich die in Kap. 7.3.1 erwähnten, calvinistisch geprägten *Neununddreißig Artikel* als zentrale Bekenntnisschrift festgesetzt, die von allen Geistlichen unterschrieben werden musste (vgl. ebd.: 18); dabei handelt es sich um eine überarbeitete Version von Cranmers *Zweiundvierzig Artikeln* von 1553, die in der Hauptsache von dem 1559 zum Erzbischof von Canterbury geweihten Matthew Parker (→ s. Kap. 7.3.1) besorgt worden war.

> „Damit fand die Bekenntnisbildung der englischen Kirche ihren Abschluß. Diese sicherte fortan – auf Basis der Bibel als alleiniger Glaubensnorm sowie der ihr entsprechenden altkirchlichen Bekenntnisse – die evangelischen Grundelemente. Die königliche Suprematie wurde zusammen mit der Ablehnung der päpstlichen Jurisdiktion zum Bekenntnisinhalt" (Hauschild 2010: 225 f.).

Indes stießen die auch unter Elisabeth beibehaltenen ‚altgläubigen' Amts- und Liturgieformen in England nicht bei allen reformatorisch Gesinnten auf Begeisterung. Insbesondere die nach Marias Tod zurückkehrenden Exilanten forderten eine konsequente Reformation der *Church of England* „nach dem Muster der ‚besten reformierten Kirchen'" (Every 1966: 19) auf dem Festland, die sich insbesondere auch auf die Kirchenverfassung erstrecken sollte. Demgemäß propagierten die Kritiker des Anglikanismus das Ideal der frühchristlichen ‚Urkirche' als Vorbild für die Struktur der englischen Kirche (hier in ihrer *Ermahnung an das Parlament* von 1571):

> „In der Frühzeit wurden keine abergläubischen Opfervollzieher und Heidenpriester als Prediger des Evangeliums angestellt; doch wir dulden papistische Meßpriester [...]. Damals gab es keine Gemeinde, in der der Pastor nicht vom Volk bestätigt war; heute erhält er seine Autorität nur aus der Hand des Bischofs" (zit. n. Obermann 1985: 265).

Diese als radikal wahrgenommenen Verfechter einer konsequenten Reformation, deren Ziel in der ‚Reinigung' der englischen Kirche von den „"Krypto-Papisten' in den Gotteshäusern" (Every 1966: 19) bestand, wurden ab etwa 1565 als *Puritaner* verspottet (vgl. Hauschild 2010: 227); und weil sie der vorgeschriebenen theologischen, liturgischen und strukturellen Uniformität der englischen Staatskirche nicht entsprachen, galten sie auch als *Nonkonformisten*.

> „Sie lehnten den Klerikalismus und die königliche Kirchenhoheit ab, ohne an eine Trennung von Staat und Kirche zu denken. Sie erstrebten im Gegensatz zu der weit verbreiteten äußerlichen Christlichkeit eine intensive Prägung der Gesellschaft durch biblisch-evangelische Frömmigkeit, die sich in verinnerlichter Moral und in präziser Heiligung des Lebensstils äußern sollte" (ebd.: 227).

Ziel war es also, die christliche Frömmigkeit nicht an die formelle Zugehörigkeit zur Staatskirche, sondern an einen wahrhaft geheiligten Lebenswandel zu knüpfen, weshalb die Anhänger dieser ‚puritanischen' Denkrichtung „innerhalb der Kirche eine Variante der reformierten Konzeption der Kirchen- und Sittenzucht" (ebd.: 227) forderten, wie sie auch Calvin in Genf etabliert hatte (→ s. Kap. 3.6.2).

Die Chance, die Reformation in England konsequent nach calvinistischem Vorbild zu Ende zu bringen, ergab sich ab 1642 mit dem Sieg der parlamentarischen Armee über König Karl I. (1600–1649) zu Beginn des englischen Bürgerkriegs. Vorausgegangen waren Bestrebungen des Königs, das Parlament zu entmachten und sich selbst zum absolutistischen Alleinherrscher aufzuschwingen; zu diesem Zweck beabsichtigte er, das anglikanische Staatskirchentum, das seine Herrschaft stützte, der Kontrolle des Parlaments zu entziehen. Dieses Vorhaben führte bald zum politischen Schulterschluss zwischen den Unterstützern des Parlaments (vor allem in Form des Bürgertums und des Landadels) und den Puritanern, die den königlichen Einfluss in der Kirche seit jeher abgelehnt hatten (vgl. ebd.: 233–235). Versuche, die englische Kirche nach 1642 zunächst nach schottischem Vorbild *presbyterianisch* (→ s. Kap. 7.2.1) umzugestalten, scheiterten allerdings am Widerstand der radikalen Puritaner, die die siegreiche Parlamentsarmee dominierten (vgl. ebd.: 235). Diese präferierten einen strengen *Kongregationalismus*, also die weitgehende Unabhängigkeit der einzelnen Kirchengemeinden, weshalb sie auch als „independentistisch" (Every 1966: 22) bezeichnet werden. Ihr profiliertester Vertreter war der Anführer der Parlamentsarmee, der ehemalige Parlamentsabgeordnete und radikale Puritaner Oliver Cromwell (1599–1658): Um einen Kompromiss zwischen Königstreuen und Presbyterianern zu verhindern, errichtete er ab 1648 eine Militärdiktatur und ließ den König ein Jahr später als Kriegsverbrecher enthaupten (vgl. Berg 2019: 55–59). Während der elfjährigen Puritanertyrannei baute Cromwell, der nach der Abschaffung des Parlaments ab 1654 als *Lord Protector* die Alleinherrschaft innehatte (vgl. ebd.: 75–78), die „seit 1643 proklamierte puritanische Sittenzucht […] zur staatlichen Sozialdisziplinierung [um]: u. a. mit Schließung der Theater und Wirtshäuser, Verbot von Tanzveranstaltungen und Pferderennen, Abschaffung von Festen" (Hauschild 2010: 237). Die beim Volk äußerst unbeliebten Maßnahmen ließ Cromwell dabei durch die Armee und ein rigides Polizeisystem durchsetzen.

Vor diesem Hintergrund ist es wenig verwunderlich, dass nach dem Tode des in weiten Teilen der Bevölkerung verhassten *Lord Protectors* die Restauration von Monarchie und Kirche ab 1660 recht schnell gelang. Ohnehin hatte Cromwells brutale Puritanerdiktatur die Bestrebungen, die Kirche als ganze konsequent nach reformatorischen Vorbild weiterzuentwickeln, weitgehend diskreditiert, sodass die anglikanische Kirche diesbezüglich sozusagen ‚auf halbem Wege' stehen geblieben ist. Die historische Situation verhinderte jedoch, dass die alte Uniformität unter der königlichen Suprematie vollständig wiederhergestellt werden konnte, weil die Zahl der unterschiedlichen Theologien und Kirchenverständnisse inzwischen zu groß geworden war: Um die konfessionelle Vielfalt im Sinne eines Staatskirchentums in den Griff zu bekommen, wurden zwischen 1661 und 1665 zunächst rigide Religionsgesetze erlassen, die eine konsequente Verfolgung der Nonkonformisten und ‚separatistischen' *dissenters* (also Gruppen von ‚Abweichlern', die sich von der Staatskirche abgetrennt hatten) bezweckten. In der Folge verloren zahllose puritanisch gesinnte Pfarrer ihre Stellen; Tausende von *dissenters* „erlitten […] lange Haftstrafen; nochmehr emigrierten in die nordamerikanischen Kolonien" (ebd.: 239), wo sie als *pilgrim fathers* den Grundstein für die spätere US-amerikanische Kirchenlandschaft legten. Erst mit dem Toleranzgesetz von 1689 unter Maria II. (1662–1694) und ihrem Mann, dem calvinistisch gesinnten Wilhelm III. von Oranien (1650–1702), konnte der kirchliche Frieden nach und nach wiederhergestellt werden (vgl. Every 1966: 24): Die *Tolerance Act* „gewährte […] den Nonkonformisten private Glaubens- und öffentliche Versammlungsfreiheit" (Hauschild 2010: 240) und erkannte sie als rechtliche Körperschaften an, wodurch die Grundlage für das englische Freikirchenwesen geschaffen wurde. Und auch innerhalb der *Church of England* konsolidierten sich die verschiedenen Gruppen im konfessionellen Spektrum: Auf der einen Seite standen die ‚Anglokatholiken', die den Anglikanismus in Form der sich über die apostolische Sukzession legitimierenden Ämterkirche als Mittelweg zwischen römischem Katholizismus und Protestantismus konzeptionalisierten; ihre Anhänger werden auch als *High*

Church bezeichnet (vgl. ebd.: 240). Auf der anderen Seite standen die eher einem protestantischen Kirchenverständnis zuneigenden Anhänger der *Low Church*; ihnen war an einem guten Verhältnis der anglikanischen Kirche zu den übrigen protestantischen (auch puritanisch geprägten) Kirchen gelegen, weshalb sie kirchliche Ämter und Liturgie lediglich als praktische Konsequenz der ‚wahren' Kirche in Gestalt der Gemeinschaft mit Christus begriffen und diesen Punkten daher – ganz anders als die Vertreter der *High Church* – weniger Bedeutung beimaßen (vgl. Every 1966: 25 f.). Seit dem 18. Jahrhundert werden sie in Teilen auch als *evangelical*, also ‚evangelisch' (im Sinne der in Deutschland gebräuchlichen Bezeichnung der protestantischen Kirchen) bezeichnet, weil sie „vor allem darauf bedacht [waren], den protestantischen Charakter der Kirche zu erhalten" (ebd.: 29). Sie sind nicht zu verwechseln mit den sich später im Kontext der angelsächsischen Erweckungsbewegungen (→ s. Kap. 7.5) formierenden *Evangelicals*, die im Deutschen im Allgemeinen als ‚Evangelikale' bezeichnet werden (→ s. Kap. 7.7).

Literatur zum Einstieg

- Hans Heinrich Harms (Hrsg.): Die Kirche von England und die anglikanische Kirchengemeinschaft. Stuttgart: Evangelisches Verlagswerk 1966.
  → Deutsche Übersetzung der klassischen Übersichtsdarstellung zum Anglikanismus mit Beiträgen wichtiger Vertreter der Church of England.
- Dieter Berg: Oliver Cromwell. England und Europa im 17. Jahrhundert. Stuttgart: Kohlhammer 2019.
  → Anhand der Biographie des puritanischen ‚Lordprotektors' lässt sich die Entwicklung der englischen Kirche im 17. Jahrhundert in enger Verbindung mit dem zeitgenössischen politischen Kontext nachvollziehen.

7.4. Baptistische Kirchen

Als baptistisch wird ein historisch zusammenhängendes, theologisch jedoch insgesamt uneinheitliches Feld protestantischer Gemeinschaften bezeichnet, welche die sogenannte Glaubenstaufe praktizieren. Hintergrund ist das Verständnis, dass die Taufe „die erste glaubensvolle Antwort auf das Evangelium" (Cross 2021: 60) ist. Dies bedeutet umgekehrt, dass eine Taufpraxis, die nicht den Glauben der zu Taufenden voraussetzt, unwirksam ist, sodass die in anderen Konfessionen oder Denominationen praktizierte Säuglingstaufe abgelehnt wird. Die Taufe ist ansonsten nicht an ein bestimmtes Lebensalter, sondern an ein bewusstes und freies Bekenntnis zu Jesus Christus gebunden, sodass die Taufe sowohl im Jugend- als auch im Erwachsenenalter möglich ist (vgl. ebd.: 61–64.). Aufgrund ihrer historischen Wurzeln im englischen Puritanismus (→ s. Kap. 7.3.2) folgen „die meisten Baptisten dem reformierten, calvinistischen Zweig" (Geldbach 2021: 10) im Spektrum der von der Reformation geprägten christlichen Theologien. Gemäß ihrer Herkunft praktizieren sie ein *kongregationalistisches* Kirchenverständnis; demnach ist die „Herrschaft Christi in der Gemeinde [...] das grundlegende Prinzip, auf [das] Baptisten ihr Verständnis vom Amt in der Kirche stützen" (Harmon 2021: 73):

> „Als eine zu einem Körper vereinigte Gemeinschaft geben die Glieder der Gemeinde aufeinander acht. Dieser Dienst des gegenseitigen Achthabens [...] schließt auch die Vollmacht zu Entscheidungen ein, die die Mitglieder der Gemeinde von Zeit zu Zeit in ihrem Bestreben treffen müssen, ihr gemeinsames Leben unter die Herrschaft Christi zu stellen" (ebd.: 74).

Trotz dieser egalitär anmutenden Gemeindestruktur erkennen baptistische Gemeinden die besondere Berufung Einzelner zum Dienst in der gemeinschaftlichen Aufsicht an, „die von den Gliedern der Ortsgemeinde zu ihrem Pastor ernannt werden. Diese Pastoren üben die personale Aufsicht (*episkopé*) durch Predigen und Lehren, durch das Halten von Gottesdiensten und durch die Verwaltung der Sakramente" (ebd.: 74) aus – gemäß der protestantischen Tradition in Gestalt von Taufe und Abendmahl. Die in dieser Form prinzipiell selbstständigen Gemeinden haben sich seit dem 17. Jahrhundert zum Großteil auch zu übergreifenden Vereinigungen (zum Beispiel zu Landesverbänden) zusammengeschlossen. Auf globaler Ebene war das zentrale Repräsentationsorgan zwischenzeitlich der 1905 gegründete *Baptistische Weltbund* (*Baptist World Alliance*), der jedoch seit 2005 nach dem Austritt der mitgliederstarken US-amerikanischen *Southern Baptist Convention* (s. u.) an Bedeutung eingebüßt hat (vgl. Geldbach 2021: 11). In Deutschland sind die Baptisten über den *Bund Evangelisch-Freikirchlicher Gemeinden* (BEFG) verbunden, in dem sie die größte konfessionelle Gruppe stellen (vgl. Voigt 2004: 55–59).

Die heutige geographische Verbreitung baptistischer Gemeinschaften ist historisch bedingt (s. u.) und hat ihren zahlenmäßigen Schwerpunkt in den Vereinigten Staaten von Amerika. Von den weltweit lebenden 84 Millionen Angehörigen baptistischer Kirchen entfielen im Jahr 2020 knapp 40 Millionen auf Nordamerika, wo sie die zweitgrößte protestantische Gruppe nach den pentekostalen Kirchen (→ s. Kap. 7.6) repräsentieren (vgl. Johnson/Zurlo 2020: 17). Auf afrikanische Länder (u. a. Nigeria und Tansania) entfallen insgesamt etwa 29 Millionen Gläubige (vgl. ebd.: 9), die stark mit den baptistischen Missionsunternehmungen im 19. und 20. Jahrhundert zusammenhängen. In Asien leben derzeit mit 8,6 Millionen nur vergleichsweise wenige Baptistinnen und Baptisten (vgl. ebd.: 11), hier vor allem in Myanmar, Indien und auf den Philippinen. Die mit Abstand größte lateinamerikanische baptistische Gemeinschaft existiert in Brasilien, insgesamt gehören etwa 5,5 Millionen Menschen in Südamerika baptistischen Kirchen an (vgl. ebd.: 15). In Europa zählen Johnson/Zurlo (2020: 13) für das Jahr 2020 ca. 886.000 Gläubige, Schwerpunkte sind hier die Ukraine, England sowie Rumänien. Auf Australien und Ozeanien entfallen etwa 414.000 Menschen baptistischen Glaubens (vgl. ebd.: 19).

Region	Anhängerzahl
Nordamerika	39,6 Millionen
Afrika	29,1 Millionen
Asien	8,6 Millionen
Südamerika	5,5 Millionen

Region	Anhängerzahl
Europa	886.000
Australien & Ozeanien	414.000
Gesamt	ca. 84 Millionen

Tab. 7.5: *Angehörige baptistischer Kirchen (Quelle: nach Johnson/Zurlo 2020)*

Ihre historischen Wurzeln haben die baptistischen Gemeinschaften zunächst im Umfeld der englischen Reformation, und zwar in Gestalt des puritanischen ‚Separatisten' bzw. *Dissenters* und ehemaligen anglikanischen Priesters John Smyth (ca. 1566–1612). Dieser hatte in der Grafschaft Lincolnshire eine Kirchengemeinde gegründet, die unabhängig von der anglikanischen Staatskirche existierte und Smyth daher in Konflikt mit der anti-puritanischen Gesetzgebung der nach-elisabethanischen Zeit brachte. 1608 floh er zusammen mit seinem „Gönner" (Briggs 2021: 14), dem wohlhabenden Rechtsanwalt Thomas Helwys (ca. 1550–1616), und einer Gruppe Gleichgesinnter nach Amsterdam. Da Smyth inzwischen zu der Überzeugung gelangt war, „dass die Kindertaufe, die [er] in der Staatskirche erhalten hatte […], ungültig" (ebd.: 14), weil nicht im Glauben empfangen, sei, taufte er sich kurzerhand selbst und anschließend weitere Mitglieder seiner Gruppe, was ihm den Spottnamen *Selbsttäufer* einbrachte (vgl. ebd.: 14). Um diesen Makel abzustreifen, trat er mit der Mehrheit seiner Gruppe der ansässigen Gemeinde der Mennoniten (→ s. Kap. 3.6.3) bei, wo er erneut die Glaubenstaufe empfing, und schloss sich damit den „Nachkommen der Radikalen Reformation" (ebd.: 14) in Gestalt des Täufertums an. Der andere Teil kehrte zusammen mit Helwys, der zwar ebenfalls die Theologie der Glaubenstaufe vertrat, den Eintritt in die mennonitische Gemeinde jedoch ablehnte, nach England zurück und gründete 1612 in London eine eigene, unabhängige Gemeinde, die als die erste baptistische (von engl. *baptism*, Taufe) Gemeinde Englands gilt (vgl. ebd.: 14). Nachdem Helwys in seinem Buch *The Mystery of Iniquity* für die volle Religionsfreiheit und die Entflechtung von Königtum und Kirche plädiert hatte, wurde er verhaftet und starb 1616 im Gefängnis (vgl. ebd.: 15). Trotz seines Schicksals entstanden in der Folgezeit zahlreiche weitere baptistische Gruppierungen unterschiedlicher Ausrichtung. Hier sind vor allem die *Particular Baptists* zu nennen, die (anders als die auf Helwys zurückgehenden *General Baptists*, die von einer freien Willensentscheidung zum Glauben ausgehen) die Glaubenstaufe als eine „Art christlicher Initiation" (ebd.: 15) verstanden, weil der Tod Christi – gemäß der calvinistischen Prädestinationslehre – nur Auserwählten gelte.

Nachdem die Restauration der anglikanischen Kirche nach der Puritanerdiktatur Cromwells (→ s. Kap. 7.3.2) ab 1660 dem Wachstum der baptistischen Bewegung zunächst Einhalt geboten hatte, flohen zahlreiche ihrer Anhängerinnen und Anhänger in die nordamerikanischen Kolonien. Hier konnten sie – unter dem Schutz der Religionsfreiheit – unabhängige Gemeinden im Sinne des aus dem Dissentertum übernommenen kongregationalistischen Ideals gründen; Schwerpunkte waren zunächst Massachusetts und Rhode Island, ab etwa 1680 unter anderem auch Pennsylvania und New York (vgl. Brackney 2021: 200). Einer ihrer Vertreter, der als ‚Vater' der US-amerikanischen Baptisten geltende Roger Williams (1603–1683), legte den Grundstein für „die erste Erklärung der Religionsfreiheit in Nordamerika" (ebd.: 201).

In England erhielt die baptistische Bewegung indes neuen Schwung durch die Ausbreitung des Methodismus (→ s. Kap. 7.5.3), einer ab etwa 1730 zunächst im Anglikanismus angesiedelten Erweckungsbewegung, die vor allem unter der einfachen Bevölkerung populär war und auch die baptistischen Gemeinden erfasste. Dies geschah zum einen durch die Etablierung von Pastoren in den Gemeinden, die sich im Zuge der methodistischen Erweckung bekehrt hatten, und die in den eigens zu deren Ausbildung gegründeten baptistischen *Colleges* geschult wurden (vgl. Briggs 2021: 19). Auf der anderen Seite kam es zur Gründung zahlreicher „neuer Vereinigungen mit einem klaren missionarischen Ziel" (ebd.: 19), die teilweise überkonfessionell ausgerichtet waren, etwa in Form von Traktatgesellschaften, Sonntagsschulen sowie einer Bibelgesellschaft. Als führender Repräsentant dieser ‚neuen Generation' baptistischer Frömmigkeit tat sich der ehemalige Schuster William Carey (1761–1834) hervor. Sein Buch mit dem Titel *Eine Untersuchung über die Verpflichtung der Christen, Mittel zur Bekehrung der Heiden zu verwenden* führte 1792 zur Gründung der *Baptist Missionary Society* (BMS), der ersten nichtstaatlichen Missionsgesellschaft, die in der Folgezeit als Vorbild für eine Vielzahl ähnlicher Organisationen diente (vgl. Nash 2021: 39 f.), etwa der 1795 gegründeten interdenominationellen *London Missionary Society* (LMS). Das Programm der Gesellschaft „sah die Einsetzung eines Vorstandes vor, um die Finanzierung der Missionsbewegung, die Auswahl und die Ausbildung der Missionare und die Aufsicht über ihre Arbeit zu überwachen" (ebd.: 40). 1793 reiste Carey selbst als Missionar mit einigen Mitstreitenden nach Indien; 1801 erhielt er eine Professur am *Fort William College* in Kalkutta, um die angehenden englischen Kolonialbeamten in der lokalen Sprache (Bengali) zu unterrichten. Carey, der sich als Autodidakt umfangreiche Kenntnisse in neuen und alten Sprachen angeeignet hatte, übersetzte nicht nur die Bibel in mehrere indische Sprachen, sondern war 1818 auch an der Gründung des *Serampore College* beteiligt, dessen Zweck in der Ausbildung einheimischer baptistischer Pastoren und Missionare bestand. „Es wurde zum Modell für zukünftige Universitäten, die von westlichen Missionaren gegründet wurden" (ebd.: 42).

Doch während in England das Wachstum der baptistischen Bewegung aufgrund der starken Dominanz der *Church of England* begrenzt blieb, konnte sie sich in den USA aufgrund der gänzlich verschiedenen Rahmenbedingungen (→ s. Kap. 7.5.4) ungehindert ausbreiten und sich bis ins zwanzigste Jahrhundert zur größten protestantischen Strömung entwickeln, die erst durch das Wachstum der US-amerikanischen Pfingstbewegung (→ s. Kap. 7.6) ab etwa 1900 zahlenmäßig ‚übertrumpft' wurde. Dieser Prozess war von starken Richtungskämpfen und institutionellen Spaltungen begleitet (vgl. Brackney 2021: 200–235), die hier nur schlaglichtartig thematisiert werden können. Prägend war hier vor allem die Aufteilung in ‚nördliche' und ‚südliche' Baptisten, die sich aus der Uneinigkeit bezüglich der Sklavereifrage ergeben hatte und 1845 zur Gründung der *Southern Baptist Convention* geführt hatte. Demgegenüber hatten sich erklärte Gegner der

Sklaverei bereits 1843 zur abolitionistischen *American Baptist Free Mission Society* zusammengeschlossen (vgl. ebd.: 214 f.). 1907 kam es schließlich zum losen Zusammenschluss der ‚nördlichen' Fraktion als *Northern Baptist Convention* (seit 1972 *American Baptist Churches, USA*), die heute zu den theologisch ‚gemäßigten' *mainline*-Kirchen gezählt wird – anders als die *Southern Baptist Convention*, die dem evangelikalen Spektrum (→ s. Kap. 7.7) zugerechnet wird (vgl. ebd.: 217 f.). Ihre Wurzeln hat diese heutige Positionierung auch in der *fundamentalistischen Bewegung* (→ s. Kap. 7.7.2), die Ende des 19. Jahrhunderts aufgekommen war und sich vor allem um die Frage der Fehlerlosigkeit der Bibel drehte: Damit ist die These gemeint, dass „die Bibel nicht nur in der Theologie oder im christlichen Lebensvollzug, sondern in jedem Bereich der Wirklichkeit, also etwa auch in Bezug auf Geschichte und Wissenschaft, ohne Fehler ist" (Hankins 2021: 259). Während sich bei den ‚nördlichen' Baptisten nach harten Auseinandersetzungen Mitte des 20. Jahrhunderts die modernistischen, ‚liberalen' theologischen Kräfte durchsetzten (vgl. ebd.: 250–255), dominierten in der *Southern Baptist Convention* weitgehend die von fundamentalistischen Ideen geprägten Konservativen, was 2004 schließlich zum oben erwähnten Austritt aus der *Baptist World Alliance* führte (vgl. ebd.: 255–265). In diesem Zusammenhang hat die „führende Rolle der Südbaptisten in den Kulturkämpfen Amerikas dazu geführt, dass die Evangelikalen sich zu dem verlässlichsten Wählerblock innerhalb der Republikanischen Partei entwickelten" (ebd.: 263).

Parallel zu diesen Entwicklungen verlief die Ausbreitung baptistischer Frömmigkeit in große Teile der afroamerikanischen Bevölkerung. Ihre Wurzeln hat sie im sogenannten *Great Awakening* (→ s. Kap. 7.5.4) – eine beispiellose religiöse Erweckung, die sich in den 1730er- und 1740er-Jahren zunächst unter der puritanisch geprägten Bevölkerung Neuenglands ereignete und zahllose Menschen dazu bewegte, sich christlichen Gemeinschaften anzuschließen. In diesem Rahmen durchzogen

> „herumreisende Prediger […] ganze Landstriche […] und [hielten] einfache, erweckliche Predigten […], die stark an die Emotionen der Zuhörer appellierten und die persönlichen Erfahrungen der Umkehr (‚Bekehrung') provozieren wollten. Der Glaube war nicht in erster Linie eine an Dogmen ausgerichtete Zustimmung zu theologischen Sätzen, sondern eine ‚Herzensangelegenheit'" (Geldbach 2012: 102).

Vor allem baptistische und methodistische Prediger gelangten so zu den großen Sklavenplantagen im Süden, wo sie das „Evangelium als eine befreiende Kraft [verkündigten] und nicht als einen Kontrollmechanismus, wie es weiße Prediger oft taten" (Wheeler/Wheeler 2021: 238). Nachdem ab 1775 die ersten baptistischen Sklavengemeinden entstanden waren, breitete sich deren Theologie nach dem Bürgerkrieg (1861–1865) und dem damit verbundenen Ende der Sklaverei zunächst im ländlich geprägten Süden der USA aus. 1893 verbanden sich die verschiedenen Gemeinschaften zur *National Baptist Convention*, die heute die größte afro-amerikanische Denomination der Vereinigten Staaten repräsentiert. „Das Wachstum schwarzer Baptistengemeinden nach der Emanzipation [von der

Sklaverei] war phänomenal, und um 1915 übertrafen schwarzen Baptisten alle anderen religiösen Gruppen innerhalb der afro-amerikanischen Gemeinschaft um ein Vielfaches" (ebd.: 244). In diesem Zusammenhang blieb die aus der Frühzeit herrührende Identifikation afroamerikanischer Baptistinnen und Baptisten mit den Kindern Israels, die von Gott dereinst von ihrer Knechtschaft befreit würden, prägend; sie trug dazu bei, dass sich viele Angehörige schwarzer baptistischer Gemeinden im 20. Jahrhundert nicht länger mit der noch immer bestehenden Rassentrennung und dem offenen Rassismus in großen Teilen der US-amerikanischen Öffentlichkeit abfinden wollten. So war die Bürgerrechtsbewegung der 1950er- und 1960er-Jahre maßgeblich durch baptistische Stimmen geprägt; als prominentester Vertreter ist hier sicherlich der baptistische Pastor und Friedensnobelpreisträger Martin Luther King (1929–1968) zu nennen, der durch sein Mittel des zivilen Ungehorsams das Ende der Rassensegregation in den USA erwirkte (vgl. ebd.: 244–246).

Der missionarische Eifer der englischen Baptisten, der durch die Gründung der oben genannten *Baptist Missionary Society* im Jahre 1792 offenbar geworden war, hatte bald entsprechende Unternehmungen auf US-amerikanischer Seite nach sich gezogen: Den Startschuss gab 1814 im Wesentlichen die *American Baptist Foreign Missionary Society*, der zahlreiche weitere Organisationen folgten (vgl. Nash 2021: 44 f.). In diesem Zusammenhang sind besonders die von der afroamerikanischen baptistischen Gemeinschaft ausgehenden missionarischen Aktivitäten im 19. Jahrhundert hervorzuheben, deren Projekt der „Evangelisierung Afrikas" (ebd.: 48) den heutigen Schwerpunkt baptistischer Frömmigkeit auf dem Kontinent maßgeblich mitverantwortet: Ausgelöst durch das Streben „von Einzelpersonen und ganzer Gruppen nach mehr Freiheitsrechten und zivilgesellschaftlicher Partizipation" (Martin 2012: 119), emigrierten im 19. Jahrhundert Teile der afro-amerikanischen Bevölkerung aus den Vereinigten Staaten nach Westafrika – darunter viele Menschen mit baptistischer Prägung. Hintergrund war die

> „Überlegung, dass der einzige erfolgversprechende Weg zur Abschaffung der Sklaverei in der ‚Rückführung' freigelassener ehemaliger Sklaven nach Afrika bestünde. Durch die Schaffung einer Kolonie für ‚repatriierte' Afroamerikaner auf dem afrikanischen Kontinent sollten Befürchtungen der Sklavenhalter und der weißen Öffentlichkeit ausgeräumt werden, dass von ehemaligen Sklaven nach Abschaffung der Sklaverei soziale Unruhen oder Vergeltungsakte ausgehen könnten" (ebd.: 120 f.).

Als Pionier gilt hier der ehemalige Sklave Lott Cary (1780–1828), der 1822 in der von der *American Colonial Society* ausgerufenen Kolonie Liberia die erste baptistische Gemeinde auf afrikanischem Boden gründete (vgl. Nash 2021: 45). Noch 1895 waren von den elf Missionsstationen, die von der *National Baptist Convention* betrieben wurden, zehn in Afrika angesiedelt (vgl. ebd.: 49).

Mission und Kolonialismus im 18. und 19. Jahrhundert

Es ist gewiss kein Zufall, dass die großen missionarischen Unternehmungen christlicher Kirchen vor allem ab dem Ende des 18. Jahrhunderts an Fahrt aufgenommen haben. Denn begünstigt wurde die globale Wirksamkeit von Missionsgesellschaften wie der *Baptist Missionary Society* (BMS), der interdenominationellen *London Missionary Society* (LMS) oder auch der anglikanischen *Church Missionary Society* (CMS) in massiver Weise durch die weltweite Verkehrsinfrastruktur, die der europäische Kolonialismus etabliert hatte, wodurch bis 1914 etwa 85 Prozent der Erdoberfläche unter den politischen Einfluss europäischer Mächte geraten waren. Missionarinnen und Missionare reisten per Dampfschiff nach Asien und Afrika, durchquerten die Kontinente mit der Eisenbahn und korrespondierten mit ihren Heimatländern über ein neues globales Postwesen (vgl. Anderson 2007: 31 f.). Vor diesem Hintergrund ist es wenig erstaunlich, dass die missionarischen Anstrengungen europäischer (und später US-amerikanischer) Kirchengemeinschaften historisch kaum von den kolonialen und imperialen Bestrebungen der staatlichen Akteure zu trennen sind, sondern vielmehr auf vielfältige Weise mit deren politischen Interessen verflochten waren. Dies betraf nicht allein solch etablierte Organisationen wie die CMS oder die ältere *Society for Promoting Christian Knowledge* (SPCK); auch die zahllosen kleinen und unabhängigen Missionsgesellschaften trugen in nicht geringem Ausmaß dazu bei, das koloniale Projekt zu stützen und zu befördern (vgl. Porter 2005).

Eine wichtige Ursache für diesen Umstand liegt darin, dass auch die Missionarinnen und Missionare von jenem Weltbild geprägt waren, mit dessen Hilfe die europäische Öffentlichkeit des 19. und 20. Jahrhunderts die gewaltsame Unterwerfung und wirtschaftliche Ausbeutung außereuropäischer Territorien vor sich selbst legitimierte. Zentrales Merkmal dieses kolonialen Weltbildes war die Überzeugung einer prinzipiellen Differenz zwischen Europa und ‚dem Rest' (vgl. Hall 2012: 137), wobei ‚der Westen' als in allen Bereichen prinzipiell überlegen verstanden wurde. Gemäß dieser Sichtweise entsprach der (tatsächlichen) militärischen Überlegenheit europäischer Länder naturgemäß auch deren zivilisatorische, kulturelle und religiöse Überlegenheit, sodass der Herrschaftsanspruch des ‚Westens' über den ‚Rest' der Welt als die natürliche Konsequenz der europäischen Entwicklung angesehen werden musste. Der zeitgenössische Entwicklungsstand der Gesellschaften Europas war dabei nicht nur im Sinne einer historischen Tatsache (sozusagen als geschichtliche Momentaufnahme) gedacht, sondern *allgemein*, also in Form der Verkörperung des *universalen Maßstabs* der ‚Moderne', an dem auch alle übrigen Gesellschaften der Welt ausgerichtet waren, ohne ihn freilich bisher in gleicher Weise erreicht zu haben (vgl. ebd.: 137–179). „Durch diese Strategie wird der Rest als etwas definiert, das der Westen nicht ist [...]. Es wird als das absolute, wesenhafte, verschiedene *andere* repräsentiert" (ebd.: 167), also als ‚unmodern' und damit rückschrittlich.

Dass diese dualistische Stereotypisierung außereuropäischer Kontexte auch das Denken der Missionierenden aus ‚westlichen' Ländern bestimmte, zeigt sich in zahllosen Dokumenten des missionarischen Diskurses dieser Zeit: Die „Zementierung von Oben und Unten" (Suarsana 2011: 242) fand dabei ihren Ausdruck im Verständnis nicht-europäischer Menschen als ‚Heiden', die – im dunklen Aberglauben versunken – der ‚Erleuchtung' durch die europäische Christenheit bedürfen. Mit dem ‚Heidentum' war nach missionarischer Sicht häufig auch ein Mangel an Zivilisation und Kultur verbunden, weshalb mit der Christianisierung immer auch die Zivilisierung der ‚Wilden' verbunden war (vgl. ebd.: 242–

254). Diese Kombination aus missionarischem und zivilisatorischem Sendungsbewusstsein fand breiten Ausdruck in der Errichtung unzähliger Missionsschulen nach europäischem Vorbild, in denen die ‚Eingeborenen' nicht allein in der christlichen Religion, sondern auch in europäischer Kultur unterwiesen wurden (vgl. Eckert 2006: 43–45).

Dass das koloniale Weltbild europäischen Missionierenden nur selten eine wertschätzende Wahrnehmung nicht-europäischer Menschen und eine Begegnung auf Augenhöhe ermöglichte, überrascht wenig. Im Gegenteil: Zeitgenössische Quellen sind voll von abwertenden Darstellungen, nicht nur der Menschen, sondern auch der von diesen bewohnten Regionen: Sie erscheinen als eine namenlose Masse, die von irrationalen, oftmals grausamen kulturellen Bräuchen getrieben ist, angesiedelt in unwirtlichen Landschaften mit wilden und gefährlichen Tieren (vgl. Suarsana 2011: 243–248). Mit dem Aufstieg der Naturwissenschaften (allen voran der Biologie sowie Darwins Evolutionstheorie) fand diese Abwertung ab der Mitte des 19. Jahrhunderts auch zunehmend über biologistische Kategorien statt, die eine natürliche Hierarchie verschiedener ‚Menschenrassen' propagierten.

Gleichwohl finden sich in der Kolonialzeit auch in Europa Stimmen, die die Auswüchse des europäischen Imperialismus deutlich kritisiert haben. Im missionarischen Kontext wurde besonders die ‚weltliche' Verquickung religiöser Anliegen (etwa in Form finanzieller oder politischer Verflechtungen) als Problem wahrgenommen, ebenso wie die Erkenntnis, dass die Interessen der kolonialen Akteure nicht immer von christlichen Idealen getrieben waren (vgl. Eckert 2006: 106 f.). Vor diesem Hintergrund entstanden ab der zweiten Hälfte des 19. Jahrhunderts vor allem im angelsächsischen Raum zahlreiche Missionsunternehmungen, die sich konsequent jeglicher institutioneller Verflechtungen entzogen und ihre unabhängigen Missionarinnen und Missionare allein auf Basis von Spenden und Gebet in die Kolonialgebiete entsandten. Prototypisch für diese auch als *faith missions* bezeichneten Organisationen war die 1865 von dem britischen Arzt J. Hudson Taylor (1832–1905) gegründete *China Inland Mission*, die besonders im Feld der US-amerikanischen Erweckungsbewegungen (→ s. Kap. 7.5.4) viele Nachahmer fand. Erklärtes Ziel war hier die völlige Entflechtung der Mission aus den politischen, finanziellen und kulturellen Zusammenhängen der kolonialen ‚Mutterländer', womit auch eine neue Methode der Evangelisationsarbeit verbunden war: „Befreit von der Leitung durch Komitees zu Hause und in der Herangehensweise konfessionell nicht gebunden, sollten sich die Missionare bei der Ernährung, Kleidung und Unterbringung der Lebensweise der Einheimischen anpassen. Nur auf diese Weise war in der heidnischen Welt eine nachhaltige Wirkung zu erzielen" (Suarsana 2011: 237).

Literatur zum Einstieg

- Erich Geldbach (Hrsg.): Baptisten weltweit. Ursprünge, Entwicklungen, Theologische Identitäten. Vandenhoeck & Ruprecht 2021.
    → Äußerst umfangreiche Einführung in die weltweite baptistische Tradition mit zahllosen Einzeldarstellungen zur Geschichte und zu zentralen theologischen Topoi.
- Andrea Strübind/Martin Rothkegel (Hrsg.): Baptismus. Geschichte und Gegenwart. Göttingen: Vandenhoeck & Ruprecht 2012.

> → Ebenfalls einschlägiger Gesamtüberblick mit besonderem Fokus auf den deutschsprachigen Bereich.
>
> ■ Thomas Kaufmann: Die Täufer. Von der radikalen Reformation zu den Baptisten. München: C. H. Beck 2019.
>
> → Das bei *C. H. Beck Wissen* erschienene Büchlein enthält auch ein kompaktes Kapitel zu den baptistischen Kirchen der Neuzeit.

7.5. Pietismus und Erweckungsbewegungen

7.5.1. ‚Erweckliches' Christentum als globales Frömmigkeitsnetzwerk

Als Erweckungsbewegung(en) werden heute eine Reihe verschiedener (teilweise historischer) Strömungen vor allem innerhalb des angelsächsisch geprägten Protestantismus zusammengefasst, die zwar keine einheitlichen Merkmale (im Sinne einer gemeinsamen Theologie oder Identität) aufweisen, geschichtlich jedoch auf ein zusammenhängendes Kommunikationsnetzwerk zurück geführt werden können, das seine Wurzeln in bestimmten religiösen Diskursen des 18. und 19. Jahrhunderts besonders in England und den USA, aber auch in Deutschland und Frankreich hat. Anders als im Falle der bisher dargestellten Kirchen und Gemeinschaften handelt es sich bei dem Terminus *Erweckungsbewegungen* indes nicht um eine Kategorie, die als Selbstbezeichnung, etwa zur Markierung der eigenen (konfessionellen) Identität, gebräuchlich wäre; es gibt also kein Spektrum christlicher Gruppierungen, das sich heute selbst als *die* Erweckungsbewegung oder als ‚erweckte Kirche' versteht. Vielmehr handelt es sich um einen Begriff, mit dessen Hilfe in der Forschung ein bestimmter Frömmigkeitsdiskurs eingegrenzt wird, also ein Kommunikationsnetzwerk, über das sich verschiedene protestantische Akteure in aller Welt über einen längeren Zeitraum gemeinsam über ihr Selbstverständnis als ‚erweckte' oder ‚wiedergeborene' Christinnen oder Christen ausgetauscht haben, ohne selbst Teil einer gemeinsamen sozialen Gruppe oder Institution zu sein. Dieser Diskurs wird landläufig auch als *evangelikal* bezeichnet, obgleich der Terminus seine heutige Bedeutung wahrscheinlich erst im 20. Jahrhundert erhalten hat[34]. Er ist interessierten Zeitgenossen besonders über die US-amerikanische kirchliche Landschaft geläufig, ist aber auch im freikirchlichen Milieu in Deutschland verbreitet; vor allem prägen die aus diesem Diskurs resultierenden Frömmigkeitsformen einen großen Teil der protestantischen Gemeinschaften des globalen Südens, die historisch stark mit dem angelsächsischen Protestantismus verflochten sind. Typische theologische Konzepte, die im Rahmen dieses erwecklichen Kommunikationsnetzwerks ausgehandelt werden, sind (a) die Betonung der subjektiven Erfahrung des Glaubens im Leben des einzelnen Menschen, die zu einem frommen Leben des Individuums in der Nachfolge Christi führe; außerdem (b) die Fokussierung auf biblische Inhalte, die auch auf das alltägliche und gesellschaftliche Handeln bezogen werden. Die Folge davon ist ein stark praxisorientiertes,

---

[34] Vgl. exemplarisch Hochgeschwender (2007: 23; 2017b). Zur Herkunft von *evangelikal* als heutiger konfessioneller Positionierung vgl. Kap. 7.7. Ich verwende, um hier identitätsbezogene Vereinnahmungen zu vermeiden, den aus den historischen Zusammenhängen ableitbaren Terminus *erwecklich*, obgleich (oder gerade weil) dieser wie gesagt keine konfessionelle oder gruppenspezifische Identität repräsentiert (vgl. i. W. auch Hauschild 2010: 715–720).

bibelzentriertes Christentum, das häufig auf Evangelisation und Mission ausgerichtet ist, indem Mitmenschen zur Umkehr und zur bewussten Entscheidung für ein ‚Leben in Christus' aufgerufen werden. Obgleich die unzähligen weltweiten Kirchen und Gemeinschaften, die vor diesem Hintergrund mit dem Terminus *erweckliches Christentum* zusammengefasst werden können, also keinesfalls als eine zusammenhängende Gruppe oder Konfession verstanden werden dürfen, lassen sie sich in der Regel in der ein oder anderen Form auf gemeinsame geschichtliche Vorläufer zurückführen, sodass die Zusammenschau zumindest aus historischer Perspektive sinnvoll erscheint. Prägend auf das erweckliche Milieu wirkten (neben dem für unsere Darstellung vor allem historisch relevanten Pietismus [→ s. Kap. 7.5.2]) zunächst der aus dem Anglikanismus (→ s. Kap. 7.3) hervorgegangene *Methodismus* (→ s. Kap. 7.5.3), der als globale Gemeinschaft heute etwa 31,8 Millionen Gläubige umfasst (vgl. Johnson/Zurlo 2020: 7); außerdem die puritanisch und methodistisch geprägte US-amerikanische Erweckungs- und *Heiligungsbewegung* (→ s. Kap. 7.5.4), die als Kulminationspunkt und Multiplikator der weltweiten erwecklichen Impulse die heutige US-amerikanische Kirchenlandschaft entscheidend geprägt hat. Dies betrifft im Wesentlichen auch die *Pfingstbewegung* (engl. *Pentecostalism*) sowie die *charismatische Bewegung* (→ s. Kap. 7.6), denen aktuellen Schätzungen zufolge weltweit etwa 635,3 Millionen Menschen zuzurechnen sind (vgl. ebd.: 7). Das pfingstlich-charismatische Christentum wird in der Forschung in der Regel als eigene konfessionelle Größe behandelt, auch wenn es historisch mit den ‚klassischen' Erweckungsbewegungen zusammenhängt. Gleichwohl hat es vor allem in den Kontexten des globalen Südens eine Vielzahl weiterer Impulse aufgenommen, sodass sich pentekostale Kirchen heute zuweilen sehr stark von ihren ‚erwecklichen' Vorläufern unterscheiden.

Explizite Verwendung findet der Terminus *Erweckung* (engl. *Awakening* oder *Revival*) im kirchlichen Bereich seit der ersten Hälfte des 18. Jahrhunderts: Im englischen Methodismus (→ s. Kap. 7.5.3) sowie im Kontext des *Great Awakening* in Nordamerika (→ s. Kap. 7.5.4) wurde er gegen eine vermeintlich „matte[...] Kirchlichkeit ohne religiöse Tiefe und Wärme" (Beyreuther 1963: 8) in Stellung gebracht, die allerhöchstens „eine zuchtvolle sittliche und religiös-kirchliche Lebensführung konventioneller Art" (ebd.: 10) bewirke, ohne jedoch eine „tiefere religiöse Erfahrung" (ebd.: 10) zu ermöglichen. Die Hauptschuld an diesem Zustand wurde der rationalistischen Theologie und dem Deismus zugewiesen, die seit Ende des 17. Jahrhunderts durch die Philosophie der Aufklärung geprägt worden waren: „Diejenigen, die eine ‚Erweckung' [der Christenheit] befördern wollen oder sie schon heraufziehen sehen, richten sich nach eigenem Urteil auf die Überwindung des sogenannten Vernunftglaubens in Kirche und Gesellschaft" (Gäbler 1991: 162). Vor diesem Hintergrund ging es den ‚Erweckten', „die nicht selten selbst Kinder der Aufklärung waren, um nichts weniger als um die Überwindung der Aufklärung und um eine Rechristianisierung der Gesellschaft" (Kuhn/Albrecht-Birkner 2017: 7). Dabei waren sie „sich bewußt, daß die Auseinandersetzung mit dem Vernunftglauben auch in anderen Ländern geführt wurde" (Gäbler 1991: 162), sodass sich ab etwa 1740 ein internationales, quer durch alle protestantischen Lager reichendes Netzwerk nachweisen lässt, das durch schriftliche Korrespondenz, Veröffentlichungen und rege Reisetätigkeit aufrechterhalten wurde (vgl. Lambert 1999: 151–179). Auf diese Weise formierte sich eine „kritische Erneuerungsbewegung innerhalb des gesamten Protestantismus" (Beyreuther 1963: 3), deren historische Ausläufer in Form des bereits genannten pentekostalen und charismatischen Christentums (→ s. Kap. 7.6) heute beispielsweise mehr als eine halbe Milliarde Anhängerinnen und Anhänger umfassen.

In den verschiedenen Theologien des breiten Spektrums an ‚erwecklichen' Kirchengemeinschaften (einschließlich der späteren Pfingstbewegung) lassen sich mit Ulrich Gäbler dennoch einige zentrale, weit verbreitete Charakteristika ausmachen, deren Ursachen im Wesentlichen in den gemeinsamen Kommunikationsprozessen der Vergangenheit liegen:

(1) *Die Verbindung von Weltgeschichte und Heilsgeschichte*, also die Vorstellung, dass zeitgenössische geschichtliche Ereignisse bereits in der Bibel prophezeit worden sind. Historisch verortet ist dies in der Deutung der französischen Revolution (→ s. Kap. 6.2.3) als der Sieg des Unglaubens über das Christentum – eine Ansicht, die in Europa wie in Amerika zu Beginn des 19. Jahrhunderts weit verbreitet war (vgl. Gäbler 1991: 169 f.). Begründet wurde diese Sichtweise damit, dass mit der Aufklärung, die den Revolutionären ja als ideologische Basis gedient hatte, „die Verherrlichung des menschlichen Geistes [...] an die Stelle der Gottesanbetung getreten [sei]" (ebd.: 170). Parallel dazu führten Klagen über die abnehmende Gottesfurcht und Sittlichkeit in den Kirchen zu der Ansicht, dass nur die Rückkehr zu einer wahrhaft biblischen Frömmigkeit „zur Wiedergeburt des Einzelnen und damit zur Wiedergeburt der Gesellschaft führen" (ebd.: 170) könne. Die attestierte Krise des christlichen Glaubens ging dabei stets mit einer heilsgeschichtlichen Deutung einher: „Eine Fülle prophetischer Literatur erschien; die Autoren wiesen alle darauf hin, daß die umstürzenden Ereignisse in der Bibel vorhergesagt seien" (ebd.: 171). Auf diese Weise bestätigte die Bibel (in Anknüpfung etwa an die Offenbarung des Johannes [s. u.]) „den Erweckten das baldige Hereinbrechen der Endzeit" (ebd.: 171). Diese Praxis hatte grundsätzliche Auswirkungen auf das Schriftverständnis: Denn „Einwänden, die eine kritische Exegese oder eine allegorische Bibelauslegung forderten, konnte man entgegenhalten, daß die Geschichte die wortwörtliche Genauigkeit des biblischen Textes bewiesen habe" (ebd.: 171) – eine Ansicht, die bis in die fundamentalistische Bewegung (→ s. Kap. 7.7.2) des 20. Jahrhunderts nachgewirkt hat, und die daher auch heute noch in zahlreichen protestantischen Strömungen (auch über die Erweckungsbewegungen hinaus) lebendig ist.

(2) *Die Naherwartung des Reiches Gottes (Millenarismus* oder *Chiliasmus)*. Diese Ansicht gründet sich auf der oben skizzierten Deutung der Geschichte als Anzeichen für das baldige Einsetzen der Endzeit; diese trete jedoch nicht direkt mit dem jüngsten Gericht ein, sondern werde (gemäß einer recht wörtlichen Interpretation von Offb 20,1–10) durch ein tausendjähriges göttliches Friedensreich eingeleitet, das den gegenwärtigen Zustand der menschlichen Welt überwindet. In diesem Zusammenhang lassen sich zwei unterschiedliche theologische Richtungen identifizieren: Auf der einen Seite die *prämillenarische* Sichtweise, die davon ausgeht, dass der Beginn dieses Friedensreiches mit der Wiederkehr Christi verbunden ist, Christus also *vor* dem tausendjährigen Reich bzw. Millennium zu den Menschen

kommt, um seine Herrschaft zu errichten. Und weil in den Augen der Prämillenaristen die gegenwärtige Welt zutiefst verderbt sei, bleibe der Kirche nichts anderes übrig als „die wahren Bekenner Christi [zu] sammeln und dem Herrn entgegen[zu]führen" (ebd.: 172). Am ausgeprägtesten vertreten diese Theologie, neben *Adventisten* und *Neuapostolischer Kirche*, die *Zeugen Jehovas*, die sich ab den 1870er-Jahren zunächst in den USA konstituierten: In den Augen ihres wichtigsten Vordenkers Joseph Franklin Rutherford (1869–1942) sei das tausendjährige Reich Christi im Jahre 1914 tatsächlich angebrochen; der Beginn des Ersten Weltkrieges markiere dabei die himmlische Thronbesteigung Jesu, wodurch sämtliche weltlichen Regierungen ihren Herrschaftsanspruch verloren hätten (vgl. Garbe 1999: 49–57); alle wahren Christinnen und Christen „hätten sich jetzt unmittelbar der göttlichen Regierungsgewalt zu unterstellen" (ebd.: 50). Vor diesem Hintergrund wird ersichtlich, weshalb es sich bei den Zeugen Jehovas nach ihrem Selbstverständnis um eine *theokratische* (also allein unter der Gottesherrschaft stehende) Gemeinschaft handelt, deren Mitglieder „gewissermaßen ein göttliches Einsprengsel (,Fremdlinge') inmitten der sie noch umgebenden Nationen einer vergehenden Welt darstellen" (ebd.: 55). Von den prämillenarischen Gruppen sind – auf der anderen Seite – solche zu unterscheiden, die ein *postmillenarisches* Verständnis der Wiederkunft Christi vertreten: Dieses geht davon aus, dass Jesus erst *nach* dem Tausendjährigen Reich wiederkommen werde, dessen Errichtung also weitgehend in der Hand des Menschen liege:

> „Aus diesem Grund richteten die Anhänger dieser eschatologischen Konzeption ihr Augenmerk auf das Kommen und auf das Bauen des Reiches Gottes. Die gegenwärtige triste Lage in Kirche und Gesellschaft biete geradezu die Herausforderung für den unermüdlichen Einsatz im Dienste des Gottesreiches" (Gäbler 1991: 172).

Die Idee, dass das Reich Gottes durch ,praktische Arbeit' (etwa durch Mission, Bildungsarbeit, aber auch durch karitative Aktivitäten) errichtet werden müsse, führte spätestens seit der Kolonialzeit zu einer beispiellosen Anstrengung, die ganze Welt von der christlichen Botschaft zu überzeugen – ein Umstand, der die heutige zahlenmäßige Dominanz erwecklicher Strömungen im globalen Protestantismus zu erklären hilft. „Man rechnete am Anfang des 19. Jahrhunderts durchaus mit der Möglichkeit, die ganze Heidenwelt bekehren zu können, wie das Beispiel des baptistischen Indienmissionars William Carey zeigt" (ebd.: 173), der seine Missionsgesellschaft ja unter dem Eindruck der methodistischen Erweckung in England gegründet hatte (→ s. Kap. 7.4).

(3) *Die individuelle Gotteserfahrung.* Nach postmillenarischer Auffassung ist das Reich Gottes in der gegenwärtigen Welt durch Zeichen sichtbar, die sich nicht nur auf gesellschaftlicher Ebene, sondern auch im Leben der einzelnen Gläubigen zeigen, und zwar in der individuellen Erfahrung des heilsstiftenden Handeln Gottes, was zuweilen als Wiedergeburt, Erweckung oder auch Erleuchtung bezeichnet wird (vgl. ebd.: 175). Kennzeichnend ist dabei, dass die konkrete Erfahrung göttlichen Handelns in dieser Sichtweise einen wesentlichen Teil des Glaubens eines *jeden* Menschen ausmacht und also nicht nur einem spirituell besonders

privilegierten Teil der Christenheit zuteilwird. Damit hängt zusammen, „daß jeder einzelne Christ persönlich und selbstständig zu diesem Glauben kommen muß" (ebd.: 175), indem er eine individuelle und bewusste persönliche ‚Transformation' durchlebt. Dieses Verständnis ist ursächlich dafür, dass sich in vielen erwecklichen Theologien Bezüge zu einer erfahrungsbezogenen Spiritualität nachweisen lassen, was (etwa im Falle der Pfingstbewegung) auch körperliche Ausdrucksformen beinhalten kann, etwa das Sprechen in ‚unbekannten Zungen'. Das individualistische Motiv ist dabei auch durch den deutschen Pietismus (→ s. Kap. 7.5.2) beeinflusst, der die Erneuerung der Kirche seit dem 17. Jahrhundert nicht mithilfe dogmatischer Reformen, sondern durch Intensivierung des persönlichen Glaubens herbeiführen wollte. Dies zeigt sich besonders in England, wo im späten 17. Jahrhundert britische Puritaner (→ s. Kap. 7.3.2) und deutsche Pietisten die ersten ‚erwecklichen' Gruppierungen (die sog. *religious societies*) bildeten (vgl. Beyreuther 1963: 4 f.).

(4) *Organisation über religiöse Gesellschaften und Vereine.* Trotz ihrer expliziten Abgrenzung von der Aufklärung haben erweckliche Gruppierungen des 18. und 19. Jahrhunderts auch zahlreiche Elemente aufklärerischen Gedankenguts adaptiert (vgl. ebd.: 2–4). Prägend war hier vor allem die Anknüpfung an die „wissenschaftlichen, gemeinnützigen und religiösen Gesellschaften […] der Aufklärungsepoche" (Gäbler 1991: 176), die vom freiwilligen Engagement ihrer Mitglieder lebten und zum Zwecke bestimmter gesellschaftlicher Ziele gegründet worden waren. Im Falle der Erweckungsbewegungen bestanden diese etwa in der ‚Heidenmission', der Evangelisation im eigenen Land, der Errichtung von Sonntagsschulen, der Armenfürsorge oder der Verbreitung von Bibeln und theologischen Schriften (vgl. ebd.: 176) – allesamt Anliegen, die dem Aufbau des Reiches Gottes dienlich sein sollten. Historisch bedeutsam sind hier vor allem die *Society for Promoting Christian Knowledge* (SPCK) (→ s. Kap. 7.5.3) oder die *Society for the Propagation of the Gospel in Foreign Parts* (SPG), die um 1700 in England gegründet worden waren, und in der Folgezeit als Vorbild für zahllose ähnliche Organisationen quer durch alle protestantischen Konfessionen dienten (→ s. Kap. 7.4). Kennzeichnend ist dabei, dass diese Gesellschaften dezidiert überkonfessionell angelegt waren, sodass sie zwangsläufig parallel zu den etablierten kirchlichen Strukturen der einzelnen (protestantischen) Konfessionen und Denominationen existierten. Ein bekanntes Beispiel dafür ist die *Young Men's Christian Association* (YMCA; in Deutschland *Christlicher Verein junger Menschen* [CVJM]): Diese war 1855 aus dem internationalen Zusammenschluss zahlreicher erwecklicher Jugendorganisationen hervorgegangen (vgl. Voigt 2004: 100) und verfolgt bis heute das Ziel,

> „solche jungen Menschen miteinander zu verbinden, welche Jesus Christus nach der Heiligen Schrift als ihren Gott und Heiland anerkennen, in ihrem Glauben und Leben seine Jünger sein und gemeinsam danach trachten wollen, das Reich ihres Meisters unter jungen Menschen auszubreiten" (CVJM 2002).

Zu diesem Zweck unterhält die YMCA als eine der weltweit größten Jugendorganisationen zahllose Jugendeinrichtungen und Bildungsstätten rund um den Globus und bietet unter anderem Sportveranstaltungen, Freizeiten und andere Aktivitäten an. Die konfessionelle Offenheit solcher und ähnlicher Organisationen führte von Anfang an zu einer Zusammenarbeit erwecklicher Kreise mit Vertretern anderer Gruppierungen; neben der Freimaurerei (vgl. Gäbler 1991: 177) sind hier vor allem die pietistischen *Herrnhuter* (→ s. Kap. 7.5.2) zu nennen, aus denen die englische Erweckungsbewegung wichtige Impulse erhalten hat (vgl. ebd.: 177). Aufgrund dieser (auch bereits oben angeklungenen) Verbindungen wurden die Erweckungsbewegungen in der älteren Forschung zuweilen als eine „Fortsetzung des Barockpietismus" (Beyreuther 1963: 2) verstanden. Weil seither indes die vielfältigen historischen Verflechtungen erwecklicher Gruppen mit anderen Geistesströmungen des 18. und 19. Jahrhunderts und umgekehrt auch der Einfluss puritanischen Gedankenguts auf die pietistische Theologie herausgearbeitet worden sind (vgl. van de Kamp 2021), ist diese Ansicht heute im Wesentlichen verschwunden. Richtig bleibt, dass Entstehung und Charakter der Erweckungsbewegungen nicht ohne grundlegende Kenntnisse zum Pietismus nachvollzogen werden können, weshalb wir uns zunächst diesem Thema zuwenden wollen.

7.5.2. Pietismus

Während die ältere Forschung zu einer mehr oder weniger klaren Trennung zwischen deutschem Pietismus und den angelsächsischen Erweckungsbewegungen des 18. und 19. Jahrhunderts tendierte, scheint sich der Forschungskonsens in den letzten Jahren dahin entwickelt zu haben, beide Strömungen eher als Teil eines internationalen, global verflochtenen protestantischen Frömmigkeitsdiskurses zu verstehen, der sich je nach Kontext in unterschiedlichen Ausprägungen manifestiert habe (vgl. Lehmann 2010: 21–30). Zu dieser Sichtweise hat vor allem die Forschungspraxis beigetragen, einzelne christliche Gruppen nicht mehr allein im Rahmen ihres engeren (nationalen) Kontextes zu untersuchen, sondern verstärkt deren überregionale und internationale Verflechtungen in den Blick zu nehmen, die – wie die entsprechenden Arbeiten zeigen – auch für frühere Epochen keineswegs unterschätzt werden dürfen. Diese Vorgehensweise ist möglicherweise auch dem Problem geschuldet, dass in der Forschung bislang nicht endgültig geklärt ist, was genau unter Pietismus zu verstehen ist (und welche Gruppen dementsprechend als pietistisch bezeichnet werden können). Während aus streng historischer Perspektive im Wesentlichen nur die von Philipp Jacob Spener (1635–1705) und August Hermann Francke (1663–1727) begründete Frömmigkeitsbewegung innerhalb des deutschen Luthertums als pietistisch gelten kann, hat die systematisierende Erweiterung des Begriffs seit dem 19. Jahrhundert zur Einbeziehung weiterer Gruppierungen geführt (vgl. Wallmann 2019: 22–24); dies betrifft vor allem die auf Nikolaus Graf von Zinzendorf (1700–1760) zurückgehende *Herrnhuter Brüdergemeine* und andere ‚separatistische' Gruppierungen (sog. radikaler Pietismus [vgl. Breul/Meier/Vogel 2010]), zuweilen aber auch den englischen Puritanismus (→ s. Kap. 7.3.2), womit das oben genannte Eingrenzungsproblem bzgl. der Erweckungsbewegungen analog auch für den Pietismus konstatiert werden muss.

Insofern es an dieser Stelle vor allem um die Darstellung konkreter historischer Zusammenhänge (und nicht um systematische Überlegungen) geht, sollen im Folgenden unter der Kapitelüberschrift *Pietismus* in pragmatischer Manier solche Gruppierungen charakterisiert werden, die zum Verständnis des weiteren Argumentationsganges vonnöten sind. Es sind dies (1) die unmittelbar auf den ‚Vater' des Pietismus Spener zurückgehende lutherische Erneuerungsbewegung; (2) der sogenannte *hallische Pietismus* des von Spener beeinflussten Francke; (3) die von dem Francke-Schüler Zinzendorf gegründete, kirchlich eigenständige *Herrnhuter Brüdergemeine* (engl. *Moravian Church*), die große internationale Strahlkraft ins erweckliche Milieu entwickelt hat.

Zu (1): Um 1600 schien das protestantisch-kirchliche Leben in Deutschland aus Sicht vieler Zeitgenossen in eine tiefe „Frömmigkeitskrise" (Wallmann 2019: 28) geraten zu sein. Schuld daran trug in ihren Augen die sogenannte *lutherische Orthodoxie*: Damit bezeichnete man eine Entwicklung im Bereich der lutherischen universitären Theologie, „mittels der neuaristotelischen Methodenlehre und der Metaphysik die aus dem Ansatz der reformatorischen Rechtfertigungslehre neu durchgebildete lutherische Heilslehre in rationale Begriffe und zunehmend auch in ein rational durchgebildetes theologisches System zu bringen" (ebd.: 28). Parallel zu dieser „Verwissenschaftlichung und Rationalisierung" (ebd.: 28) wurde ein ‚Abkühlen' der Frömmigkeitspraxis in den inzwischen institutionalisierten protestantischen Landeskirchen konstatiert: Weil dadurch das reformatorische Gedankengut in breiten Bevölkerungsschichten zu einer Selbstverständlichkeit geworden sei, habe sich die Frömmigkeit zu einer reinen Äußerlichkeit zurückgebildet, der keine innere Überzeugung mehr zugrunde liege (vgl. Hauschild 2001: 653–656). Dieser Befund bewog eine große Anzahl protestantisch-theologischer Schriftsteller, sogenannte *Erbauungsliteratur* zu verfassen; darunter sind Bücher zu verstehen, mit denen die Lesenden zu einem wahrhaft christlichen Leben angeleitet werden sollten, „um eine neue religiöse Sprache zu finden und das religiöse Erfahrungsdefizit des orthodox werdenden Luthertums auszugleichen" (Wallmann 2019: 29). Einflussreich war hier vor allem der lutherische Pfarrer Johann Arndt (1555–1621), der in seinen *Vier Büchern vom Wahren Christentum* (1610) „gegen den praktischen Atheismus derer [anschrieb], die Christus nur mit dem Munde, nicht aber mit dem Herzen bekennen und ihn mit der Tat verleugnen" (ebd.: 39). Demgegenüber bestand sein Anliegen darin, „Christen zur *wahren Gottseligkeit* ([lat.] pietas) zu führen" (ebd.: 39), ein Vorhaben, das er (im Rückgriff auf das Gedankengut der Mystik) durch die Fokussierung auf den individuellen Glauben des einzelnen Menschen zu verwirklichen suchte.

In dieser Tradition ist auch Philipp Jacob Spener zu sehen, seines Zeichens leitender Pfarrer in Frankfurt a. M. (seit 1666): Bereits in seiner Jugend durch Arndts *Wahres Christentum*, aber auch durch puritanische Erbauungsliteratur beeinflusst (vgl. ebd.: 68), strebte er zunächst danach, die Erneuerung und Intensivierung des kirchlichen Gemeindelebens durch obrigkeitliche Maßnahmen zu erreichen, etwa durch die Durchsetzung der Sonntagsheiligung, das Einhalten von Bußtagen oder kirchlichen Unterricht (vgl. ebd.: 74 f.). Nachdem diese Maßnahmen keinerlei Erfolge zeitigten, verlegte Spener seine Bemühungen auf jenen Teil der Gemeinde, der ein dezidiertes Interesse an ‚Erbauung' und innerer Frömmigkeit zeigte. Und weil es sich dabei zunächst um einen recht überschaubaren Personenkreis handelte, lud er die „gottselige[n] Freunde" (zit. n. Schicketanz 2001: 56) kurzerhand in sein privates Studierzimmer ein, um gemeinsam erbauliche (und später auch biblische) Texte zu diskutieren, darunter das Buch *The Practice of Piety* des puritanischen Theologen Lewis Bayly (1565–1631) (vgl. Wallmann 2019: 78). Die auch als *collegium pietatis* bezeichneten ‚Hauskreise' entwickelten sich in den Folgejahren zum Markenzeichen der Spener'schen Reformbewegung und zogen ab den 1680er-Jahren auch breitere Kreise der Bevölkerung an (vgl. Schicketanz 2001: 56). In dieser Form überwanden sie die ‚Vereinzelung' und die darin lauernde Gefahr der Weltflucht, die mit der Verwirklichung eines ‚wahrhaft christlichen' Lebens verbunden sein konnten, indem sie die ‚Pietisten' (von lat. *pietas*, „Frömmigkeit") in eine Gemeinschaft integrierten, die ihrerseits Teil der übergeordneten kirchlichen Strukturen war. In seiner 1675 verfassten Programmschrift *Pia Desideria* (dt. fromme Wünsche) spricht Spener in diesem Zusammenhang von der *ecclesiola in ecclesia* (dt. Kirchlein in der Kirche), mit deren Hilfe eine Reform des kirchlichen Lebens innerhalb des Luthertums in Gang gesetzt werden solle (vgl. ebd.: 57). Als zentrale Eckpfeiler dieses Reformprogramms werden genannt:

(a) Intensive Bibellektüre in privaten Kreisen: „Daß man dahin bedacht wäre, das Wort Gottes reichlicher unter uns zu bringen […]. Daher noch zu gedenken steht, ob nicht der Kirche wohlgeraten wäre, wenn neben den gewöhnlichen Predigten […] noch auf andere Weise die Leute weiter in die Schrift geführt würden […], daß also die Leute zur Privatlektion angetrieben würden, wäre ratsam" (zit. n. Greschat 2012: 35).

(b) Stärkere Beteiligung von Laien an der Gemeindearbeit: „[D]ie Aufrichtung und fleißige Übung des geistlichen Priestertums […], da nicht nur Prediger, sondern alle Christen von ihrem Erlöser zu Priestern gemacht, mit dem Hl. Geist gesalbt und zu geistlichen, priesterlichen Verrichtungen gewidmet sind" (zit. n. ebd.: 35).

(c) Fokussierung auf die gelebte Frömmigkeit: „Zu diesen Stücken gehört auch […], daß man den Leuten gut einbildet […], daß es mit dem Wissen in dem Christentum durchaus nicht genug sei, sondern es vielmehr in der Praxis besteht. Deswegen, wenn wir eine inbrünstige Liebe unter unseren Christen, erstlich gegeneinander, danach gegen alle Menschen […] erwecken und in Übung bringen können, so ist fast alles, was wir verlangen, ausgerichtet" (zit. n. ebd.: 35).

(d) Ausbildung der Pfarrer zu frommen Vorbildern: „Wie aber der Prediger in allen diesen Dingen, die der Kirchen Besserung betreffen, das allermeiste tun muß, […] also so viel mehr daran gelegen ist, daß man solche Leute habe, die zuallererst selbst wahre Christen sind […]. Sollte man aber dergleichen tüchtige Personen zum Kirchendienst berufen, so muß man auch solche haben: und daher in den Schulen und auf Universitäten erziehen" (zit. n. ebd.: 36).

Obgleich Spener und seine Mitstreitenden auch in Kontakt zu Gruppierungen in anderen Städten standen, die sich mithilfe von ‚separatistischen' Privatversammlungen von den kirchlichen Strukturen lösen wollten (sog. *Radikaler Pietismus*;

vgl. Wallmann 2019: 78 f.), skizzieren die *Pia Desideria* ein betont gemäßigtes Reformprogramm, das die bestehenden kirchlichen Strukturen unangetastet ließ, und daher eine große Wirkungskraft innerhalb des deutschen Protestantismus entfalten konnte (vgl. ebd.: 91–95).[35] Statt auf obrigkeitliche Maßnahmen zur kirchlichen Erneuerung setzte Spener auf die „Sammlung und Förderung der Willigen und Frommen" (ebd.: 87); theologische Leitidee war dabei die „Aktualisierung der Rechtfertigungslehre" (Hauschild 2010: 693) Luthers (→ s. Kap. 3.6.1): Nach Spener führe der von Gott bewirkte Glaube zu einer Wandlung und Erneuerung des Menschen im Sinne einer spirituellen *Wiedergeburt*. Die Folge dieser Erneuerung sei ein ‚geheiligtes' Leben, das dem Einzelnen als Zeichen der rechtfertigenden Gnade Gottes diene. „[D]amit rückte gegenüber der [lutherischen] Orthodoxie der Akzent von der objektiv in Gottes Verheißung begründeten Heilsgewißheit auf die subjektive Glaubensgewißheit und auf deren Bewährung in der Heiligung" (ebd.: 694). „Von der lutherischen Tradition erheblich weiter entfernte sich Spener" (Wallmann 2019: 85) indes durch die Einführung des *Chiliasmus* (→ s. Kap. 7.5.1) in die lutherische Theologie. Während Luther ein Geschichtsbild geprägt hatte, „wonach die gegenwärtige Weltperiode die letzte sei vor dem Jüngsten Tag" (ebd.: 86), ging Spener – in Anknüpfung an die alttestamentliche Prophetie – davon aus, dass vor dem Endgericht „noch ein in der Bibel verheißenes herrliches Reich Christi auf Erden zu erwarten sei" (ebd.: 86), welches den gegenwärtigen Zustand der Kirche endgültig überwinden würde. In diesem Zusammenhang wirke das menschliche Bemühen um die ‚Hebung' von Kirche und Gesellschaft bereits auf die in der Bibel prophezeiten *besserer Zeiten* hin.

Zu (2): Obgleich Spener im Allgemeinen als der theologische ‚Vater' der pietistischen Bewegung gilt, ist der „entscheidende Durchbruch des Pietismus zu einer […] das protestantische Kirchentum für Jahrzehnte prägenden geistigen Macht" (Wallmann 2019: 105) seinem „tatkräftigen Schüler" (ebd.: 105) August Hermann Francke zu verdanken. Dieser war bereits in früher Jugend durch die Lektüre von Arndts *Wahrem Christentum*, puritanischer Erbauungsliteratur und später auch von Speners *Pia Desideria* beeinflusst worden. Nach seinem Theologiestudium arbeitete er zunächst als Dozent an der Universität Leipzig; dort lernte er 1687 auch Spener kennen, der sich zu einem Besuch in der Stadt aufhielt, was eine lange freundschaftliche und berufliche Verbindung der beiden Männer nach sich ziehen sollte (vgl. Schicketanz 2001: 91). Geprägt durch dessen ‚pietistische' Agenda hielt Francke an der theologischen Fakultät eigene *collegia* ab, die neben Studierenden auch bald zahlreiche Bürger der Stadt anzogen. Diese Praxis führte bald zu Konflikten mit den ‚orthodoxen Kräften' innerhalb der Fakultät, die in der Folgezeit soweit eskalierten, dass 1690 die kurfürstliche Regierung in Dresden

---

35 Vom Pietismus besonders geprägt ist bis heute die württembergische Kirche (vgl. Schicketanz 2001: 140–158; Wallmann 2019: 204–225). Einflussreich war hier vor allem der von Spener (und später von Francke) beeinflusste Johann Albrecht Bengel (1687–1752), der während seiner 28-jährigen Tätigkeit als Präzeptor der Denkendorfer Klosterschule eine ganze Generation württembergischer Pfarrer pietistisch geprägt hat. Von Bengel beeinflusst war auch der zweite ‚Vordenker' des württembergischen Pietismus, der schwäbische Theologe Friedrich Christoph Oetinger (1702–1782), dessen stark philosophisch geprägtes ‚spekulatives' Werk große Verbreitung auch über Württemberg hinaus fand.

schließlich das Abhalten entsprechender Versammlungen verbot (vgl. Breul 2021: 124 f.). Francke wechselte zunächst nach Erfurt, konnte 1691 jedoch auf Betreiben seines Freundes Spener, der inzwischen Propst in Berlin geworden war, auf eine Pfarrstelle bei Halle berufen werden, das damals im preußischen Einflussbereich lag. Gleichzeitig erhielt er eine Professur an der neugegründeten Universität – ein Doppelamt, das zu jener Zeit durchaus üblich war (vgl. Wallmann 2019: 113).

Das ‚pietistische' Programm suchte Francke in Halle vor allem durch praktische Gemeindearbeit umzusetzen, wie eine spätere Schrift aus seiner Hand zeigt: In Übereinstimmung mit dem Geist seiner Zeit teilte er die Einschätzung einer tiefgreifenden „Generalkrise der Christenheit" (Breul 2014: 75), grenzte sich jedoch wie Spener von Erwartungen des unmittelbar bevorstehenden Weltendes in radikaleren Gruppierungen ab (vgl. ebd.: 69–73); stattdessen strebte er die Erneuerung von Kirche und Gesellschaft durch die „konkrete Errichtung des Reiches Gottes" (Schicketanz 2001: 88) im Hier-und-Jetzt an – und zwar mit Hilfe des Aufbaus eines Bildungs- und Erziehungssystems, das als „Pflanzstätte[...] des Geistes Gottes" (ebd.: 88) fungieren sollte. Den Anfang bildete ab 1695 die Gründung einer Armenschule, die bald um ein Waisenhaus erweitert wurde. „Dabei ging es Francke nicht nur um einen Akt von Barmherzigkeit, sondern darum, die Kinder von Anfang an zu Frömmigkeit und Lebenstüchtigkeit zu erziehen" (ebd.: 94). Um Angehörige höherer Bevölkerungsschichten zu erreichen, wurde eine höhere Schule für bürgerliche und adelige Kinder (das sog. *Paedagogium*) eröffnet; außerdem eine Lateinschule, die auf ein universitäres Studium vorbereiten sollte. Getragen wurde dieses Netzwerk an Bildungseinrichtungen von den 1698 gegründeten, noch heute existierenden *Franckeschen Stiftungen*, die zunächst überwiegend durch Spenden finanziert wurden (vgl. Wallmann 2019: 117–120). 1699 kam mit dem *Seminarum praeceptorum* eine eigene Ausbildungsanstalt für die Lehrkräfte der Schulen hinzu – der erste Versuch einer strukturierten Lehramtsausbildung in Deutschland (vgl. ebd.: 120). Parallel dazu reformierte Francke das Pfarramtsstudium an der Universität in Halle im Sinne der Spener'schen Ideen, sodass nun „[v]on der Universität bis herab zur Volksschule [...] ein pädagogisches System [existierte], welches i.S. des aktivistischen Pietismus zahlreiche Multiplikatoren in die bürgerlichen Berufe und staatlichen Ämter entsandte" (Hauschild 2010: 697 f.). In dieser Form konnte Francke Halle in der Folgezeit zur „Erziehungsanstalt Preußens" (ebd.: 698) mit internationaler Strahlkraft ausbauen (vgl. Wallmann 2019: 128–135) – bedingt nicht zuletzt durch seine guten Kontakte zum brandenburgischen Adel und zum König. Das Ergebnis war ein Netzwerk an Absolventen und Gönnern, das in allen Ländern und Konfessionen Europas (und auch darüber hinaus) verwurzelt war. Weitreichende Wirkung hatte in diesem Zusammenhang die Kooperation mit der anglikanischen *Society for Promoting Christian Knowledge* (SPCK) (→ s. Kap. 7.5.1), die die institutionelle Zusammenarbeit des Pietismus mit erwecklichen Kreisen in England initiierte (vgl. Schicketanz 2001: 110 f.); auch die Grundlegung der lutherischen Kirche in Nordamerika geht im Wesentlichen auf pietistische Auswanderer mit Wurzeln in Halle zurück (vgl. Hauschild 2010: 699).

Pioniercharakter hatte auch der Aufbau eines Druck- und Publikationswesens. Neben der Verbreitung erbaulicher Schriften stand vor allem der Druck von Bibeln im Zentrum der Bemühungen. Durch die Nutzung neuer und effektiverer Drucktechniken gelang es, die Bücher zu deutlich niedrigeren Kosten zu produzieren als dies bisher der Fall gewesen war (vgl. Wallmann 2019: 120 f.): Während von der Lutherbibel zwischen 1522 und 1626 insgesamt nur etwa 200.000 Stück gedruckt worden waren, wurde diese Zahl von Franckes *Bibelanstalt* bereits um 1720 erreicht; bis 1800 wurden insgesamt etwa 2 Millionen Exemplare produziert (vgl. ebd.: 121). „Tatsächlich ist erst durch die Hallische Bibelanstalt die Bibel wirklich ein in alle Schichten dringendes Volksbuch geworden. […] Speners erster Reformvorschlag, ‚das Wort reichlicher unter uns zu bringen', fand hier seine durchgreifende Verwirklichung" (ebd.: 121).

Indes sollte der Aufbau des Reiches Gottes nicht allein durch die Sammlung der Frommen innerhalb der Kirche erreicht werden, sondern auch durch die Bekehrung von Angehörigen anderer Religionen. Auslöser war das Bestreben des pietistisch geprägten Königs von Dänemark, Friedrich IV. (1671–1730), die Bewohner seiner Kolonie im südindischen Tranquebar (heute Tharangambadi in Tamil Nadu) zu christianisieren. In Kooperation mit Halle baute er zu diesem Zweck ab 1706 die *Dänisch-Hallische Mission* auf – die erste protestantische Missionsgesellschaft überhaupt. Als erste Missionare reisten die beiden Francke-Schüler Heinrich Plütschau (1677–1747) und Bartholomäus Ziegenbalg (1683–1719) nach Südindien; ihre Arbeit wurde seit 1712 in den regelmäßig erscheinenden *Halleschen Berichten* dokumentiert und damit einer breiteren Öffentlichkeit bekannt gemacht (vgl. Schicketanz 2001: 111). Stilbildend waren in diesem Zusammenhang die Grundprinzipien der Missionsarbeit, die Plütschau und Ziegenbalg schließlich zu „Prototyp[en] des evangelischen Pioniermissionars" (Hauschild 2010: 700) werden ließen, wie das Beispiel des in Kap. 7.4 vorgestellten baptistischen Missionars William Carey illustriert. Ihr Programm, an dem sich praktisch sämtliche späteren Missionsunternehmungen aus dem Bereich der protestantischen Erweckungsbewegungen orientierten, beinhaltete das Erlernen der einheimischen Sprache (Tamil), die Übersetzung des Neuen Testament und wichtiger Kirchenlieder, die Gründung von Schulen sowie die Ausbildung einheimischer Mitarbeiter (vgl. Schicketanz 2001: 111). Darüber hinaus tat sich besonders Ziegenbalg durch das Verfassen wissenschaftlicher Beschreibungen über die lokalen kulturellen Gegebenheiten hervor. Auch die Zusammenarbeit mit den ansässigen Thomaschristen (→ s. Kap. 4.2) trug dazu bei, dass bis heute eine nennenswerte lutherische Minderheit in Tamil Nadu (in Form der *Tamil Evangelical Lutheran Church*) existiert.

Zu (3): Ungleich wirkungsreicher war indes die von dem Reichsgrafen Nikolaus von Zinzendorf gegründete *Herrnhuter Brüdergemeine*, die sich bereits früh als von den Landeskirchen eigenständige Gemeinschaft konstituiert hat und als solche bis heute existiert. Aus einer pietistisch geprägten Familie stammend, kam Zinzendorf im Alter von zehn Jahren zunächst auf das Francke'sche *Paedagogium* in Halle, „wo er sechs Jahre lang die […] Erziehung eines jungen Adligen erhielt" (Wallmann 2019: 184). Inspiriert durch die Berichte der Hallischen Indienmissionare gründete er noch zu Schulzeiten eine Gesellschaft zur „missionarischen Eroberung der Welt" (zit. n. ebd.: 184). Auf einer sich anschließenden längeren Bildungsreise kam er mit der französischen Frühaufklärung in Kontakt und entwickelte in Abgrenzung zu deren Konzept der *natürlichen Religion*, die als rationale Grundlage des Gottesglaubens dienen sollte, die Idee einer *Herzensreligion*: „Der christliche Glaube, verstanden als Herzensreligion, liegt auf einer rational unangreifbaren Ebene des persönlichen *Umgangs mit dem Heiland*" (ebd.: 186). Diese auf „innige Jesusliebe" (ebd. 187) ausgerichtete Theologie sollte in der 1722 gegründeten Handwerkerkolonie *Herrnhut* ihre praktische Auswirkung entfalten. Der Ort geht auf die Ansiedlung böhmischer Flüchtlinge (sog. *Mährische Brüder*) auf Zinzendorfs Landgut in der Oberlausitz zurück, die aufgrund ihres protestantischen Bekenntnisses vertrieben worden waren. Bald kamen auch andere verfolgte protestantische (teilweise pietistisch geprägte) Minderheiten hinzu, sodass die Kolonie 1727 bereits 220 und 1734 etwa 700 Einwohner besaß (vgl. Schicketanz 2001: 119). Nicht zuletzt aufgrund charismatischer Prediger wie Johann Christoph Schwedler (1672–1730) entwickelte sich Zinzendorfs Gut in der Oberlausitz „zum Sammelplatz pietistisch Erweckter" (Wallmann 2019: 188), die – in Aufnahme des Spener'schen Ideals eines von persönlicher Frömmigkeit geprägten Lebens – ein intensives, vermeintlich ‚urchristliches' Gemeindeleben jenseits der althergebrachten liturgischen Formen zelebrierten (vgl. Hauschild 2010: 705). Einige haben auch über die Brüdergemeine hinausgehende Wirksamkeit entfaltet: Neben neuen gottesdienstlichen Praktiken wie der Fußwaschung oder dem *Liebesmahl* (ein frommes Zusammenkommen in Fortführung des Abendmahls) wurden abendliche Singstunden abgehalten, in denen biblische Losungen für den nächsten Tag ausgegeben wurden, die das gemeinschaftliche Leben in der Kolonie bestimmten (vgl. ebd.: 190). Ab 1727 wurde die stetig wachsende Gemeinde in sogenannte *Banden* aufgeteilt; darunter versteht man „kleine Gruppen von 2, 3 bis höchstens 13 Personen gleichen Geschlechts, die sich öfter trafen [...], um gemeinsam zu beten, geistlichen Austausch zu halten, miteinander Liebesmahle zu halten oder die Fußwaschung zu üben" (Schicketanz 2011: 121). Doch trotz ihres eigenwilligen Charakters war Zinzendorf stets darauf bedacht, seine Gemeinschaft nicht aus dem Zusammenhang der Landeskirche zu lösen; damit stand er im steten Konflikt mit den mährischen Brüdern, die 1742 einen Amerikaaufenthalt des Grafen nutzten, um ihre ‚Gemeine' ohne dessen Wissen „vom preußischen Staat [...] als vierte Konfession neben Lutherischen, Reformierten und Katholiken öffentlich anerkennen" (Wallmann 2019: 198) zu lassen. Seit dieser Zeit ist die Herrnhuter Brüdergemeine eine unabhängige ‚Freikirche'.

Entsprechend seines bereits in Halle ausgebildeten Anliegens der missionarischen ‚Welteroberung' knüpfte Zinzendorf durch eine rege Reisetätigkeit Zeit seines Lebens intensive Kontakte zu anderen pietistischen und erwecklichen Gruppierungen, vor allem aus dem Bereich des radikaleren, separatistischen Spektrums. Zugleich gründeten er und seine ‚Mitpilger' auf ihren Reisen zahllose neue ‚Gemeinen', sodass sich der Schwerpunkt der Herrnhuter bald verlagerte: Zunächst nach Westdeutschland, wo die neuen ‚Diasporakolonien' besonders Angehörige des separatistischen Pietismus anzogen (vgl. Wallmann 2019: 192 f.); später unter anderem auch nach England, nach Nordamerika sowie nach ‚Westindien', also in die heutige Karibik, wohin ab 1732 (nach dem Vorbild der *Dänisch-Halleschen Mission*) auch Missionare ausgesandt wurden (vgl. ebd.: 195–197). Leitend war dabei die Idee der *Gewinnung von Erstlingen* in den verschiedenen Kontexten, die anschließend selbst das missionarische Werk weitertragen sollten. Auf diese Weise haben „die Brüdergemeinmissionare in vielen Weltteilen dauerhafte Missionsfelder angelegt, mit der Folge, daß sich der Schwerpunkt der Brüdergemeine allmählich nach Übersee verschob" (ebd.: 197). Diese Globalisierung des Herrnhuter Pietismus ist der Grund dafür, dass diese Gruppierung heute vor allem unter ihrer englischen Bezeichnung bekannt ist: *Moravian Church* (dt. mährische Kirche). Weltweit gehören ihr aktuell etwa eine Million Menschen an (vgl. Johnson/Zurlo 2020: 935), von denen der größte Teil (ca. 731.000) in Afrika (hier v. a. in Tansania) lebt (vgl. ebd.: 9).

7.5.3. Methodismus

Es wurde bereits deutlich, dass Vorstellungen von der ‚Heiligung' des persönlichen Lebens durch eine intensiv gelebte Christusfrömmigkeit im 17. und 18. Jahrhundert nicht auf einzelne Gruppierungen beschränkt, sondern in allen protestantischen Kontexten quer durch Europa (und auch darüber hinaus) verbreitet waren. Dies lag (neben persönlicher Korrespondenz und Reisetätigkeit) vor allem an weltweit kursierender Erbauungsliteratur wie Johann Arndts *Vier Büchern vom wahren Christentum* (→ s. Kap. 7.5.2) von 1610, die bis ins 19. Jahrhundert in unzähligen Auflagen in vielen europäischen Sprachen gedruckt wurden und „als klassisches Hausbuch für jedermann zur Pflege von Meditation und Gebetsleben verbreitet waren" (Hauschild 2010: 665). Dasselbe lässt sich auch für puritanische Literatur aus England feststellen; das Beispiel von Lewis Baylys *The Practice of Piety*, das Spener in der deutschen Übersetzung mit dem Titel *Übung der Gottseligkeit* vorgelegen hatte, wurde ebenfalls bereits genannt. Dementsprechend erstaunt es wenig, dass sich – parallel zu den pietistischen Gruppierungen in Deutschland – auch in England eine Erweckungsbewegung, der sogenannte *Methodismus*, formierte. Wie der Pietismus war dieser zunächst innerhalb der Staatskirche (also der *Church of England* [→ s. Kap. 7.3]) angesiedelt, hat sich aber am Ende des 18. Jahrhunderts als eigenständige kirchliche Gemeinschaft vom Anglikanismus gelöst und zunächst vor allem in den jungen Vereinigten Staaten von Amerika ausgebreitet.

Auch in England waren im 17. Jahrhundert Klagen von der allgemeinen „Abnahme moralischer Werte in der Gesellschaft" (Heitzenrater 2007: 38) weit verbreitet. Den Grund dafür sah man in der englischen Aufklärungstheologie, vor allem im Deismus, also einer „auf dem Verstand fußende[n] Sicht Gottes und der Schöpfung" (ebd.: 38), die bereits den Aufstieg der frühen Naturwissenschaften (etwa in Gestalt der Arbeiten Isaac Newtons [1643–1727]) ermöglicht hatte. Daneben hatte die aufkommende Frühindustrialisierung um 1700 zu einer „soziale[n] und kirchliche[n] Desintegration der Unterschichten" (Hauschild 2010: 715) geführt, was eine gravierende Verelendung breiter Kreise der Bevölkerung und einen grassierenden Alkoholismus mit allen bekannten Begleitumständen nach sich gezogen hatte. Vor diesem Hintergrund formierten sich, zunächst ähnlich wie in Deutschland, ab 1670 *religious societies*, die eine „Neubelebung der Frömmigkeit" (Heitzenrater 2007: 38) durch die Fokussierung auf ein geheiligtes Leben des Einzelnen anstrebten und zu diesem Zweck auch mit pietistischen Kreisen in Deutschland in Kontakt standen. Diese Gruppen waren nach dem „Einfluten der Puritaner, der ,Zurückgeführten', in die anglikanische Kirche" (Beyreuther 1963: 5) in Folge der *Tolerance Act* von 1689 (→ s. Kap. 7.3.2) indes zunehmend puritanisch geprägt, wodurch sie sich von den zumeist lutherischen *collegia pietatis* im Pietismus unterschieden: „So verband sich aus diesem Grunde sehr schnell das Erweckliche mit dem typisch calvinistisch-puritanischen sozialethischen Öffnungswillen, für die Ehre Gottes und die Geltung der göttlichen Gesetze im Volksleben einzutreten und den Angriff gegen die Volkssünden aufzunehmen" (ebd.: 5). Wichtiges Beispiel hierfür ist die 1695 gegründete *Society for Promoting Christian Knowledge* (SPCK), die in der von der Massenarmut besonders betroffenen Großstadt London ein „weitmaschiges Armenschulwesen für Zehntausende armer Kinder" (ebd.: 5) betrieb sowie im großen Stil Erbauungsliteratur verteilte (vgl. Heitzenrater 2007: 44).

Es ist gewiss kein Zufall, dass auch der frühe Methodismus durch eine ausgeprägte Armenfürsorge in Erscheinung getreten ist. Denn dessen wichtigster Mitbegründer, der anglikanische Geistliche John Wesley (1703–1791), war – wie bereits sein Vater – Mitglied der SPCK und hatte die Kultur der *religious societies* sozusagen von Kindesbeinen auf kennengelernt (vgl. ebd.: 40). Beeinflusst durch erbauliche Literatur gründete Wesley während seines Studiums in Oxford 1729 zunächst eine Studentengruppe, die sich der intensiven Bibellektüre, bald aber auch der karitativen Arbeit unter den Armen und Bedürftigen der Stadt widmete (vgl. ebd.: 59–62). Mit dabei waren sein Bruder Charles Wesley (1707–1788) sowie George Whitefield (1714–1770), der später einer der charismatischsten Prediger der methodistischen Bewegung werden sollte (→ s. Kap. 7.5.4). Bereits in dieser Zeit handelte sich die Gruppe den Spottnamen *Methodisten* ein – aufgrund ihrer großen Disziplin bei der Planung und Durchführung ihrer verschiedenen Aktivitäten (vgl. Hornung 2017: 57). 1735 nahm Wesley eine Tätigkeit als Pfarrer in der amerikanischen Kolonie Georgia auf. Bereits auf der Überfahrt kam er in Kontakt mit pietistischen Auswanderern aus Herrnhut (→ s. Kap. 7.5.2); in Georgia angekommen, stand er in enger Verbindung mit dem Herrnhuter Theologen August Spangenberg (1704–1792), der seine geistliche Entwicklung maßgeblich beeinflusste (vgl. Heitzenrater 2007: 82–97; Hauschild 2010: 717): Nach seiner Rückkehr nach England im Jahre 1737 erlebte John Wesley (gemeinsam mit seinem Bruder) unter dem Einfluss des von Zinzendorf (→ s. Kap. 7.5.2) nach London entsandten Pfarrers Peter Böhler (1712–1775) seine Erweckung, und zwar dergestalt, dass „sein ,Herz auf seltsame Weise ergriffen wurde', [sodass] er sagen konnte: ,Ich glaube, ich glaube!', und den Frieden mit Gott erfuhr" (Heitzenrater 2007: 104). Wesley selbst sprach vom Gefühl einer unmittelbaren Heilsgewissheit, das zuvor auch schon andere Mitglieder der von Böhler angeleiteten Gruppe erfahren hatten.

Ausgestattet mit dieser neuen Theologie nahm die methodistische Erweckungsbewegung ihren Lauf. Startpunkt war Bristol, eine aufstrebende Industrie- und

Handelsstadt. Hier predigten ab 1739 zunächst Whitefield und später auch John Wesley auf freiem Feld vor teilweise mehreren tausend Zuhörenden (vgl. ebd.: 123–125); Schwerpunkt der geistlichen Arbeit waren jedoch die neu gegründeten methodistischen *societies* mit ihren bereits aus Herrnhut bekannten *Banden*: „kleine Gruppen von fünf bis zehn Personen, die sich freiwillig zusammenschlossen, um ein intensives geistliches Leben zu führen, [...] einander die Sünden zu bekennen und miteinander zu beten" (ebd.: 129). Während die *societies* zunächst vor allem von wohlhabenden Menschen frequentiert wurden, stießen mit der schnellen Ausbreitung der Erweckung in andere Städte zunehmend auch Mittellose und Notleidende dazu. Dieser Prozess veranlasste die Gebrüder Wesley, die karitativen Aktivitäten, die sie bereits in ihrer Oxforder Zeit verfolgt hatten, nun in größerem Umfang wiederaufzunehmen. In dieser Manier verknüpften sie die „Evangelisation durch Predigten und Schriftverbreitung [...] mit intensiver Sozialarbeit: z. B. Armenfürsorge, Errichtung von Schulen und Waisenhäusern, Humanisierung des verwahrlosten Gefängniswesens, Kampf gegen den grassierenden Alkoholismus" (Hauschild 2010: 716). Theologisch begründet war dieses Engagement durch Wesleys Doktrin der *Heiligung* (*sanctification*): In der (durch das intensive Bibelstudium vorbereiteten) Erweckung oder geistlichen Wiedergeburt

> "erfahren wir die wahrhafte christliche Errettung [*salvation*], die auf zwei zentralen Aspekten beruht: Rechtfertigung [*justification*] und Heiligung [*sanctification*]. Durch die Rechtfertigung [→ s. Kap. 3.6.1] werden wir von der Sündenschuld befreit und zum Wohlgefallen Gottes aufgerichtet; durch die Heiligung werden wir von der Macht und von der Wurzel der Sünde geheilt und zum Ebenbild Gottes aufgerichtet [...]. Das Herz wird von aller Sünde gereinigt und mit reiner Liebe zu Gott und den Menschen erfüllt" (zit. n. Dayton 2004: 46).

Wahre Heiligung resultierte für Wesley in einem weitgehend sündenfreien Leben in der Nachfolge Christi (*Christian perfection*), nicht zuletzt erkennbar an der praktizierten Nächstenliebe in Form sozialer und karitativer Arbeit (vgl. ebd.: 46–48).

Indes war John Wesley Zeit seines Lebens darauf bedacht, die methodistische Gemeinschaft als Teil der anglikanischen Kirche zu erhalten. So lehnte er die Abhaltung „eigene[r] Sakramentsfeiern (Taufe, Abendmahl) und Ordinationen" (Hauschild 2010: 718) eigener Pfarrer ab und verstand (ähnlich wie Spener [→ s. Kap. 7.5.2]) die erwecklichen Aktivitäten vielmehr als fromme Ergänzung des amtskirchlich-gottesdienstlichen Lebens. Dementsprechend setzte die Loslösung von der Anglikanischen Kirche erst nach dem Tode Wesleys ein: seit 1795 mit der Abhaltung eigener Abendmahlsfeiern und ab 1810 mit der Ordination eigener Prediger (ebd.: 718). In Nordamerika, wo vor allem das Werk George Whitefields auf äußerst fruchtbaren Boden gefallen war (sog. *Great Awakening* [→ s. Kap. 7.5.4]), hatte die methodistische Bewegung freilich schon deutlich früher eigenständige Züge angenommen. Dies lag nicht zuletzt auch an theologischen Differenzen zwischen dem streng calvinistisch argumentierenden Whitefield und dem stärker dem ‚traditionellen' Anglikanismus zuneigenden Wesley, was bereits 1741 zu einer ersten Spaltung der Bewegung in calvinistische und ‚wesleyanische' Methodisten geführt hatte. In den 1776 gegründeten Vereinigten Staaten konnte sich der Methodismus im 19. Jahrhundert als maßgebliche kirchliche Kraft etablieren (→ s. Kap. 7.5.4), weshalb in der Forschung von dieser Epoche zuweilen auch als dem „methodistischen Zeitalter in Amerika" (Dayton 2004: 64) gesprochen wird.

In England selbst erfasste der Methodismus „[t]rotz seiner enormen Ausbreitung [...] im 18. Jh. nur eine Minorität von etwa einem Prozent der Bevölkerung" (Hauschild 2010: 716). Dennoch dürfen die breiteren Auswirkungen auf die kirchliche Landschaft nicht unterschätzt werden. Denn die methodistische Erweckung belebte auch ältere nonkonformistische Traditionen wie den Baptismus neu, der den Grundstein für seinen späteren globalen Charakter im Wesentlichen erst in dieser Zeit legte (→ s. Kap. 7.4). Außerdem schuf die in breite Kreise der Bevölkerung hineinwirkende Erweckung den Nährboden für das Bewusstsein einer alternativen, wahrhaft ‚evangelischen' Frömmigkeit in Abgrenzung zur anglikanischen Staatskirche – ein Prozess, der 1846 in der Gründung der *Evangelischen Allianz* (*Evangelical Alliance* [EA]) kulminierte. Das Gründungstreffen, bei dem über 900 Teilnehmende aus ca. 50 Denominationen (vor allem aus dem Bereich der angelsächsischen Erweckungsbewegungen) anwesend waren, wurde in methodistischen Kreisen als „Zusammenkunft zur Vereinigung aller Protestanten" (Voigt 1990: 11) gefeiert. Die Organisation, die in der zweiten Hälfte des 19. Jahrhunderts zahllose Zweigvereine in verschiedenen europäischen Ländern (u. a. in Deutschland) ausbildete (vgl. Cochlovius 1982: 651–653), verstand sich als dezidiert überkonfessionelle Alternative zu den traditionellen Konfessionskirchen (vgl. Stiller 2015: 8) und gilt vielen Forschenden daher als Vorläufer der ökumenischen Bewegung (→ s. Kap. 8) (vgl. Hauschild 2010: 841).

Region	Anhängerzahl
Nordamerika	12,7 Millionen
Afrika	12,2 Millionen
Asien	4,4 Millionen
Südamerika	1,4 Millionen
Australien & Ozeanien	596.000
Europa	551.000
Gesamt	ca. 32 Millionen

Tab. 7.6: Angehörige methodistischer Kirchen (Quelle: nach Johnson/Zurlo 2020)

Die meisten methodistischen Kirchen sind heute (mit Ausnahme der 1865 von William Booth [1829–1912] gegründeten *Heilsarmee*) über den 1881 gegründeten *Weltrat Methodistischer Kirchen* (*World Methodist Council* [WMC]) verbunden (vgl. Klaiber 2011: 109). Der Rat kommt alle fünf Jahre zusammen und hat „weder gesetzgeberische Vollmachten noch exekutive Autorität, ist aber Plattform für gegenseitige Orientierung und Information und koordiniert mit einer Reihe von Kommissionen die Kooperation der Mitglieder" (ebd.: 109). Von den weltweit etwa 32 Millionen (vgl. Johnson/Zurlo 2020: 7) methodistischen Gläubigen lebt die größte Anzahl in Nordamerika (12,7 Millionen, v. a. in den USA) und Afrika (12,2 Millionen, v. a. in west- und südafrikanischen Ländern [vgl. Klaiber 2011: 211–216]). Die vergleichsweise starke Präsenz in Afrika hängt mit den Missionsunternehmungen britischer, vor allem aber auch US-amerikanischer methodistischer Gemeinschaften zusammen; besonders hervorzuheben ist hier das Engagement afroamerikanischer Kirchen wie der um 1800 von ehemaligen Sklaven gegründeten *African Methodist Episcopal Church* (vgl. ebd.: 113). Mit ihren heute etwa 2,5 Millionen Kirchengliedern ist die AME die zweitgrößte methodistische Denomination der Vereinigten Staaten; die größte, die *United Methodist Church* (UMC), kommt auf ca. 8 Millionen Angehörige und ist damit – hinter der *Southern Baptist Convention* (→ s. Kap. 7.4) – die zweitgrößte protestantische Kirche in den USA (vgl. Campbell 2011: 180). Sie wird (anders als die SBC) dem theologisch ‚gemäßigten' *mainline*-Spektrum zugerechnet und ist als *Evangelisch-methodistische Kirche* (EmK) auch in Deutschland vertreten (ca. 55.000 Angehörige) (vgl. Klaiber 2011: 159). In Europa am stärksten verbreitet ist der Methodismus naturgemäß in England, wo sich 1932 die zwischenzeitlich recht zersplitterte methodistische Landschaft in der *Methodist Church in Great Britain* zusammenschloss und heute etwa 300.000 Mitglieder zählt (vgl. ebd.: 115). Insgesamt gehören in Europa etwas mehr als 551.000 Menschen methodistischen Kirchen an (vgl. Johnson/Zurlo 2020: 13). Vergleichsweise groß ist auch die Anzahl australischer und neuseeländischer Methodisten, die im 19. Jahrhundert zumeist als Siedler auf den Kontinent kamen (Young 2011: 295). Daher leben in Ozeanien mit ca. 596.000 methodistischen Gläubigen aktuell sogar etwas mehr als in Europa (vgl. Johnson/Zurlo 2020: 19). Mit 4,4 Millionen sind in Asien noch deutlich mehr Menschen Teil methodistischer Kirchen (vgl. Johnson/Zurlo 2020: 11). Größere Gemeinschaften gibt es besonders in den ehemaligen Kolonialgebieten (heute v. a. in Indien, Pakistan und Malaysia). Die „stärkste methodistische Präsenz in Asien" (Klaiber 2011: 257) weist indes Südkorea auf. Die Grundlage dafür legten Ende des 19. Jahrhunderts US-amerikanische Missionare (vgl. Johnson/Zurlo 2020: 739); durch ihr Engagement im Kampf gegen die japanische Besatzung im zweiten Weltkrieg erhielt die *Koreanische Methodistische Kirche* (KMC) viel Zuspruch in der Bevölkerung und konnte nach einer Reorganisation seit den 1980er-Jahren ein starkes Wachstum verzeichnen (vgl. Klaiber 2011: 257), sodass die KMC heute auf etwa 1,5 Millionen Mitglieder kommt (vgl. Johnson/Zurlo 2020: 743). Die methodistischen Gemeinschaften in Mittel- und Südamerika verdanken – mit Ausnahme der Karibik – ihre Existenz den Unternehmungen US-amerikanischer Missionarinnen und Missionare. Eine „protestantische Volkskirche" (Klaiber 2011: 173) stellt in diesem Zusammenhang die 1909 gegründete, stark pfingstlich (→ s. Kap. 7.6) geprägte *Iglesia Metodista Pentecostal* in Chile dar, die mit aktuell etwa 920.000 Angehörigen die mit Abstand größte methodistische Gemeinschaft in Lateinamerika repräsentiert (vgl. Johnson/Zurlo 2020: 194). Weitere größere Kirchen finden sich unter anderem in Mexiko, Brasilien sowie auf den karibischen Inseln (vgl. Klaiber 2011: 170–173). Insgesamt sind etwa 1,4 Millionen Menschen in Lateinamerika methodistisch geprägt (vgl. Johnson/Zurlo 2020: 15).

7. Protestantisches Christentum

Die Entstehung des Freikirchenwesens in Deutschland

Anders als in England, wo kirchliche Pluralität spätestens seit der *Tolerance Act* von 1685 (→ s. Kap. 7.3.2) anerkannter Teil des politischen und gesellschaftlichen Lebens war, gab es in Deutschland bis ins 20. Jahrhundert eine starke gesellschaftliche, vor allem aber auch rechtliche Vormachtstellung der konfessionellen Staatskirchen. In diesem Zusammenhang hatte das nach der Reformation in den deutschen Staaten ausgehandelte Prinzip *cuius regio eius religio* (→ s. Kap. 3.6.1) zur Folge, dass, wer nicht mit der Konfession des jeweiligen Landesherrn übereinstimmte, zur Auswanderung in ein konfessionell ‚passendes' Land gezwungen war. Gleichwohl hatten die Migrationsbewegungen nach England und Nordamerika, wo konfessionelle Vielfalt eben möglich war, auch Kontakte zu den dortigen unabhängigen erwecklichen und baptistischen Gemeinschaften etabliert, sodass deren Frömmigkeit allmählich auch in Deutschland Fuß fasste (vgl. Voigt 2004: 29 f.). Diese Kontakte belebten zum einen pietistische und andere erweckliche Gruppierungen innerhalb der protestantischen Landeskirchen, etwa in Württemberg, am Niederrhein, in Barmen-Elberfeld oder im Siegerland (vgl. Hornung 2017: 61). Auf der anderen Seite gab es bereits um 1800 „erste Gehversuche" (ebd.: 60), unabhängige kirchliche Existenz jenseits der dominierenden Konfessionskirchen zu organisieren – eine Notwendigkeit, die sich aus der Tatsache ergab, dass es in Deutschland (neben den lutherischen und reformierten Landeskirchen sowie der katholischen Kirche) keine weiteren anerkannten Konfessionen gab (vgl. Voigt 2004: 33). Dies geschah zunächst über das Vereinsrecht (und später über das Korporationsrecht), das im Prinzip eine rechtliche Lücke im Kontext des rigiden konfessionellen Staatskirchentums darstellte (vgl. Hornung 2017: 60). Vor diesem Hintergrund entstanden im 19. Jahrhundert zahllose neue kirchliche Gruppierungen, die durch die internationalen Erweckungsbewegungen, aber auch durch den Pietismus geprägt waren; der Begriff *Freikirche* verstand sich dabei in Abgrenzung zur öffentlich anerkannten Staatskirche; diese Unterscheidung verlor im Prinzip mit der Abschaffung des Staatskirchentums in der Weimarer Republik ihre Bedeutung, hat sich aber für das Spektrum der kirchlichen Gemeinschaften jenseits der großen Konfessionskirchen erhalten (vgl. Voigt 2004: 33).

Abgesehen von den konfessionellen Freikirchen lassen sich in Deutschland mit Karl Heinz Voigt im Wesentlichen drei Typen von Freikirchen unterscheiden (vgl. Voigt 2004: 34–39). (1) Zum einen das *kongregationalistisch-independentistische* Modell, das vor allem im Baptismus (→ s. Kap. 7.4) und Mennonitentum (→ s. Kap. 3.6.3) verbreitet ist und den Fokus auf die Unabhängigkeit der Ortsgemeinde legt, „in der mündige Glieder im Sinne des Priestertums aller Glaubenden ihre Gemeinschaft gemeinsam gestalten" (ebd.: 35). Die verschiedenen Gemeinden sind in der Regel über verschiedene Verbände zusammengeschlossen, etwa über den *Bund Evangelisch-Freikirchlicher Gemeinden* (BEFG). Zweitens das *evangelisch-methodistische* Modell: Hier sind nach dem synodalen Prinzip die einzelnen Ortsgemeinden in eine internationale Organisation eingebunden, und zwar in Form eines Systems mit mehreren Ebenen, die über verschiedene Konferenzen bzw. Synoden kooperieren (vgl. ebd.: 36). Bereits genannte Beispiele sind die *Evangelisch-methodistische Kirche* (EmK) oder die Heilsarmee, aber auch nicht-methodistische Gemeinschaften wie die *Herrnhuter Brüdergemeine* (→ s. Kap. 7.5.2). (3) Drittens das *pfingstlich-charismatische* Modell, das independentistische, kongregationalistische und synodale Elemente vereint (vgl. ebd.: 38). Die meisten dieser Kirchen haben sich im *Bund Freikirch-*

licher Pfingstgemeinden (BFP) zusammengeschlossen. Eine Besonderheit besteht darin, dass eine nicht geringe Anzahl der BFP-Gemeinden Migrationsgemeinden sind, die von Menschen gegründet worden sind, die ihre pentekostale Frömmigkeit (→ s. Kap. 7.6) vor allem aus dem globalen Süden nach Deutschland getragen haben (vgl. Suarsana 2010: 112).

7.5.4. Das ‚Great Awakening' und die nordamerikanischen Erweckungsbewegungen

Die Ausweitung der britischen Kolonien in Nordamerika ab dem 17. Jahrhundert erfolgte vergleichsweise rasant, sodass die Entwicklung staatskirchlicher Strukturen (v. a. in Form des anglikanischen Christentums [→ s. Kap. 7.3]) kaum Schritt hielt (vgl. Hauschild 2010: 719). Aus diesem Grund konnten sich neben den nur schwach ausgeprägten Strukturen der episkopalen *Church of England* oder der schottischen presbyterianischen Kirche (→ s. Kap. 7.3.2) zahlreiche nonkonformistische Gemeinschaften (→ s. Kap. 7.3.2) ausbreiten und institutionalisieren, sodass sich die nordamerikanische Kirchenlandschaft von Anfang an ungleich diverser gestaltete als in England oder gar Deutschland (vgl. Hochgeschwender 2017a: 73–76). Die neuenglischen Kolonien entwickelten sich daher schnell zum Anziehungspunkt für verfolgte oder marginalisierte religiöse Minderheiten aus europäischen Ländern – auch und vor allem aus dem pietistischen und erwecklichen Spektrum. Es ist daher wenig verwunderlich, dass die in Europa im 18. Jahrhundert zu beobachtenden Erweckungen ihre Parallele auch in Nordamerika fanden, wo sich – im Anschluss an die englische Aufklärung – im Verlauf des 18. Jahrhunderts ebenfalls rationalistische Strömungen etabliert hatten, die den ‚Erweckten' als Kontrastfolie dienten (→ s. Kap. 7.5.1): Vor allem die wirtschaftlichen Eliten hatten sich im Zuge des (durch das koloniale Ausbeutungssystem und die Sklaverei bedingten) „vehementen Wirtschaftswachstum[s]" (ebd.: 76) verstärkt utilitaristischen und marktliberalen Wirtschaftstheorien zugewandt, „die ihrerseits, etwa im Dogma von der unsichtbaren Hand der Märkte, auf deistisches Gedankengut […] zurückgriffen" (ebd.: 76).

In diesen Kontext ist das sogenannte *Great Awakening* einzuordnen, das zunächst in den 1730er- und 1740er-Jahren breite Bevölkerungskreise der nordamerikanischen Kolonien erfasste. Anders als der Ausdruck impliziert, handelte es sich dabei jedoch nicht um eine strukturell oder gar institutionell zusammenhängende Bewegung, sondern vielmehr um eine „Vielzahl unabhängig voneinander entstandener, lokaler und regionaler Erweckungen" (ebd.: 77). Diese Erweckungen waren gleichwohl über einen gemeinsamen Diskurs in Form von erbaulichem Schrifttum, religiösen Zeitschriften und persönlichen Kontakten verbunden, die ihrerseits in das globale erweckliche Netzwerk eingebettet waren, sodass bereits Zeitgenossen nicht nur von einem großen amerikanischen Revival, sondern gar von einer transatlantischen, *allgemeinen* Erweckung sprachen (vgl. Lambert 1999: 151–179). Diese wurde indes nicht nur als ein historisches Ereignis globalen Ausmaßes, sondern als Teil der in der Bibel angelegten Heilsgeschichte verstanden (→ s. Kap. 7.5.1): Für Chronisten wie den schottischen Pfarrer John Gillies (1712–1796) verkörperte das weltweite Revival den Endpunkt einer Entwicklung, „die mit

Pfingsten [also der Ausgießung des heiligen Geistes auf die Apostel] begann und in den jüngsten Erweckungen kulminierte" (ebd.: 174).

Maßgebliche Initiatoren des erwecklichen Diskurses in Nordamerika waren der puritanisch-calvinistische (→ s. Kap. 7.3.2) Theologe Jonathan Edwards (1703–1758) sowie der anglikanische Priester und methodistische Prediger George Whitefield (→ s. Kap. 7.5.3). Edwards entstammte einer Familie, die mit dem puritanischen Kongregationalisten und Mitbegründer von Connecticut Thomas Hooker (1568–1647) in den 1630er-Jahren nach Neuengland aufgebrochen war (vgl. Murray 2016: 31). Er „bedeutete für den amerikanischen Protestantismus das, was für England John Wesley [→ s. Kap. 7.5.3] war" (Beyreuther 1963: 10). Edwards' Theologie richtete sich gegen den sogenannten ‚halben Bund' (*half-way covenant*), also die Möglichkeit einer Kirchenmitgliedschaft, die nicht auf einer „persönlich erlebten Heilsgewißheit" (ebd.: 10) basierte, jedoch in den kongregationalistischen Gemeinden seiner neuenglischen Heimat inzwischen an der Tagesordnung war. Demgegenüber zielte Edwards in seinen Predigten auf das individuelle Bekehrungserlebnis ab – ein Ereignis, das er durch die „Verkündigungsmethode [der] umfassende[n] und radikale[n] *Sündenerkenntnis*" (Murray 2016: 163) zu erreichen suchte. Auf diese Weise sollten „[a]n die Stelle [...] erstarrter Pfarrgemeinden [...] eschatologische Gemeinschaften der Liebe unter wiedergeborenen Christen werden" (Hochgeschwender 2007: 71) – ein Bestreben, das bald von durchschlagendem Erfolg gekrönt war: Vom neuenglischen Northampton ausgehend breitete sich ab 1734 eine Kette von Erweckungen in sämtliche nordamerikanische Kolonien aus, die durch umherziehende Wanderprediger weitergetragen wurden. „Überall schossen kleine Kirchengebäude aus dem Boden, die von selbsternannten Geistlichen gebaut worden waren und vor allem auf konfessionell ungebundene Personen aus dem Kleinbauernmilieu anziehend wirkten" (Hochgeschwender 2017 a: 77).

Wie die Methode der Sündenerkenntnis konkret funktionierte, lässt sich auch an dem in dieser Hinsicht noch erfolgreicheren Engländer Whitefield ablesen, der auf seinen „Missionsfeldzügen [...] die Technik der *camp meetings* [einsetzte], hochemotionaler Gottesdienste mit stundenlangen Erweckungspredigten und Aufrufen zur Umkehr der Sünder unter freiem Himmel mit großer Beteiligung von Volksmassen, mitunter mehrerer tausend Menschen" (ebd.: 77): Zunächst wurden die Zuhörenden mit einer „alle Sinne aufpeitschende[n] Schilderung der ewigen Höllenstrafen" (Beyreuther 1963: 10) im Angesicht der eigenen Sündhaftigkeit konfrontiert:

> „Nach dem Bund der Werke muss ‚die Seele, die sündigt, sterben' [Ez 18,20], und der Mensch, der nicht alle niedergeschriebenen Gesetze hält, ist verflucht. [...] [D]ie kleinste Übertretung des moralischen Gesetzes, ob es nun in Gedanken, Worten oder Taten geschieht, verdient [...] den ewigen Tod durch die Hand Gottes. Und wenn nur ein böser Gedanke, ein böses Wort, eine böse Tat die ewige Verdammung verdient, wie viele Höllen, meine Freunde, verdient jeder von uns, dessen ganzes Leben nur eine einzige Rebellion gegen Gott darstellt!" (zit. n. Ryle/Elliot 2007: 72)

Die dadurch ausgelöste „Erschütterung und Aufwühlung der Hörer" (Beyreuther 1963: 10) wird anschließend zum Anlass genommen, „die Verzweifelnden durch das Gnadenangebot des Evangeliums zu ermuntern, die angebotene völlig irrationale Wiedergeburt durch einen sichtbaren Anfang in einem öffentlichen Bekenntnisakt [...] zu realisieren" (ebd.: 10) – ein Geschehen, das verständlicherweise häufig von großer Emotionalität in Form von Erleichterung und Freude ob der abgewendeten Gefahr der ewigen Verdammnis begleitet war.

> „Lernt Gott kennen, dann habt ihr Frieden. Als armseliger, unbedeutender Botschafter Jesu Christi flehe ich euch an: Lasst euch mit Gott versöhnen! [...] Wird sich jemand von euch mit Jesus Christus versöhnen lassen? Dann wird er euch alle eure Sünden vergeben und auslöschen [...] Wenn ihr das glaubt, dann seid mutig und fasst heute Morgen den Entschluss, in der Kraft Gottes zu Christus zu kommen, um euch an ihn zu hängen. Mögen eure Seelen nicht eher ruhen, bis ihr in Jesus Christus ruht!" (zit. n. Ryle/Elliot 2007: 86 f.)

In dieser Form wirkte das *Great Awakening* prägend auf die spätere US-amerikanische Kirchenlandschaft: Zum einen „beförderte [es] eine kleinräumig-parochiale Gemeindestruktur nach dem kongregationalistischen Prinzip vom Primat der Einzelgemeinde" (Hochgeschwender 2017a: 78); dies ging zum Zweiten mit einem ausgeprägten *Denominationalismus* einher, „das heißt[,] [...] es entstanden vielfältige gemeindliche und dogmatische Angebote, die zwar jeweils für sich absolute Wahrheitsansprüche erhoben, gleichzeitig aber nie als die eine Kirche angesehen wurden" (ebd.: 78); und drittens positionierten sich die institutionell und konfessionell unabhängigen neuen Denominationen prinzipiell gegen jede Form des Staatskirchentums – eine Haltung, an die später auch die amerikanischen Revolutionäre im Kampf gegen die britische Kolonialmacht anknüpfen konnten, der 1776 schließlich zur Entstehung der Vereinigten Staaten führte (vgl. ebd.: 78).

Die staatliche Unabhängigkeit führte bald zu einer Neuordnung und anschließenden Konsolidierung der kirchlichen Verhältnisse. Denn durch das formelle Ende des anglikanischen Staatskirchentums konnten sich die bis dato mit der *Church of England* verbundenen methodistischen Gemeinschaften verselbstständigen und unabhängig ausbreiten – eine Entwicklung, die auch den bereits existierenden baptistischen Gruppen neues Leben einhauchte (vgl. Hauschild 2010: 719). Die Impulse, die von dieser Erneuerung ausgingen, werden in der Regel als zweite Phase der amerikanischen Erweckung oder als *Second Great Awakening* angesehen, auch wenn sich im Verlauf des 19. Jahrhunderts weitere Phasen nachweisen lassen. Den Anfang machten um 1800 die methodistischen Reiseprediger, die die Erweckung zunächst unter den großen, nach Westen ziehenden Siedlungstrecks an der *frontier* in den alten Grenzstaaten Kentucky und Tennessee verankerten (vgl. Beyreuther 1963: 12). Von dort aus wanderte die Erweckung (über alle Denominationen hinweg) nach Osten, wo sie in den 1850er-Jahren auch die städtische Bevölkerung erfasste. Gleichwohl unterschied sich diese zweite Phase der nordamerikanischen Erweckung in bestimmten Aspekten von dem ersten *Great Awakening* unter Edwards und Whitefield, was sicherlich nicht zuletzt auch an den veränderten sozioökonomischen Rahmenbedingungen lag. Entscheidende Impulse in der theologischen Neubewertung gingen dabei von dem presbyterianischen Prediger Charles G. Finney (1792–1875) aus. Dieser lehnte die calvinistische Prädestinationslehre (→ s. Kap. 3.6.2) zugunsten der Behauptung des freien Willens des Menschen ab (sog. *Arminianismus*, benannt nach dem niederländischen reformierten Theologen Jacob Arminius [1560–1609]); in diesem Zusammenhang betonte er die „Mitwirkung des Menschen am Heiligungsprozess. Der Bekehrung müsse ein Leben in Glaubensgehorsam folgen hin zur vollkommenen Heiligung, die auch erreicht werden könne" (Hornung 2017: 63). In diesen theologischen Kontext lässt sich auch das postmillenaristische (→ s. Kap. 7.5.1) Verständnis der Heilsgeschichte dieser später als *Heiligungsbewegung* bezeichneten erwecklichen Strömung einordnen: Denn „im Gegensatz zur älteren prämillenaristischen Auslegung, welche die Wiederkunft Christi einzig von der göttlichen Gnade abhängig machte" (Hochgeschwender 2017a: 82), war für Finney „das Mitwirken des Menschen im Vorfeld der Errichtung des Tausendjährigen Reiches unabdingbar" (ebd.: 82). Vor diesem Hintergrund erklärt sich das große sozialpolitische Engagement, das die Heiligungsbewegung des 19. Jahrhunderts erfasste: „systematisierte seelsorgerliche Betreuung, Kampf gegen Alkoholismus, sittliche Verrohung und Sklaverei; Gründung von Vereinen zu Wohltätigkeitszwecken, von Schulen und Krankenhäusern" (Hauschild 2010: 719). In der in Boston erscheinenden Zeitschrift *Christian Watchman and Reflector* findet sich im Jahre 1857 dazu folgende Begründung:

> „Es geht um mehr als nur die einzusammeln, die in einem zukünftigen Staat errettet werden sollen, während man die Welt in Trümmern zurücklässt. [Das Evangelium] lehrt uns, dass es neue Himmel und eine neue Erde geben wird [...]. In der Zwischenzeit jedoch ist es an uns, nicht nur uns selbst und andere für eine bessere Welt vorzubereiten, sondern uns anzustrengen, um diese Welt besser zu machen" (zit. n. Smith 2004: 152 f.).

Vor diesem Hintergrund lässt sich auch „die frühe Frauenbewegung [...] auf die [erwecklichen] Mobilisierungs- und Organisationstechniken zurückführen, bei denen bürgerliche Mittelklassefrauen eminent bedeutsam waren" (Hochgeschwender 2017a: 82). Bekanntes Beispiel ist die methodistische Aktivistin Phoebe Palmer (1807–1874): Diese legte ab 1850 mit ihrer in New York angesiedelten *Five Points Mission* den Grundstein für eine organisierte Armenfürsorge in den USA und hatte dabei insbesondere die Rechte bedürftiger Frauen im Blick. Diesem Anliegen entsprach sie unter anderem durch die Einrichtung eines Frauenhauses, das 1854 bereits etwa 500 Menschen versorgte (vgl. Suarsana 2013: 111). Palmers *Five Points House of Industry* entwickelte sich schnell zum Vorbild für ähnliche Projekte in anderen großen Städten der USA; Träger waren Organisationen wie die 1858 in New York gegründete methodistische *Ladies Christian Association*, die ausschließlich Frauen zugänglich waren (vgl. ebd.: 111). Vor diesem Hintergrund erstaunt es wenig, dass wichtige Impulse auf die frühe Frauenbewegung vom US-amerikanischen Methodismus ausgingen. Als weiteres Beispiel sei hier Clementina Butler (1862–1949) genannt, die zusammen mit der bedeutenden Frauenrechtlerin Frances Willard (1839–1898) maßgeblich an der Gründung der

Ramabai Association in Boston mitgewirkt hatte und als deren erste Vorsitzende fungierte. Die 1887 gegründete Organisation hatte den Zweck, die Inderin Pandita Ramabai Sarasvati (1858–1922) beim Aufbau ihres Waisen- und Witwenheims in Indien zu unterstützen (vgl. ebd.: 135–138); Pandita Ramabai ist heute nicht nur als wichtige indische Vertreterin der Heiligungsbewegung im Gedächtnis geblieben, sondern vor allem als bedeutende Sozialreformerin und Ikone der frühen Frauenbewegung in Indien.

Vor dem Hintergrund der beschriebenen ‚Neujustierung' erwecklicher Theologien erklärt sich ebenfalls, weshalb der Methodismus – neben dem Baptismus (→ s. Kap. 7.4) – eine prägende Wirkung auch auf die wachsende afroamerikanische Bevölkerung hatte. Begründet lag dies im Wesentlichen darin, dass die Abschaffung der Sklaverei (sog. *Abolitionismus*) vielen Angehörigen dieser ‚neuen Generation' an Erweckten (vor allem in den Städten der Ost- und Westküste) am Herzen lag. Doch auch unter den ersten methodistischen Predigern, die nach dem Unabhängigkeitskrieg (gemeinsam mit ihren baptistischen Kollegen) zu Pferde umhergezogen waren, hatten sich bereits zahlreiche ehemalige Sklaven befunden (vgl. Andrews 2000: 139–150), die vor allem auf den großen Sklavenplantagen im Süden gewirkt hatten (→ s. Kap. 7.4). Einer von ihnen, der Abolitionist Richard Allen (1760–1831), gründete um 1800 die *African Methodist Episcopal Church* (→ s. Kap. 7.5.3), die nach dem Bürgerkrieg und dem Ende der Sklaverei vorwiegend im Süden der USA Fuß fassen konnte und seit dieser Zeit zu „einer der führenden Kirchen der *black church* wurde" (Hochgeschwender 2017a: 80). Heute repräsentiert sie mit weltweit etwa 2,5 Millionen Kirchengliedern eine der größeren methodistischen Kirchen mit Gemeinden in den USA, in zahlreichen afrikanischen Ländern sowie in der Karibik (vgl. Campbell 2011: 180).

Mormonentum

Obgleich das Mormonentum in seiner heutigen Form einige Unterschiede zu anderen Gruppierungen aus dem Bereich des ‚erwecklichen' Christentums aufweist, so hängt dessen Entstehung im Jahre 1830 maßgeblich mit dem Einfluss des *Second Great Awakening* auf den Begründer des mormonischen Christentums, Joseph Smith (1805–1844), zusammen (vgl. Davies 2003: 11–14). Dieser soll nach einer Reihe von Visionen ein auf Goldplatten geschriebenes Buch des antiken amerikanischen Propheten Mormon aufgefunden haben, das er in einer von ihm selbst angefertigten englischen Übersetzung 1830 als *Book of Mormon* veröffentlichte. Nach Ansicht von Smith verkörpere das *Buch Mormon* die „‚Fülle des ewigen Evangeliums', die über eineinhalbtausend Jahre verloren war" (Mössmer 1995: 7), nachdem die Kirche bereits in der Antike von der wahren Lehre Jesu abgewichen sei. Dementsprechend propagierte er das *Buch Mormon* als weiteren Offenbarungstext *neben* der Bibel – eine Ansicht, der auch die von ihm im selben Jahr gegründete *Kirche Jesu Christi der Heiligen der letzten Tage* (*Church of Jesus Christ of Latter-day Saints* [LDS]) folgt, die bis heute die mit Abstand größte mormonische Gemeinschaft repräsentiert (vgl. Campbell 2014: 8). Ihr Hauptquartier liegt in der 1847 von Mormonen gegründeten Stadt Salt Lake City im US-Bundesstaat Utah, dem „American Zion" (Davies 2003: 29), wo sie gar die Bevölkerungsmehrheit stellt (vgl. Mössmer 1995: 9). Von den insgesamt etwa 18 Millionen Angehörigen mormonischer Gruppierungen leben knapp 7,5 Millionen in Nordamerika; der andere Teil entfällt mit ca. 7 Millionen Menschen im Wesentlichen auf Lateinamerika. In Europa leben etwa eine halbe Million *Latter-day Saints* (vgl. Johnson/Zurlo 2020: 7–17), wo sie nicht zuletzt durch die Präsenz ihrer Missionarinnen und Missionare in belebten Innenstädten bekannt sind. Die Selbstbezeichnung als *Heilige der letzten Tage* rührt aus dem Bewusstsein, als auserwählte Gemeinschaft in direkter Tradition mit den Heiligen der ‚ersten Tage' – den Aposteln – zu stehen (vgl. Mössmer 1995: 7). Doch trotz dieses ‚exklusivistischen' Selbstverständnisses ist das Mormonentum – wie viele andere Gruppierungen aus dem breiten Spektrum der Erweckungsbewegungen – zutiefst mit der US-amerikanischen Geschichte verflochten und hat bis heute eine Vielzahl bedeutender Persönlichkeiten aus Kultur und Politik hervorgebracht (vgl. Campbell 2014: 3–5).

Der postmillenaristische Optimismus der Heiligungsbewegung erklärt auch die immensen Anstrengungen zur Evangelisation und Mission, die vor allem in der zweiten Hälfte des 19. Jahrhunderts aus diesem Milieu erwachsen sind. Denn der Aufbau einer ‚besseren Welt' beinhaltete in den Augen der Repräsentantinnen und Repräsentanten der Heiligungsbewegung auch die Bekehrung jenes Teils der Weltbevölkerung, dem bislang nicht das Evangelium gepredigt worden war. Die Vision, dass die gesamte Welt noch vor Beginn des Tausendjährigen Reiches zu Christus bekehrt werden könne, fand ihre Plausibilität in der Erwartung einer großen endzeitlichen Erweckung im Sinne eines zweiten Pfingsten, die das Millennium einleiten würde, und deren Anzeichen bereits in den gegenwärtigen erwecklichen Ereignissen in den USA zu beobachten seien (vgl. Suarsana 2013: 104 f.). So notierte der methodistische Theologe William Boardman (1810–1886) in seinem Bestseller *The Higher Christian Life* von 1858:

> „Das [erste] Kommen und der Tod Christi haben das Fundament gelegt für den Tempel, der durch den Heiligen Geist aufgebaut werden sollte, und der errichtet jetzt diesen Tempel, Stein auf Stein [...], in Vorbereitung auf das Millennium und das Reich der Herrlichkeit. [...] Das gegenwärtige Zeitalter gleicht einer Sprosse nahe am oberen Ende der himmelwärts ragenden Leiter. Noch ein Tritt, oder höchstens zwei [...], und der Gipfel wird erreicht sein" (zit. n. ebd.: 104).

In diesem Geiste gründeten sich in der zweiten Hälfte des 19. Jahrhunderts unzählige kleinere und größere Gesellschaften, die dem Zweck der Weltmission in Vorbereitung der endzeitlichen Erweckung dienen sollten. Als Vorbild diente bald die 1865 in England gegründete *China Inland Mission*, eine sogenannte *faith mission*, die Missionarinnen und Missionare auf Spendenbasis und ohne weitergehende institutionelle Unterstützung nach Asien entsandte, wo sie im Wesentlichen auf sich allein gestellt missionierten (→ s. Kap. 7.4). Damit repräsentierten sie ein Gegenmodell zu den großen institutionalisierten Missionsgesellschaften, die allzu oft mit kolonialen, politischen und wirtschaftlichen Interessen staatlicher Akteure verquickt waren (vgl. Suarsana 2011: 237). Demgegenüber waren die *faith missions* äußerst einfach und sparsam konzipiert, um der „Last von Verwaltung, Kapitalbeschaffung und europäischem Einfluss" (Porter 2005: 140) zu entgehen. So verzichtete man auf eine aufwändige Organisation im ‚Mutterland', um die gesammelten Spendengelder direkt „einer konkreten Person im Missionsgebiet [zuzusenden], die allein den Bedarf einschätzen und über die weitere Vorgehensweise entscheiden konnte" (Suarsana 2011: 237). Die institutionelle Unabhängigkeit der Missionierenden sollte dabei durch die „Akzentuierung direkter Evangelisation durch Laienprediger und Lehrer einheimischer und europäischer Herkunft" (Porter 2005: 138) erreicht werden, die „entweder selbstständig konkrete soziale Projekte vor Ort betreuen oder als Wanderprediger umherzogen" (Suarsana 2011: 237). Wirkungsreich war in diesem Bereich etwa die von Albert Benjamin Simpson (1843–1919) gegründete *Christian and Missionary Alliance* (CMA), die 1887 aus der Verschmelzung älterer *faith missions* hervorgegangen war. In deren *Missionary Training Institute* (MTI) in Nyack wurden die angehenden Missionarinnen und Missionare theologisch ausgebildet, „wobei die Ausrichtung der Schule eher an spiritueller Entwicklung als an einem akademischen Betrieb orientiert war" (Nienkirchen 2002: 524). Um 1900 unterhielt die CMA ein globales Netzwerk aus Missionsstationen, Waisenhäusern und Bildungseinrichtungen; die Missionierenden, ein großer Teil von ihnen Frauen, waren darüber hinaus durch Zeitschriften und regelmäßige Konferenzen miteinander verbunden (vgl. Suarsana 2013: 111 f.). Die CMA existiert bis heute als eigenständige Denomination, der weltweit nach eigenen Angaben etwa eine halbe Million Menschen in 70 Ländern angehören[36].

Literatur zum Einstieg

- Johannes Wallmann: Der Pietismus. 2. Aufl., Göttingen: Vandenhoeck & Ruprecht 2019.
  → Das Standardwerk zum Pietismus mit übersichtlichen Kapiteln zu allen wichtigen historischen Akteuren und Gruppierungen.
- Richard P. Heitzenrater: John Wesley und der frühe Methodismus. Göttingen: Edition Ruprecht 2007.
  → Deutsche Übersetzung des US-amerikanischen Klassikers aus der Feder eines methodistischen Kirchenhistorikers.
- Michael Hochgeschwender: Amerikanische Religion. Evangelikalismus, Pfingstlertum und Fundamentalismus. Leipzig: Verlag der Weltreligionen 2007.
  → Deutschsprachiges Standardwerk zur nordamerikanischen Kirchengeschichte, das auch einen guten Einblick in die Erweckungsbewegungen des 19. Jahrhunderts bietet.

7.6. Pfingstbewegung und charismatisches Christentum

Anders als im Falle der Erweckungsbewegung(en) handelt es sich beim Terminus *Pfingstbewegung* (engl. *Pentecostalism* oder *Pentecostal Movement*) um einen Ausdruck, der auch im christlichen Feld als Identitätspositionierung und Selbstbezeichnung verwendet wird. In diesem Sinne existieren heute also in der Tat kirchliche Gemeinschaften, die sich als Repräsentation der Pfingstbewegung bzw.

---

36 Vgl. https://101.cmalliance.org/module-1/who-we-are/ (Stand: 18.4.2024).

als pentekostale (oder auch charismatische [s. u.]) Kirchen verstehen. Gleichwohl stellt die Pfingstbewegung keineswegs eine geschichtlich oder institutionell zusammenhängende Gruppierung dar, auch wenn ihre frühe US-amerikanische Ausprägung historisch klar im (methodistischen) Milieu der Heiligungsbewegung (→ s. Kap. 7.5.4) verankert ist (sog. *klassische Pfingstbewegung*). In der Forschung ist daher bis heute nicht wirklich geklärt, was genau unter der Pfingstbewegung zu verstehen ist (vgl. Suarsana 2013: 6–45). Dies liegt zum einen daran, dass sich einige Gruppierungen mit historischen Wurzeln in der klassischen Pfingstbewegung heute nicht (mehr) als pentekostal verstehen; zum anderen (und das betrifft die weitaus größere Anzahl an Gruppen) positionieren sich viele Gemeinschaften als pfingstlich (oder werden von anderen entsprechend eingeordnet), obwohl sie *keine* direkten Verbindungen zur historischen US-amerikanischen Pfingstbewegung aufweisen, sondern anderer (konfessioneller) Herkunft sind. Manche Forschende sehen in der Pfingstbewegung daher weniger eine zusammenhängende konfessionelle Strömung als vielmehr ein globales Kommunikationsnetzwerk verschiedenster christlicher Gruppierungen, die mithilfe der Kategorie ‚pfingstlich' ihre Identität als wahrhaft vom heiligen Geist getaufte Gemeinschaft begründen, ohne dabei jedoch auf eine gemeinsame Geschichte oder Struktur zurückgreifen zu können (vgl. Bergunder 2006: 162–165). Darin gleicht die Pfingstbewegung in gewisser Weise dem erwecklichen Netzwerk des 18. und 19. Jahrhunderts, dessen Akteure ja ebenfalls über konfessionelle Grenzen hinweg eine Erweckung der Christenheit anstrebten (→ s. Kap. 7.5.1). Das globale Kommunikationsnetzwerk namens Pfingstbewegung ist in den verschiedenen Regionen der Welt allerdings recht unterschiedlich ausgeprägt: So fungiert *pentekostal* in manchen Kontexten als Abgrenzung zu *evangelikal*, in anderen zu *mainline*, zu *katholisch* oder *orthodox* (vgl. Haustein 2021: 774). Zuweilen verschmelzen oder verschieben sich einige dieser Kategorien, sodass Gruppierungen, die heute zur Pfingstbewegung gezählt werden können, morgen vielleicht schon unter einem anderen ‚Label' firmieren. Das Feld der globalen Pfingstbewegung ist also von einer großen Dynamik und Diversität gekennzeichnet, und seine Ränder überschneiden sich – je nach Kontext – zum Teil stark mit anderen konfessionellen Kategorien wie dem Evangelikalismus (→ s. Kap. 7.7), sodass manche Forschende sogar bezweifeln, dass es die Pfingstbewegung als globale konfessionelle Größe überhaupt gibt (vgl. ebd.: 770–774).

7.6.1. Heutige Situation

Blickt man auf die weltweite Verbreitung dieses pentekostalen Netzwerks, so stellt man fest, dass die Pfingstbewegung aktuell vor allem in den Kontexten des globalen Südens verbreitet ist. Derzeit sind nach Johnson/Zurlo (2020: 7) etwa 635,3 Millionen Menschen pfingstlichen Gemeinschaften zuzurechnen, allerdings mit der Einschränkung, dass diese Zahlen teilweise auch Angehörige anderer konfessioneller Gruppen umfassen, die sich selbst als pfingstlich verstehen oder von anderen so bezeichnet werden (vgl. ebd.: 7). Die aus diesen Zahlen ableitbare Schlussfolgerung, dass es sich bei der Pfingstbewegung um die zweitgrößte Konfession nach dem römischen Katholizismus handelt, ist daher nur unter Vorbehalt zu ziehen, zumal beide Größen (wie die obigen Ausführungen gezeigt haben) auch kaum vergleichbar sind. Die meisten pfingstlichen Gläubigen (insgesamt etwa 230,2 Millionen [vgl. Johnson/Zurlo 2020: 9]) leben demnach in afrikanischen Ländern (v. a. in Nigeria, der Demokratischen Republik Kongo, Südafrika und Kenia [vgl. Johnson 2021: XXIVf.]); etwas weniger Pentekostale gibt es mit ca. 195,2 Millionen Menschen in Lateinamerika (hier besonders in Brasilien, Mexiko, Guatemala und Chile [vgl. ebd.: XXIVf.]), allerdings machen sie dort fast 30 Prozent der Gesamtbevölkerung aus (vgl. Johnson/Zurlo 2020: 15). Demgegenüber stellen pfingstliche Gläubige in Asien nur knapp 3 Prozent der Bevölkerung, doch aufgrund der Größe dieses Kontinents umfasst dies dennoch immerhin 125,4 Millionen Menschen (vgl. ebd.: 11); besonders große pentekostale Gemeinschaften gibt es unter anderem in Indonesien und Südkorea, aber auch in China, Indien und besonders auf den Philippinen repräsentieren sie einen beachtlichen Teil der christlichen Bevölkerung (vgl. Johnson 2021: XXIVf.). Naturgemäß gibt es auch in Nordamerika viele Pfingstkirchen, die insgesamt etwa 67,8 Millionen Gläubige umfassen (vgl. Johnson/Zurlo 2020: 17); die meisten von ihnen leben in den USA, wo auch die größte pentekostale Denomination der Welt, die *Assemblies of God* (AoG), ihren Ursprung hat. In Europa leben laut Johnson/Zurlo (2020: 13) dagegen nur insgesamt 21,1 Millionen Anhängerinnen und Anhänger der Pfingstbewegung, in Australien und Ozeanien sind es knapp 4,5 Millionen (vgl. ebd.: 19). Auch wenn diese Zahlen von einigen Forschenden als zu hoch gegriffen angesehen werden (vgl. Haustein 2021: 766–770), demonstrieren sie nichtsdestotrotz eine gewisse Tendenz im Feld des Weltchristentums: Es gibt derzeit offenbar *sehr viele* pentekostale Gläubige, und der überwiegende Teil von ihnen (nach den oben genannten Zahlen über 80 Prozent) lebt in Ländern des globalen Südens.

Region	Anhängerzahl
Afrika	230,2 Millionen
Südamerika	195,2 Millionen
Asien	125,4 Millionen
Nordamerika	67,8 Millionen
Europa	21,1 Millionen
Australien & Ozeanien	4,5 Millionen
Gesamt	**ca. 635 Millionen**

Tab. 7.7: Angehörige pentekostaler Kirchen (Quelle: nach Johnson/Zurlo 2020)

Viele pfingstliche Denominationen (aber bei weitem nicht alle) sind über die 1947 gegründete Dachorganisation *Pentecostal World Fellowship* (PWF) verbunden. Daneben existieren weitere große Verbände wie das *World Assemblies of God Fellowship* (WAGF), in dem vor allem solche Gemeinschaften zusammenarbeiten, die historisch mit den US-amerikanischen *Assemblies of God* zusammenhängen (vgl. Wilkinson 2021: 506 f.). Viele Kirchen sind darüber hinaus Mitglied der *World Evangelical Alliance* (→ s. Kap. 7.7), sodass die Grenzen zwischen Pfingstbewegung und Evangelikalismus zusehends verschwimmen (vgl. ebd.: 507). Die großen pfingstlichen Denominationen sind in der Regel global organisiert; viele haben indes regionale Schwerpunkte (zumeist in ihrem Herkunftskontext), wo sie zuweilen extrem große Gemeinden (sog. *Megachurches*) unterhalten. Wichtige große pfingstliche Denominationen sind (neben den bereits erwähnten *Assemblies of God* und ihrer brasilianischen Ausprägung *Assembleias de Deus*) beispielsweise die im afroamerikanischen Kontext verwurzelte *Church of God in Christ* (COGIC), die von der kanadischen Evangelistin Aimee Semple McPherson (1890–1944) gegründete *Foursquare Church*, die nigerianische *Redeemed Christian Church of God* (RCCG), die *Indonesian Bethel Church* oder die südkoreanische *Yoido Full Gospel Church*, die in Seoul die größte Kirchengemeinde der Welt unterhält. Neben den großen Denominationen existiert indes eine unüberschaubare Vielfalt unabhängiger kleinerer und kleinster Gemeinschaften in aller Welt, die bisweilen nur aus einer um einen einzigen Prediger gruppierten Gemeinde bestehen. In Deutschland ist die Pfingstbewegung praktisch ausschließlich im freikirchlichen Milieu (→ s. Kap. 7.5.3) vertreten und zum Großteil über den *Bund Freikirchlicher Pfingstgemeinden* (BfP) organisiert. Er repräsentiert derzeit etwa 65.000 Menschen[37].

Versucht man, einige typische Merkmale dieses komplexen pentekostalen Feldes zu beschreiben, so lässt sich dies am ehesten über die gelebte *charismatische* Frömmigkeitspraxis vieler (wenngleich nicht aller) pfingstlicher Kirchen sowie über einige weit verbreitete theologische Konzepte bewerkstelligen. Zentral ist in der Regel die Betonung des Wirkens des Heiligen Geistes im Gottesdienst, aber auch im alltäglichen Leben. Diese Wirkung zeigt sich in Form bestimmter *Gaben* (sog. *Charismata*), die ein Mensch durch die Taufe mit dem heiligen Geist (in Anlehnung an das in Apg 2,1–4 beschriebene Pfingstereignis) erhält:

> „[1]Als der Pfingsttag gekommen war, befanden sich alle [Apostel] am gleichen Ort. [2]Da kam plötzlich vom Himmel her ein Brausen, wie wenn ein heftiger Sturm daherfährt, und erfüllte das ganze Haus, in dem sie waren. [3]Und es erschienen ihnen Zungen wie von Feuer, die sich verteilten; auf jeden von ihnen ließ sich eine nieder. [4]Alle wurden mit dem Heiligen Geist erfüllt und begannen, in fremden Sprachen zu reden, wie es der Geist ihnen eingab."

Das hier beschriebene Charisma der sogenannten *Zungenrede* oder *Glossolalie* (von griech. *glossais lalein*; „in Zungen reden") wird von vielen pentekostalen Gläubigen in Form des Sprechens in ‚unbekannten Zungen' praktiziert (vgl. Ireland 2021: 256 f.). Daneben existieren weitere Geistgaben wie die Befähigung zur Prophetie, zur Austreibung böser Geister oder zur Heilung körperlicher und seelischer Leiden (vgl. Hollenweger 2003: 667). Die Manifestation dieser Gaben geht häufig einher mit einem wenig formalisierten Gottesdienst, der von Emotionalität, körperlicher Gestikulation und Bewegung sowie lautem gemeinsamem Singen und Beten (zum Teil unter Einschluss der Zungenrede) geprägt ist (vgl. Suarsana 2010: 21). Die Praktizierung der Geistgaben, die als äußere Manifestationen der pfingstlichen Taufe mit dem heiligen Geist angesehen werden, markiert gleichzeitig die

---

[37] https://www.bfp.de (Stand: 18.4.2024).

Heiligung (→ s. Kap. 7.5.3) des individuellen Lebens der Gläubigen, die dadurch göttliches Heil zugesprochen bekommen, zugleich aber auch für ein frommes und wahrhaft gottgefälliges Leben gerüstet werden.

7.6.2. Historische Ausbreitungsformen

Das globale pfingstliche Netzwerk hat besonders in den letzten vier bis fünf Jahrzehnten ein scheinbar atemberaubendes Wachstum erfahren und damit den Eindruck des Christentums als der sich „faktisch […] am schnellsten ausbreitende[n] Religion der Welt" (EKD 2021: 13) geprägt – ein Umstand, der sich (wie die in Kap. 7.6.1 genannten Zahlen zeigen) indes fast ausschließlich für die Regionen des globalen Südens konstatieren lässt: Während Johnson/Zurlo (2020: 26) für das Jahr 1970 weltweit knapp 78 Millionen Pentekostale nennen, sind es im Jahr 2000 bereits 443 Millionen, die seither (mit einer jährlichen Wachstumsrate von 2 Prozent) auf die bereits erwähnten 635 Millionen Menschen angewachsen sind. Um den Prozess dieses Wachstums zu verstehen und zu erklären, hat sich in der Forschung das Modell der drei historischen Ausbreitungswellen der Pfingstbewegung etabliert (vgl. Zimmerling 2018: 15–21), das hier in seinen Grundzügen grob skizziert werden soll. Bei den drei Phasen handelt es sich (1) um die im Kontext der US-amerikanischen Heiligungsbewegung verankerte *klassische Pfingstbewegung*, die ihre Wurzeln zu Beginn des 20. Jahrhunderts hat; (2) die *charismatische Erneuerung*, die als Ausbreitung pentekostaler Frömmigkeitsformen in den etablierten Konfessionskirchen (allen voran der römisch-katholischen Kirche) seit den 1960ern beschrieben werden kann; (3) die sogenannte *neopentekostale* oder *neocharismatische Bewegung* (zuweilen auch einfach als *Dritte Welle* bezeichnet), mit der die Entstehung oder Neuorientierung zahlreicher ‚geistbewegter' unabhängiger Kirchen vor allem im globalen Süden ab den 1980er-Jahren bezeichnet wird.

Zu (1): Bei der klassischen Pfingstbewegung handelt es sich im Wesentlichen um eine Variante bzw. Abspaltung der US-amerikanischen Heiligungsbewegung des späten 19. Jahrhundert (→ s. Kap. 7.5.4), von der sie im Verlauf des 20. Jahrhunderts große Teile absorbiert hat. Theologischer Auslöser für diese Spaltung war die *initital evidence*-Doktrin des methodistischen Predigers Charles Fox Parham (1873–1929). Dieser hatte sich zunächst der radikaleren Heiligungsbewegung angeschlossen, die sich ab den 1870er-Jahren teilweise vom Methodismus gelöst hatte. Wichtige Exponenten dieser Richtung waren (neben dem bereits erwähnten A. B. Simpson [→ s. Kap. 7.5.4]) vor allem der populäre Erweckungsprediger Dwight Lyman Moody (1837–1899), Begründer des einflussreichen *Moody Bible Institute* in Chicago (vgl. Gäbler 1991: 136–159). Wie viele zeitgenössische Repräsentanten der Heiligungsbewegung hatte Moody den älteren, optimistischen Postmillenarismus (→ s. Kap. 7.5.4) zugunsten eines prämillenarischen Geschichtsbildes aufgegeben (→ s. Kap. 7.5.1). In diesem Zusammenhang begriff er das wesleyanische Konzept der Heiligung (→ s. Kap. 7.5.3) als göttliches Instrument, um möglichst viele Menschen im Angesicht des nahen Kommens Christi sozusagen ‚in letzter Sekunde' zum Christentum zu bekehren. Zu diesem Zweck identifizierten Moody und seine Schüler die Heiligung mit der pfingstlichen Taufe im heiligen Geist, durch die die Erweckten – mit den Gaben des göttlichen Geistes ausgestattet – in den Dienst von Evangelisation und Mission eintreten konnten (vgl. Dayton 2004: 100–104). Vor diesem theologischen Hintergrund entwickelte nun Parham um 1900 seine Doktrin vom ‚anfänglichen Beweis' (engl. *initial evidence*), indem er behauptete, dass das äußere Zeichen, an dem man erkennen könne, ob ein Mensch tatsächlich die Geisttaufe empfangen habe, gemäß Apg 2,4 einzig und allein die Zungenrede sei (vgl. Goff 1988: 66 f.). Was auf den ersten Blick wie eine unauffällige Weiterentwicklung der Moody'schen Lehre wirkt, barg in Wahrheit gehörige Sprengkraft: Denn dreht man die Lehre Parhams um, bedeutet das, dass jemand, der die Geistgabe der Zungenrede *nicht* empfangen hat, auch nicht im Heiligen Geist getauft ist. Damit sprach diese Theologie *de facto* allen Angehörigen erwecklicher Gemeinschaften, die die Zungenrede nicht praktizierten, ab, wahrhaft vom göttlichen Geist erfasst zu sein, was verständlicher Weise als Affront aufgefasst wurde. Es erstaunt daher wenig, dass es sich bei Parhams Anhängerschaft zunächst um eine recht kleine, obskure Gruppe im Umfeld seiner Bibelschule in Topeka/Kansas und später in Houston/Texas handelte (vgl. ebd.: 87–105). Dies änderte sich allerdings schlagartig mit einer Erweckung in Los Angeles, die durch den afroamerikanischen Parham-Schüler William Joseph Seymour (1870–1922) ausgelöst worden war. In seiner *Apostolic Faith Mission*, die in einem Gebäude in der Azusa Street in LA angesiedelt war, erlebten im Verlauf des Jahres 1906 große Massen von Menschen aller Hautfarben und sozialer Milieus eine Erweckung und Taufe mit dem Heiligen Geist, die von Seymour im Sinne der *initial evidence*-Doktrin konzeptionalisiert wurde. Dementsprechend gab es

> „in der Azusa-Street-Mission Leute, die in Zungen sprachen, [aber auch] als Propheten auftraten, göttliche Heilung predigten, die in Trance fielen, Visionen hatten und an weiteren Phänomenen beteiligt waren, wie etwa Springen, Herumrollen, Lachen, Schreien, Bellen und Umfallen unter der Macht des Heiligen Geistes" (Robeck 2006: 12).

Zur Popularität beigetragen hatte nicht zuletzt ein sensationsheischender Bericht in der *Los Angeles Times*, der sich über die in der Azusa Street zu beobachtenden Phänomene lustig machte. Darüber hinaus enthielt er eine Passage, die von einer prophezeiten „schrecklichen Zerstörung der Stadt" (zit. n. Suarsana 2010: 32) sprach. Und weil sich am Erscheinungstag des Artikels, dem 18. April 1906, in San Francisco ein verheerendes Erdbeben ereignete, dessen Ausläufer bis LA zu spüren waren, schien es vielen, als sei die im Zuge des *Azusa Street Revival* aufgetretene Prophezeiung eingetreten; andere deuteten den Umstand, dass eben San Francisco (und nicht Los Angeles) von dem Beben zerstört worden war, als Ergebnis des „ernsthaften und an Gebeten reichen Lebens der unzähligen Fürsprecher des Herrn in dieser Stadt" (Robeck 2006: 80), was der Erweckung weiteren Schwung gab. Die große, bald auch über erweckliche Magazine und Seymours eigene Zeitschrift gesteigerte Popularität des *Azusa Street Revival* führte schnell zu internationaler Aufmerksamkeit: In aller Welt identifizierten Akteure des von der Heiligungsbewegung im 19. Jahrhundert etablierten missionarischen Netzwerks (→ s. Kap. 7.5.4) die Erweckung in LA als Anbruch des lang erwarteten endzeitlichen Pfingsten – obgleich viele von ihnen die von Seymour und Parham vertretene *initial evidence*-Lehre sogar explizit ablehnten. In Folge dessen ereigneten sich in vielen Regionen der Welt weitere Erweckungen, die als Fortführung des *Azusa Street Revival* interpretiert wurden (vgl. Suarsana 2017 b: 21–24). Diese Entwicklung wurde noch verstärkt durch den Umstand, dass Seymours *Apostolic Faith Mission* bereits im Herbst 1906 eigene Missionarinnen und Missionare ausgeschickt hatte (vgl. Robeck 2006: 235–280). Ihnen folgten bald zahllose weitere aus den neu gegründeten Kirchen, die – im Anschluss an das *Azusa Street Revival* – den Grundstein für die klassische Pfingstbewegung legten. Wirkungsreich waren etwa Thomas Hezmalhalch (1847–1934) und John G. Lake (1870–1935), die 1908 nach Südafrika aufgebrochen waren und dort die *Apostolic Faith Mission of South Africa* (AFM) gründeten, die heute die größte Pfingstkirche des Landes darstellt (vgl. Suarsana 2017 b: 23 f.). Indes kühlte zum Ende des Jahrzehnts die stürmische Begeisterung in erwecklichen Kreisen ob des „egalitären und rassenversöhnenden Charakter[s]" (Haustein 2021: 771) des *Azusa Street Revivals* merklich ab: So war Seymours *Apostolic Faith Mission* ab 1909 zusehends zu einer gewöhnlichen, fast ausschließlich von Angehörigen der lokalen afroamerikanischen Bevölkerung frequentierten Kirche geworden. Demgegenüber handelte es sich bei den 1914 in Hot Springs/Arkansas gegründeten *Assemblies of God* um eine typische ‚weiße' Denomination, die sich im Wesentlichen erst mit ihrer Globalisierung nach dem Zweiten Weltkrieg allmählich diversifiziert hat (vgl. Melton 2021: 42 f.).

Zu (2): Als Begründer der charismatischen Erneuerung gilt im Allgemeinen der Südafrikaner David du Plessis (1905–1987). Dieser entstammte der oben genannten AFM, schloss sich nach seiner Übersiedlung in die USA ab 1948 jedoch den *Assemblies of God* an. Seine dortige Tätigkeit als Pastor musste er allerdings 1962 wieder aufgeben; der Grund dafür lag in seinem Engagement für die ökumenische Bewegung (→ s. Kap. 8), was ihn in Konflikt mit seiner Kirchenleitung gebracht hatte, die der interkonfessionellen Zusammenarbeit kritisch gegenüberstand (vgl. Spittler 2003: 590 f.). Nichtsdestotrotz reiste er ein Jahr später zur Konferenz des *Ökumenischen Rats der Kirchen* (ÖRK) nach Neu-Delhi; anschließend folgte er einer Einladung auf das *Zweite Vatikanische Konzil* (→ s. Kap. 6.1), wo er den Grundstein für den ökumenischen Dialog zwischen der Pfingstbewegung und der römisch-katholischen Kirche legte – ein Engagement, das ihm bald den Beinamen *Mr. Pentecost* einbrachte (vgl. ebd.: 591). Die Institutionalisierung dieser Annäherung scheiterte indes zunächst vor allem an den Pfingstkirchen in Lateinamerika, die dort im starken Wettstreit mit dem Katholizismus standen (vgl. Suarsana 2017 b: 25). Vor diesem Hintergrund schlug du Plessis die Gründung einer inoffiziellen Gruppe vor, die aus prominenten ‚Privatpersonen' aus verschiedenen pentekostalen Kirchen zusammengesetzt sein sollte; diese sollten „als Pfingstler sprechen, wenn es nicht machbar sein sollte, die zu engagieren, die für die Pfingstbewegung sprechen könnten" (Spittler 2003: 592). Der durch diese Hilfskonstruktion bedingte nicht-institutionalisierte Charakter des pfingstlich-katholischen Dialogs wurde ergänzt durch eine ‚Entdogmatisierung' der pentekostalen Theologie. Denn im Gegensatz zu der nur wenig dialogorientierten *initial evidence*-Lehre, die ja die Zungenrede als den einzigen Beweis für die Geisttaufe ansah, sprach du Plessis nurmehr von einer *Konsequenz*: „Man muss nicht [in Zungen reden], aber man wird es" (ebd.: 592). Die Abkopplung des ökumenischen Dialogs von der denominationellen klassischen Pfingstbewegung und deren Lehren führte in der Folgezeit dazu, dass sich charismatische Frömmigkeitspraktiken rasch in anderen konfessionellen Gruppen ausbreiteten, ohne dass sich diese in irgendeiner Form der institutionalisierten Pfingstbewegung anschlossen: Dies betraf zum einen zahlreiche protestantische *mainline*-Denominationen in den USA, wo episkopale, methodistische, calvinistische, lutherische oder baptistische Gläubige von der ‚charismatischen Erneuerung' erfasst wurden (vgl. Anderson 2004: 147 f.). Daneben entstanden aber auch neue Gruppierungen, etwa die 1967 gegründeten *Jesus People*, die in ihren christlichen Kommunen Elemente der Hippie-Kultur mit pentekostaler Frömmigkeit kombinierten (vgl. ebd.: 149). Die Popularisierung der charismatischen Spiritualität erfolgte dabei über unzählige erbauliche Buchpublikationen, aber auch über das junge Medium des Fernsehens. Hier adressierten umtriebige ‚Teleevangelisten' wie Oral Roberts (1918–2009) oder Pat Robertson (1930–2023) in erster Linie ein US-amerikanisches, aber zum Teil auch internationales Publikum, das deren Kampagnen über das Satellitenfernsehen verfolgte. Wirkungsreich war die charismatische Erneuerung naturgemäß auch in der katholischen Kirche, vor allem in Lateinamerika (hier vor allem in Brasilien und Guatemala [vgl. Johnson/Zurlo 2020: 26]) und den Vereinigten Staaten, aber auch in Asien (besonders auf den Philippinen [vgl. ebd.: 26]) und Europa. Nach Johnson (2021: XXIII) liegt allein die Anzahl katholisch-charismatischer Christinnen und Christen derzeit bei etwa 195 Millionen und würde nach dieser Schätzung deutlich mehr Menschen als die klassische Pfingstbewegung umfassen (ca. 119 Millionen [vgl. ebd.: XXIII]). Zum Bereich der charismatischen Bewegung in den protestantischen Kirchen zählen demnach ca. 69 Millionen Menschen, und innerhalb orthodoxer Gemeinschaften werden immerhin noch knapp 5 Millionen Gläubige der charismatischen Erneuerung zugerechnet (vgl. ebd.: XXIII). Indes stellen, wie bereits angedeutet, einige Forschende aufgrund der Diversität dieses Feldes zunehmend in Frage, ob die Zusammenschau der klassischen Pfingstler mit der charismatischen Erneuerung in einer gemeinsamen übergreifenden Kategorie überhaupt sinnvoll ist.

Zu (3): Dieser Einwurf betrifft umso mehr die sogenannte *Dritte Welle* der weltweiten Pfingstbewegung, die auch als *neocharismatisch* oder *neopentekostal* bezeichnet wird. Diese Kategorie verdankt sich im Wesentlichen verschiedenen Selbstverständigungsprozessen innerhalb der klassischen Pfingstbewegung, die ab den 1970er-Jahren zu einer allmählichen Aufweichung des eher denominationell geprägten Verständnisses von *Pentecostalism* führten (vgl. Suarsana 2017b: 12–15). Ein wesentlicher Auslöser war die Dissertation des Schweizer Pfingstlers und späteren Professors für Interkulturelle Theologie in Birmingham Walter J. Hollenweger (1927–2016), die 1969 unter dem Titel *Enthusiastisches Christentum* (engl. *The Pentecostals* [1972]) erschienen war. Hollenweger konzipierte die Pfingstbewegung nicht länger als einen bloßen *historischen* Ausläufer der US-amerikanischen Heiligungsbewegung. Inspiriert durch den ökumenischen Geist der charismatischen Erneuerung verstand er die Pfingstbewegung vielmehr als eine *universale emotionale Frömmigkeitsform*, deren Hauptmerkmal „nicht in der Übereinstimmung der Worte, sondern in der Übereinstimmung der Empfindungen besteht" (Hollenweger 1969: XXI). Dem entsprach auch seine Neubestimmung der historischen Ursprünge der Pfingstbewegung, die er und seine Schüler in der zeitgleich aufkommenden Forschungsrichtung der *Pentecostal Studies* etablierten: Dass nämlich nicht der weiße Prediger Charles Parham mit seiner theologischen Doktrin der Zungenrede als Vater der Bewegung angesehen werden solle, sondern vielmehr sein schwarzer Schüler Seymour: Erst in dessen *Azusa Street Revival* habe der Pentekostalismus seine „rassen- und klassenübersteigende" (Hollenweger 1997: 34) Kraft entfaltet, die nicht zuletzt in der weltweiten charismatischen Erneuerung zum Ausdruck gekommen sei. Demgegenüber habe sich Parham durch seine vor allem in späteren Jahren geäußerten rassistischen Theorien für die Rolle als Gründervater zusätzlich disqualifiziert (vgl. ebd.: 33–35). Parallel zu Hollenweger entwickelte auch der US-amerikanische Kongregationalist Charles Peter Wagner (1930–2016) im Kontext seiner *Gemeindewachstumsbewegung* (*Church Growth Movement*) ein Verständnis von pfingstlicher Spiritualität, das er die „dritte Welle des Heiligen Geistes" nannte (vgl. Zimmerling 2018: 19 f); erklärtes Ziel war die „Erneuerung des gesamten Christentums zur Wiederherstellung neutestamentlicher Praxis in der Gegenwart" (vgl. Haustein 2021: 776) – ein Anliegen, das in seiner überkonfessionellen Form augenscheinlich ebenfalls dem Geist der charismatischen Erneuerung zu verdanken war. In den 1980er-Jahren griff die Forschung diesen von Hollenweger und Wagner initiierten Diskurs in zweifacher Weise auf. (a) Zum einen, indem sie ihr Verständnis von Pfingstbewegung deutlich ausweitete: Indem nun von einem *allgemeinen* pentekostalen Frömmigkeitstypus (und nicht länger von einer *historischen* Gruppierung in Form der *classical Pentecostals* des 20. Jahrhunderts) gesprochen wurde, konnte die konfessionsübergreifende charismatische Erneuerung neben der klassischen Pfingstbewegung als *Zweite Welle* in die übergreifende Kategorie des pfingstlich-charismatischen Christentums integriert werden (vgl. Suarsana 2017b: 14 f.). (b) Zum Zweiten griffen Forschende die von Wagner geprägte Terminologie der *Dritten Welle* auf und rechneten nun ebenfalls solche Gruppierungen zur weltweiten Pfingstbewegung, die zwar das Wirken des Heiligen Geistes betonten, aber weder der klassischen Pfingstbewegung noch der charismatischen Erneuerung zuzurechnen sind (vgl. Haustein 2021: 777). Sie werden daher manchmal als *Independent Charismatics* (vgl. Johnson 2021: XIXf.), zumeist aber als *Neo-Pentecostals* oder *Neo-Charismatics* bezeichnet. Darunter fallen institutionalisierte Phänomene wie die afrikanisch-unabhängigen Kirchen (AUK) (→ s. u.) oder die chinesische Hauskirchenbewegung, aber auch

> „jede Form von Sonderlehren, die im Spektrum der pfingstlich-charismatischen Kirchen diskutiert wurden. Hierzu zählen vor allem die Wort-des-Glaubens-Bewegung (*faith movement*) mit dem davon abgeleiteten Wohlstandsevangelium (*prosperity gospel*) [→ s. u.], die Befreiungs-Bewegung (*deliverance movement*) mit ihrer Betonung auf Besessenheit und Exorzismen, aber auch liturgische und ekklesiologische Innovationen wie der Toronto-Segen und die Hillsong-Bewegung" (Haustein 2021: 777);

– mit anderen Worten: Alle christlichen Strömungen, die charismatische Frömmigkeitsformen praktizieren, ansonsten aber nicht unbedingt Verbindungen zur institutionalisierten klassischen Pfingstbewegung oder zur charismatischen Erneuerung aufweisen. Es erstaunt wenig, dass ein solch überaus breites Verständnis von Pfingstbewegung eine entsprechend große Anzahl an ‚passenden' Gruppierungen umfasst; laut Johnson (2021: XXIII) sind aktuell insgesamt mehr als 252 Millionen Menschen der neocharismatischen Welle zuzurechnen. Der größte Teil lebt demnach in afrikanischen Ländern (vor allem in Nigeria [27 Millionen], Südafrika [22 Millionen] und in der Demokratischen Republik Kongo [21 Millionen]), gefolgt von Asien (hier vor allem in China [29 Millionen] und Indien [14 Millionen]); das Land mit der höchsten Zahl an *Neo-Charismatics* sind indes die Vereinigten Staaten mit rund 33 Millionen Gläubigen (vgl. ebd.: XXVIII). Auf einem anderen Blatt steht auch hier freilich, welchen Nutzwert eine solche Kategorisierung hat, die die große Diversität des Feldes durch die homogenisierende Propagierung einer gemeinsamen charismatischen Frömmigkeit überdeckt (vgl. Haustein 2021: 778).

Wie komplex und gleichzeitig fluide die kontextuellen und konfessionellen Verflechtungen der einzelnen Kirchen im Bereich der *Third Wave* konkret ausfallen können, soll abschließend noch an zwei Beispielen illustriert werden. (a) Zum einen an dem deutschen Prediger und Afrika-Missionar Reinhard Bonnke (1940–2019), der mithilfe seiner *healing crusades* maßgeblich zur Popularisierung charismatischer Spiritualität auf dem Kontinent beigetragen hat; (b) zum Zweiten an der *Redeemed Christian Church of God* (RCCG) in Nigeria, eine der größten Pfingstkirchen Afrikas mit Zweigkirchen in aller Welt.

Zu (a): Bonnke entstammte der deutschen Pfingstbewegung, die sich ab 1907 als Ausprägung der klassischen Pfingstbewegung formiert, aber auch an ältere Strömungen im freikirchlichen Milieu (→ s. Kap. 7.5.3) angeknüpft hatte (vgl. Schmidgall 2008: 106–146). Maßgeblicher Initiator war der Norweger Thomas Ball Barrett (1862–1940), der sich ein Jahr zuvor im Rahmen des *Azusa Street Revival* der neuen Bewegung angeschlossen hatte (vgl. Bundy 2009: 204–213). 1967 reiste Bonnke zunächst als Missionar des *Bundes Freikirchlicher Pfingstgemeinden* (→ s. Kap. 7.5.3) nach Lesotho, wo er mit mäßigem Erfolg wirkte (vgl. Synan 2003: 438). 1975 erhielt er nach eigenen Angaben einen göttlichen Ruf, seine Missionsarbeit auf ganz Afrika auszuweiten. Zu diesem Zweck orientierte er sich an einem Instrument, das der US-amerikanische evangelikale Prediger Billy Graham (1918–2018) (→ s. Kap. 7.7) bereits seit den 1940er-Jahren in aller Welt mit großem Erfolg angewandt hatte: sogenannte Heilungskreuzzüge (*healing crusades*), also erweckliche Massenveranstaltungen nach dem Vorbild der älteren *camp meetings* (→ s. Kap. 7.5.4) mit tausenden Teilnehmenden, die durch den konsequenten Einsatz moderner Kommunikationsmedien weltweit verbreitet wurden. An diesen Erfolg konnte auch Bonnke anknüpfen: Bereits seine erste mehrtägige Kampagne in einem Stadion in der botswanischen Hauptstadt Gaborone lockte über 10.000 Menschen an, die von Bonnke dazu „ermuntert [wurden], die Taufe im Heiligen Geist zu empfangen" (ebd.: 438). Bis zu seinem Tod veranstaltete Bonnke mithilfe seines Missionswerks *Christ for all Nations* (CfaN) solche *crusades* in allen Metropolen Afrikas, die von „Zeichen und Wundern [geprägt waren], die seine Predigten begleiteten, wenn Tausende […] physische Heilungen und Teufelsaustreibungen bezeugten" (ebd.: 438). Aufgrund der Unverbindlichkeit solcher Veranstaltungen, die von vielen sicherlich auch aus Sensationslust besucht wurden, ist deren tatsächlicher Einfluss auf die Bekehrungszahlen vor Ort freilich nur schwer zu beziffern. Dennoch ist davon auszugehen, dass Bonnkes Aktivitäten einen wichtigen Beitrag zur Ausbreitung charismatischer Spiritualität in Afrika geleistet haben: Denn neben seinen *crusades* veranstaltete er auch zahlreiche Formate, die sich dezidiert an die Leitungsebenen afrikanischer Kirchen richteten. So zählte seine 1986 in Simbabwe abgehaltene *Fire Conference* mehrere tausend Teilnehmende – die meisten von ihnen Pastorinnen und Pastoren, die die dort propagierten charismatischen Frömmigkeitsformen anschließend in ihre eigenen Gemeinden trugen (vgl. ebd.: 439).

Zu (b): Ähnlich lose gestaltet sich die Verbindung der nigerianischen *Redeemed Christian Church of God* (RCCG) zum Feld der klassischen Pfingstbewegung. Ihr Gründer, der Yoruba Josiah Akindayomi (1909–1981) war 1927 durch die anglikanische (→ s. Kap. 7.3) *Church Missionary Society* zum Christentum bekehrt worden. Anschließend bekleidete er ein geistliches Amt in der *Cherubim and Seraphim Church*, die 1925 von der siebzehnjährigen Nigerianerin Abiodun Akinsowan (1907–1994) gegründet worden war (vgl. Burgess 2021: 548). 1952 gründete er seine eigene Kirche, die zunächst kurzzeitig mit der oben erwähnten *Apostolic Faith Mission* in Süd Afrika (also einer klassischen Pfingstkirche) verbunden war, im Allgemeinen jedoch zu den afrikanisch-unabhängigen Kirchen (eng. *African Independent/Initiated Churches* [AIC]) gezählt wird; darunter sind Kirchen zu verstehen, die nicht auf Gründungen durch europäische oder US-amerikanische Missionarinnen und Missionare zurückgehen (vgl. Quaas 2011: 117–134). Nach dem Tode Akindayomis baute dessen Nachfolger als leitender Pastor, der 1942 geborene Enoch Adeboye, die bisher lediglich regional bedeutsame RCCG sukzessive zu einer Denomination mit internationaler Strahlkraft aus. Adeboye, von Beruf Mathematikprofessor an der Universität in Lagos, hatte bereits 1979 auf einer Reise in die USA die Methoden der *Word of Faith*-Kampagnen von Kenneth Hagin (1917–2003) kennen gelernt, deren Grundidee in dem sogenannten Prinzip des *Seed-Faith* (dt. Saat-Glauben) bestand (vgl. Suarsana 2017 b: 28 f.): Dieses geht im Wesentlichen auf den oben genannten Teleevangelisten Oral Roberts zurück, der (in Anlehnung an Gal 6,7) die These vertrat, dass „[d]as ‚Säen' bzw. das Geben [...] der Ernte bzw. dem Empfangen eines Ertrages vorausgehen" (Quaas 2011: 138) müsse. Allgemein ist dies so zu verstehen, „dass Gott glaubenstreue Christen belohnt, und zwar mit guter Gesundheit, finanziellem Erfolg und materiellem Reichtum [...]. Gott möchte, dass wir glücklich sind, er möchte uns aktivieren, und deshalb segnet er uns mit Wohlstand und nicht mit Armut" (Asamoah-Gyadu 2005: 202). Als tiefsten Ausdruck der Glaubenstreue verstand Hagin das Spenden von Geld; denn vor allem diejenigen, die im Glauben an „Gott als [die] einzige ‚Versorgungsquelle'" (Quaas 2011: 138) mit ihrem Geld auch sich selbst hingeben, werden anschließend die göttliche ‚Ernte' einholen – in Form eines Lebens in Glück und Wohlstand. „Die positiven Effekte dieser Theologie wurden in Hagins Kampagnen durch groß angelegte Spendenaktionen demonstriert, die in der Regel beeindruckende Erträge aufweisen konnten" (Suarsana 2017 b: 29), wodurch sie das Prinzip des *Seed-Faith* scheinbar unter Beweis stellten. Unter diesem Einfluss baute Adeboye die RCCG nach dem Tod seines Vorgängers konsequent im Sinne

Hagins aus, dessen Theologie auch als *Wohlstandsevangelium* bzw. *Prosperity Gospel* bezeichnet und der neocharismatischen Bewegung zugerechnet wird. In der Folge expandierte die Kirche erfolgreich in ganz Nigeria, bildete aber bald auch in anderen afrikanischen Staaten sowie in Europa und den USA zahlreiche Tochtergemeinden aus, die besonders im Zuge von Migrationsbewegungen aus Nigeria in diese Kontexte entstanden sind; auch in Südamerika und Australien existieren inzwischen entsprechende Zweiggemeinden (vgl. Quaas 2011: 149). 1992 wurde eine eigene Missionsabteilung gegründet, um das internationale Wachstum der RCCG zu koordinieren und zu strukturieren (vgl. ebd.: 153 f.). Als Missionsfeld wurde dabei explizit Europa ins Auge gefasst, das in den Augen der Missionarinnen und Missionare der RCCG inzwischen als „in religiöser und spiritueller Hinsicht […] dunkle[r] Kontinent" (Adogame 2006: 62) anzusehen sei, den es zu *re*missionieren gelte. Damit reiht sich die RCCG in eine ganze Reihe afrikanisch-unabhängiger Kirchen ein, die sich der *Reverse Mission*, also der Gründung von (teilweise unabhängigen) Missionskirchen in Europa verschrieben haben (vgl. Währisch-Oblau 2006: 21). Doch trotz ihres hehren Ziels handelt es sich bei den entsprechenden Gemeinden in der Regel um Gruppen, die fast ausschließlich von Menschen desselben Herkunftskontextes frequentiert werden (vgl. Währisch-Oblau 2006: 10–39), häufig jedoch „aus dem – ihrem neuen Kontext entgegengesetzten – Bewusstsein einer ‚echten' christlichen Gemeinschaft ihre Identität schöpfen" (Suarsana 2017 b: 30). In Deutschland ist ein Teil dieser neopentekostalen Migrationskirchen, wie in Kap. 7.5.3 beschrieben, inzwischen im *Bund Freikirchlicher Pfingstgemeinden* (BfP) organisiert – zusammen mit Gruppierungen aus dem Spektrum der *klassischen* Pfingstbewegung.

Literatur zum Einstieg

- Peter Zimmerling: Charismatische Bewegungen. 2. Aufl., Göttingen: Vandenhoeck & Ruprecht 2018.
  → Die deutschsprachige Standardeinführung zum Thema weltweite Pfingstbewegung.
- Jörg Haustein/Giovanni Maltese (2014): Handbuch pfingstliche und charismatische Theologie. Göttingen: Vandenhoeck & Ruprecht 2014.
  → Ausführlich eingeleitete Übersetzungen zahlreicher einschlägiger Texte aus dem Bereich der pentekostalen Theologie, die einen guten Überblick über die Diversität des Feldes ermöglichen.
- Paul Schmidgall: Hundert Jahre Deutsche Pfingstbewegung, 1907–2007. Nordhausen: Traugott Bautz 2008.
  → Pointierte Einführung zur Geschichte der Pfingstbewegung in Deutschland im Kontext der weltweiten pentekostalen Erweckungen des frühen 20. Jahrhunderts.

7.7. Evangelikalismus

In Deutschland hat sich im alltäglichen Diskurs ein Verständnis eingebürgert, das *evangelikal* im Wesentlichen mit dem freikirchlichen Milieu gleichsetzt. In Abgrenzung dazu stehen dann die protestantischen Landeskirchen, die sich als *evangelisch* bezeichnen und aufgrund ihrer historischen Entwicklung das gesellschaftliche Leben in Deutschland noch immer stark prägen. Doch dieses Evangelikalismusverständnis birgt mehrere Probleme: Zum einen wird die Zusammenfassung des freikirchlichen Spektrums durch eine einzige Kategorie der dort zu beobachtenden Vielfalt – auch und vor allem in historischer Hinsicht – nicht gerecht (→ s. Kap. 7.5.3); zum Zweiten ist sie auf den internationalen Kontext auch gar nicht anwendbar. Denn im Englischen existiert keine Unterscheidung zwischen *evangelikal* und *evangelisch*, weil beide Ausdrücke mit *evangelical* zu übersetzen wären (so bezeichnet sich etwa die *Evangelische Kirche in Deutschland* [EKD] im Englischen auch selbst als *Evangelical Church in Germany*). Außerdem ist die kirchliche Landschaft in den meisten Kontexten der Welt deutlich anders strukturiert als in Deutschland; denn weltweit gesehen gibt es (mit einigen Ausnahmen) keine staatlich privilegierten Monopolkirchen – und damit auch keine davon abgrenzbaren Freikirchen im hiesigen Sinne. Das Wort *evangelical* kann also ein äußerst breites Bedeutungsspektrum umfassen: von einer konfessionellen Positionierung (*Evangelical* vs. *mainline* bzw. *Protestant*) über die Verwendung im Sinne von *evangelisch* (in Bezug auf das reformatorische *sola scriptura* [→ s. Kap. 3.6.1]) bis hin zu *evangeliumsgemäß* oder schlichtweg *biblisch*.

In der Forschung wird mit diesem Problem auf unterschiedliche Weise umgegangen. Im Wesentlichen lassen sich hier zwei Tendenzen identifizieren (vgl. Elwert/Radermacher/Schlamelcher 2017: 15). (1) Zum einen wird *Evangelikalismus* als eine „Metakategorie" (ebd.: 15) verwendet, die ausdrücklich nicht mit einem in der historischen Welt vorgefundenen Selbstverständnis identisch ist, sondern aus analytischen Gründen im Sinne einer wissenschaftlichen Definition gebildet wird. Unter *evangelikal* wird dabei ein „Frömmigkeitstypus" (ebd.: 16) verstanden, der durch bestimmte Merkmale oder „Familienähnlichkeiten" (ebd.: 15) gekennzeichnet ist; mithilfe dieser Merkmale können dann solche christlichen Gruppierungen als evangelikal bezeichnet werden, die diese Merkmale aufweisen, auch wenn sie sich selbst über andere Kategorien identifizieren (vgl. ebd.: 16). Die Merkmale werden in der Regel aus den historischen Diskursen abgeleitet, die wir in Kap. 7.5 als *Erweckungsbewegungen* behandelt haben und ähneln daher den dort genannten Charakteristika des erwecklichen Diskurses. Weite Verbreitung hat dabei das von dem britischen Historiker David Bebbington vorgelegte Modell gefunden, das den Evangelikalismus über vier Aspekte definiert: ein persönliches *Konversionserlebnis* (im Sinne einer spirituellen Wiedergeburt), die zentrale Bedeutung der *Bibel* als (zuweilen wortgetreu interpretierte) „ultimative religiöse Autorität" (Noll 1994: 8), ein missionarischer und evangelistischer *Aktivismus* sowie die Betonung der Sünden tilgenden Kraft von Jesu Tod am Kreuz (vgl. ebd.: 8). Michael Hochgeschwender demonstriert indes, wie die von Bebbington vollzogene Umwandlung eines *historischen Befundes* (also die Beschreibung konkreter historischer Begebenheiten wie in Kap. 7.5) in eine *ahistorische Kategorie* dennoch zu keiner präzisen Eingrenzung von Evangelikalismus führt. Denn wie geht man damit um, dass der evangelikale Frömmigkeitstpyus sich z. B. auch in manchen katholischen Strömungen finden lässt? Und wie lässt sich der Evangelikalismus von der Pfingstbewegung (→ s. Kap. 7.6) abgrenzen, die die von Bebbington festgesetzten Kriterien in der Regel erfüllt, aber mit ihrer

Geisttheologie dennoch ein klar über diese Definition hinausführendes Merkmal aufweist (vgl. Hochgeschwender 2017 b: 28 f.)? Auch Mark Noll wirft ein, dass die von Bebbington zusammengestellten, aus den Erweckungsbewegungen des 18. und 19. Jahrhunderts hervorgegangenen „evangelikalen Impulse" (Noll 1994: 8) stets von „Verschiebungen [begleitet waren], durch die Gruppen [...], Ziele, Gegner und Hoffnungen mal mehr und mal weniger sichtbar oder einflussreich" (ebd.: 8) gewesen seien. „Institutionen, die zu einem bestimmten Zeitpunkt evangelikale Charakteristika aufweisen können, tun dies möglicherweise zu einem anderen Zeitpunkt nicht mehr" (ebd.: 8). Das Problem besteht also darin, dass sich die Abgrenzung einer präzisen Definition zu anderen Kategorien zwar auf abstrakter Ebene durchaus vollziehen lässt (so könnte etwa auch der Katholizismus mithilfe klarer Merkmale definiert werden), dass aber diese definitorisch-systematische Abgrenzung der Konfrontation mit der tatsächlichen, sich ständig verändernden Welt ‚da draußen' schwerlich standhält. Hinzu kommt, dass die sich stets im Fluss befindlichen Grenzziehungen im gesellschaftlichen Leben, wie in Kap. 1.1 dargestellt, eben häufig auch mithilfe anderer Kriterien vorgenommen werden als in der Wissenschaft, etwa über politische Zugehörigkeiten. In diesen Aushandlungsprozessen werden Kategorien wie *evangelikal* freilich auch nicht einheitlich verwendet; vielmehr konkurrieren eine Vielzahl unterschiedlicher Konzeptionen miteinander, und selbst einzelne Akteure positionieren sich je nach Kontext in unterschiedlicher Weise (vgl. Atherstone/Jones 2019: 4–8).

(2) Gemäß dem in Kap. 1.2 charakterisierten kulturwissenschaftlichen Zugang ist dieses Buch an den konkreten Aushandlungsprozessen interessiert und nicht an abstrakten Definitionen. Daher soll an dieser Stelle auf den zweiten Forschungszugang zum Thema *Evangelikalismus* zurückgegriffen werden. Dieser argumentiert streng historisch, indem er herausarbeitet, welche Gruppierungen sich zu einem bestimmten Zeitpunkt als *evangelikal* positioniert haben (und noch positionieren), und wie sich diese Positionierung und das daraus jeweils abgeleitete Verständnis von Evangelikalismus im Laufe der Zeit verändert haben (vgl. Bauer 2012; Hinkelmann 2017; Stanley 2013). „Ein solcher Ansatz zielt eher auf die Genealogie der Bewegung und ihre historischen[,] aber auch geographischen Verflechtungen" (Elwert/Radermacher/Schlamelcher 2017: 15), ohne daraus eine abstrakte Kategorie abzuleiten. Das vorliegende Kapitel wird also am Ende zu keiner präzisen Bestimmung kommen, was nun allgemein unter Evangelikalismus verstanden werden kann. Vielmehr folgt es dem in Kap. 1.2 ausgeführten Interesse an der *heutigen* christlichen Welt, indem es danach fragt, wie die *zum gegenwärtigen Zeitpunkt* weltweit zu beobachtende konfessionelle Identität des Evangelikalismus beschaffen ist (→ s. Kap. 7.7.1). Davon ausgehend gilt es zu skizzieren, wie es zu dieser Identität gekommen ist, welche Gruppen an dieser Identität partizipieren, und wie sich die Zugehörigkeiten im Lauf der Zeit gewandelt haben (→ s. Kap. 7.7.2).

7.7.1. Heutige Situation

Wie auch im Falle des pfingstlich-charismatischen Christentums lässt sich der heutige Evangelikalismus am besten in Form eines globalen Netzwerks oder Diskurses begreifen. In diesem Sinne positionieren sich eine Vielzahl unterschiedlicher Gruppierungen aus dem protestantischen Spektrum als evangelikal, obgleich sie untereinander zum Teil nur lose oder indirekt (etwa über größere Dachverbände) interagieren. Es gibt also keine weltweit institutionalisierte ‚evangelikale Kirche', mit der *Weltweiten Evangelischen Allianz* bzw. *World Evangelical Alliance* (WEA) wohl aber ein globales Repräsentationsorgan, über das (mithilfe zahlloser nationaler Allianzen) aktuell nach eigenen Angaben etwa 600 Millionen Menschen verbunden sind, die sich selbst als evangelikal verstehen (vgl. Stiller 2015: 8).[38] Die Grenzen zu anderen konfessionellen Größen verschwimmen dabei insofern, als einige Mitgliedskirchen der WEA, etwa die *Assemblies of God*, beispielsweise auch im *Pentecostal World Fellowship* (→ s. Kap. 7.6) vertreten sind.

Ihrem Selbstverständnis nach ist die WEA überkonfessionell ausgerichtet: Als evangelikal versteht sie im Wesentlichen „die Bedeutung einer individuellen und persönlichen Beziehung zu Gott, die weder durch eine politische, kulturelle oder soziale Vereinigung definiert wird noch automatisch durch die nominelle Mitgliedschaft in einer bestimmten Konfession gegeben ist"[39]. Gleichwohl nennt sie in ihrem Glaubensbekenntnis eine Reihe von theologischen Inhalten, die sie für „nicht verhandelbar" hält, darunter die Unfehlbarkeit der Bibel, die Befähigung zu einem geheiligten Leben durch den göttlichen Geist, aber auch solch in der christlichen Welt recht allgemein anerkannte Lehrsätze wie die Trinität oder die Erlösung des Menschen durch den Kreuzestod Jesu.[40] Doch trotz dieser betont inklusiven und überkonfessionellen Selbstverortung weisen zahlreiche Forschende auf die in verschiedenen Zusammenhängen beobachtbare Abgrenzung der WEA zum *Ökumenischen Rat der Kirchen* (ÖRK) bzw. *World Council of Churches* (WCC) (→ s. Kap. 8) hin, über den (mit Ausnahme der römisch-katholischen Kirche) vor allem große Konfessionskirchen (lutherisch, reformiert, anglikanisch, verschiedene Orthodoxe, aber auch die *Evangelisch-methodistische Kirche* [→ s. Kap. 7.5.3] oder die *American Baptist Churches* [→ s. Kap. 7.4]) ihre Zusammenarbeit koordinieren (vgl. Bauer 2012: 235–238; Klinkhammer 2017: 192 f.). Diese Abgrenzung besteht ungeachtet der Tatsache, dass die ökumenische Bewegung durch eine der Vorgängerorganisationen der WEA, die englische *Evangelical Alliance*, entscheidend vorbereitet worden ist (→ s. Kap. 8). Die Gründe für diese Positionierung der WEA als Alternative zum ÖRK sind komplex und erklären sich nicht zuletzt historisch (→ s. Kap. 7.7.2): „Zentraler Ausgangspunkt der Kritik [...] war die Hinwendung des ÖRK zum sozialpolitischen Engagement" (Bauer 2012: 603 f.), das von vielen Evangelikalen als „Ausrichtung der ökumenischen Bewegung an vermeintlichen innerweltlichen Heilsvorstellungen" (ebd.: 604) verstanden wird. Diese lehnen das dezidierte Interesse der ökumenischen Bewegung „an politischen Fragen von Gerechtigkeit und Frieden" (ebd.: 605) ab und sehen die christliche Mission „als ein von sozialethischen Fragestellungen abgekoppeltes und vorgeordnetes Thema an" (ebd.: 605) – eine Haltung, die sicherlich nicht zuletzt durch den weit verbreiteten Prämillenarismus (→ s. Kap. 7.5.1) bedingt

---

38 Wesentlich zurückhaltender fallen die Zahlen von Johnson/Zurlo (2020: 25) aus, die lediglich von insgesamt 387 Millionen Evangelikalen ausgehen (ohne Hinweise auf Zugehörigkeit zur WEA).
39 https://worldea.org/who-we-are/who-are-evangelicals/ (Stand: 18.4.2024).
40 https://worldea.org/who-we-are/statement-of-faith/ (Stand: 18.4.2024).

ist (vgl. Sweetnam 2019: 184–195). Diese Positionierung ist indes auch innerhalb der evangelikalen Bewegung durchaus umstritten: Spätestens seit der von Billy Graham initiierten *Weltkonferenz für Evangelisation* in Lausanne im Jahre 1974 (→ s. Kap. 7.7.2) stehen sich innerhalb des evangelikalen Spektrums in dieser Frage ‚konservative' und ‚progressive' Evangelikale gegenüber (vgl. Bauer 2012: 607). Letztere sind heute über die *Lausanner Bewegung* weltweit verbunden, die sich jedoch nicht als Gegenpol zur WEA versteht, sondern auf vielen Ebenen die Zusammenarbeit pflegt.

Die Attribute *konservativ* und *progressiv* lassen sich tendenziell auch im übergreifenden Sinne auf das Verhältnis zwischen WEA und ÖRK anwenden. Um hier unangebrachte Generalisierungen zu vermeiden, möchte ich diese These an einem konkreten Beispiel illustrieren, und zwar anhand der nordamerikanischen Baptisten. Wie bereits in Kap. 7.4 beschrieben, sind diese heute im Wesentlichen in einen theologisch und politisch konservativen Zweig der ‚südlichen' sowie in einen diesbezüglich liberalen ‚nördlichen' Zweig gespalten. Während sich ersterer (vor allem in Form der *Southern Baptist Convention*) zur prägenden Kraft der sogenannten *christlichen Rechten* in den Vereinigten Staaten mit engen Beziehungen zur *Republikanischen Partei* entwickelt hat (vgl. Hankins 2021: 263), werden die Nordbaptisten in Form der *American Baptist Churches* den in gesellschaftspolitischen Fragen progressiv eingestellten *mainline* oder *Protestant churches* zugerechnet (vgl. ebd.: 250–255). Die *Southern Baptists* positionieren sich dabei als *evangelikal*, was sich auch an ihrer Mitgliedschaft in der WEA zeigt; demgegenüber sind die *Northern Baptists*, wie oben erwähnt, Mitglied im ÖRK, der im globalen Diskurs als theologisch und gesellschaftspolitisch gemäßigt auftritt und damit im Wesentlichen dem Profil der *mainline*-Kirchen in den USA entspricht – obgleich südliche und nördliche Baptisten historisch gesehen dieselbe konfessionelle Herkunft aufweisen. Dazu passt, dass auch die *United Methodist Church* (also eine ‚klassische' Gruppierung aus dem Bereich der Erweckungsbewegungen und ebenfalls eine *mainline*-Denomination) Mitglied im ÖRK, aber nicht in der WEA ist; auch in Deutschland, wo sie als Freikirche organisiert ist, bezeichnet sie sich nicht als *evangelikal*, sondern als *Evangelisch-methodische Kirche* und lebt mit der *Evangelischen Kirche in Deutschland* (EKD) in voller Kirchengemeinschaft (vgl. Voigt 2020: 14). Demgegenüber ist die ebenfalls dem Methodismus entstammende Heilsarmee Mitglied der WEA, positioniert sich also als evangelikal.

Indes sollte klar sein, dass die hier nur angedeutete Komplexität der identitären Linien, die das globale protestantische Feld durchziehen, jede Generalisierung von vornherein ausschließt. Dementsprechend hebt Hochgeschwender hervor, dass die US-amerikanischen Evangelikalen keineswegs pauschal gleichzusetzen seien mit der *Christian Right*. Gleichwohl stehe außer Zweifel, dass „sich die religiöse Rechte inzwischen mehrheitlich aus dem evangelikalen […] Lager speist" (Hochgeschwender 2007: 28). Allerdings werde die christliche Rechte auch durch konservative katholische Gruppierungen gestützt, „obwohl die Zusammenarbeit zwischen konservativen Evangelikalen und konservativen Katholiken weiterhin durch die beiderseitige, tiefverwurzelte Abneigung stark eingeschränkt wird" (ebd.: 28). Mit konservativen katholischen Kreisen, aber auch mit entsprechend eingestellten orthodoxen oder lutherischen Christinnen und Christen teilen viele Evangelikale auch in anderen Weltregionen ihre ablehnende Haltung zu Homosexualität oder Frauenordination (vgl. Bauer/Metzger 2019: 281–304; Hoberg 2017), sodass auch hier Differenzierung angezeigt ist. Daneben existiert indes wie erwähnt eine nicht unerhebliche Zahl an „Linksevangelikalen" (Hochgeschwender 2007: 29), die sich in gesellschaftspolitischen Fragen progressiver positionieren, mit ihren konservativen evangelikalen Schwestern und Brüdern allerdings durch ihre Ablehnung bestimmter ‚modernistischer' Spielarten der Theologie (bspw. der pluralistischen Verhältnisbestimmung zu den nicht-christlichen Religionen) verbunden sind, wie sie etwa in einigen protestantischen *mainline*-Traditionen betrieben werden (vgl. ebd.: 29; Klinkhammer 2017: 194–196).

Region	Anhängerzahl
Afrika	161,7 Millionen
Asien	81,6 Millionen
Nordamerika	71,1 Millionen
Südamerika	50,6 Millionen
Europa	15,9 Millionen
Australien & Ozeanien	6,1 Millionen
Gesamt	ca. 387 Millionen

Tab. 7.8: Angehörige evangelikaler Kirchen (Quelle: nach Johnson/Zurlo 2020)

Orientiert an den (im Vergleich zu den von der WEA ausgegebenen Zahlen) niedriger angesetzten Angaben von Johnson/Zurlo (2020: 25) leben die meisten Evangelikalen heute in Ländern des globalen Südens. Von den insgesamt etwa 387 Millionen Gläubigen entfallen demnach auf Afrika rund 161,7 Millionen und auf Asien 81,6 Millionen Menschen. Drittgrößter Kontext ist nach diesen Berechnungen Nordamerika mit ca. 71,1 Millionen Evangelikalen, gefolgt von Lateinamerika mit 50,6 Millionen. In Europa leben derzeit etwa 15,9 Millionen Menschen evangelikaler Prägung, in Australien und Ozeanien ca. 6,1 Millionen. Dass die geographische Verteilung des weltweiten Evangelikalismus gewisse Ähnlichkeiten zum pfingstlich-charismatischen Christentum aufweist, erklärt sich nicht zuletzt dadurch, dass sich beide Kategorien (wie oben gezeigt) auch zahlenmäßig erheblich überschneiden (nach Johnson/Zurlo [2020: 25] sind etwa ein Drittel der weltweiten Evangelikalen auch der Pfingstbewegung zuzurechnen). Eine Ausnahme bildet Südamerika, was augenscheinlich durch die große Rolle der charismatischen Erneuerung (→ s. Kap. 7.6.2) in der katholischen Kirche bedingt ist.

7.7.2. Historische Herleitung

Die globale evangelikale Identität lässt sich (im Sinne des oben skizzierten historischen Zugangs) in ihrer *heutigen* Ausprägung im Wesentlichen auf weltweite Aushandlungsprozesse im angelsächsischen Protestantismus des 20. Jahrhunderts zurückführen, die zu einer allmählichen Neujustierung und Verschiebung der

Kategorie *evangelical* (und zur Prägung des deutschen Wortes *evangelikal* in Abgrenzung zu *evangelisch*) geführt haben. Daraus ergibt sich selbstredend *nicht*, dass es vor dem 20. Jahrhundert keine Menschen gab, die sich als *evangelicals* verstanden: Bereits um 1800 wurde die substantivische Verwendung des zuvor praktisch ausschließlich als Adjektiv verwendeten Wortes *evangelical* üblich und diente vor allem Menschen aus dem Spektrum der angelsächsischen Erweckungsbewegungen (→ s. Kap. 7.5) sowie der englischen Nonkonformisten (→ s. Kap. 7.3.2) als Selbstbezeichnung (vgl. Wolffe 2015: 25). Indes weisen die in Kap. 7.1.1 skizzierten Identitätspositionierungen und Abgrenzungen bereits darauf hin, dass die heutige Identifikation von Menschen als *evangelical* sich von dieser älteren Form unterscheidet, eben weil sich im Verlauf des letzten Jahrhunderts wesentliche Verschiebungen im Verständnis dieses Begriffs ergeben haben (vgl. ebd.: 26–31). Insofern ist das heutige globale Kommunikationsnetzwerk des Evangelikalismus nicht ohne weiteres mit den *evangelicals* des 19. Jahrhunderts gleichzusetzen – trotz der unzweifelhaften historischen Kontinuitäten, die die zentrale Bedeutung der erwecklichen Diskurse des 18. und 19. Jahrhunderts auch für das heutige evangelikale Selbstverständnis bedingen.

Der besagten Neujustierung des Begriffs lagen zunächst Auseinandersetzungen innerhalb der US-amerikanischen *fundamentalistischen Bewegung* zugrunde, die in die erste Hälfte des 20. Jahrhunderts zurückreichen. Der Fundamentalismus war eine Reaktion auf die einschneidenden Umbrüche, denen die US-amerikanische Gesellschaft seit dem Ende des 19. Jahrhunderts ausgesetzt war, und die in der Folge zu zahlreichen Spaltungen in den althergebrachten Denominationen (etwa bei den Baptisten [→ s. Kap. 7.4] oder den Methodisten) geführt hatten: Ausgangspunkt waren besonders die Universitäten, an denen die neuen Naturwissenschaften (v. a. in Gestalt der Evolutionstheorie Charles Darwins [1809–1882]), aber auch Innovationen im Bereich der Philosophie und Theologie das alte Verständnis eines christlichen Amerikas ins Wanken brachten, dessen Grundfesten durch die vermeintlich unerschütterliche Wahrheit der Bibel gebildet würden (vgl. Noll 1994: 110–114). Aber auch der verstärkte Zustrom durch katholische, orthodoxe und jüdische Immigranten forderte das Selbstbild der USA als ‚protestantischer Nation' heraus (vgl. Corrigan/Hudson 2018: 409–422). Vor diesem Hintergrund formierten sich die protestantischen *Fundamentalists* ab den 1920er-Jahren in Form einer „populistischen" (Noll 1994: 114) Bewegung, die sich nicht nur der kompromisslosen „Opposition gegen die modernistische Theologie" (Marsden 1987a: 193) verschrieben hatte, sondern auch dem Ziel, ganz „Amerika zur Bibel zurückzubringen" (ebd.: 193). Zu diesem Zweck griff sie massiv auf Konzepte aus den US-amerikanischen religiösen Diskursen des 19. Jahrhunderts (→ s. Kap. 7.5.4) zurück und brachte diese gegen die neuen Kräfte in Stellung (vgl. Noll 1994: 126). Im Zentrum stand dabei der sogenannte *Dispensationalismus* in Form der prämillenarischen (→ s. Kap. 7.5.1) Theologie des Engländers John Nelson Darby (1800–1882), die im 19. Jahrhundert vor allem durch Repräsentanten des *Moody Bible Institute* (→ s. Kap. 7.6) verbreitet worden war (vgl. Marsden 2006: 43–48). Darby hatte die Bibel in sieben heilsgeschichtliche Epochen (engl. *dispensations*) eingeteilt, mit deren Hilfe sich die gesamte menschliche Geschichte interpretieren lasse (vgl. Marsden 1987a: 192). Diese Theorie verbanden US-amerikanische Dispensationalisten wie Reuben Archer Torrey (1856–1928), Herausgeber der Schriftenreihe *The Fundamentals* (gemeint sind die Fundamente des christlichen Glaubens), „mit einer Sichtweise der Bibel als göttlich inspiriert und ohne jeglichen Fehler. Die ‚Irrtumsfreiheit' der Schrift in wissenschaftlichen und geschichtlichen Fragen wurde dementsprechend zum Schlüsselmoment für den fundamentalistischen Glauben" (ebd.: 193). Im besonderen Fokus stand dabei die Darwin'sche Evolutionslehre, die die *Fundamentalists* als unbiblisch zurückwiesen, weil sie der wörtlichen Interpretation der biblischen Schöpfungserzählungen nicht entsprach – ein Konflikt, der ab den 1920er-Jahren vor allem in Bezug auf den Schulunterricht ausgetragen wurde (vgl. Hochgeschwender 2017a: 87f.). Höhepunkt bildete der (letztlich gescheiterte) Prozess gegen den Biologielehrer John Scopes (1900–1970) im Jahre 1925, der unter der Bezeichnung *Affenprozess* (engl. *Monkey Trial*) in der Presse als „Auseinandersetzung zwischen zivilisierter, städtischer Moderne und barbarischem Hinterwäldlertum inszeniert[...]" (ebd.: 88) wurde. Infolge dieser Inszenierung galt der Fundamentalismus bald als „intellektuell untragbar" (ebd.: 88) und verlor – zumindest in seiner expliziten und ‚militanten' Erscheinungsform – rasch an gesellschaftlicher Bedeutung.

In diesem Kontext ist die Entstehung des *New Evangelicalism* anzusiedeln, der die oben erwähnte Neuverortung der *Evangelicals* entscheidend geprägt hat (vgl. Suarsana 2017a: 96–98). Initialzündung war die Gründung der *National Association of Evangelicals* (NAE) im Jahre 1942 durch „progressive Fundamentalisten" (Stanley 2013: 29) wie den Presbyterianer Harold J. Ockenga (1905–1985). Diese grenzten sich zum einen von dem inzwischen wenig populären radikalen Fundamentalismus in Gestalt des *American Council of Christian Churches* (ACCC) ab. Erklärtes Ziel der NAE war es, den Grundlagen der fundamentalistischen Bewegung wieder zu breiterem Einfluss auf die US-amerikanische Gesellschaft zu verhelfen – ein Anliegen, das mit dem „militant-separatistischen" (Marsden 1987a: 194) ACCC nicht erreichbar schien (vgl. Marsden 1987b: 47–50). Zum anderen verstand sich die NAE als Alternative zum *Federal Council of Churches* (heute *National Council of Churches* [NCC]), in dem seit 1908 vor allem liberale *mainline*-Denominationen organisiert sind, und der der ökumenischen Bewegung (→ s. Kap. 8) nahesteht. 1947 kam eine eigene theologische Ausbildungsstätte, das *Fuller Theological Seminary* in Pasadena/Kalifornien, hinzu. Benannt war es nach dem bekannten Radioevangelisten Charles E. Fuller (1887–1968), dessen *Old-Fashioned Revival Hour* in den 1940er-Jahren auf mehr Zuhörende kam als jede andere Radiosendung in den USA (vgl. Marsden 1987a: 194). Im selben Jahr konnte Ockenga auch die *Assemblies of God* und andere US-amerikanische Pfingstkirchen (→ s. Kap. 7.6) zum Eintritt in die NAE bewegen – ein Schulterschluss, der der traditionellen Feindschaft vieler *Fundamentalists* gegenüber der Pfingstbewegung vollkommen zuwiderlief (vgl. Suarsana 2017a: 103f.).

Die in der NAE zutage tretende Positionierung von *Evangelical* gegen den radikalen Fundamentalismus auf der einen und die ‚progressiven' *mainline churches* auf der anderen Seite erhielt weitere Substanz mit der Gründung der Zeitschrift *Christianity Today* im Jahre 1956. Diese sollte als „Stimme des ‚neuen Evangelikalismus'" (Stanley 2013: 36) fungieren und „das Beste des Fundamentalismus mit dem Besten des Liberalismus ohne theologische Kompromisse kombinieren" (ebd.: 35). Als Herausgeber fungierte der Theologe Carl F. Henry (1913–2003), Absolvent des liberalen *Northern Baptist Theological Seminary* – und Professor in *Fuller*.

Berühmtheit erlangte indes ein anderer Mitbegründer von *Christianity Today*: der *Southern Baptist*-Pastor Billy Graham (1918–2018). Dieser hatte bereits 1949 mit seiner *Los Angeles Crusade*, die mehrere hunderttausend Menschen erreichte, für landesweites Aufsehen gesorgt. 1950 lud NAE-Mitbegründer Ockenga ihn nach Boston ein, wo er ebenfalls einen „durchschlagenden Erfolg" (Stanley 2013: 33) feiern konnte (vgl. Martin 1991: 112–128). Sieben Jahre später sorgte Graham schließlich für den endgültigen Bruch zwischen Evangelikalismus und Fundamentalismus: Im Jahre 1957 veranstaltete er – auf Einladung des liberalen *Protestant Council of New York* – eine wahrhaft „ökumenische" (ebd.: 222) Kampagne im *Madison Square Garden*, die bereits während ihrer Planungsphase heftige Kritik konservativer Fundamentalisten auf sich gezogen hatte. Die Abwendung des fundamentalistischen Lagers von den *New Evangelicals* im Anschluss an Grahams *New York Crusade* „vollendete den Prozess der konzeptuellen Herausbildung einer [neuen] evangelikalen Identität in den USA" (Suarsana 2017a: 98), deren Grundstein 1942 mit der NAE gelegt worden war: Denn Grahams Kampagne von 1957 stellte sozusagen den Prüfstein dar, „um den herum die beiden Gruppen gezwungen waren, sich selbst zu definieren" (Martin 1991: 224).

Dass die *New Evangelicals* bald auch weltweit an Einfluss gewannen, liegt sicherlich nicht allein an ihrer Strategie, althergebrachte (erweckliche bzw. ‚evangelikale') Frömmigkeitsformen mit den Bedingungen der modernen Gesellschaft in Einklang zu bringen. Mindestens ebenso wichtig war ihre Fähigkeit, die Möglichkeiten der neuen weltweiten Kommunikationsmittel für sich nutzbar zu machen (vgl. Bassimir/Kohle 2017), wie die Gewinnung der medialen Persönlichkeiten Fuller und Graham für die evangelikale Bewegung zeigt. Besonders letzterer verhalf dem *(New) Evangelicalism* seit 1950 über den internationalen Ausbau seiner *Billy Graham Evangelistic Association* (BGEA) und die konsequente Nutzung von Rundfunk und Fernsehen zu weltweiter Bekanntheit. Die mit Hilfe der BGEA rund um den Erdball veranstalteten *crusades* knüpften dabei an die erweckliche Tradition der *camp meetings* (→ s. Kap. 7.5.4) an und zogen bis in die 1990er-Jahre stets große Massen an Menschen an (vgl. Stanley 2013: 66). Startpunkt war London im Jahr 1954 (Martin 1991: 171–185), gefolgt von einer Europa- (1955) und Asientournee (1956), die Graham nach Indien, Japan, Korea und auf die Philippinen führte (vgl. ebd.: 186–203). 1958 reiste er nach Mittelamerika, dann nach Australien und Neuseeland, bevor er 1960 eine achtwöchige Tournee durch den afrikanischen Kontinent unternahm (vgl. ebd.: 252–266). Im selben Jahr trat er auch in Deutschland auf; als Graham die Zuhörenden dazu aufforderte, nach vorn zu treten und sich der *evangelical church* anzuschließen, übersetzte der Simultandolmetscher und spätere Generalsekretär der *Deutschen Evangelischen Allianz* (DEA), Peter Schneider (1925–2004), den Terminus *evangelical* (in Abgrenzung zum landeskirchlichen *evangelisch*) erstmals mit *evangelikal* – ein Terminus, der bis dato im Deutschen nicht gebräuchlich war (vgl. Bauer

2012: 29). Die große Strahlkraft und Popularität von Graham trug maßgeblich dazu bei, das Konzept eines globalen „Pan-Evangelikalismus" (Stanley 2013: 71) zu etablieren, dem sich all jene Christinnen und Christen zurechnen konnten, die sich zwar als Ausformung der Reformation, nicht aber als Teil der großen protestantischen Konfessions- und *mainline*-Kirchen verstanden (vgl. Noll 2001: 18–22). Ausdruck dieses neuen evangelikalen Selbstverständnisses war der 1966 in Berlin abgehaltene *World Congress on Evangelism*, den Graham anlässlich des zehnjährigen Bestehens von *Christianity Today* einberufen hatte. Hier feierte auch der äthiopische Kaiser Haile Selassie (→ s. Kap. 4.3.2) unter dem Beifall von Delegierten aus über einhundert Ländern die evangelikale Bewegung als „lebendige religiöse Kraft auf allen Kontinenten" (Stanley 2013: 79). Der Kongress verstand sich dabei als Verkörperung einer „dritten weltweiten ökumenischen [also konfessionsverbindenden] Kraft" (Martin 1991: 337) – in Abgrenzung zum *Ökumenischen Rat der Kirchen* (→ s. Kap. 8) sowie zum *Zweiten Vatikanischen Konzil* (→ s. Kap. 6.1).

Analog zu Grahams BGEA ist auch die Etablierung und Ausbreitung des *World Evangelical Fellowship* (WEF) zu bewerten, das 2001 in *World Evangelical Alliance* (→ s. Kap. 7.7.1) umbenannt wurde. Ausgangspunkt war der Schulterschluss zwischen US-amerikanischen *New Evangelicals* und britischen *evangelicals*, die sich seit 1846 in der *Evangelical Alliance* (→ s. Kap. 7.5.3) gegenüber der anglikanischen Staatskirche behauptet hatten, Mitte des 20. Jahrhunderts jedoch international bedeutungslos waren (Stanley 2013: 72). Nachdem NAE-Generalsekretär J. Elwin Wright (1890–1973) 1946 zur Einhundertjahrfeier der EA nach England gereist war, wurde 1951 im niederländischen Woudschoten das WEF gegründet, um den „Traum von der Wiederbelebung einer weltweiten evangelikalen Bewegung" (Thomas 2010: 137) wahr zu machen. Die Organisation positionierte sich dabei als Alternative zu dem nur drei Jahre zuvor gegründeten ÖRK, der die großen *mainline-* und Konfessionskirchen nun auch auf globaler Ebene verkörperte. Von diesen grenzte sich das WEF (parallel zur NAE) naturgemäß ab, obgleich von einer offenen Konfrontation mit dem ÖRK abgesehen wurde (vgl. Randall 2015: 213). Ende 1951 brach Wright zu einer *world tour* auf, um die neue Organisation weltweit zu bewerben, und legte damit den Grundstein für deren globale Ausbreitung (vgl. ebd.: 211): Bis 1992 hatten sich 62 Organisationen (darunter die nationalen Zweigallianzen der alten *Evangelical Alliance*) dem WEF angeschlossen, das damit zu diesem Zeitpunkt etwa 120 Millionen Menschen repräsentierte, die sich selbst als evangelikal verstanden (vgl. Thomas 2010: 138). Auch die anfängliche US-amerikanische Dominanz konnte im Laufe der Zeit gebrochen werden, sodass zu diesem Zeitpunkt die Mehrzahl der WEF-Mitglieder im globalen Süden angesiedelt war (vgl. ebd.: 138; Randall 2015: 215). In Anlehnung an die englische EA änderte das WEF im Jahre 2001 seinen Namen in *World Evangelical Alliance* – ein Vorgang, der das Bewusstsein der heutigen Evangelikalen, in direkter Kontinuität zu den Erweckungsbewegungen des 19. Jahrhunderts zu stehen, unterstreicht.

Dass sich der Evangelikalismus im letzten Drittel des 20. Jahrhunderts besonders in Kontexten des globalen Südens ausbreiten konnte, hängt auch maßgeblich mit der bereits genannten *Lausanner Bewegung* zusammen. Ausgangspunkt war der *International Congress on World Evangelization* in Lausanne, der 1974 von Grahams BGEA organisiert worden war (vgl. Stanley 2013: 155–157). Erklärtes Ziel war es, dass die Hälfte der Kongressteilnehmenden aus dem globalen Süden stammen sollte, weil den dortigen Kirchen im Rahmen der Weltevangelisation nach Grahams Meinung die entscheidende Bedeutung zukommen würde (vgl. Dowsett 2015: 58 f.). Dementsprechend besetzte der Vorsitzende des Planungsausschusses, der australische Anglikaner Jack Dain (1912–2003), sein Komitee auch mit Vertretern lateinamerikanischer, afrikanischer und asiatischer Länder (ebd.: 58). Für Aufsehen sorgte unter anderem die Berufung des peruanischen Baptisten Samuel Escobar (geb. 1934): Dieser stand der Befreiungstheologie (→ s. Kap. 6.1) nahe und gewann mit dem ecuadorianischen Theologen René Padilla (1932–2021) einen Referenten, der „für nördliche und konservative Ohren eine große Herausforderung" (Stanley 2013: 160) darstellte. Beide attackierten das „amerikanische ‚Kulturchristentum', welches die christliche Botschaft auf eine Form von billiger Gnade reduziere" (ebd.: 165), und forderten, dass Evangelisation „den menschlichen Bedürfnissen nach Befreiung aus ökonomischer, sozialer oder politischer Unterdrückung" (ebd.: 166) Rechnung zollen müsse. Damit schienen sie die Brücke zum sogenannten *Social Gospel* zu schlagen, einem Konzept, das der (postmillenarischen) Heiligungsbewegung (→ s. Kap. 7.5.4) des 19. Jahrhunderts entstammte, die den Aufbau des kommenden Reiches Gottes vor allem über sozialaktivistische Tätigkeiten betrieben hatte (vgl. Nagel 2017: 363). Das *Social Gospel* prägt bis heute die Sozialethik der liberalen *mainline*-Denominationen in den USA – und im Wesentlichen auch die des ÖRK. Dass der aufziehende Konflikt zwischen konservativen (US-amerikanischen) und progressiven Evangelikalen des globalen Südens zuletzt doch noch in eine gemeinsame Erklärung mündete, ist dem Anglikaner John Stott (1921–2011) zu verdanken, der sich als Vertreter der englischen *evangelicals* zum idealen Vermittler zwischen den verschiedenen Kontexten eignete (vgl. Chapman 2011: 148): In der von ihm verfassten *Lausanner Verpflichtung* (engl. *Lausanne Covenant*), die von etwa 2000 der 2473 Delegierten unterzeichnet wurde (vgl. Martin 1991: 449), heißt es im Abschnitt *Christian Social Responsibility*: Obgleich „Sozialarbeit nicht mit Evangelisation und politische Befreiung nicht mit Erlösung gleichgesetzt werden darf, bestätigen wir nichtsdestotrotz, dass Evangelisierung und sozio-politisches Engagement gleichermaßen Teil unserer Christenpflicht sind" (Stott 1997: 24). Die *Lausanner Verpflichtung* wurde in mehr als zwanzig Sprachen übersetzt und wird von manchen Forschenden als das Dokument bezeichnet, „das einer gemeinsamen Übereinkunft der Evangelikalen zu Glauben und Praxis am nächsten kommt" (Chapman 2011: 141): Es „überschreitet sowohl denominationelle als auch nationale Grenzziehungen und ist deutlich detaillierter ausgearbeitet als die Glaubenserklärung der *World Evangelical Alliance* (WEA)" (Dowsett 2015: 61). 1989 und 2010 wurden weitere Kongresse der *Lausanner Bewegung* in Manila und Kapstadt veranstaltet, die sich in ähnlicher Größenordnung bewegten wie die Konferenz von 1974 (vgl. ebd.: 60–62); auch sie bestätigten im Wesentlichen die soziale Verantwortung von Evangelisation und Mission, auch wenn die Begeisterung mit der Abwendung Billy Grahams seit den 1980er-Jahren spürbar nachgelassen hatte (vgl. Stanley 2013:

177). Dennoch können die drei Lausanne-Kongresse als ein „klares Zeichen für die radikale Dezentralisierung der geographischen und kulturellen Identität des Evangelikalismus" (ebd.: 179) angesehen werden – eine Entwicklung, die freilich auch durch das heutige Erscheinungsbild der WEA widergespiegelt wird.

Literatur zum Einstieg

- Frederik Elwert/Martin Radermacher/Jens Schlamelcher (Hrsg.): Handbuch Evangelikalismus. Bielefeld: Transcript: 2017.
  → Für den deutschsprachigen Bereich konkurrenzloses Überblickswerk, das inzwischen über die Bundeszentrale für politische Bildung (BpB) kostengünstig bezogen werden kann.
- Gisa Bauer: Evangelikale Bewegung und evangelische Kirche in der Bundesrepublik Deutschland. Geschichte eines Grundsatzkonflikts (1945–1989). Göttingen: Vandenhoeck & Ruprecht 2012.
  → Umfangreiche Darstellung der historischen Entwicklung des Evangelikalismus in Deutschland mit Blick auf dessen konfessionelle und internationale Verflechtungen.
- Karl Heinz Voigt: Freikirchen in Deutschland (19. und 20. Jahrhundert). Leipzig: Evangelische Verlagsanstalt 2004.
  → Die einschlägige historische Darstellung zur freikirchlichen Landschaft in Deutschland, freilich nicht nur der evangelikalen Gemeinschaften.

8. Ausblick: Die ökumenische Bewegung und die Entdeckung der christlichen Religion

Die bereits in der Antike zu beobachtende große Heterogenität der verschiedenen christlichen Gruppierungen, die bis heute gewiss nicht abgenommen hat, wurde zu allen Zeiten als auffälliger Kontrast zur „Idee von der Einheit der Kirche" (Dehn 2013: 59) angesehen. Diese Idee fußte auf der biblischen Vorstellung der Kirche als irdischer Verkörperung des einen himmlischen Leibes Christi (vgl. Röm 12,5; 1 Kor 12,12;13) „mit seinen vielfältigen Gliedern" (ebd.: 59), sodass sich bereits in den neutestamentlichen Texten Mahnungen zur Wahrung der Einheit finden (vgl. 1 Kor 12; Eph 4,3–6). Vor diesem Hintergrund verwundert es wenig, dass das Ärgernis der faktischen Zersplitterung bzw. ‚Spaltung' der einen Kirche Christi als steter Ansporn fungierte, die Einheit dieser Kirche ‚wiederherzustellen'. Bedeutende Manifestationen dieser Bemühungen sind etwa die altkirchlichen Konzilien (→ s. Kap. 3.3.1) zur Klärung zentraler Lehrstreitigkeiten; die wichtigsten dieser Konzilien wurden später – in Anlehnung an eine zeitgenössische Charakterisierung des Konzils von Nizäa (325) – als *ökumenisch* (von griech. *oikoumene*, „die bewohnte Welt") im Sinne von *allgemeingültig* bezeichnet, um ihre grundlegende Bedeutung gegenüber anderen Bischofsversammlungen hervorzuheben (vgl. Lange 2012: 14). Auch die verschiedenen, teilweise von Erfolg gekrönten mittelalterlichen und neuzeitlichen Unionsbemühungen zwischen lateinischer und griechischer Kirche (→ s. Kap. 3.4.3; Kap. 5) sowie diverser altorientalischer Kirchen (→ s. Kap. 3.3.2; Kap. 4) sind in diesem Geist der Einheitsstiftung zu sehen.

Die theologische und institutionelle Pluralität vergrößerte sich weiter, nachdem mit der Reformation (→ s. Kap. 3.6) im 16. Jahrhundert auch die lateinische Kirche in mehrere Richtungen zerfallen war. Hier haben besonders die reformatorisch gesinnten Strömungen seither zu einer schier unüberschaubaren Diversität christlicher Gruppierungen geführt (→ s. Kap. 7). Für eine regelrechte Explosion kirchlicher Vielfalt sorgten dabei die umwälzenden weltgeschichtlichen Entwicklungen im 18. und 19. Jahrhundert: Der europäische Kolonialismus und die damit einhergehende Globalisierung, die Säkularisierung sowie die Entstehung moderner Nationalstaaten führten auch auf kirchlichem Gebiet zu fundamentalen Neujustierungen: Neben der Bildung konfessioneller Nationalkirchen – ein Prozess, der auch die weitere Zersplitterung der orthodoxen Welt (→ s. Kap. 5) bedingte (vgl. Ernesti 2007: 18) – globalisierte sich vor allem das Feld der institutionell unabhängigen Freikirchen und Denominationen aus dem Spektrum der historischen Erweckungsbewegungen (→ s. Kap. 7.5). Hier sorgte das Aufkommen einer modernen Verkehrs- und Kommunikationsinfrastruktur im Zuge des europäischen Kolonialismus nicht nur für eine rasante Verdichtung des erwecklichen Frömmigkeitsnetzwerks (→ s. Kap. 7.5.1), sondern auch für eine Intensivierung der Missionsbemühungen (→ s. Kap. 7.4), in deren Verlauf zahlreiche neue, teilweise völlig unabhängige kirchliche Gruppierungen in den verschiedenen Kontexten der Welt entstanden (→ s. Kap. 7.6.2).

Vor diesem Hintergrund erstaunt es wenig, dass die im Angesicht der explosionsartigen Diversifizierung der christlichen Welt immer stärker werdenden Rufe

8. Ausblick: Die ökumenische Bewegung und die Entdeckung der christlichen Religion

nach kirchlicher Einheit im 19. Jahrhundert zunächst „auf dem Boden des Protestantismus" (ebd.: 22) erschallten. Und nicht zufällig war der Impuls dazu dem erwecklichen Milieu zu verdanken: Hier hatte die betont überkonfessionelle und globale Orientierung seit der Mitte des Jahrhunderts zur Gründung zahlreicher internationaler, konfessionsübergreifender Organisationen geführt; wichtige Beispiele hierfür sind die 1846 gegründete *Evangelical Alliance* (→ s. Kap. 7.5.3; Kap. 7.7) oder die 1855 ins Leben gerufene *Young Men's Christian Association* (YMCA) (→ s. Kap. 7.5.1). Nach diesem Vorbild schufen bald auch die klassischen protestantischen Konfessionskirchen internationale Dachorganisationen – zunächst mit dem Ziel, die Zusammenarbeit innerhalb der eigenen Konfession zu koordinieren (vgl. ebd.: 20): Im Anglikanismus etablierten sich ab 1867 die *Lambeth-Konferenzen* (→ s. Kap. 7.3.1), 1875 folgte der *Reformierte Weltbund* – eine Vorläuferorganisation der heutigen *Weltgemeinschaft Reformierter Kirchen* (→ s. Kap. 7.2.1); auch der 1923 gegründete *Lutherische Weltkonvent* (seit 1947 *Lutherischer Weltbund* [→ s. Kap. 7.2.1]) ist in dieser Tradition zu sehen.

Zur Bündelung dieser verschiedenen Initiativen kam es indes aus eher praktischen Gründen. Denn die konfessionelle Zersplitterung war vor allem in den verschiedenen globalen Missionsgebieten, die im Zuge des Kolonialismus in aller Welt erschlossen worden waren, „zunehmend als Hindernis erlebt worden" (ebd.: 22). 1910 kam es daher erstmals zu einer großen *Weltmissionskonferenz* im schottischen Edinburgh, die der „praktischen Kooperation" (ebd.: 22) der verschiedenen protestantischen Missionsgesellschaften – und nicht der Klärung theologischer Differenzen – dienen sollte. Erklärtes Ziel war es,

> „in jeder nichtchristlichen Nation nur eine vereinte Kirche Christi zu gründen. [...] Die Kirche im Westen würde herrliche Belohnung ihrer Missionsarbeit ernten, wenn die Kirche auf dem Missionsfeld den Weg weisen würde, wie ihre Spaltungen geheilt und die Einheit verwirklicht werden kann, für die unser Herr gebetet hat" (zit. n. Dehn 2013: 38).

Als zweiter wichtiger Impuls gilt in diesem Zusammenhang die christliche Friedensbewegung, die sich mit dem Ausbruch des Ersten Weltkrieges formiert hatte. Federführend waren hier zunächst der US-amerikanische Methodist John Mott (1865–1955) sowie der Anglikaner Joseph H. Oldham (1874–1969), die maßgeblich an der Gründung der *World Alliance of Churches for Promoting International Friendship* (*Weltbund für Freundschaftsarbeit der Kirchen*) im Jahre 1914 beteiligt waren (vgl. Ernesti 2007: 23). Als deren führender Vertreter tat sich in der Folgezeit indes der schwedische Lutheraner Nathan Söderblom (1866–1931) hervor, ehemaliger YMCA-Funktionär und seit 1914 Erzbischof von Uppsala. Auf ihn geht wahrscheinlich auch der Rückgriff auf den älteren Terminus der *Ökumene* zurück, mit dem er seine Vision einer „weltumspannenden Bewegung [...], die mit ihrer Dynamik am Ende alle Christen auf der Welt zur Einheit zusammenführen sollte" (ebd.: 22), bezeichnete.

Nachdem Söderbloms Bemühungen um ein Friedenskonzil, das Kirchenvertreter aus allen Kriegsparteien zusammenbringen sollte, gescheitert waren, formulierte er 1919 zunächst ein Memorandum, „in dem er eine Weltkirchenkonferenz und die

8. Ausblick: Die ökumenische Bewegung und die Entdeckung der christlichen Religion

Schaffung eines Ökumenischen Rates, der als Vertretung aller Christen fungieren sollte, vorschlug" (ebd.: 24). Ein erster Meilenstein auf diesem Weg war die *World Conference of Life and Work* (*Weltkonferenz für praktisches Christentum*), die 1925 unter der Leitung Söderbloms in Stockholm stattfand (vgl. Brandt 2005: 24 f.). Einen wichtigen Anstoß dazu hatte fünf Jahre zuvor eine Enzyklika des byzantinisch-orthodoxen Patriarchen von Konstantinopel, Erzbischof Germanos Strenopoulos von Seleukia (1872–1951), geliefert, „in der alle Kirchen der Welt eingeladen [worden waren], nach dem Vorbild des Völkerbundes einen Kirchenbund zu bilden" (Ernesti 2007: 25). Dementsprechend hatten die Organisatoren von *Life and Work* auch die ‚altgläubigen' Vertreter der Orthodoxie nach Stockholm gebeten – ein Umstand, der die Konferenz in den Augen der Delegierten auf eine neue qualitative Stufe der interkonfessionellen Zusammenarbeit hob: Ganz bewusst stellte man sich in Kontinuität zum ersten ‚ökumenischen' Konzil von 325 (→ s. Kap. 3.3.1), was auch der schwedische König in seinem Grußwort explizit hervorhob:

> „Vor 1600 Jahren tagten die Vertrauensmänner der Kirche jener Zeit in Nizäa, um ihrem Glauben an unsern Heiland [...] Ausdruck zu verleihen. Die jetzt hier nach mehr als anderthalb Jahrtausenden tagende Versammlung hat keine minder wichtige Aufgabe. Sie will angesichts der brennenden Fragen unserer Zeit [...] versuchen, es klar herauszustellen, was das Christentum tun kann und soll" (zit. n. Brandt 2005: 24 f.).

Aus dem Vorbereitungsausschuss der Konferenz ging 1929 zunächst der *Ökumenische Rat für Praktisches Christentum* hervor; sein Sitz war Genf, das sich seither zum „Stammsitz der ökumenischen Bewegung" (Ernesti 2007: 28) entwickelt hat. 1930 erhielt Söderblom für sein Engagement in der kirchlichen Friedensbewegung den Nobelpreis – eine Ehrung, die seinen Ruf als „ökumenischer Kirchenvater" (ebd.: 23) zementiert hat.

Nachdem der Zweite Weltkrieg für eine längere Unterbrechung der ökumenischen Bemühungen gesorgt hatte, kam es schließlich am 23. August 1948 zur Gründung des *World Council of Churches* (WCC) bzw. *Ökumenischen Rates der Kirchen* (ÖRK, auch *Weltkirchenrat*) mit Sitz in Genf. Beteiligt war (neben der *Bewegung für Praktisches Christentum* sowie der Orthodoxie) auch die stark anglikanisch geprägte *Bewegung für Glauben und Kirchenverfassung* (*Faith and Order*), die sich 1927 – ebenfalls unter Beteiligung Söderbloms – in Lausanne formiert hatte (vgl. ebd.: 30–35). Dementsprechend konnte der ÖRK mit anfänglich 147 Kirchen aus 47 Ländern ein recht breites konfessionelles Spektrum auf sich vereinen, allerdings ohne Beteiligung der römisch-katholischen Kirche, die der ökumenischen Bewegung zunächst ablehnend bis abwartend gegenüberstand (vgl. ebd.: 39–46). Als Ehrenpräsident fungierte der Methodist Mott, als Präsidenten wurden u. a. der Anglikaner Oldham, der schwedische Lutheraner Erling Eidem (1880–1972), der reformierte Franzose Marc Boegner (1881–1970) sowie der orthodoxe Patriarch Germanos gewählt (vgl. ebd.: 66). Obgleich der bereits 1931 verstorbene Söderblom die Gründung des ÖRK nicht mehr erlebte, so knüpfte dessen Grundstruktur doch an zentrale Leitlinien seines Memorandums von 1919

8. Ausblick: Die ökumenische Bewegung und die Entdeckung der christlichen Religion

an: Zum einen sollte der Rat zwar potentiell alle Gruppierungen des weltweiten Christentums repräsentieren, ohne jedoch rechtliche Verfügungsgewalt über diese zu besitzen; zum Zweiten dienten „bewusst keine ökumenisch ambitionierten Privatpersonen oder Repräsentanten der christlichen Verbände" (ebd.: 25) wie des YMCA als Delegierte, sondern offizielle Vertreter der einzelnen beteiligten Kirchen – eine Struktur, die bis heute Bestand hat. In diesem Sinne versteht sich der ÖRK nicht als „eine Kirche über den Kirchen, nicht [als] die Weltkirche oder gar die im Glaubensbekenntnis bekannte [...] ‚eine heilige katholische und apostolische Kirche'" (Frieling 1992: 73), sondern als „eine Gemeinschaft von Kirchen, die ihr konfessionelles Selbstverständnis behalten" (ebd.: 73). Als oberstes Organ fungiert dabei die etwa alle sechs bis acht Jahre stattfindende *Vollversammlung*, in die alle Mitgliedskirchen Delegierte entsenden (vgl.: ebd.: 75). 1961 fand diese erstmals außerhalb Europas bzw. der Vereinigten Staaten statt, und zwar im indischen Neu Delhi; damit kam eine Entwicklung zum Ausdruck, die im Verlauf des 20. Jahrhunderts auch ganz allgemein im weltweiten Christentum zu beobachten war – die Gewichtsverschiebung in den globalen Süden. Im ÖRK hatte sich diese Verschiebung im Wesentlichen durch den Beitritt des *Internationalen Missionsrats* vollzogen, wodurch zahlreiche afrikanische und asiatische Kirchen hinzugekommen waren (vgl. Ernesti 2007: 70).

Zur Annäherung der ökumenischen Bewegung an die römisch-katholische Kirche kam es spätestens im Rahmen des reformorientierten *Zweiten Vatikanischen Konzils* (→ s. Kap. 6.1), das von 1962 bis 1965 stattfand. Entscheidend vorbereitet wurde diese Annäherung auf katholischer Seite durch den Jesuiten Charles Boyer (1884–1980), der bereits 1948 als inoffizieller Beobachter bei der Gründungskonferenz des ÖRK dabei gewesen war und in seinen Bemühungen von Bischof Giovanni Montini, dem späteren ‚Konzilspapst' Paul VI., unterstützt wurde (vgl. ebd.: 78). Dessen Vorgänger, Papst Johannes XXIII., gründete 1960 schließlich das *Sekretariat für die Einheit der Christen*. Es stand unter der Leitung des deutschen Theologen und Kardinals Augustin Bea (1881–1968), der nun auch offizielle „Gesprächsfäden" (ebd.: 79) zum ÖRK knüpfte: Bereits ein Jahr später reisten fünf offizielle vatikanische Beobachter zur Vollversammlung nach Neu-Delhi (vgl. Bea 1963) – ein Besuch, der mit der Anwesenheit von ÖRK-Gesandten auf dem *Zweiten Vaticanum* erwidert wurde. Ausdruck des dialogischen Geistes war vor allem das 1964 auf dem Konzil verabschiedete *Ökumenismusdekret*, das es als „eine der Hauptaufgaben des Heiligen Ökumenischen Zweiten Vatikanischen Konzils" (zit. n. Rahner/Vorgrimler 2008: 229) betrachtete, die „Einheit aller Christen wiederherstellen zu helfen" (zit. n. ebd.: 229). Dass diese Einheit indes etwas anders gedacht ist, als es etwa das oben skizzierte Programm Söderbloms vermuten lässt, zeigt die ebenfalls auf dem Konzil verabschiedete dogmatische Konstitution über die Kirche *Lumen Gentium*: Zwar wird hier von dem älteren *exklusivistischen* Verständnis Abstand genommen, demgemäß alle christlichen Gemeinschaften, die nicht Teil der *einen* (römisch-katholischen) Kirche sind, nicht wahrhaft Kirche und damit heilsstiftend sein können. Demgegenüber argumentiert *Lumen Gentium* nun *inklusivistisch*, nämlich in dem Sinne, dass zwar

„die einzige Kirche Christi [...] verwirklicht [ist] in der katholischen Kirche, die vom Nachfolger Petri und von den Bischöfen in Gemeinschaft mit ihm geleitet wird. Das schließt [jedoch] nicht aus, daß außerhalb ihres Gefüges vielfältige Elemente der Heiligung und der Wahrheit zu finden sind, die als der Kirche Christi eigene Gaben auf die katholische Einheit hindrängen" (zit. n. ebd.: 131).

Die Einheit der Christenheit verwirklicht sich nach diesem Verständnis also nicht in Gestalt der von Söderblom präferierten „Evangelischen Katholizität" (zit. n. Brandt 2005: 27), die alle christlichen Traditionen trotz ihrer Verschiedenheit als gleichermaßen legitime Verkörperungen der einen Kirche Christi anerkennt. Vielmehr erhalten die verschiedenen Gruppierungen nach den Beschlüssen des *Zweiten Vatikanischen Konzils* ihre Legitimation allein dadurch, dass sie auf die römisch-katholische Kirche hingeordnet sind; den Status als vollständige und wahrhafte Verkörperung der einen Kirche Christi können sie damit nur im Schoße des römischen Katholizismus erlangen.

Indes würde es zu kurz greifen, dieses unterschiedliche Verständnis christlicher Einheit, das bis heute das Verhältnis zwischen katholischer Kirche und ökumenischer Bewegung prägt, allein auf einen stereotypen Mangel an Offenheit auf Seiten katholischer Theologie zu reduzieren. Vielmehr zeigt sich an dieser Stelle ein grundsätzlich verschiedenes Verständnis von Kirche als solcher: So stellt die bereits genannte Konstitution *Lumen Gentium* unmissverständlich klar, dass mit der von Christus gestifteten Kirche nicht nur eine abstrakte „Gemeinschaft des Glaubens, der Hoffnung und der Liebe" (zit. n. Rahmer/Vorgrimler 2008: 130), sondern eben auch ein durch die apostolische Sukzession (→ s. Kap. 6.1.1) begründetes „sichtbares Gefüge" (zit. n. ebd.: 130) in Form einer „mit hierarchischen Organen ausgestattete[n] Gesellschaft" (zit. n. ebd.: 130) bezeichnet ist. In dieser Gestalt bildet die auf den Papst ausgerichtete Hierarchie der Bischöfe mit dem unsichtbaren Leib Christi eine „komplexe Wirklichkeit, die aus menschlichem und göttlichem Element zusammenwächst" (zit. n. ebd.: 130).

Demgegenüber lässt sich die in der ökumenischen Bewegung vorherrschende Vorstellung darüber, welche menschliche Erscheinung konkret als die irdische Verkörperung der einen Kirche Christi zu gelten habe, am ehesten mit Hilfe jenes wissenschaftlichen Paradigmas charakterisieren, das sich in der zweiten Hälfte des 19. Jahrhunderts in liberal-protestantischen Kreisen etabliert hatte: die *christliche Religion* (vgl. Suarsana 2021: 269–280). Der Unterschied zwischen Religionsbegriff und (katholischem) Kirchenverständnis lässt sich dadurch charakterisieren, dass es sich (in den Augen der liberalen Theologie) bei den verschiedenen *historischen Religionen* (also neben Christentum auch Judentum, Islam, Hinduismus oder Buddhismus) um Ausprägungen des menschlichen Zusammenlebens, also um *Produkte menschlicher Gesellschaft und Kultur* handelt. Im Kontrast dazu ist *Kirche* (auch als Institution) nach katholischem Verständnis die Folge eines *göttlichen Eingreifens* in die Welt, unterscheidet sich also fundamental von allen anderen Einrichtungen der Gesellschaft. Dennoch handelt es sich bei dem Religionskonzept der liberalen Theologie nur auf den ersten Blick um ein agnostisches

8. Ausblick: Die ökumenische Bewegung und die Entdeckung der christlichen Religion

oder gar atheistisches Verständnis; denn die Grundlage aller Religion bildet gemäß dieser Denktradition die persönliche, im tiefsten Innern des eigenen Herzens empfundene *Gotteserfahrung des Individuums*, die sich sekundär in den kontextuellen Begebenheiten, in die der einzelne Mensch konkret eingebunden ist, Bahn bricht und dort zur Ausbildung ganz konkreter, gesellschaftlich verfasster Religionsgemeinschaften führt (vgl. ebd.: 272 f.).

Für die Verbindung von liberaler Theologie und ökumenischer Bewegung steht sicherlich wie kein zweiter der ‚ökumenische Kirchenvater' selbst: Nathan Söderblom. Denn dieser war vor seiner Ernennung zum Erzbischof ab 1901 Professor für allgemeine Religionsgeschichte an der Universität in Uppsala und hatte seit 1912 den ersten Lehrstuhl für Religionswissenschaft in Deutschland an der Universität Leipzig inne (vgl. Sharpe 2010: 160 f.). In diesen Jahren etablierte er sich als einer der führenden Vertreter der sogenannten *Religionsphänomenologie*, einer Denkrichtung, die Religion (im Rückgriff auf den wichtigsten Vordenker der liberalen Theologie, Friedrich Schleiermacher [1768–1834]) als nicht reduzierbares *Urerlebnis* im Sinne einer individuellen Erfahrung des ‚Heiligen' konzipierte (vgl. ebd.: 161–167):

> „Einfach und schön hat dieses menschliche Bedürfnis, das sich in der Religion und ihrer Entwicklung ausdrückt, [...] in Augustinus' [→ s. Kap. 3.6.3] bekannten Worten Ausdruck gefunden: ‚Du hast uns zu Dir geschaffen; und unser Herz ist unruhig, bis daß es findet Ruhe bei Dir'" (Söderblom 1919: 5).

Dieses Bedürfnis habe in allen Völkern „großer geistiger Kultur" (ebd.: 3) gleichermaßen zur Ausprägung „höhere[r] Religionen" (Söderblom 1920, 7) geführt, von denen etwa der Buddhismus die „lebendige und innig-tiefe" (Söderblom 1919: 4) Religion Indiens und das Christentum „die Religion unserer abendländischen Kultur" (Söderblom 1920: 6) repräsentiere.

Dass Söderbloms Religionsverständnis auch in seiner ökumenischen Theologie wirksam geworden ist, zeigt sein Buch zur *Einigung der Christenheit* von 1923. Argumentativer Ausgangspunkt ist die These, dass die verschiedenen „Abteilungen der Christenheit zu Unrecht Kirchen genannt [werden], da sie nicht der Sache der Einheit" (Söderblom 1925: 2) dienten; „[s]tatt Kirchen sollte man sie Schismen nennen" (ebd.: 2). Wahre Kirche könne es nur im Singular geben, und zwar in Form der im Glaubensbekenntnis bezeugten „Eine[n], Einzige[n], Heilige[n], Katholische[n] und Apostolische[n] Kirche" (ebd.: 4). Indes sieht Söderblom diese Kirche (anders als der römische Katholizismus) nicht in „irgendeiner bestehenden Körperschaft" (ebd.: 4) verwirklicht, „weder der größten noch der kleinsten, und am allerwenigsten [in] einem Kirchenkörper, [...] der in einem sektiererischen Geist sich selbst von anderen abgrenzt" (ebd.: 4). Die Einheit der Kirche sei daher nicht im institutionellen oder organisatorischen Sinne zu denken: „Jesus spricht von einer tieferen Einheit als bloß von einer solchen, die durch verbundenes Handeln zum Zweck gemeinsamen Dienstes in seiner Sache sich ausdrückt" (ebd.: 3). Vielmehr spreche er von einer „geistigen und innerlichen Gemeinschaft" (ebd.: 3), die „mehr wert ist als irgendeine Organisation" (ebd.:3 f.). Diese existiere bereits

8. Ausblick: Die ökumenische Bewegung und die Entdeckung der christlichen Religion

heute: „Die aufrichtig betenden und liebenden Herzen [...] bilden zusammen dies Haus Gottes, das Christi wahre Kirche und Gemeinde ist" (ebd.: 4).

Einfach gesprochen: Die wahre Kirche Christi ist keine verfasste Institution oder Organisation, sondern schlichtweg (christliche) Religion.

Literaturverzeichnis

Adogame, Afe (2006): Dinge auf Erden um Himmels Willen tun. Aushandlungsprozesse pfingstlicher Identität und die afrikanische religiöse Diaspora in Deutschland. In: Michael Bergunder/Jörg Haustein (Hrsg.): Migration und Identität. Pfingstlich-charismatische Migrationsgemeinden in Deutschland. Frankfurt a. M.: Lembeck, S. 60–82.

Ahrens, Petra-Angela (2022): Kirchenaustritte seit 2018. Wege und Anlässe. Ergebnisse einer bundesweiten Repräsentativbefragung. Baden-Baden: Nomos.

Alberigo, Giuseppe (1998): Das Erste Vatikanische Konzil (1869–1870). In: Giuseppe Alberigo (Hrsg.): Geschichte der Konzilien. Vom Nicaenum bis zum Vaticanum II. Wiesbaden: Fourier.

Alberigo, Giuseppe/Wohlmuth, Josef (1998) (Hrsg.): Dekrete der ökumenischen Konzilien. Band 1: Konzilien des ersten Jahrtausends. Paderborn: Schöningh.

Alberigo, Giuseppe/Wohlmuth, Josef (2002) (Hrsg.): Dekrete der ökumenischen Konzilien. Band 3: Konzilien der Neuzeit. Paderborn: Schöningh.

Anderson, Allan (2004): An Introduction to Pentecostalism. Cambridge: Cambridge University Press.

Anderson, Allan (2007): Spreading Fires. The Missionary Nature of Early Pentecostalism. Maryknoll: Orbis.

Andrews, Dee E. (2000): The Methodists and Revolutionary America, 1760–1800. The Shaping of an Evangelical Culture. Princeton: Princeton University Press.

Antes, Peter (2012): Christentum. Eine religionswissenschaftliche Einführung, Berlin: LIT.

Arnal, William (2011): The Collection and Synthesis of „Tradition" and the Second-Century Invention of Christianity. In: Method and Theory in the Study of Religion 23, S. 193–215.

Asamoah-Gyadu, J. Kwabena (2005): African Charismatics. Current Developments within Independent Indigenous Pentecostalism in Ghana. Leiden: Brill.

Atherstone, Andrew/David Ceri Jones (2019): Evangelicals and Evangelicalism. Contested Identities. In: Andrew Atherstone/David Ceri Jones (Hrsg.): The Routledge Research Companion to the History of Evangelicalism. New York: Routledge, S. 1–21.

Auffarth, Christoph (2016): Die Ketzer. Katharer, Waldenser und andere religiöse Bewegungen. 3. Aufl., München: C. H. Beck.

Bassimir, Anja-Maria/Kathrin Kohle (2017): Evangelikalismus und Massenmedien. Strukturen in den USA. In: Frederik Elwert/Martin Radermacher/Jens Schlamelcher (Hrsg.): Handbuch Evangelikalismus. Bielefeld: Transcript, S. 409–423.

Bastekis, Athanasios (2001): Die Orthodoxe Kirche. Eine Handreichung für nicht-orthodoxe und orthodoxe Christen und Kirchen. Frankfurt a. M.: Lembeck.

Bauer, Gisa (2012): Evangelikale Bewegung und evangelische Kirche in der Bundesrepublik Deutschland. Geschichte eines Grundsatzkonflikts (1945–1989). Göttingen: Vandenhoeck & Ruprecht.

Bauer, Gisa/Paul Metzger (2019): Grundwissen Konfessionskunde. Tübingen: Narr Francke Attempto.

Baum, Wilhelm/Winkler, Dietmar W. (2000): Die Apostolische Kirche des Ostens. Geschichte der sogenannten Nestorianer. Klagenfurt: Kitab.

Bayer, Axel (2002): Spaltung der Christenheit. Das sogenannte Morgenländische Schisma von 1054. Köln: Böhlau.

Bayly, Christopher A. (2006): Die Geburt der modernen Welt. Eine Globalgeschichte 1780–1914. Frankfurt/New York: Campus.

Bea, Augustin Kardinal (1963): Die Einheit der Christen. Probleme und Prinzipien, Hindernisse und Mittel, Verwirklichungen und Aussichten. Freiburg/Basel/Wien: Herder.

Benz, Wolfgang (2013): Ansturm auf das Abendland? Zur Wahrnehmung des Islam in der westlichen Gesellschaft. Wien: Picus.

Literaturverzeichnis

Berg, Dieter (2019): Oliver Cromwell. England und Europa im 17. Jahrhundert. Stuttgart: Kohlhammer.

Bergunder, Michael (2006): Pfingstbewegung, Globalisierung und Migration. In: Michael Bergunder/Jörg Haustein (Hrsg.): Migration und Identität. Pfingstlich-charismatische Migrationsgemeinden in Deutschland. Frankfurt a. M.: Lembeck, S. 155–169.

Bergunder, Michael (2011): Was ist Religion? Kulturwissenschaftliche Überlegungen zum Gegenstand der Religionswissenschaft. In: Zeitschrift für Religionswissenschaft 19, H. 1/2, S. 3–55.

Bergunder, Michael (2020): Umkämpfte Historisierung. Die Zwillingsgeburt von „Religion" und „Esoterik" in der zweiten Hälfte des 19. Jahrhunderts und das Programm einer globalen Religionsgeschichte. In: Klaus Hock (Hrsg.): Wissen um Religion: Erkenntnis – Interesse. Epistemologie und Episteme in Religionswissenschaft und Interkultureller Theologie. Leipzig: Evangelische Verlagsanstalt, S. 47–131.

Beyreuther, Erich (1963): Die Erweckungsbewegung (Die Kirche in ihrer Geschichte, Band 4, Lieferung R [1. Teil]). Göttingen: Vandenhoeck & Ruprecht.

Bischof, Franz Xaver/Thomas Bremer/Giancarlo Collet/Alfons Fürst (2014): Einführung in die Geschichte des Christentums. Freiburg/Basel/Wien: Herder.

Boochs, Wolfgang (2018): Die koptische Sprache und Literatur. In: Wolfgang Boochs (Hrsg.): Geschichte und Geist der koptischen Kirche. 3. Aufl., Aachen: Bernardus, S. 115–128.

Brackney, William (2021): Baptisten in den USA und Kanada. In: Erich Geldbach (Hrsg.): Baptisten weltweit. Ursprünge, Entwicklungen, Theologische Identitäten. Göttingen: Vandenhoeck & Ruprecht, S. 200–235.

Brandt, Hermann (2005): Nathan Söderblom. Ein „Klassiker der Religionswissenschaft" als „ökumenischer Kirchenvater". In: Christian Möller/Christoph Schwöbel/Christoph Markschies/Klaus von Zedtwitz (Hrsg.): Wegbereiter der Ökumene im 20. Jahrhundert. Göttingen: Vandenhoeck & Ruprecht, S. 14–31.

Bremer, Thomas (2016): Kreuz und Kreml. Geschichte der orthodoxen Kirche in Russland. 2. Aufl., Freiburg: Herder.

Bremer, Thomas/Hacik Rafi Gazer/Christian Lange (2013): Einleitung. In: Thomas Bremer/Hacik Rafi Gazer/Christian Lange (Hrsg.): Die orthodoxen Kirchen der byzantinischen Tradition, Darmstadt: Wissenschaftliche Buchgesellschaft, S. IX–XII.

Breul, Wolfgang/Marcus Meier/Lothar Vogel (2010) (Hrsg.): Der radikale Pietismus. Perspektiven der Forschung. Göttingen: Vandenhoeck & Ruprecht.

Breul, Wolfgang (2014): August Hermann Franckes Konzept einer Generalreform. In: Wolfgang Breul/Jan Carsten Schnurr (Hrsg.): Geschichtsbewusstsein und Zukunftserwartung in Pietismus und Erweckungsbewegung. Göttingen: Vandenhoeck & Ruprecht, S. 69–83.

Breul, Wolfgang (2021): August Hermann Francke (1663-1727). In: Wolfgang Breul (Hrsg.): Pietismus Handbuch. Tübingen: Mohr Siebeck, S. 122–137.

Briggs, John H. Y. (2021): Entstehung und Entwicklung der baptistischen Bewegung im 17. und 18. Jahrhundert. In: Erich Geldbach (Hrsg.): Baptisten weltweit. Ursprünge, Entwicklungen, Theologische Identitäten. Göttingen: Vandenhoeck & Ruprecht, S. 13–23.

Buchmann, Bertrand Michael (1999): Österreich und das Osmanische Reich. Eine bilaterale Geschichte, Wien: WUV.

Bundy, David (2009): Visions of Apostolic Mission. Scandinavian Pentecostal Mission to 1935. Uppsala: Uppsala Universitet.

Burgess, Richard (2021): Art. Redeemed Christian Church of God. In: Michael Wilkinson/Connie Au/Jörg Haustein/Todd M. Johnson (Hrsg.): Brill's Encyclopedia of Global Pentecostalism. Leiden/Boston: Brill, S. 548–550.

Burschel, Peter (2001): „Imitatio sanetarum." Oder: Wie modern war der nachtridentinische Heiligenhimmel? In: Paolo Prodi/Wolfgang Reinhard (Hrsg.): Das Konzil von Trient und die Moderne. Berlin: Duncker & Humblot, S. 241–259.

Campbell, David E. (2014): Seeking the Promised Land. Mormons and American Politics. New York: Cambridge University Press.

Campbell, Ted (2011): Der Methodismus in Nordamerika. In: Walter Klaiber (Hrsg.): Methodistische Kirchen. Göttingen: Vandenhoeck & Ruprecht, S. 174–189.

Chapman, Alister (2010): Godly Ambition. John Stott and the Evangelical Movement. Oxford/New York: Oxford University Press.

Cochlovius, Joachim (1982): Art. Evangelische Allianz. In: Theologische Realenzyklopädie. Band 10. Berlin: De Gruyter, S. 650–656.

Conzelmann, Hans/Andreas Lindemann (2004): Arbeitsbuch zum Neuen Testament. 14. Aufl., Tübingen: Mohr Siebeck.

Corrigan, John/Winthrop S. Hudson (2018): Religion in America. 9. Aufl., New York: Routledge.

Cressler, Matthew J. (2017): Authentically Black and Truly Catholic. The Rise of Black Catholicism in the Great Migration. New York: New York University Press.

Cross, Anthony R. (2021): Die Taufe. In: Erich Geldbach (Hrsg.): Baptisten weltweit. Ursprünge, Entwicklungen, Theologische Identitäten. Göttingen: Vandenhoeck & Ruprecht, S. 60–67.

CVJM (2002): Leitlinien des CVJM, https://www.cvjm.de/resources/ecics_63.pdf (Stand: 18.4.2024).

Dandelion, Pink (2008): The Quakers. A Very Short Introduction. Oxford: Oxford University Press.

Dassmann, Ernst (1996): Kirchengeschichte. Band II/1: Konstantinische Wende und spätantike Reichskirche. Stuttgart/Berlin/Köln: Kohlhammer.

Dassmann, Ernst (1999): Kirchengeschichte. Band II/2: Theologie und innerkirchliches Leben bis zum Ausgang der Spätantike. Stuttgart/Berlin/Köln: Kohlhammer.

Dautheville, Joël/Collange, Jean-Franciose (2019): Frankreich. In: Johannes Ehmann (Hrsg.): Die Kirchen der Union. Geschichte – Theologie – Perspektiven. Leipzig: Evangelische Verlagsanstalt, S. 227–236.

Davies, Douglas J. (2003): An Introduction to Mormonism. New York: Cambridge University Press.

Dayton, Donald W. (2004): Theological Roots of Pentecostalism. 5. Aufl., Peabody: Hendrickson.

Dehn, Ulrich (2013): Weltweites Christentum und ökumenische Bewegung. Berlin: EBV.

Demandt, Alexander (2005): Sieben Siegel. Essays zur Kulturgeschichte. Köln/Weimar/Wien: Böhlau.

Denzler, Georg (2009): Das Papsttum. Geschichte und Gegenwart. 3. Aufl., München: C. H. Beck.

Denzler, Georg/Fabricius, Volker (2014): Christen und Nationalsozialisten. Darstellung und Dokumente. Frankfurt a. M.: Fischer.

Dieter, Theodor (2007): Die geographische Verbreitung der Lutheraner. In: Michael Plathow (Hrsg.): Lutherische Kirchen. Göttingen: Vandenhoeck & Ruprecht, S. 71–91.

Dingel, Irene (2018): Geschichte der Reformation. Göttingen: Vandenhoeck & Ruprecht.

Dirsch, Felix/Volker Münz/Thomas Wawerka (Hrsg.) (2018): Rechtes Christentum? Der Glaube im Spannungsfeld von nationaler Identität, Populismus und Humanitätsgedanken, Graz: Ares.

Dowsett, Rose (2015): Evangelicals and the Lausanne Movement. In: Brian C. Stiller/Todd M. Johnson/Karen Stiller/Mark Hutchinson (Hrsg.): Evangelicals Around the World. A Global Handbook for the 21st Century. Nashville: Thomas Nelson, S. 58–62.

Eckert, Andreas (2006): Kolonialismus. Frankfurt a. M.: S. Fischer.

Ehmann, Johannes (2019): Geschichte/Theologie/Geographische Verbreitung. In: Johannes Ehmann (Hrsg.): Die Kirchen der Union. Geschichte – Theologie – Perspektiven. Leipzig: Evangelische Verlagsanstalt, S. 17–163.

Literaturverzeichnis

Elwert, Frederik/Martin Radermacher/Jens Schlamelcher (2017): Einleitung. In: Frederik Elwert/Martin Radermacher/Jens Schlamelcher (Hrsg.): Handbuch Evangelikalismus. Bielefeld: Transcript, S. 11–20.

Ernesti, Jörg (2007): Kleine Geschichte der Ökumene. Freiburg/Basel/Wien: Herder.

Estermann, Josef (2022): Die Geschichte der Sklaverei in Lateinamerika. In: Klaus Vellguth (Hrsg.): Eine Welt – keine Sklaverei. Moderne Sklaverei weltweit. Freiburg/Basel/Wien: Herder, S. 57–69.

Evangelische Kirche in Deutschland (EKD) (2021): Pfingstbewegung und Charismatisierung. Zugänge – Impulse – Perspektiven. Eine Orientierungshilfe der Kammer der EKD für Weltweite Ökumene. Leipzig: Evangelische Verlagsanstalt.

Every, George (1966): Die Geschichte der Kirche von England. In: Hans Heinrich Harms (Hrsg.): Die Kirche von England und die Anglikanische Kirchengemeinschaft. Stuttgart: Evangelisches Verlagswerk, S. 11–42.

Frank, Karl Suso (2010): Geschichte des christlichen Mönchtums. 6. Aufl., Darmstadt: Wissenschaftliche Buchgesellschaft.

Frieling, Reinhard (1992): Der Weg des ökumenischen Gedankens. Eine Ökumenekunde. Göttingen: Vandenhoeck & Ruprecht.

Frieling, Reinhard (1999): Katholisch und Evangelisch. Informationen über den Glauben. Göttingen: Vandenhoeck & Ruprecht.

Gäbler, Ulrich (1991): Auferstehungszeit. Erweckungsprediger des 19. Jahrhunderts. München: C. H. Beck.

Garbe, Detlef (1999): Zwischen Widerstand und Martyrium. Die Zeugen Jehovas im „Dritten Reich". München: Oldenbourg.

Gazer, Hacik Rafi (2013): Die Orthodoxen Kirchen im Osmanischen Reich. In: Thomas Bremer/Hacik Rafi Gazer/Christian Lange (Hrsg.): Die orthodoxen Kirchen der byzantinischen Tradition. Darmstadt: Wissenschaftliche Buchgesellschaft, S. 15–22.

Geldbach, Erich (2012): Zur Anfangsgeschichte Schwarzer Baptisten in Amerika. In: Andrea Strübind/Martin Rothkegel (Hrsg.): Baptismus. Geschichte und Gegenwart. Göttingen: Vandenhoeck & Ruprecht, S. 95–107.

Geldbach, Erich (2021): Vorwort und Einleitung. In: Erich Geldbach (Hrsg.): Baptisten weltweit. Ursprünge, Entwicklungen, Theologische Identitäten. Göttingen: Vandenhoeck & Ruprecht, S. 9–12.

Gibbard, S. M. (1966): Die Anglikanischen Ordensgemeinschaften. In: Hans Heinrich Harms (Hrsg.): Die Kirche von England und die Anglikanische Kirchengemeinschaft. Stuttgart: Evangelisches Verlagswerk, S. 130–151.

Girardet, Klaus Martin (2010): Der Kaiser und sein Gott. Das Christentum im Denken und in der Religionspolitik Konstantins des Großen. Berlin/New York: de Gruyter.

Goez, Elke (2009): Papsttum und Kaisertum im Mittelalter. Darmstadt: Wissenschaftliche Buchgesellschaft.

Goff, James R. (1988): Fields White unto Harvest. Charles F. Parham and the Missionary Origins of Pentecostalism. Fayetteville/London: The University of Arkansas Press.

Graf, Friedrich Wilhelm (2017): Der Protestantismus. Geschichte und Gegenwart. München: C. H. Beck.

Greschat, Martin (2010): Der Protestantismus in der Bundesrepublik Deutschland (1945–2005). Leipzig: Evangelische Verlagsanstalt.

Groen, Basilius J. (2013): Liturgie und Spiritualität in den orthodoxen Kirchen. In: Thomas Bremer/Hacik Rafi Gazer/Christian Lange (Hrsg.): Die orthodoxen Kirchen der byzantinischen Tradition. Darmstadt: Wissenschaftliche Buchgesellschaft, S. 121–136.

Großbölting, Thomas (2022): Die schuldigen Hirten. Geschichte des sexuellen Missbrauchs in der katholischen Kirche. Freiburg/Basel/Wien: Herder.

Grümme, Bernhard/Claudia Jahnel/Martin Radermacher/Claudia Rammelt/Jens Schlamelcher (Hrsg.) (2022): Globale Christentümer. Theologische und religionswissenschaftliche Perspektiven. Paderborn: Brill Schöningh.

Grünbart, Michael (2014): Das byzantinische Reich. Darmstadt: Wissenschaftliche Buchgesellschaft.
Hage, Wolfgang (2007): Das orientalische Christentum. Stuttgart: Kohlhammer.
Hall, Stuart (2012): Rassismus und kulturelle Identität. Ausgewählte Schriften 2. Hamburg: Argument.
Hamman, Adalbert/Alfons Fürst (2011): Kleine Geschichte der Kirchenväter. 3. Aufl., Freiburg/Basel/Wien: Herder.
Hankins, Barry (2021): Die fundamentalistische Kontroverse in den USA im 20. Jahrhundert. In: Erich Geldbach (Hrsg.): Baptisten weltweit. Ursprünge, Entwicklungen, Theologische Identitäten. Göttingen: Vandenhoeck & Ruprecht, S. 250–266.
Harmon, Steven R. (2021): Das kirchliche Amt. In: Erich Geldbach (Hrsg.): Baptisten weltweit. Ursprünge, Entwicklungen, Theologische Identitäten. Göttingen: Vandenhoeck & Ruprecht, S. 73–78.
Hartwich, Ina (2022): Der Bischof in Putins Diensten: Patriarch Kirill war für den russischen Geheimdienst tätig. Und predigt Hass im Namen des Friedens. In: Neue Zürcher Zeitung, 25.5.2022, https://www.nzz.ch/feuilleton/putins-patriarch-kirill-predigt-hass-im-namen-des-friedens-ld.1684986 (Stand: 18.4.2024).
Haunerland, Winfried (2018): Das **Konzil von Trient** und die nachtridentinische Liturgiereform. In: Jürgen Bärsch/Benedikt Kranemann (Hrsg.): Geschichte der Liturgie in den Kirchen des Westens. Band 1: Von der Antike bis zur Neuzeit. Münster: Aschendorf.
Hauschild, Wolf-Dieter (2007): Lehrbuch der Kirchen- und Dogmengeschichte. Band 1: Alte Kirche und Mittelalter. 3. Aufl., Gütersloh: Gütersloher Verlagshaus.
Hauschild, Wolf-Dieter (2010): Lehrbuch der Kirchen- und Dogmengeschichte. Band 2: Reformation und Neuzeit. 4. Aufl., Gütersloh: Gütersloher Verlagshaus.
Haustein, Jörg (2021): Die Pfingstbewegung. Eine postkonfessionelle Herausforderung des globalen Christentums. In: Theologische Literaturzeitung 146/9, S. 765–782.
Haustein, Jörg/Giovanni Maltese (2014): Pfingstliche und charismatische Theologie. Eine Einführung. In: Dies. (Hg.): Handbuch pfingstliche und charismatische Theologie. Göttingen: Vandenhoeck & Ruprecht, S. 15–65.
Heitzenrater, Richard P. (2007): John Wesley und der frühe Methodismus. Göttingen: Edition Ruprecht.
Herbers, Klaus (2012): Geschichte des Papsttums im Mittelalter. Darmstadt: Wissenschaftliche Buchgesellschaft.
Hinkelmann, Frank (2017): Evangelikal in Deutschland, Österreich und der Schweiz. Ursprung, Bedeutung und Rezeption eines Begriffes. Bonn: VKW.
Hoberg, Verena (2017): Evangelikalismus und Gender. In: Frederik Elwert/Martin Radermacher/Jens Schlamelcher (Hrsg.): Handbuch Evangelikalismus. Bielefeld: Transcript, S. 227–240.
Hochgeschwender, Michael (2007): Amerikanische Religion. Evangelikalismus, Pfingstlertum und Fundamentalismus. Frankfurt a. M./Leipzig: Verlag der Weltreligionen.
Hochgeschwender, Michael (2017a): Der amerikanische Evangelikalismus bis 1950. In: Frederik Elwert/Martin Radermacher/Jens Schlamelcher (Hrsg.): Handbuch Evangelikalismus. Bielefeld: Transcript, S. 73–92.
Hochgeschwender, Michael (2017b): Evangelikalismus. Begriffsbestimmung und phänomenale Abgrenzung. In: Frederik Elwert/Martin Radermacher/Jens Schlamelcher (Hrsg.): Handbuch Evangelikalismus. Bielefeld: Transcript, S. 21–32.
Hölscher, Lucian (2005): Geschichte der protestantischen Frömmigkeit in Deutschland. München: C. H. Beck.
Hollenweger, Walter J. (1969): Enthusiastisches Christentum. Die Pfingstbewegung in Geschichte und Gegenwart. Wuppertal: Rolf Brockhaus.
Hollenweger, Walter J. (1972): The Pentecostals. London: SCM.
Hollenweger, Walter J. (1997): Charismatisch-pfingstliches Christentum. Herkunft, Situation, Ökumenische Chancen. Göttingen: Vandenhoeck & Ruprecht.

Hollenweger, Walter J. (2003): Art. Gifts of the Spirit. Natural and Supernatural. In: Stanley M. Burgess/Eduard M. van der Maas (Hrsg.): The New International Dictionary of Pentecostal and Charismatic Movements. Revised and Expanded Edition. Grand Rapids: Zondervan, S. 667–668.
Holtz, Leonard (2001): Geschichte des christlichen Ordenslebens. Düsseldorf: Patmos.
Hornung, Esther (2017): Geschichte des Evangelikalismus in Europa. In: Frederik Elwert/Martin Radermacher/Jens Schlamelcher (Hrsg.): Handbuch Evangelikalismus. Bielefeld: Transcript, S. 49–72.
Huber, Vitus (2019): Die Konquistadoren. Cortés, Pizarro und die Eroberung Amerikas. München: C. H. Beck.
Hudemann, Rainer (2014): Ein christliches Europa nach 1945? Zum Konzept des „christlichen Abendlandes" in einer Welt im Umbruch. In: Michael Hüttenhoff (Hrsg.): Christliches Europa? Studien zu einem umstrittenen Konzept. Leipzig: Evangelische Verlagsanstalt, S. 29–48.
Hutter, Manfred (2005): Die Weltreligionen. München: C. H. Beck.
Ireland, Jerry M. (2021) Art. Glossolalia. In: Michael Wilkinson/Connie Au/Jörg Haustein/Todd M. Johnson (Hrsg.): Brill's Encyclopedia of Global Pentecostalism. Leiden/Boston: Brill, S. 256–259.
Johnson, Todd M. (2021): Counting Pentecostals Worldwide. In: Michael Wilkinson/Connie Au/Jörg Haustein/Todd M. Johnson (Hrsg.): Brill's Encyclopedia of Global Pentecostalism. Leiden/Boston: Brill, S. XIII–nnn.
Johnson, Todd M./Gina A. Zurlo (2020): World Christian Encyclopedia. 3. Aufl., Edinburgh: Edinburgh University Press.
Jung, Martin H. (2017): Kirchengeschichte. 2. Aufl., Tübingen: A. Francke.
Kaufmann, Thomas (2016): Geschichte der Reformation in Deutschland. Berlin: Suhrkamp.
Kaufmann, Thomas (2019): Die Täufer. Von der radikalen Reformation zu den Baptisten. München: C. H. Beck.
Kern, Bruno (2013): Theologie der Befreiung. Tübingen/Basel: Francke.
Kisić, Rade (2013): Die Serbische Orthodoxe Kirche. In: Thomas Bremer/Hacik Rafi Gazer/Christian Lange (Hrsg.): Die orthodoxen Kirchen der byzantinischen Tradition. Darmstadt: Wissenschaftliche Buchgesellschaft, S. 45–52.
Klaiber, Walter (2011): Methodistische Kirchen in fünf Erdteilen. In: Walter Klaiber (Hrsg.): Methodistische Kirchen. Göttingen: Vandenhoeck & Ruprecht, S. 109–314.
Klinkhammer, Gritt (2017): Die Evangelikale Bewegung und ihr Verhältnis zu nicht-christlichen Religionen. In: Frederik Elwert/Martin Radermacher/Jens Schlamelcher (Hrsg.): Handbuch Evangelikalismus. Bielefeld: Transcript, S. 191–207.
Kohlbacher, Michael (2013): Die Georgische Orthodoxe Kirche. In: Thomas Bremer/Hacik Rafi Gazer/Christian Lange (Hrsg.): Die orthodoxen Kirchen der byzantinischen Tradition. Darmstadt: Wissenschaftliche Buchgesellschaft, S. 71–76.
Krikorian, Mesrob K. (2002): Die armenische Kirche. Materialien zur armenischen Geschichte, Theologie und Kultur. Frankfurt a. M.: Peter Lang.
Küry, Urs/Christian Oeyen (1978): Die altkatholische Kirche. Stuttgart: Evangelisches Verlagswerk.
Kuhn, Thomas K./Albrecht-Birkner, Veronika: Vorwort. In: Thomas K. Kuhn/Veronika Albrecht-Birkner (Hrsg.): Zwischen Aufklärung und Moderne. Erweckungsbewegungen als historiographische Herausforderung. Münster: LIT, S. 7–10.
Lambert, Frank (1999): Inventing the „Great Awakening". Princeton: Princeton University Press.
Lange, Christian (2011): Die altorientalischen Kirchen. Dogmengeschichtliche Einordnung – Leben im Haus des Islam. In: Christian Lange/Karl Pinggéra (Hrsg.): Die altorientalischen Kirchen. Glaube und Geschichte. 2. Aufl., Darmstadt: Wissenschaftliche Buchgesellschaft, S. 1–20.

Lange, Christian (2012): Einführung in die allgemeinen Konzilien. Darmstadt: Wissenschaftliche Buchgesellschaft.
Lange, Christian (2013): Grundzüge der Theologie- und Kirchengeschichte der orthodoxen Kirche im (ost-)römischen Reich. In: Thomas Bremer/Hacik Rafi Gazer/Christian Lange (Hrsg.): Die orthodoxen Kirchen der byzantinischen Tradition. Darmstadt: Wissenschaftliche Buchgesellschaft, S. 1–14.
Langener, Lucia (2018): Chronologie der koptischen Kirche. In: Wolfgang Boochs (Hrsg.): Geschichte und Geist der koptischen Kirche. 3. Aufl., Aachen: Bernardus, S. 205–228.
Lehmann, Hartmut (2010): Religiöse Erweckung in gottferner Zeit. Studien zur Pietismusforschung. Göttingen: Wallstein.
Leppin, Volker (2015): Martin Luther. Vom Mönch zum Feind des Papstes. 2. Aufl., Darmstadt: Lambert Schneider.
Lilie, Ralph Johannes (2004): Byzanz und die Kreuzzüge. Stuttgart: Kohlhammer.
Lilie, Ralph Johannes (2014): Byzanz. Geschichte des oströmischen Reiches. 6. Aufl., München: C. H. Beck.
Lis, Julia (2013): Die Bulgarische Orthodoxe Kirche. In: Thomas Bremer/Hacik Rafi Gazer/Christian Lange (Hrsg.): Die orthodoxen Kirchen der byzantinischen Tradition. Darmstadt: Wissenschaftliche Buchgesellschaft, S. 61–70.
Markschies, Christoph (2016): Das antike Christentum. Frömmigkeit, Lebensformen, Institutionen. 3. Aufl., München: C. H. Beck.
Markschies, Christoph (2018): Die Gnosis. 4. Aufl., München: C. H. Beck.
Marsden, George M. (1987a): Art. Evangelical and Fundamental Christianity. In: Mircea Eliada (Hrsg.): The Encyclopedia of Religion. Band 5. New York: Macmillan, S. 190–197.
Marsden, George M. (1987b): Reforming Fundamentalism. Fuller Seminary and the New Evangelicalism. Grand Rapids: Eerdmans.
Marsden, George M. (2006): Fundamentalism and American Culture. 2. Aufl., Oxford/New York: Oxford University Press.
Martin, Sandy Dwayne (2012): Die Entstehung und frühe Entwicklungsphase des afroamerikanischen Baptismus im globalen Kontext (1750–1930). In: Andrea Strübind/Martin Rothkegel (Hrsg.): Baptismus. Geschichte und Gegenwart. Göttingen: Vandenhoeck & Ruprecht, S. 109–136.
Martin, William (1991): A Prophet with Honor. The Billy Graham Story. New York: Zondervan.
Masuzawa, Tomoko (2005): The Invention of World Religions. Chicago/London: The University of Chicago Press.
Meier, Kurt (2008): Kreuz und Hakenkreuz. Die evangelische Kirche im Dritten Reich. 2. Aufl., München: DTV.
Meier, Mischa (2021): Geschichte der Völkerwanderung. Europa, Asien und Afrika vom 3. bis zum 8. Jahrhundert n. Chr. 7. Aufl., München: C. H. Beck.
Melton, John Gordon (2021): Art. Assemblies of God, USA. In: Michael Wilkinson/Connie Au/Jörg Haustein/Todd M. Johnson (Hrsg.): Brill's Encyclopedia of Global Pentecostalism. Leiden/Boston: Brill, S. 41–43.
Merten, Kai (2012): Das äthiopisch-orthodoxe Christentum. Ein Versuch zu verstehen. Münster: LIT.
Moeller, Bernd (2004): Geschichte des Christentums in Grundzügen. 8. Aufl., Göttingen: Vandenhoeck & Ruprecht.
Mössmer, Albert (1995): Die Mormonen. Die Heiligen der letzten Tage. Düsseldorf: Patmos.
Moschos, Dimitrios (2013): Die Kirche von Hellas. In: Thomas Bremer/Hacik Rafi Gazer/Christian Lange (Hrsg.): Die orthodoxen Kirchen der byzantinischen Tradition. Darmstadt: Wissenschaftliche Buchgesellschaft, S. 77–84.

Munteanu, Daniel/Björn Röhrer-Ertl (2013): Die Rumänische Orthodoxe Kirche. In: Thomas Bremer/Hacik Rafi Gazer/Christian Lange (Hrsg.): Die orthodoxen Kirchen der byzantinischen Tradition. Darmstadt: Wissenschaftliche Buchgesellschaft, S. 53–60.

Murray, Iain H. (2016): Jonathan Edwards. Ein Lehrer der Gnade und die große Erweckung. 2. Aufl., Bielefeld: CLV.

Nagel, Alexander-Kenneth (2017): Evangelikalismus und soziale Fürsorge I. Wohlfahrt. In: Frederik Elwert/Martin Radermacher/Jens Schlamelcher (Hrsg.): Handbuch Evangelikalismus. Bielefeld: Transcript, S. 361–376.

Nash, Robert N. (2021): Kurze Geschichte baptistischer missionarischer Anstrengungen. In: Erich Geldbach (Hrsg.): Baptisten weltweit. Ursprünge, Entwicklungen, Theologische Identitäten. Göttingen: Vandenhoeck & Ruprecht, S. 37–59.

Neill, Stephen (1966): Die Anglikanische Kirchengemeinschaft. In: Hans Heinrich Harms (Hrsg.): Die Kirche von England und die Anglikanische Kirchengemeinschaft. Stuttgart: Evangelisches Verlagswerk, S. 152–174.

Nienkirchen, Charles (2003): Art. Christian and Missionary Alliance (CMA). In: Stanley M. Burgess/Eduard M. van der Maas (Hrsg.): The New International Dictionary of Pentecostal and Charismatic Movements. Revised and Expanded Edition. Grand Rapids: Zondervan, S. 523–525.

Noll, Mark A. (1994): The Scandal of the Evangelical Mind. Grand Rapids: Eerdmans.

Noll, Mark A. (2001): American Evangelical Christianity. An Introduction. Oxford: Blackwell.

Obermann, Heiko A. (1985): Kirchen- und Theologiegeschichte in Quellen. Band 3: Die Kirche im Zeitalter der Reformation. 2. Aufl., Neukirchen-Vluyn: Neukirchener.

Öhler, Markus (2018): Geschichte des frühen Christentums. Göttingen: Vandenhoeck & Ruprecht.

Oeldemann, Johannes (2013): Die Orthodoxe Kirche im ökumenischen Dialog. In: Thomas Bremer/Hacik Rafi Gazer/Christian Lange (Hrsg.): Die orthodoxen Kirchen der byzantinischen Tradition. Darmstadt: Wissenschaftliche Buchgesellschaft, S. 163–182.

Oeldemann, Johannes (2016): Die Kirchen des christlichen Ostens. Orthodoxe, orientalische und mit Rom unierte Kirchen. Kevelaer: Topos.

O'Malley, John W. (2013): Trent. What Happened at the Council. Cambridge/London: Harvard University Press.

Padova, Thomas de (2015): Leibniz, Newton und die Erfindung der Zeit. 2. Aufl., München/Berlin/Zürich: Piper.

Palau, Stanislau (2021): Das andere Christentum. Zur transkonfessionellen Verflechtungsgeschichte äthiopischer Orthodoxie und europäischem Protestantismus. Göttingen: Vandenhoeck & Ruprecht.

Panikkar, Raymondo (1965): Christus der Unbekannte im Hinduismus. Luzern/Stuttgart: Räber.

Pinggéra, Karl (2011 a): Die Koptisch-Orthodoxe Kirche. In: Christian Lange/Karl Pinggéra (Hrsg.): Die altorientalischen Kirchen. Glaube und Geschichte. 2. Aufl., Darmstadt: Wissenschaftliche Buchgesellschaft, S. 63–76.

Pinggéra, Karl (2011 b): Die Äthiopisch-Orthodoxe Kirche und die Eritreisch-Orthodoxe Kirche. In: Christian Lange/Karl Pinggéra (Hrsg.): Die altorientalischen Kirchen. Glaube und Geschichte. 2. Aufl., Darmstadt: Wissenschaftliche Buchgesellschaft, S. 41–50.

Pinggéra, Karl (2011 c): Die Armenisch-Apostolische Kirche. In: Christian Lange/Karl Pinggéra (Hrsg.): Die altorientalischen Kirchen. Glaube und Geschichte. 2. Aufl., Darmstadt: Wissenschaftliche Buchgesellschaft, S. 51–62.

Pinggéra, Karl (2011 d): Die Apostolische Kirche des Ostens der Assyrer. In: Christian Lange/Karl Pinggéra (Hrsg.): Die altorientalischen Kirchen. Glaube und Geschichte. 2. Aufl., Darmstadt: Wissenschaftliche Buchgesellschaft, S. 21–40.

Pinggéra, Karl (2011 e): Die Kirchen der syrisch-orthodoxen Tradition. In: Christian Lange/Karl Pinggéra (Hrsg.): Die altorientalischen Kirchen. Glaube und Geschichte. 2. Aufl., Darmstadt: Wissenschaftliche Buchgesellschaft, S. 77–88.

Porter, Andrew (2005): Christentum, Kontext und Ideologie. Die Uneindeutigkeit der „Zivilisierungsmission" im Großbritannien des 19. Jahrhunderts. In: Boris Barth/Jürgen Osterhammel (Hrsg.): Zivilisierungsmission. Imperiale Weltverbesserung seit dem 18. Jahrhundert. Konstanz: UKV.

Prokschi, Rudolf (2013): Die Russische Orthodoxe Kirche. In: Thomas Bremer/Hacik Rafi Gazer/Christian Lange (Hrsg.): Die orthodoxen Kirchen der byzantinischen Tradition. Darmstadt: Wissenschaftliche Buchgesellschaft, S. 33–44.

Quaas, Anna D. (2011): Transnationale Pfingstkirchen. Christ Apostolic Church und Redeemed Christian Church of God. Frankfurt a. M.: Lembeck.

Rahner, Johanna (2015): Katholische Identität nach der Reformation. Das Konzil von Trient und seine erinnerungsgeschichtlichen Rekonstruktionen. In: Günter Frank/Albert Käuflein/Tobias Licht (Hrsg.): Von der Reformation zur Reform. Neue Zugänge zum Konzil von Trient. Freiburg/Basel/Wien: Herder, S. 220–243.

Rahner, Karl/Herbert Vorgrimler (Hrsg.) (2008): Kleines Konzilskompendium. Sämtliche Texte des Zweiten Vatikanischen Konzils. 35. Aufl., Freiburg: Herder.

Randall, Ian (2015): The Story of the World Evangelical Alliance. In: Brian C. Stiller/Todd M. Johnson/Karen Stiller/Mark Hutchinson (Hrsg.): Evangelicals Around the World. A Global Handbook for the 21st Century. Nashville: Thomas Nelson, S. 210–217.

Ritter, Adolf Martin (Hrsg.) (1977): Kirchen- und Theologiegeschichte in Quellen. Band 1: Alte Kirche. Neukirchen-Vluyn: Neukirchener.

Ritter, Adolf Martin/Bernhard Lohse/Volker Leppin (Hrsg.) (2001): Kirchen- und Theologiegeschichte in Quellen. Band 2: Mittelalter. 5. Aufl., Neukirchen-Vluyn: Neukirchener.

Robeck, Cecil M. (2006): The Azusa Street Mission & Revival. The Birth of the Global Pentecostal Movement. Nashville: Thomas Nelson.

Rösel, Martin (2016): „Nützlich und gut zu lesen." Die Apokryphen der Lutherbibel. In: Margot Käßmann/Martin Rösel (Hrsg.): Die Bibel Martin Luthers. Ein Buch und seine Geschichte. Leipzig: Evangelische Verlagsanstalt, S. 136–150.

Roloff, Jürgen (2004): Jesus. 3. Aufl., München: C. H. Beck.

Rosen, Klaus (2020): Die Völkerwanderung. 5. Aufl., München: C. H. Beck.

Rottenwöhrer, Gerhard (2007): Die Katharer. Was sie glaubten, wie sie lebten. Ostfildern: Thorbecke.

Rudolph, Barbara (2019): Amerika: Die United Church of Christ (UCC) in den Vereinigten Staaten von Amerika. In: Johannes Ehmann (Hrsg.): Die Kirchen der Union. Geschichte – Theologie – Perspektiven. Leipzig: Evangelische Verlagsanstalt, S. 183–209.

Ryle, John Charles/Elliot, R. (2007): George Whitefield. „Lieber verbrennen als verrosten…" Bielefeld: CLV.

Schatz, Klaus (2008): Allgemeine Konzilien – Brennpunkte der Kirchengeschichte. 2. Aufl., Paderborn: Schöningh.

Scherzberg, Lucia (2014): Katholische Abendland-Ideologie der 20er und 30er Jahre. Die Zeitschriften „Europäische Revue" und „Abendland". In: Michael Hüttenhoff (Hrsg.): Christliches Europa? Studien zu einem umstrittenen Konzept. Leipzig: Evangelische Verlagsanstalt, S. 11–28.

Schilling, Heinz (2017): Martin Luther. Rebell in einer Zeit des Umbruchs. München: C. H. Beck.

Schlachta, Astrid von (2020): Täufer. Von der Reformation ins 21. Jahrhundert. Tübingen: Narr Francke Attempto.

Schmid, Konrad (2021): Die Bibel. Entstehung, Geschichte, Auslegung. München: C. H. Beck.

Schmidgall, Paul (2008): Hundert Jahre Deutsche Pfingstbewegung, 1907–2007. Nordhausen: Traugott Bautz.

Schnelle, Udo (2019): Die ersten 100 Jahre des Christentums. 30–130 n. Chr. 3. Aufl., Göttingen: Vandenhoeck & Ruprecht.
Schorn-Schütte, Luise (2016): Die Reformation. Vorgeschichte, Verlauf, Wirkung. 6. Aufl., München: C. H. Beck.
Schwaiger, Georg/Heim, Manfred (2008): Orden und Klöster. Das christliche Mönchtum in der Geschichte. 3. Aufl., München: C. H. Beck.
Schwerhoff, Gerd (2019): Die Inquisition. Ketzerverfolgung in Mittelalter und Neuzeit. 4. Aufl., München: C. H. Beck.
Seidenspinner, Wolfgang (2004): Die Erfindung des Madonnenländchens. Die kulturelle Regionalisierung des Badischen Frankenlands zwischen Heimat und Nation. Buchen: Verein Bezirksmuseum e.V.
Sharpe, Eric J. (2010): Nathan Söderblom (1866–1931). In: Axel Michaels (Hrsg.): Klassiker der Religionswissenschaft. Von Friedrich Schleiermacher bis Mircea Eliade. 3. Aufl., München: C. H. Beck, S. 157–169.
Smith, Timothy L. (2004): Revivalism and Social Reform. American Protestantism on the Eve of the Civil War. Eugene: Wipf & Stock.
Söderblom, Nathan (1919): Die Religionen der Erde. 2. Aufl., Tübingen: Mohr Siebeck.
Söderblom, Nathan (1920): Einführung in die Religionsgeschichte. Leipzig: Quelle & Meyer.
Söderblom, Nathan (1925): Einigung der Christenheit. Tatgemeinschaft der Kirchen aus dem Geist werktätiger Liebe. 2. Aufl., Halle: Müllers Verlag.
Spittler, Russell P. (2003): Art. Du Plessis, David Johannes. In: Stanley M. Burgess/Eduard M. van der Maas (Hrsg.): The New International Dictionary of Pentecostal and Charismatic Movements. Revised and Expanded Edition. Grand Rapids: Zondervan, S. 589–593.
Stanley, Brian (2013): The Global Diffusion of Evangelicalism. The Age of Billy Graham and John Stott. Downers Grove: Inter-Varsity Press.
Stiller, Brian C. (2015): An Introduction to the World Evangelical Alliance. In: Brian C. Stiller/Todd M. Johnson/Karen Stiller/Mark Hutchinson (Hrsg.): Evangelicals Around the World. A Global Handbook for the 21st Century. Nashville: Thomas Nelson, S. 8–9.
Stott, John (1997): Making Christ Known. Historic Documents from the Lausanne Movement, 1974–1989. Grand Rapids: Eerdmans.
Strohm, Christoph (2017): Die Kirchen im Dritten Reich. 2. Aufl., München: C. H. Beck.
Strohm, Christoph (2009): Johannes Calvin. Leben und Werk des Reformators. München: C. H. Beck.
Strotmann, Angelika (2019): Der historische Jesus. Eine Einführung. 3. Aufl., Paderborn: Schöningh.
Suarsana, Yan (2010): Christentum 2.0? Pfingstbewegung und Globalisierung. Würzburg/Zell a. M.: Religion & Kultur.
Suarsana, Yan (2011): Worte der Macht. Der Kolonialismus in Texten protestantischer Missionare des späten 19. und frühen 20. Jahrhunderts. In: Zeitschrift für Kirchengeschichte 122/2-3, S. 233–256.
Suarsana, Yan (2013): Pandita Ramabai und die Erfindung der Pfingstbewegung. Postkoloniale Religionsgeschichtsschreibung am Beispiel des „Mukti Revival". Wiesbaden: Harrassowitz.
Suarsana, Yan (2017a): Die globale Ausbreitung des Evangelikalismus ab 1950. In: Frederik Elwert/Martin Radermacher/Jens Schlamelcher (Hrsg.): Handbuch Evangelikalismus. Bielefeld: Transcript, S. 95–107.
Suarsana, Yan (2017b): Die Pfingstbewegung als Kind der Globalisierung. In: Polykarp Ulin Agan SVD (Hrsg.): Pentekostalismus – Pfingstkirchen. Siegburg: Franz Schmitt, S. 11–32.

Suarsana, Yan (2019 a): Asien: The Church of South India und die Unionsbestrebungen im indischen Protestantismus. In: Johannes Ehmann (Hrsg.): Die Kirchen der Union. Geschichte – Theologie – Perspektiven. Leipzig: Evangelische Verlagsanstalt, S. 211–226.
Suarsana, Yan (2019 b): Postkoloniale Theorie und Religionsgeschichte. Implikationen eines konsequent-historischen Religionsverständnisses für Religionswissenschaft und Theologie. In: Interkulturelle Theologie. Zeitschrift für Missionswissenschaft, H. 2-3, S. 188–209.
Suarsana, Yan (2021): Religionizing Christianity. Towards a Poststructuralist Notion of Global Religious History. In: Method and Theory in the Study of Religion 33, S. 259–288.
Sweetnam, Mark S. (2019): Evangelicals and the End of the World. In: Andrew Atherstone/David Ceri Jones (Hrsg.): The Routledge Research Companion to the History of Evangelicalism. New York: Routledge, S. 178–197.
Sykes, Norman (1966): Apostolische Sukzession und Amt. In: Hans Heinrich Harms (Hrsg.): Die Kirche von England und die Anglikanische Kirchengemeinschaft. Stuttgart: Evangelisches Verlagswerk, S. 62–74.
Synan, H. Vinson (2003): Art. Bonnke, Reinhard Willi Gottfried. In: Stanley M. Burgess/Eduard M. van der Maas (Hrsg.): The New International Dictionary of Pentecostal and Charismatic Movements. Revised and Expanded Edition. Grand Rapids: Zondervan, S. 438–439.
Tamcke, Martin (2008): Christen in der islamischen Welt. München: C. H. Beck.
Tamcke, Martin (2017): Das orthodoxe Christentum. 3. Aufl., München: C. H. Beck.
Tebartz-van Elst, Franz-Peter (2010): Widerspruch: Bischof Franz-Peter Tebartz-van Elst: „Es gibt eine christliche Leitkultur, Herr Bundespräsident". In: Focus Magazin, H. 41, https://www.focus.de/wissen/mensch/bischof-franz-peter-tebartz-van-elst-es-gibt-eine-christliche-leitkultur-herr-bundespraesident-widerspruch_id_2532443.html (Stand: 18.4.2024).
Thamer, Hans-Ulrich (2023): Die Französische Revolution. 6. Aufl., München: C. H. Beck.
Theißen, Gerd/Annette Merz (2011): Der historische Jesus. Ein Lehrbuch. 4. Aufl., Göttingen: Vandenhoeck & Ruprecht.
Thomas, Norman E. (2010): Missions and Unity. Lessons from History, 1792–2010. Eugene: Cascade.
Thorau, Peter (2012): Die Kreuzzüge. 4. Aufl., München: C. H. Beck.
Van de Kamp, Jan (2021): Pietismus und Puritanismus. In: Wolfgang Breul (Hrsg.): Pietismus Handbuch. Tübingen: Mohr Siebeck, S. 44–48.
Vinzent, Markus (2019): Writing the History of Early Christianity. From Reception to Retrospection. Cambridge: Cambridge University Press.
Voigt, Karl Heinz (1990): Die Evangelische Allianz als ökumenische Bewegung. Freikirchliche Erfahrungen im 19. Jahrhundert. Stuttgart: Christliches Verlagshaus.
Voigt, Karl Heinz (2020): Methodismus. Name – Deutung – Wirkung – Gestaltung. Eine kontinentaleuropäische Perspektive. Göttingen: V&R unipress.
Voigt, Karl Heinz (2004): Freikirchen in Deutschland (19. und 20. Jahrhundert). Leipzig: Evangelische Verlagsanstalt.
Währisch-Oblau, Claudia (2006): Die Spezifik pentekostal-charismatischer Migrationsgemeinden in Deutschland und ihr Verhältnis zu den „etablierten" Kirchen. In: Michael Bergunder/Jörg Haustein (Hrsg.): Migration und Identität. Pfingstlich-charismatische Migrationsgemeinden in Deutschland. Frankfurt a. M.: Lembeck, S. 10–39.
Wallmann, Johannes (2012): Kirchengeschichte Deutschlands seit der Reformation. 7. Aufl., Tübingen: Mohr Siebeck.
Wallmann, Johannes (2019): Der Pietismus. 2. Aufl., Göttingen: Vandenhoeck & Ruprecht.
Wheeler, Edward L./Mary S. Wheeler (2021): Die Afro-Amerikanische Baptistische Reise. „Rettung, Hoffnung und Befreiung. Eine Reise des Glaubens". In: Erich Geldbach

(Hrsg.): Baptisten weltweit. Ursprünge, Entwicklungen, Theologische Identitäten. Göttingen: Vandenhoeck & Ruprecht, S. 236–249.
Wilkinson, Michael (2021): Art. Pentecostal World Fellowship. In: Michael Wilkinson/Connie Au/Jörg Haustein/Todd M. Johnson (Hrsg.): Brill's Encyclopedia of Global Pentecostalism. Leiden/Boston: Brill, S. 505–507.
Winkler, Dietmar W. (2013): Die orthodoxen Kirchen im Orient und Ostmittelmeerraum: Alexandria, Antiochia, Jerusalem und Zypern: In: Thomas Bremer/Hacik Rafi Gazer/Christian Lange (Hrsg.): Die orthodoxen Kirchen der byzantinischen Tradition. Darmstadt: Wissenschaftliche Buchgesellschaft, S. 23–32.
Wolf, Hubert (2020): Der Unfehlbare. Pius IX. und die Erfindung des Katholizismus im 19. Jahrhundert. München: C. H. Beck.
Wolffe, John (2015): Who are Evangelicals? A History. In: Brian C. Stiller/Todd M. Johnson/Karen Stiller/Mark Hutchinson (Hrsg.): Evangelicals Around the World. A Global Handbook for the 21st Century. Nashville: Thomas Nelson, S. 25–33.
Wulff, Christian (2010): Vielfalt schätzen – Zusammenhalt fördern. Rede zum 20. Jahrestag der Deutschen Einheit, https://www.bundespraesident.de/SharedDocs/Reden/DE/Christian-Wulff/Reden/2010/10/20101003_Rede.html (Stand: 18.4.2024).
Young, Norman (2011): Die Uniting Church in Australien. In: Walter Klaiber (Hrsg.): Methodistische Kirchen. Göttingen: Vandenhoeck & Ruprecht, S. 293–314.
Zehetmair, Hans (2009): Einführung. In: Philipp W. Hildmann (Hrsg.): Vom christlichen Abendland zum christlichen Europa. Perspektiven eines religiös geprägten Europabegriffs für das 21. Jahrhundert. München: Hanns-Seidel-Stiftung, S. 5–7.
Zimmerling, Peter (2018): Charismatische Bewegungen. 2. Aufl., Göttingen: Vandenhoeck & Ruprecht.
Zollitsch, Robert (2015): 450 Jahre Konzil von Trient. Der Beginn der „katholischen Reform". In: Günter Frank/Albert Käuflein/Tobias Licht (Hrsg.): Von der Reformation zur Reform. Neue Zugänge zum Konzil von Trient. Freiburg/Basel/Wien: Herder, S. 11–24.

Sachregister

Die Angaben verweisen auf die Seitenzahlen des Buches.

A

Abendland 15–17, 21
Abendländisches Schisma 57
Abendmahl 71, 110, 111, 137, 150, 171
Abessinien 86
Abgrenzung 14, 16, 18, 22, 27, 28, 50, 51, 79, 112, 113, 130, 133, 134, 161, 168, 172, 174, 182, 192, 194, 195, 198, 200, 201
Ablass 70
Ablassbrief 70
Ablasshandel 70
Abolitionismus 179
Absolutismus 102, 121
Abt 65
Adventisten 160
Affenprozess 199
African Independent/Initiated Churches, AIC 191
African Methodist Episcopal Church 173, 179
Afrika, afrikanisch 13, 25, 45, 52, 84, 88, 105, 107, 116, 119, 120, 128, 130–132, 142, 143, 150, 154, 155, 169, 172, 173, 179, 183, 187, 189–192, 197, 200, 202, 208
afrikanisch-unabhängige Kirchen, AUK 189
afroamerikanisch 107, 153, 154, 173, 179, 184, 186, 187
Ägypten, ägyptisch 26, 33, 37–39, 46, 49–51, 59, 64, 65, 79, 80, 83–85
Akkomodation 120, 121
Aksum 86, 87
Albanien 95, 96
Albigenser 61
Alkoholismus 169, 171, 178
Altes Testament 37, 39, 87, 99, 114
altkatholische Kirche 125
altorientalisch 26, 79, 80, 86, 93, 95, 97, 98, 100, 109, 110, 134, 205
American Baptist Churches 153, 195, 196
Amische 77

Amt 42, 46, 72, 97, 102, 103, 134, 146, 149, 191
Ämterhierarchie 26, 42, 97, 108, 109, 134, 136, 145
Ancien Régime 122, 124
Andalusien 16
Anglican Communion 143, 144
Anglikanismus, anglikanisch 27–29, 83, 127, 131, 132, 142–149, 151, 152, 155, 158, 166, 169–172, 175–177, 191, 195, 201, 206, 207
Angola 105
Angst 68, 70
Antiochia 48, 51, 88, 89, 95, 96, 99, 100
Apartheid 107
Apokalypse, apokalyptisch 36, 39
Apokryphen 38, 114
Apostel, apostolisch 42, 43, 54, 61, 67, 76, 83, 90, 97, 109, 111–114, 116, 124, 134–137, 143, 148, 176, 184, 208, 209
Apostelgeschichte 35, 38, 39, 41, 42
Apostolic Faith Mission 186, 187, 191
Apostolic Faith Mission of South Africa, AFM 187
apostolische Sukzession 54, 97
Apostolizität 54, 108, 109
arabisch 51, 53, 81, 84, 85, 91, 117
aramäisch 51, 65, 82
Argentinien 107
Arierparagraph 140
Armenien, armenisch 26, 51, 79, 80, 84, 90–93
Arminianismus 178
Armut 66, 106, 107, 191
Asien, asiatisch 13, 25, 42, 68, 81, 82, 105, 116, 120, 121, 128, 130–132, 143, 150, 155, 172, 173, 180, 183, 188, 190, 197, 202, 208
Askese 64, 98
Assemblies of God, AoG 183, 184, 187, 195, 199
assyrisch 26, 80–82, 84, 88

Sachregister

Atheismus, atheistisch 163, 210
Äthiopien, äthiopisch 26, 79, 80, 83, 86–88, 120, 130, 201
Athos 65, 101
Auferstehung 35, 37–39, 61
Aufklärung 16, 62, 158, 159, 161, 175
Augsburger Bekenntnis 72, 130
Augsburger Religionsfrieden 72, 138
Augustiner 67, 68
Ausbeutung 106, 117, 155
Ausgrenzung 16, 18, 89
Australien 25, 84, 130–132, 142, 143, 150, 151, 172, 183, 192, 197, 200
Austreibung 184
Autokephalie, autokephal 79, 87, 95, 96, 100–102
Autorität 58, 108, 123, 129, 147, 172, 193
Azusa Street 186, 187, 189, 190

B

Balkan 37
Baltikum 130
Baptismus, Baptisten, baptistisch 28, 29, 77, 127, 144, 149–154, 156, 157, 160, 167, 172, 174, 177, 179, 188, 196, 198, 202
Baptist Missionary Society, BMS 152, 154, 155
Baptist World Alliance 150, 153
Baptistischer Weltbund 150
Barmer Theologische Erklärung 141
Barmherzigkeit, barmherzig 17, 35, 69, 166
Befreiungstheologie 106, 107, 202
Beichte 97, 137
Bekehrung 114, 152, 153, 167, 178, 180
Bekennende Kirche 141
Bekenntnis 29, 50–52, 72, 74, 75, 83, 88, 130, 131, 140, 149
Bekenntnisschrift 131, 146
Belarus 95, 96
Benediktiner 65, 66
Besessenheit 189
Bethlehem 34
Bettelorden 66, 67

Bibel, biblisch 21, 37, 38, 69, 73, 90, 101, 111, 113, 114, 129, 135, 137, 146, 152, 153, 159, 165, 167, 175, 179, 193, 195, 198, 199
Bibelauslegung 69, 159
Bilderstreit 99
Bilderverbot 99
Bildung 16, 34, 68, 108, 138, 140, 203, 205
Bischof 31, 42, 43, 46, 50, 53, 54, 56, 70, 82, 83, 86, 89, 90, 106, 108, 118–125, 134, 138, 141, 144, 208
Bistum 88
Black Catholicism 107
Black Power 107
Black Theology 107
Blut 39, 60, 71, 73, 97, 110, 111, 115
Bolschewismus, bolschewistisch 65, 92, 103
Brasilien 105, 150, 173, 183, 188
British Empire 142
Brot 39, 58, 71, 73, 97, 110, 111, 115, 133, 145
Buch Mormon 179
Buchdruck 70
Buddhismus 18, 20, 209, 210
Bulgarien 95, 96
Bund Evangelisch-Freikirchlicher Gemeinden, BEFG 150, 174
Bund Freikirchlicher Pfingstgemeinden, BFP 175, 184, 192
Bundeslade 87
Bürgerkrieg 147, 153, 179
Bürgerrechtsbewegung 154
Buße 62, 64, 70, 111
Byzanz, byzantinisch 26, 27, 29, 51–53, 55, 58–60, 65, 79, 89, 91, 95–102, 104, 207

C

Calvinismus 74, 127, 130, 131, 134, 137, 138, 144
camp meetings 176, 190, 200
Canossa 56
chaldäisch 82
Chalkedon 49–52, 79, 83, 91, 97, 110
charismata 29

charismatisch 28–30, 34, 76, 129, 158, 159, 168, 170, 174, 181, 182, 184, 185, 187–192, 194, 197
Chile, chilenisch 173, 183
Chiliasmus 159, 165
China Inland Mission 156, 180
China, chinesisch 51, 81, 82, 86, 120, 121, 156, 180, 183, 189, 190
Christian and Missionary Alliance, CMA 181
Christian Right 196
Christianisierung 86, 101, 155
Christianity Today 199–201
christliche Rechte 196
Christlicher Verein junger Menschen, CVJM 161
Christologie 43, 46, 50, 51, 86, 87, 91, 98, 110
Christus 21, 29, 33, 35, 36, 41, 44, 46–50, 68, 69, 97, 100, 109–112, 115, 134–137, 149, 158, 159, 161, 163, 177, 180, 209
Church Missionary Society, CMS 155, 191
Church of England 131, 142–144, 147–149, 152, 169, 175, 177
Church of God in Christ, COGIC 184
Church of Scotland 131
Church of South India 132, 142
Common Book of Prayer 144
Confessio Augustana 72, 113, 130, 138

D
Dänisch-Hallische Mission 167
Deismus 158, 169
Dekokratische Republik Kongo 105, 183, 190
Demokratisierung 139
Denomination 129, 153, 173, 181, 183, 187, 191, 196
Deutsche Bischofskonferenz 108
Deutschland, deutsch 13–15, 17, 18, 25, 28, 30, 31, 56, 71–75, 77, 84, 90, 108, 110, 114, 120, 122, 125, 129–132, 134, 138–142, 149, 150, 157, 161–163, 165, 166, 169, 170, 172–175, 184, 190, 192, 193, 196, 198, 200, 203, 208, 210

Diaspora 26, 37, 82, 84, 90, 93
Diözese 108
Dispensationalismus 198
Dissenters 144, 151
Diversität 16, 22, 108, 121, 128, 129, 182, 188, 190, 192, 205
Dominikaner 64, 67, 118, 119
dreieinig 21, 44

E
Église protestante unie de France 138
Ehe 18, 97, 111, 137, 145, 146
Ehelosigkeit 64, 65
Einheitsübersetzung 36, 114
Einnaturenlehre 79, 83
Emanzipation 53, 139, 153
Endzeit, endzeitlich 36, 76, 159, 180, 186
Engel 97
England, englisch 27, 28, 30, 44, 74, 77, 84, 131, 132, 138, 142–152, 154, 157, 158, 160–162, 166, 168–170, 172–177, 179, 180, 195, 198, 201, 202
Enthaltsamkeit 64
Episkopalismus, episkopal 122, 142, 175, 188
Erbauung 164
Erbsünde 75
Erfahrung 44, 107, 145, 157, 158, 160, 210
Eritrea, eritreisch 80, 83, 86
Erkenntnis 15, 19, 22, 41, 44, 69, 156
Erlöser 21, 36, 164
Erster Weltkrieg 15, 82, 92, 139, 160, 206
Erstes Vatikanisches Konzil 108, 111, 124
Erweckung, erwecklich 152, 153, 158, 160, 170–172, 175, 177, 180, 182, 186
Erweckungsbewegung 145, 152, 157, 162, 169, 170, 181
Estland 95, 96
Ethik, ethisch 18, 40
Eucharistie 58, 71, 110, 111, 114, 115, 135
Europa, europäisch 13, 15–19, 21, 25, 26, 67, 68, 74, 80, 84, 87, 88, 105, 106, 108, 116, 117, 119, 121–124, 128, 130–132, 137, 143, 145, 149–151, 155,

156, 159, 169, 172, 173, 175, 180, 181, 183, 188, 191, 192, 197, 200, 205
Evangelical Alliance, EA 14, 172, 183, 195, 201, 202, 206
evangelicalism, evangelical 149, 193, 195, 198–200
Evangelikalismus, evangelikal 28–30, 127, 149, 153, 157, 181–183, 190, 192–203
Evangelisation 158, 161, 171, 180, 181, 186, 196, 202
Evangelisch-methodistische Kirche, EmK 173, 174, 195
Evangelische Allianz in Deutschland, EAD 14
Evangelische Kirche in Deutschland, EKD 13–15, 129, 140, 185, 193, 196
Evangelium 38, 41, 68, 90, 111, 149, 153, 178, 180
Evolutionstheorie 156, 198
Exegese 159
exklusivistisch 180, 208
Exkommunikation 59

F
faith mission 180
Familie 18, 167, 176
filioque 58
Finnland 95, 96
Firmung 97, 111, 137
Fleisch 41, 110, 115
Folter 62
Foursquare Church 184
Franckesche Stiftungen 166
Franken 52, 55
fränkisches Reich 52, 53, 58, 65
Frankreich, französisch 22, 57, 67, 73, 74, 84, 105, 122, 123, 132, 138, 139, 157, 159, 168
Franziskaner 67
Französische Revolution 122
Frauenbewegung 178, 179
Frauenordination 197
freier Wille 69, 114, 151, 178
Freiheit 45, 71, 91, 107, 125
Freikirche 13, 144, 148, 168, 174, 193, 196, 203, 205
Freimaurerei 162

Friedensbewegung 206, 207
Frömmigkeit 28, 29, 68, 77, 97, 107, 129, 133, 134, 136, 147, 152–154, 159, 163, 164, 166, 168, 170, 172, 174, 175, 188, 190
Fuller Theological Seminary 200
Fundamentalismus, fundamentalistisch 153, 159, 181, 198–200
Fürbitte 112, 115, 136
Fürsorge 64, 66, 119, 161, 170, 171, 178

G
Galiläa 34
Gallien 43
Gallikanismus 122
Gebet 136, 156
Gegenreformation 105, 113, 116
Gehorsam 47, 65, 72, 118, 124, 146
Geistgaben 29, 184
Geisttaufe 186, 187
Gemeindewachstumsbewegung 189
Gemeinschaft Sant'Egidio 109
Genf 73–75, 130, 147, 207
Genozid 92
Georgien 95, 96
Gerechtigkeit 68, 69, 107, 114, 195
Gericht 34, 36, 48, 68, 110, 112, 136, 159
germanisch 51, 52
Geschichtsschreibung 23
Gewalt 57, 59, 60, 99, 108, 118, 122, 145
Glaube 36, 61, 69, 153, 165, 168
– Glaubensbekenntnis 47, 50, 58, 72, 110, 195, 208, 210
– Glaubensbewegung Deutsche Christen 140
– Glaubenskongregation 63
– Glaubenspraxis 97, 106
– Glaubenstaufe 29, 76, 149, 151
Gleichschaltung 140
globaler Süden 25, 26, 29, 105, 127, 129, 157, 158, 175, 182, 183, 185, 197, 201, 202, 208
Globalisierung 16, 18, 19, 105, 112, 116, 121, 169, 187, 205
Glossolalie 184
Gnade 41, 60, 69, 71, 97, 110, 114, 135, 137, 165, 178, 202

Gnosis 40, 41
Gott 21, 35, 39–41, 44, 46–49, 62, 64, 65, 69, 71, 87, 100, 110, 112, 114–116, 118, 135–137, 154, 161, 165, 170, 171, 176, 177, 191, 195
Gottesdienst 184
Gotteslehre 46, 47, 110
Gottesmutter 97
Great Awakening 153, 158, 171, 175, 177, 179
gregorianische Reform 55
Griechenland, griechisch 27, 33, 37, 39–44, 46, 47, 49, 50, 53, 57–59, 64, 79, 81, 95, 96, 98, 99, 114, 205
Guatemala 183, 188

H
Hagia Sophia 99
Häresie 63
Häretiker, häretisch 58, 62, 113
Hauskreis 164
hebräisch 37, 114
Heidelberger Katechismus 131
Heil 36, 39, 48, 69, 70, 75, 97, 110, 111, 137, 185
- Heiland 53, 161, 168, 207
- heilige Stadt 60, 124
- Heiligenverehrung 112, 115, 136
- Heiliger Geist 21, 29, 53, 58, 111, 112, 135, 180, 184, 186, 189, 190
- Heiligtum 112
- Heiligung 87, 114, 133, 147, 158, 165, 169, 171, 178–180, 182, 185, 186, 188, 202, 209
- Heiligungsbewegung 158, 178–180, 182, 185, 186, 188, 202
- Heilsarmee 172, 174, 196
- Heilsgeschichte 159, 175, 178
- Heilslehre 46, 48, 110, 163
- Heilung 184, 186, 190
Heiliger Stuhl 108
Herrnhuter 162, 163, 167–170, 174
Hexerei, Hexe 63
High Church 144, 149
Hillsong 189
Himmel 47, 54, 110, 118, 176, 178, 184
Hinduismus 19, 20, 107, 209
Hölle 68
Holocaust 141

homoousios 46, 47, 110
Homosexualität 197
Hugenotten 74, 138
Humanismus 57, 72, 73
Hunger 66
Hunnen 52, 55
Hutterer 77

I
Identität 14, 22, 33, 90, 107, 112, 113, 121, 125, 128, 130, 157, 182, 192, 194, 197, 200, 203
Iglesia Metodista Pentecostal 173
Ikone 97, 179
Ikonoklasmus 99
Imperialismus 28, 156
Indien, indisch 20, 51, 79–81, 83, 86, 107, 120, 128, 130, 132, 142, 150, 152, 173, 179, 183, 190, 200, 208
Indonesian Bethel Church 184
Indonesien 130, 183
initial evidence 186, 187
inklusivistisch 208
Inkulturation 106, 129
Inquisition 33, 57, 59, 62–64, 67, 78
Inquisitor 61, 63
Institution 43, 59, 70, 129, 134, 157, 209, 211
interreligiöser Dialog 14, 107
Investiturstreit 55
Irak 26, 80, 82, 89
Iran 80, 82
Irrlehre 38, 62, 83
Irrtumsfreiheit 199
Islam 16–18, 81, 82, 84, 86, 89, 209
Israel 36, 37, 87
Italien, italienisch 42, 52, 55, 61, 63, 87, 88, 105, 122, 123

J
Japan 95, 96, 120, 121, 200
Jenseits 79
Jerusalem 34, 35, 43, 54, 60, 77, 87, 90, 95, 96, 99, 100, 102
Jesuiten 67, 68, 119–121, 124, 208
Jesus People 188

Sachregister

Johannesevangelium 38, 43
Judentum 16–18, 36, 37, 41, 64, 209
Jungfrau 39
Jüngstes Gericht 36, 48, 110, 112, 136, 159
Jurisdiktionsprimat 54, 125

K

Kaiser 40, 45, 47–50, 52–56, 59, 60, 72, 73, 76, 86–88, 99, 102, 123, 201
Kalender 98
Kanon, kanonisch 37, 38, 116
- Kanonisierung 114
Kardinal 58
Karibik 88, 169, 173, 179
Katharer 57, 61–63, 66, 67
Katholikos 80, 81, 90–93
Katholische Junge Gemeinde, KjG 110
Katholische Reform 113
Katholizismus, katholisch 15, 16, 20, 27, 28, 39, 67, 77, 97, 105, 107, 111–113, 116, 121–123, 128, 133, 135, 136, 138, 139, 142, 144, 146, 148, 182, 187, 188, 194, 209, 210
Kelch 110
Kenia 183
Ketzer, ketzerisch 57, 61–63
- Ketzerei 61–63
Kiewer Höhlenkloster 65, 101
Kiewer Rus 101
Kilikien 90–93
Kirche
- Kirche Jesu Christi der Heiligen der letzten Tage 179
- Kirchenbann 47, 56, 59, 60
- Kirchenkampf 141
- Kirchenlied 167
- Kirchenpatronat 117
- Kirchenprovinz 42, 139, 142
- Kirchenrecht 62
- kirchenslawisch 97, 101
- Kirchenstaat 53, 55, 63, 122, 123
- Kirchenunion 59, 60, 102
- Kirchenvater 207, 210
Klarissen 67
Kleinasien 37, 65
Kleriker 62, 67
Klerus 42, 45, 70, 109, 146

Kloster 65, 66, 68
Kolonialismus 16, 116, 155, 205, 206
- Kolonialkirche 123
- Kolonialmacht 20, 59, 120, 177
- Kolonialzeit 17, 19, 20, 75, 142, 156, 160
Kommunikationsnetzwerk 157, 182, 198
Kommunion 110
Konfession 29, 30, 74, 82, 105, 113, 127, 131, 144, 158, 168, 174, 182, 195, 206
- konfessionelles Zeitalter 113
- Konfessionskirche 105, 108, 112, 113, 121, 130
Konfirmation 15
Konfuzianismus 19, 120
Kongregationalismus, kongregationalistisch 132, 148, 149, 151, 174, 176, 177, 189
Konkordat 122
Konquistadoren, conquistadores 117–119
konservativ 15, 16, 144, 145, 196, 197, 200, 202
Konstantinische Wende 45
Konstantinopel 27, 46, 48, 49, 53, 58, 59, 65, 90, 95, 96, 99–102, 207
Konversion 86, 89
Konzil 27, 46–49, 57, 58, 62, 83, 91, 99, 106–108, 111–113, 115, 116, 124, 134, 187, 201, 207, 208
Kopten, koptisch 26, 38, 79, 80, 83–89, 93
Koreanisch Methodistische Kirche, KMC 173
Kosmos 40, 41, 44
Krankensalbung 111, 137
Krankheit 66, 119
Kreuz 37, 47, 48, 104, 193
- Kreuzigung 110
- Kreuzzug 57, 59, 62
Kuba 117
Kultur 21, 57, 93, 99, 122, 125, 155, 156, 170, 180, 188, 209, 210
Kulturprotestantismus 18
Kulturwissenschaft, kulturwissenschaftlich 13, 18, 22, 23, 30, 127, 194
Kunst 57
Kurie 108
kyrillisches Alphabet 101

L

Laie 62, 70, 85, 106, 109, 134, 135, 164, 181
Lambeth-Konferenzen 143, 206
landesherrliches Kirchenregiment 72, 138, 139
Landeskirche 73, 131, 132, 139–142, 163, 167, 168, 174, 192
Landwirtschaft 66, 119
Lateinamerika, lateinamerikanisch 25, 105–107, 123, 124, 128, 130, 150, 173, 180, 183, 187, 188, 197, 202
Lateran 115
Lausanner Bewegung 196, 202
Lausanner Verpflichtung 202
Lehramt 69, 111, 113, 124, 129, 135, 137
Leib 39, 71, 73, 97, 110, 111, 115, 134, 209
- Leitkultur 17, 18
Lesotho 190
liberale Theologie 209, 210
Liberalismus, liberal 18, 124, 129, 153, 196, 199, 200, 202, 209, 210
Liberia 154
Liturgie 26, 84, 86, 88, 96–98, 106, 107, 110, 116, 144, 149
Logienquelle 38
Logos 40, 41, 43, 44, 46, 48, 49
London Missionary Society, LMS 152, 155
Low Church 144, 149
Lukasevangelium 38
Lumen Gentium 208, 209
Luther
- Lutherbibel 114, 167
- lutherisch 27, 69, 70, 72–74, 113, 127, 130–135, 137–142, 144, 163, 165–167, 170, 174, 188, 195, 197
- lutherische Orthodoxie 163
- Lutherischer Weltbund 131, 206
- Luthertum 28, 74, 127, 130, 134, 137

M

Madonnenkult 136
Mährische Brüder 168
Mailänder Edikt 45
mainline 28, 153, 173, 182, 188, 193, 196, 197, 199, 201, 202
Mar-Thoma-Kirche 83
Marburger Religionsgespräch 73, 74, 132
Markusevangelium 38
Märtyrer 64, 97
Massenmedien 29
Matthäusevangelium 38
Megachuch 184
Mennoniten 77, 151
Mesopotamien 45, 65, 88
Messe 72, 109, 110, 116, 133, 135, 137
Messias 34–36, 38
Metaphysik, metaphysisch 40, 163
Methodismus, methodistisch 28, 29, 132, 152, 153, 158, 160, 169–174, 176–182, 185, 188, 195, 196
Metropolit 81, 101, 102
Mexiko 105, 119, 173, 183
Miaphysitismus, miaphysitisch 50, 51, 79, 80, 83, 86–89, 91, 98, 110
Migrationskirche 192
Millenarismus 159
Millennium 159, 180
Millet 59, 82, 100
Minderheit 16, 42, 82, 85, 92, 137, 138, 167
Ming-Dynastie 82
Misereor 110
Missbrauch 108
Mission 64, 75, 116, 130, 153, 155, 156, 158, 160, 167, 169, 178, 180, 186, 187, 191, 192, 195, 202
Missionarin, Missionar 19, 81–83, 85, 87, 90, 100, 101, 118, 120, 121, 152, 154–156, 167, 169, 173, 180, 181, 187, 190–192
Mittelamerika 120, 200
Moderne 16, 106, 123, 155, 199
Mönch 68, 87, 90, 115
- Mönchsregel 65
- Mönchsstaat 65
- Mönchtum 65, 85, 99
Mongolei, Mongolen 81, 82, 89, 101
Moody Bible Institute 185
Moravian Church 163, 169
Mormonen 179
Moskau 27, 96, 101, 102

Sachregister

Münster 76, 77, 141
muslimisch 15, 16, 51, 57, 60–62, 81, 82, 84, 88, 89, 91, 100
Myanmar 150
Mystik 163

N

Nachfolge 54, 61, 64, 76, 124, 157, 171
Nächstenliebe 17, 171
Naherwartung 159
Nation 19, 45, 198, 206
National Association of Evangelicals, NAE 199–201
National Baptist Convention 153, 154
National Council of Churches, NCC 199
Nationalismus 89, 92
Nationalsozialismus, nationalsozialistisch 15, 140, 141
Nationalstaat 100, 205
Naturgesetze 44
Naturwissenschaft 40
Nazareth 34, 36
neo-charismatisch 29
Neuapostolische Kirche 160
Neuengland 176
Neues Testament 21, 35–39, 42, 97, 114, 141, 167
Neuplatonismus 40, 44
Neuseeland 200
New Evangelicalism 199
Niederlande, niederländisch 68, 76, 77, 137, 138, 178, 201
Nigeria 105, 142, 150, 183, 190, 192
Nizäa 46–48, 50, 52, 58, 99, 110, 112, 115, 205, 207
Nizäno-Konstantinopolitanum 110
Nonkonformisten, nonkonformistisch 147, 148, 172, 175, 198
Nonne 64, 65, 97
Nordafrika 45
Nordamerika, nordamerikanisch 25, 26, 28, 77, 105, 128, 130–132, 138, 143, 148, 150–152, 158, 166, 168, 171–177, 180, 181, 183, 196, 197
NSDAP 140, 141

O

Offenbarung 39, 68, 113, 136, 159
öffentlich-rechtliche Körperschaft 139, 148, 210
Ökumene, ökumenisch 20, 24, 85, 95, 99, 100, 106, 133, 172, 187, 188, 195, 199–201, 205–210
– Ökumenischer Rat der Kirchen, ÖRK 187, 195, 201, 207
– Ökumenismusdekret 208
Omayyaden 81
Orden 67, 97, 119, 121
Ordination 42, 135, 171
Orient 17, 57, 79, 143, 172, 197, 206
Orthodoxie, orthodox 16, 20, 26, 27, 29, 50, 59, 78–80, 83, 84, 86–90, 93, 95–98, 100–104, 109, 125, 128, 129, 134, 163, 165, 182, 188, 195, 197, 198, 205, 207
osmanisch 17, 59, 65, 81, 84, 89, 92, 100, 102
Ostasien 120
Osterfest 43
Osteuropa 95
oströmisch 99
ostsyrisch 26, 51, 79–83, 88, 89, 91, 98
Ozeanien 25, 105, 128, 130–132, 143, 150, 151, 172, 173, 183, 197

P

Palästina 37, 42, 43, 51, 65
Papst 53, 55–57, 59–61, 63, 66, 67, 70, 76, 84–86, 88, 91, 98, 99, 106–108, 111, 112, 115, 118, 121–125, 134–136, 145, 146, 208, 209
Papua-Neuguinea 130
Pastor 42, 109, 124, 129, 147, 150, 152, 154, 187, 191, 200
Patriarch 27, 48, 53, 58, 59, 80–90, 92, 95–97, 99–103, 207
– Patriarchat 48, 58, 59, 84, 86, 87, 92, 95, 96, 99, 100, 102
Pentecostal World Fellowship, PWF 183, 195
pentecostalism, pentecostal 158, 181, 188
Pentekostalismus, pentekostal 30, 127, 150, 158, 159, 175, 182–185, 187–189, 192

Persien, persisch 26, 33, 49–51, 79–83, 86, 88, 90–92, 98
Peterskirche 57, 70
Pfarrernotbund 140, 141
Pfingsten 176, 180, 186
- Pfingstbewegung, pfingstlich 29, 30, 152, 158, 159, 161, 181–185, 187–193, 197, 199
Philippinen 105, 121, 150, 183, 188, 200
Philosophie, philosophisch 33, 38–41, 43, 44, 46, 48, 49, 64, 67–69, 120, 158, 165, 198
Pietismus, pietistisch 28, 127, 157, 158, 161–170, 174, 175, 181
Pilger 60
pilgrim fathers 28, 131, 148
Platonismus 40, 44
Pluralität 45, 49, 174, 205
Polen 95, 96, 105
pontifex, Pontifikat 54–56, 62
Portugal, portugiesisch 105, 117, 119–121
Postmillenarismus, postmillenarisch 160, 185, 202
Prädestinationslehre 151, 178
Prämillenarismus, prämillenarisch 159, 160, 185, 195, 198
Presbyter, presbyterianisch 42, 46, 132, 148, 175, 178
Preußen 139
Priester 29, 71, 75, 97, 110, 111, 116, 134–137, 176
- Priesteramt 108, 109, 136, 144
- Priesterweihe 97, 111, 144
- Primatsanspruch 108
Professor 68, 70, 200, 210
Prophet, prophetisch 34, 37, 39, 75, 159, 165, 179, 184, 186
- Prophetie 165, 184
prosperity gospel 189
Protestantse Kerk in Nederland 138
Puritaner, puritanisch 28, 29, 131, 144, 147–149, 151, 153, 158, 161–165, 169, 170, 176
Puritanerdiktatur
- Puritanerdiktatur 148, 151

Q
Quäker 144

R
radikal 61, 69, 77, 147
Rassendiskriminierung 107
Rastafari 88
rationalistisch 158, 175
Realpräsenz 73, 111
Rechtfertigung 114, 171
Reconquista 117
Redeemed Christian Church of God, RCCG 184, 190–192
Reformation, reformatorisch 27, 33, 57, 67, 68, 70, 72–78, 105, 113, 115, 116, 128–132, 137, 138, 142, 144–149, 151, 157, 163, 174, 193, 201, 205
Reformbewegung 28, 61, 68, 164
reformiert 134–137, 144, 195
Reformorden 67
Regula Benedicti 65
Regularkleriker 67, 109
Reich Gottes 35, 160
Reichtum 57, 60, 61, 66, 191
Religion 13, 15, 16, 18–21, 24–26, 33, 45, 55, 72, 74, 80, 86, 90, 107, 119, 128, 156, 168, 181, 185, 205, 209–211
- Religionsfreiheit 59, 151, 152
- Religionsphänomenologie 210
- Religionstheologie 107
- Religionsunterricht 139
Religionswissenschaft, religionswissenschaftlich 14, 20, 23, 24, 31, 210
Renaissance 89
Republikanische Partei 153, 196
Requerimiento 117
Restauration 148, 151
Reverse Mission 192
Revival 158, 175, 186, 187, 189, 190, 199
Ritenstreit 121
Ritus 21, 61, 79, 80, 83, 84, 95–97, 110, 111, 116, 124
Rom 27, 38, 42, 43, 50, 52–55, 57–59, 70, 78, 80, 83, 97, 99, 102, 105, 106, 108, 122–124, 134, 136, 146
Römerbrief 68

233

Sachregister

Rumänien 95, 96, 150
Russland, russisch 65, 92, 95, 101–104
– russisch-persischer Krieg 92
– russische Revolution 103

S

Sakrament 73, 115, 136
Säkularisation 122
Säkularisierung 16, 205
salomonische Dynastie 87
sanctification 171
Scharia 85
Scheiterhaufen 63, 74, 146
Schisma 57–59
Schmalkaldischer Bund 72
Schöpfer 47
– Schöpfung 41, 46, 169
Schottland, schottisch 74, 131, 147, 175, 206
Schule der Perser 50
Schutzsteuer 82, 100
Schweiz 27, 72, 73, 75, 77, 130, 131, 138
Second Great Awakening 177, 179
Seele 44, 66, 71, 176
Segregation 107
separatistisch 77, 148, 162, 164, 168, 199
Septuaginta 37, 114
Serbien, serbisch 27
Siegerland 174
Sixtinische Kapelle 57
Skandinavien 130
Sklaverei, Sklave 43, 117–120, 152–154, 173, 175, 178, 179
– Sklavengemeinde 153
Slawenapostel 101
slawisch 53, 58, 95, 101
Slowakei 95, 96
Social Gospel 202
Society for Promoting Christian Knowledge, SPCK 155, 161, 166, 170
Society for the Propagation of the Gospel in Foreign Parts, SPG 161
sola fide 68, 69, 114, 115
sola gratia 68, 69, 114
sola scriptura 68, 69, 113, 129, 136, 137, 193

Sondergut 38
Southern Baptist Convention 150, 152, 153, 173, 196
Sowjetunion 27, 92
Sozialarbeit 171, 202
Spaltung 33, 45, 57, 58, 68, 132, 172, 185, 205
Spanien, spanisch 37, 63, 105, 117–121
Spende 66, 76, 97, 135, 156, 166, 191
Spiritualität 29, 161, 188–191
Staat 19, 40, 45, 73, 84, 86, 89, 91, 100, 102, 123, 132, 137, 139, 147, 168, 178
– Staatskirche, staatskirchlich 51, 84, 90, 122, 131, 138, 142, 146–148, 151, 169, 172, 174, 201
Stoizismus 40
Strafe 62
Studiten 65
Südafrika, südafrikanisch 107, 142, 173, 183, 187, 190
Südamerika, südamerikanisch 13, 25, 68, 105, 116, 131, 132, 143, 150, 172, 173, 183, 192, 197
Südasien 120
Südindien 26, 83, 167
Südkorea 173, 183
Südosteuropa 27, 95, 98, 100
Sultan 17, 82, 92, 100
Sünde 48, 69, 107, 114, 171
– Sünder 176
Synode 50, 59, 91, 140, 142, 143
Syrien, syrisch 37, 50, 51, 65, 79, 80, 86, 89
syrisch-orthodox 27, 50, 79, 80, 83, 95, 97, 98, 100, 101, 103, 198, 207
syro-malabarisch 80, 83

T

Tamil Evangelical Lutheran Church 167
Tanach 37, 114
Tansania 130, 150, 169
Tartaren 101
Taufe 15, 21, 29, 34, 39, 43, 71, 75, 97, 101, 111, 115, 135, 137, 149–151, 171, 184–186, 190
Teleevangelist 188, 191
Tempel 49, 87, 180

Territorialkirche 72, 138
Teufel 48
Theokratie, theokratisch 56, 76, 77, 99, 160
Theologie, theologisch 28, 29, 37, 43, 44, 50, 52, 55, 64, 68–74, 76, 83, 86, 93, 96, 97, 106, 110, 111, 113–116, 127, 130, 132, 133, 135, 136, 138, 145, 151, 153, 157, 158, 160, 162, 163, 165, 168, 170, 176, 186–188, 191, 192, 197, 198, 209, 210
Thomaschristen 26, 79, 80, 83, 88, 120, 128, 167
Tod 36, 37, 39, 48, 56, 62, 66, 68, 85, 112, 137, 147, 151, 176, 180, 190, 191, 193
Todesstrafe 62
Toleranzgesetz, Tolerance Act 148, 170, 174
Tora 37
Toronto-Segen 189
Tradition 26, 27, 29, 33–35, 42–44, 54, 68, 69, 74, 78, 79, 82, 83, 87, 88, 90, 95, 98, 101, 102, 104, 110, 112, 113, 123, 125, 127, 129–131, 133, 135, 137, 138, 144, 145, 150, 156, 163, 165, 180, 200, 206
Tranquebar, Tharamgambadi 167
Transsubstantiationslehre 71, 115
transzendent 44, 46
tridentinisch 106, 116, 121
Trient 27, 113
Trinität, trinitarisch 110, 195
Tschechien 95, 96
Türkei, türkisch 17, 26, 50, 60, 82, 89–91

U

Uganda 105, 142
Ukraine 95, 96, 103, 150
Ultramontanismus 123, 124
Umkehr 34, 35, 153, 158, 176
Unfehlbarkeit, unfehlbar 108, 111, 124, 195
Ungarn 131
unierte Kirche 138
Union von Utrecht 137
United Methodist Church, UMC 173, 196

Universität 68, 70, 121, 165, 166, 191, 210
Unterdrückung 106, 202
Urkirche 33, 147
Ursulinen 68
USA, US-amerikanisch 28, 29, 80–82, 84, 88, 95, 96, 107, 130–132, 142, 148, 150, 152–158, 160, 173, 177–183, 185, 187–192, 196, 198–202, 206

V

Vandalen 52, 55
Vatikan 55
Verbrennung 62
Vereinigte Staaten von Amerika 150, 169
Verfolgung 45, 56, 63, 76, 92, 103, 141, 142, 148
Verkündigung 35, 36, 38, 39, 111, 135, 141
Vernunft 40, 43, 44, 49, 68, 69
Vertreibung 59, 75, 76, 81–83
Vielfalt 24, 27, 45, 46, 97, 109, 116, 127, 148, 174, 184, 193, 205
Viertes Laterankonzil 115
Völkermord 82, 89, 92
Volksfrömmigkeit 111, 136
Volkskatholizismus 121
Volkskirche 137, 173
Volksreligion 101
Vulgata 114

W

Wahrheit 21, 41–44, 57, 59, 60, 63, 111, 136, 186, 198, 209
Waldenser 128
Wallfahrt 83
Weihesakrament 97, 109, 134
Weihnachten 52, 55, 98
– Weihnachtsfest 98
Weimarer Republik 15, 140, 174
Weimarer Verfassung 139
Wein 39, 71, 73, 97, 110, 111, 115, 133, 145
Weltgemeinschaft Reformierter Kirchen 132, 206
Weltkirche 81, 105, 106, 108, 116, 125, 136, 206–208

Weltmission 180
Weltmissionskonferenz 206
Weltrat Methodistischer Kirchen, WMC 172
Weltweite Evangelische Allianz, WEA 195–197, 202, 203
Wesensgleichheit, wesensgleich 46, 47, 49, 112
Westafrika 154
Westgoten 52
Westindien 119, 168
weströmisch 27, 51–54
westsyrisch 26, 50, 80, 81, 83, 84, 88–90
Widerstand 76, 85, 91, 106, 123–125, 141, 148
Wiedergeburt 159, 160, 165, 171, 177, 193
Wissenschaft 20, 64, 68, 125, 153, 194
Wittenberg 68, 70, 75, 76, 87
Wohlstandsevangelium 189, 192
Word of Faith 191
World Council of Churches, WCC 195, 207
World Evangelical Alliance, WEA 14, 183, 195–197, 201–203
World Evangelical Fellowship, WEF 201
Wormser Edikt 72

Wunder 67, 112
Württemberg 165, 174

Y

Yoido Full Gospel Church 184
Young Men's Christian Association, YMCA 161, 173, 206

Z

Zarenreich 103
Zehn Gebote 87
Zeugen Jehovas 160
Zisterzienser 61
Zivilisation 16, 155
Zölibat 108, 109, 134, 144
Zoroastrismus 19, 91
Zungenrede 184, 186, 187, 189
Zürich 73–76
Zwei-Gewalten-Lehre 55
Zweinaturenlehre 91, 110
Zweiquellentheorie 38
Zweiter Weltkrieg 15, 103, 187, 207
Zweites Vatikanisches Konzil, Zweites Vaticanum 63, 106, 107, 109, 111, 116, 124, 125, 134, 135, 187, 201, 208, 209
Zwickauer Propheten 75
Zypern 95, 96

Personenregister

Die Angaben verweisen auf die Seitenzahlen des Buches.

A

Abba Mikael 87
Abba Sälama 86
Abdülhamit II. 92
Adeboye, Enoch 191
Aidesios 86
Akindayomi, Josiah 191
Akinsowan, Abiodun 191
al-Banna, Hassan 85
Albrecht von Brandenburg 70
Alexander d. Gr. 37
Alexander VI. 118
Alexios I. Komnenos 60
Alexios V. 59
Alexius II. 103
Allen, Richard 135, 179
Ammann, Jakob 77
Angela Merici 68
Anna Porphyrogenneta 101
Antonius d. Gr. 64
Aram I. 93
Areios, Arius 46–48
Aristoteles 69, 81
Arminius, Jacob 178
Arndt, Johann 163, 165, 169
Atatürk, Mustafa Kemal 89
Athanasius 46, 47, 86
Augustinus 75, 210
Augustus 40, 52

B

Babai d. Gr. 50
Balduin I. 59
Barrett, Thomas Ball 190
Barth, Karl 90, 141, 167
Baselyos 88
Basilius von Caesarea 65
Bayly, Lewis 16, 19, 122, 164
Bea, Augustin 208
Bélibaste, Guillaume 63
Benedikt von Aniane 65

Benedikt von Nursia 65
Benedikt XIV. 121
Bengel, Johann Albrecht 165
Bernard Gui 61
Bismarck, Otto von 139
Bloody Mary 146
Boardman, William 180
Bodenstein, Andreas 76
Boegner, Marc 207
Böhler, Peter 170
Bonaparte, Napoleon 123
Bonhoeffer, Dietrich 141, 142
Bonnke, Reinhard 190
Booth, William 172
Boutros-Ghali, Boutros 85
Boyer, Charles 208
Bruno, Giordano 63
Bucer, Martin 145
Bullinger, Heinrich 72, 74
Butler, Clementina 178

C

Caligula 40
Calvin, Johannes 72–74, 78, 131, 147
Carey, William 152, 160, 167
Cary, Lott 154
Chlodwig 52
Chlothilde 52
Chosrau II. 50
Christodoulos 84
Constantius 47
Cortés, Hernando 117
Cranmer, Thomas 144–146
Cromwell, Oliver 148, 149

D

Dain, Jack 202
Damasus I. 54
Darby, John Nelson 198
Darwin, Charles 199
Deleuze, Gilles 22

Diokletian 45
Dominikus 67
Donskoj, Dimitrij 101
du Plessis, David 187

E
Edward VI. 145
Edwards, Jonathan 176, 177
Eidem, Erling 207
Elisabeth I. 146
Erasmus von Rotterdam 72
Escobar, Samuel 202
Eusebius 42
Ezana 86

F
Farel, Guillaume 74
Febronius, Justinus 122
Finney, Charles G. 178
Fox, George 145, 185
Francke, August Hermann 31, 162, 163, 165–167
Franz von Assisi 67
Franziskus 86, 107
Friedrich der Weise 71
Friedrich II. 56
Frumentios 86
Fuller, Charles E. 199, 200

G
Galen, Clemens August von 141
Galerius 45
Galilei, Galileo 63
Gelasius 55
Germanos Strenopoulos von Seleukia 207
Ghali, Boutros 85
Ghazan I. 82
Gillies, John 175
Graham, Billy 190, 196, 200, 201
Grebel, Konrad 76
Gregor der Erleuchter 90
Gregor I. 64
Gregor IX. 56
Gregor VII. 64
Gregor XI. 57
Gregor XIII. 98

Guillelmus Arnaldi 63

H
Hagin, Kenneth 191
Haile Selassie 88, 201
Heinrich IV. 56, 60
Heinrich VI. 56
Heinrich VIII. 145
Helwys, Thomas 151
Henry, Carl F. 200
Hezmalhalch, Thomas 187
Hieronymus 68, 114
Hieronymus Bosch 68
Hildegard von Bingen 66
Hippias 22
Hitler, Adolf 140, 141
Hoffman, Melchior 76
Hollenweger, Walter J. 184, 188, 189
Honorius III. 67
Hontheim, Johann Nikolaus von 122
Hooker, Thomas 176
Humbert von Silva Candida 55, 58, 64
Hus, Jan 63
Hutter, Jakob 19, 77

I
Ignatius von Loyola 67
Innocenz III. 57, 59, 61, 115
Innocenz VIII. 63
Irenäus von Lyon 42
Irene 78
Iwan IV. 102

J
Jakob Baradeios 50
Jaroslaw der Weise 101
Jelzin, Boris 103
Jesus 21, 29, 33–37, 40, 43, 47, 49, 54, 69, 77, 88, 97, 109, 110, 135, 137, 149, 160, 161, 177, 179, 188, 210
Johannes der Täufer 34
Johannes II. 89
Johannes IV. 88
Johannes X. Kamateros 59
Johannes XXIII. 106, 208
Johannes Zápolya 17

Josef von Arimathäa 35
Julius Caesar 98
Justin 43, 50
Justinian 50, 51, 99

K
Karekin II. 93
Karekin Sarkissian 93
Karl d. Gr. 53
Karl I. 147
Katharina II. 102
Katharina von Aragon 145
King, Martin Luther 20, 154
Klara von Assisi 67
Knox, John 131
Kolumbus, Christoph 117
Konstantin d. Gr. 45
Konstantin V. 99
Krause, Reinhold 141
Kyrill I. 103
Kyrill IV. 85
Kyrill (Missionar) 101
Kyrill VI. 85, 88
Kyrill von Alexandria 49, 83, 98

L
Lake, John G. 179, 187
Landa, Diego de 119
las Casas, Bartolomé de 119
Leo d. Gr., Leo I. 48, 55
Leo III. 53, 55
Leo IX. 58
Leo X. 71
Leon III. 99
Levebvre, Marcel 116
Licinius 45, 46
Luther, Martin 57, 64, 67–73, 75, 78, 87, 114, 115, 133, 135, 154, 165

M
Makarij 102
Mar Eschai Shimun XXIII. 81
Mar Thomas Darmo 81
Marco Polo 83
Maria 34, 38, 49, 87, 97, 112, 145, 146, 148

Maria I. 146
Maria II. 148
Markian 49
Markion 38
Martin V. 57
Matthijs, Jan 76, 77
McPherson, Aimee Semple 184
Melanchthon, Philipp 71, 72, 87
Mesrop 90
Methodios 101
Michael Kerullarios 58
Michelangelo 57
Montini, Giovanni 208
Moody, Dwight Lyman 185, 186, 198
Morosini, Thomas 59
Morus, Thomas 119
Mott, John 206, 207
Mubarak, Husni 85
Müller, Ludwig 140
Müntzer, Thomas 75, 76
Muʿawiya I. 51

N
Narsai 50
Nasser, Gamal Abdel 85
Newton, Isaac 44
Niketas Choniates 60

O
Ockenga, Harold J. 199, 200
Odoaker 52
Oetinger, Friedrich Christoph 165
Oldham, Joseph H. 206, 207

P
Padilla, René 202
Palmer, Phoebe 178
Pandita Ramabai Sarasvati 179
Panikkar, Raimundo 107
Parham, Charles Fox 185, 186, 189
Parker, Matthew 144, 146
Paul VI. 106, 208
Paulus 35, 37, 39, 42, 54, 68, 69, 141
Peter I. 102
Peter von Castelnau 62
Petrus 36, 54, 109, 111, 116, 118, 128

Philipp IV. 57
Pilatus, Pontius 35
Pippin III. 55
Pius IX. 124
Pius VII. 123
Pizarro, Francisco 117
Platon 22
Plütschau, Heinrich 167
Putin, Vladimir 103

Q
Quiroga, Vasco de 119

R
Radbertus 115
Raffael 57
Raimund VII. von Toulouse 62
Ratramnus 115
Ricci, Matteo 120
Roberts, Oral 188, 191
Robertson, Pat 188
Romulus Augustus 52
Rutherford, Joseph Franklin 160

S
Sahak 90
Salomo 87
Schall von Bell, Adam 120
Schenuda III. 85
Schleiermacher, Friedrich 210
Schneider, Peter 200
Schwedler, Johann Christoph 168
Scopes, John 199
Sergios von Tella 89
Seymour, William Joseph 186, 189
Simons, Menno 77
Simpson, Albert Benjamin 181, 185
Smith, Joseph 178, 179
Smyth, John 151
Söderblom, Nathan 206, 207, 209, 210
Sokrates 22
Spangenberg, August 170
Spener, Philipp Jacob 162–166, 168, 169, 171
Stalin 103
Stephan II. 55

Stott, John 202
Süleyman II. 17

T
Tawadros II. 85
Taylor, J. Hudson 156
Tebartz-van Elst, Franz-Peter 17, 18
Tertullian 47, 48
Theodor Studites 65
Theodosius I. 45
Theodosius von Alexandria 50
Thomas von Aquin 67
Thomas von Kana 83
Timotheos I. 81
Timotheus 42
Tiridates 90
Torrey, Reuben Archer 199

U
Urban II. 60
Ursinus, Zacharias 131

V
Valdes, Petrus 128
Valens 52
van Leiden, Jan 77
Vermigli, Peter Martyr 145
Vitoria, Francisco de 118

W
Wagner, Charles Peter 189
Wesley, Charles 170, 171, 176, 181
Wesley, John 170, 171, 176, 181
Whitefield, George 170, 171, 176, 177
Wilhelm III. von Oranien 148
Wilhelm von Oranien 138
Willard, Frances 178
William von Ockham 63
Williams, Roger 152
Wladimir I. 101
Wright, J. Elwin 201
Wulff, Christian 17
Wurm, Theophil 141

X
Xavier, Francisco de 120

Y
Yazdgird II. 91

Z
Ziegenbalg, Bartholomäus 167

Zinzendorf, Nikolaus Graf von 162, 163, 167, 168, 170
Zwingli, Ulrich 72, 73, 76, 133

Bereits erschienen in der Reihe
STUDIENKURS RELIGION

Link zum Nomos-Shop

Religion und Migration
Von Prof. Dr. Martin Baumann und
Prof. Dr. Alexander-Kenneth Nagel
2023, 243 Seiten, broschiert,
ISBN 978-3-8487-7916-1

Religionen und Tod
Von PD Dr. Anna-Katharina Höpflinger
und Yves Müller
2022, 193 Seiten, broschiert,
ISBN 978-3-8487-6714-4

Religionsvergleich
Von Prof. Dr. Oliver Freiberger
2022, 191 Seiten, broschiert,
ISBN 978-3-8487-6876-9

Religionsphilosophie
Von Prof. Dr. Sebastian Gäb
2022, 242 Seiten, broschiert,
ISBN 978-3-8487-6580-5